통역학 입문
Introducing Interpreting Studies

이화 통역번역학 총서

통역학 입문

Introducing Interpreting Studies

프란츠 푀히하커 지음 **이연향** 외 옮김

이화여자대학교출판부

한국의 독자들에게

책이 독자들의 관심과 사랑을 받게 되면 저자는 기쁨과 보람을 느낀다. 그러나 독자들에게 다가가려던 저자는 자신의 생각과 관점을 표현하게 해준 바로 그 도구, 즉 언어의 제약에 부딪히고 만다. 영어가 세계적으로 사용됨에 따라서 언어의 한계를 벗어나려는 시도는 있을 수 있겠으나, 저자가 독자의 언어와 문화 그리고 세계적 영역에 접근할 수 있는 이유는 바로 번역과 번역가들 덕분이다.

그런 의미에서 이 책의 번역 작업에 참여해준 이화여자대학교 통역번역대학원 박사과정 학생들에게 깊은 감사를 보내며, 특히 번역을 주도하고 경험자의 손으로 다듬어 한글 역서를 완성해준 이연향 교수에게 진심으로 감사의 마음을 전한다. 이분들의 노력 덕분에 내 글에 새로운 생명이 불어넣어 졌으며 그들의 작업이, 아니 나의 글이, 그러니까 '우리들의 책'이 통역의 연구 또는 실무에 관심을 가지고 있는 한국인들에게 커다란 가치를 제공하게 되기를 믿고 또 희망하는 바이다.

2009년 5월

프란츠 푀히하커

옮긴이의 말

오랫동안 통역번역 실무와 교육현장에서 활동하다가 그야말로 뒤늦게 연구 쪽에 발을 디디게 되었다. 그동안 경험한 것을 되돌아보고 싶었고 또 내가 거의 한평생 하고 있는 통역과 번역이란 것이 가치 있는 활동이라는 사실을 확인하고 알리고 싶었기 때문이었을 것이다. 그 결정을 가끔 후회하면서도 용기가 된 것은 이런 고민을 하는 사람들이 지구 곳곳에 있으며 그들이 연구 공동체를 형성하여 서로의 지식을 나누는 일에 전혀 인색하지 않다는 사실이었다.

이 책의 저자인 프란츠 푀히하커도 넉넉한 마음을 지닌 매우 박식한 학자이다. 통역, 특히 통역 연구에 대한 책이 많지 않은 현실에서 그의 『통역학 입문*Introducing Interpreting Studies*』은 통역의 실무와 연구에 대한 전체적인 그림을 그릴 수 있게 해주는 소중한 필독서이기에 항상 옆에 두고 읽으면서 한글로 번역하여 더 많은 동료들과 나누고 싶었다. 그러나 워낙 내용이 방대하여 엄두를 내지 못하고 있다가 이제야 작업에 임하게 된 것이다.

이 역서는 우리 통역번역학계의 미래인 이화여자대학교 통역번역대학원 박사과정 학생들과 함께 한 작업이기에 더욱 의미가 깊다. 논문 준비와 강의로 바쁜 와중에도 가장 많은 시간을 할애한 오미형, 한미선 씨, 초벌 번역과 마무리 작업에 적극 나서준 최문선, 신혜인, 박애리, 신오영, 허지운, 허정 씨, 이들 모두 연구자의 마음이 아니었다면 그 많은 시간을 헌납

하지 못했을 것이다. 그리고 이 과정에서 새삼 확인한 학생들의 영어 실력과 번역 실력, 그리고 학문적 깊이가 놀랍고 자랑스럽다는 말을 꼭 해주고 싶다.

또한 인명의 표기 등 언어별로 도움이 필요했을 때 흔쾌히 응해준 이화여자대학교 통역번역대학원의 이창희, 김혜림, 박혜경, 최미경, 신지선 교수, 그리고 이 책이 이화여자대학교 통역번역연구소 이름으로 출판되는 〈이화 통역번역학 총서〉의 첫 번째 이론 역서가 되게끔 지원해준 김용숙 대학원장님과 손지봉 연구소장님께 깊은 감사의 마음을 전한다. 끝으로 출판을 위해 애써주신 이화여자대학교출판부 최민숙 부장님을 비롯한 출판부 여러분의 노고에 감사의 말씀을 드린다.

2009년 5월

이화여자대학교 통역번역대학원 교수

이연향

차례

제2부 주제와 연구

감사의 말

하나의 학문이 발전해나가기 위해서는 여러 연구자들의 집중된 노력이 필요하며 이 책이 출간된 것도 과거와 현재의 수많은 통역학 연구자들의 노력이 선행되었기에 가능했다. 따라서 필자는 이 분야에 기여한 여러 학자들에게 감사의 빚을 지고 있다. 활발한 연구 활동을 펴고 있는 통역학 연구자들이 귀중한 시간을 쪼개서 이 책의 초고를 읽고 다양한 고견을 주셨다. 헬 담Helle Dam, 다니엘 질Daniel Gile, 나디아 기르비치Nadja Grbić, 민화 류Minhua Liu, 피터 미드Peter Mead, 바바라 모저-머서Barbara Moser-Mercer, 신시아 로이Cynthia Roy, 데이빗 소이어David Sawyer, 로빈 세튼Robin Setton, 그래엄 터너Graham Turner는 이 책에 대한 피드백을 제공했을 뿐 아니라 통역학계에 대한 열망을 함께한 사실 때문에 더욱 소중한 동료들이다. 특히 『통역학 대표 논문집*Interpreting Studies Reader*』의 공동저자이자 시간과 거리의 제약으로 인해 이 책을 함께 집필하지는 못했으나 항상 격려해주고 비평적 시각을 제공하고 길을 안내해준 동료이자 벗 미리엄 슐레징거Miriam Shlesinger의 영감과 지도, 지원에 깊은 감사를 표한다.

많은 동료들이 요청한 자료를 신속히 제공해주는 것으로부터 참고 문헌 자료를 공유하고 본인의 연구를 인용할 수 있도록 허용해주는 등 다양한 도움을 주었다. 지면을 빌어 바바라 아렌스Barbara Ahrens, 브루스 앤더슨Bruce Anderson, 헤수스 바이고리Jesús Baigorri, 이바나 쳉코바Ivana

Čeňková, 데니스 코클리Dennis Cokely, 앙헬라 코야도스 아이스Ángela Collados Aís, 헬 담Helle Dam, 다니엘 질Daniel Gile, 리타 고진스Rita Godijns, 나디아 기르비치Nadja Grbić, 로버트 잉그람Robert Ingram, 실비아 칼리나Sylvia Kalina, 월터 카이저Walter Keiser, 헬라 키르히호프Hella Kirchhoff, 잉그리트 쿠르츠Ingrid Kurz, 레지나 레벤Regina Leven, 민화 류Minhua Liu, 피터 미드Peter Mead, 베른트 마이어Bernd Meyer, 바바라 모저-머서Barbara Moser-Mercer, 제미나 나피에Jemina Napier, 안나레나 닐슨Anna-Lena Nilsson, 신시아 로이Cynthia Roy, 로빈 세튼Robin Setton, 카테린 슈텐츨Catherine Stenzl, 크리스토프 스톨Christoph Stoll, 비르기트 스트롤츠Birgit Strolz, 파올로 퇴소라띠Paolo Tosoratti, 조세프 쳉Joseph Tseng, 세르지오 비에찌Sergio Viaggio에게 감사드린다.

이 책의 집필을 가능케 한 루틀리지Routledge 출판사의 이해심 많은 편집자 루이사 세믈엔Louisa Semlyen과 크리스티 커크패트릭Christy Kirkpatrick, 그리고 내용과 인지는 분리될 수 없기에 나의 동료 번역학자들에게도 감사를 표하며, "한 권만 더 쓰겠다"는 나를 감당해준 아내 에리카Erika와 아이들에게 사랑과 관심으로 보답하고자 한다.

2003년 부활절

비엔나에서 프란츠 푀히하커

서론

성숙한 학문에서 교재란 역사를 재조명함으로써 일관성 있게 현상을 보여준다고 한다(Garnham, 1994: 1123 참조). 아직 성숙하지 않은 통역학이라는 비교적 신생 학문에서 이 책을 통한 필자의 책무는 역사의 재조명이라기보다는 처음으로 이 분야를 조명해보는 것이라 하겠다. 사실, 단일 저자가 통역에 대해 그 지류를 모두 어우르며 포괄적이고 균형 잡힌 설명을 제시했던 적은 없었다. 따라서 이 책은 이 학문에 새로 개발된 '비전'이 있다는 것을 전제로 하고, 관련 분야 연구자뿐 아니라 학생, 연구에 관심이 있는 교사, 전문 통역사를 대상으로 학문 분야로서 통역에 대한 폭넓고 접근성 있는 개요를 제공하는 것이 목적이다.

시각

이 책에서 제시하는 통역학의 비전은 분명 필자의 개인적 시각과 이와 관련된 몇몇 제약을 기반으로 하고 있다. 따라서 이 책은 기본적으로 필자의 학문적 사회화academic socialization의 부문인 '번역학Translation Studies'의 관점에서 통역에 접근하고 있다. 좀 더 구체적으로 말하자면, 이 책은 『번역학 대표 논문집*The Translation Studies Reader*』(Venuti, 2000)과 동반서적인 『통역학 대표 논문집*The Interpreting Studies Reader*』(Pöchhacker and Shlesinger, 2002)의 자매편으로 집필되었다. 한편, 필자의 전문가로서의 배경과 국제회의 및 미디어 작업 환경에서의 통역 경험은 여기에서 다루고자 하는 통역의 범위에 비추어보면 비교적 좁다고 할 수 있다. 특히 커뮤니티 통역과 수화 통역은 연구자로서 연구를 진행하면서부터 접하게 된 분야로 필자는 시야를 넓히고 다양한 영역의 통역 연구자들과 교류하기 위해 최선을 다했다. 그러나 새로 부상하는 통역 분야에서는 필자를 외부인 또는 '이주자'로 여길 수 있는 반면에 어떤 이들은 필자가 기존의 통역의 분야에서 지나치게 멀리 나아간 것은 아닌지 우려할 수도 있다. 이러한 우려들은 우리 분야에서 '다양성 속의 통일성unity in diversity'을 추구하려는 모두의 염원을 통해 이해되기를 바랄 뿐이다.

이 책의 시각과 관련된 또 다른 제약은 언어이다. 필자의 사용 언어가 몇 가지로 제한되어 있어서 러시아어나, 일본어, 중국어와 같은 언어의 통역에 대한 문헌을 충분히 반영하지 못했다. 이는 향후 영어가 만국 공용어로 점차 자리 잡으며 우리 분야에서의 '다양성 속의 언어적 통일성linguistic unity in diversity'이 확보되면 개선될 것이다. 하지만 그렇다고 해도 통역이라는 다양한 면을 가진 대상만큼이나 복잡한 용어의 다양성과 개념의 상대성은 여전히 풀리지 않는 어려움으로 남아 있게 될 것이다. 지면의 제약 때문에 용어 및 개념의 정의에 많은 부분을 할애할 수 없으므로 '메시지', '텍스트', '언어', '맥락', '문화' 등과 같은 기본적인 용어와 개념은 이 책에서 구체화되지 않고 사용되고 있으며 보다 세분화된 구분의 시발점이 될 수 있는 포괄적인 '공통분모'로서 제시될 것이다. 또한, 용어의 정의 여부와 무관하게 이 책의 기저에 깔린 개념적 선택은 특정한 분석 시각의 영향을 받을 수밖에 없음을 독자들은 주지해야 할 것이다. 따라서 통역학 연구를 시작하는 독자들은 개념의 정의이건 또는 통역 교재이건, 주어진 것을 '현실reality'로서 무조건 그대로 받아들이는 것을 경계해야 할 것이다.

다큐멘터리의 제작자와 마찬가지로 교재 집필자는 유의미한 설명을 제시하기 위해 노력하지만 현상이 '실제로really' 어떠한지를 대변하거나 안다고 주장할 수 없다. 영화감독과 교재 집필자는 어떠한 조명과 앵글에서 무엇을 조명해야 할 것인지, 무엇을 전경에 내세워야 할 것인지를 결정해야 한다. 등장인물과 '대본'상의 모든 사건을 제대로 다 표현해야 한다는 목표도 중요하지만 결국 최종 산물인 영화는 다수의 선택에 기반을 두게 된다. 이러한 선택은 (무엇을 삭제할 것인가와 같은 결정처럼) 때로 매우 고통스러우며 때로는 (새로운 연결고리와 관계를 창조하는 것과 같은 결정처럼) 창의적이다. 그러나 결국 모든 선택은 그 주제에 대하여 자신이 보는 심층결속성coherence과 구조를 달성하려는 근본적인 필요에 의해 결정된다.

구성과 특징

『통역학 입문』에 대해 또 다른 은유를 들어본다면 이 책이 연구 분야로서의 통역학의 '지도map'가 되고자 한다는 것이다. 각 부와 하위 장 역시 그 나름의 지도 역할을 하며 궁극적으로 통역학 분야에 대한 다층적 표상을 제공한다. 이제 세 개의 부, 열 개의 장으로 이루어진 이 책의 구성에 대해 설명하고자 한다(책의 소개에 해당하는 지금 이 부분은 그 자체가 각 장의 구성을 보여주는 형식으로 되어 있다. 짧은 도입 문단으로 시작하는 각 장은 예를 들어 3.1.1과 같은 번호가 매겨진 여러 섹션으로 이루어져 있고 각 섹션 역시 간략한 도입 문단으로 시작된다).

1부: 토대

1부는 통역학의 '종합적인' 표상을 보여주는 다섯 개의 장으로 구성되어 있다. 먼저 1장에서는 연구 대상의 주요 개념적 분류에 대한 고찰을 통해 연구 대상의 폭과 복잡성을 보여주고 통역의 이론적 영역을 지도화한다. 통역의 다양한 형태에 대한 백과사전식 정보를 제공하기보다는 일관성 있는 유형적 틀을 제시하는 것에 초점을 두고 있다. 따라서 독자가 통역이라는 대상에 대해 기본적으로 친숙하다는 것을 전제로 한다. 필요시 추가적인 정보는 각 장의 핵심 문헌을 통해 얻을 수 있다.

2장은 학문으로서의 통역, 그 역사적 '진화'에 대해 기술한다. '누가', '언제', '어디서'와 같은 질문에 대한 답을 제시하며 통역의 사회학과 지형, 통역의 제도적 인프라를 지도화한다. 3장은 '무엇을', '어떻게'라는 질문에 대한 답으로서 통역에 대한 학문적 · 이론적 · 방법론적 '접근방식'을 고찰한다. 4장에서는 '패러다임' 또는 연구 전통이라는 차원에서 본 통역학 지도에 대한 기본으로서 주된 아이디어와 선호되는 방법론들이 제시된다. 5장은 모델링의 여러 층위에서 통역의 '모델'과 관련된 이론적 틀을 발전시킨다.

1부의 다섯 개 장은 각 장의 내용에 대한 핵심 내용으로 시작되며 '요약'과 '핵심 문헌'으로 끝난다. 또한 '추가 연구 주제'는 본문에서 다루지 않은 지리적 · 언어적 맥락에 대해 해당 장의 내용을 기반으로 생각해볼 수 있는 단초를 제공한다.

여러 차원에서 다루어진 주요 내용 간의 중복을 피하고 상호참조를 할 수 있도록 하기 위해 본문 중 관련 부분을 알려주는 **텍스트 링크**(예: 3.1.1 참조)를 사용하여 각 부와 각 장 간의 관계를 파악할 수 있도록 했다.

2부: 주제와 연구

개념, 진화, 접근법, 패러다임, 모델이라는 차원에서 살펴본 1부의 통역학의 종합적인 개괄을 기반으로 하여 2부에서는 현상에 대한 분석적 표상을 제시한다. 프로세스(6장), 통역 산출물과 수행(7장), 통역 실무와 직업(8장), 교육(9장)이라는 주요 연구 주제들이 관련 문헌과 함께 소개된다.

가독성이 허용하는 한에서 연구 대상과 표본, 데이터 수집 기법, 분석, 전반적인 방법론적 전략 등을 중심으로 일부 대표적인 실증 연구들은 간략한 초록 형식으로 제시했다. 그러나 대상 분야가 광대하기 때문에 2부에 담긴 연구의 개괄은 1부의 지도보다 더 제한적이어서, 전체의 모습을 기술하기보다는 '로드맵'을 제시하는 데 치중하고 있다. 2부는 전체적인 연구 주제의 그림 속에서 다양한 장소와 교차점을 찾기 위한 시도를 하고 있지만 이 노력은 각 장의 끝에 있는 핵심 문헌과 같은 문헌을 통해서만 달성 가능하다. 핵심 문헌 목록에 무엇을 포함하고 포함하지 않을 것인가는 어려운 결정이며 자신의 연구나 저서에 충분한 관심이 주어지지 못했다고 생각하는 저자들의 비판을 받을 수 있겠다. 전부 다루지 못한 것은 해당 연구나 저서를 높이 평가하지 않아서가 아니라 참고 문헌의 목록을 어느 정도 제한할 수밖에 없었기 때문임을 저자들이 양해해 주기 바란다.

3부: 방향

10장은 앞서 이 책의 두 부분에서 제시된 통역학 개괄에 대한 결론으로 연구 분야로서 통역학의 주된 추세와 미래에 대한 시각을 서술한다. 통역학의 이러한 '방향'과 더불어 연구자들에게 기본적인 지향을 제시하여 이들이 추후 연구에 첫발을 내딛을 때 유용하게 쓰일 수 있는 자료를 제공한다.

문헌, 저자, 주제

이 책의 참고 문헌이 적정 규모를 유지해야 함을 감안할 때 널리 인용되는 '고전'과 특히 혁신적이고 대표성이 있는 최신 문헌이나 언어와 소재 차원에서 독자들의 접근성이 높은 문헌을 우선적으로 포함했다. 부족한 부분은 『통역학 대표 논문집』(Pöchhacker and Shlesinger, 2002)을 통해 도움을 받을 수 있을 것이다. 또한 참고 문헌에 이은 인터넷 링크 목록에는 저널, 연구 그룹, 전문통역사협회, 학술협회는 물론이고 참고 문헌과 관련된 포괄적인 최신 정보를 찾아볼 수 있는 주소를 실었다. 마지막으로 찾아보기에서는 통역학 연구에 몸담고 있는 개별 연구자와 그들의 연구(인명 색인) 및 주요 개념과 주제(주제 색인)의 두 부분으로 구성되어 있다.

기능

통역학을 다수의 상이한 분야로 나누던 기존의 유형학적 범주가 아닌 주제 중심으로 『통역학 입문』이 구성되어 있다는 점은 이 책에서 소개하게 될 통역학이라는 분야의 비전과도 관련이 있다. 통역학이 다양성과 상이성이 충만한 분야임을 인정하면서도 이 책은 다양한 차원 내에 존재하는 고리와 관계 및 공통분모를 재확인한다. 이는 한 영역만을 전문으로 하는 연구자나 교사에게는 큰 가치가 없을지 모르지만 통역학에 대한 이러한 통합적 접근법으로 인한 부가적인 가치를 생각해볼 때 '다양성 속의 통일성'의 추구는 의미가 있다고 하겠다.

전반적인 통역학 연구 분야에 대해 이 책이 할 수 있는 기능 외에 그 구성 및 주제 범위를 볼 때 특히 모든 장에서 여러 차례 언급되는 『통역학 대표 논문집』과 함께 교재로서 사용될 수 있음을 알 수 있다. 이상적으로는 통역에 대한 개론 수업이나 통역 이론에 대한 모듈module을 가르치는 교사들은 『통역학 입문』이 학생들에게 필독 도서라고 생각할 수 있겠다. 이것이 전문 분야를 불문하고 적용된다면 이 책의 목적은 충분히 달성되고도 남을 것이다.

Introducing Interpreting Studies

제1부 토대

제1장
개념

1장에서는 통역학의 연구 대상으로서의 통역의 기본 개념과 특징을 알아보고자 한다. 이 장에서 소개되는 통역의 유형과 각종 용어는 이 책 전반에 제시되는 내용의 기본적인 틀을 제공할 것이다.

이 장의 핵심 내용은 아래와 같다.

- '통역'의 개념적 뿌리
- 통역의 정의
- 통역과 번역의 관계
- 통역이 위치한 사회적 환경과 상호작용의 범위
- 유형적 분류의 주요 매개 변수
- 통역의 여러 '유형' 간의 복잡한 상호관계
- 통역 실무와 통역 연구의 이론적 차원 및 영역에 대한 매핑mapping

1.1 개념적 뿌리

이 책에서 통역은 번역 행위translational activity로서 번역Translation의 특수

한 형태의 하나로 본다(여기에서 대문자 'T'로 시작되는 'Translation'은 총칭적인 '번역'의 광의의 개념이다). 통역은 문자의 발명과 이를 기반으로 한 번역보다 더 오래된 인간의 행위이다. 인도유럽어에서는 통역의 개념을 설명하는 용어 자체가 번역을 설명하는 용어와 어원을 달리하는 경우가 많다. 게르만어, 스칸디나비아어, 슬라브어에서 통역을 하는 사람을 일컫는 표현은 기원전 1900년경 아시리아와 바빌로니아의 고대 셈족 언어인 아카드어에서 그 기원을 찾아 볼 수 있다(Vermeer, 1992: 59 참조). 통역사를 칭하는 영어 고유의 단어 '드라고만dragoman'은 아카드어 어근 *targumānu*이 아랍어의 영향을 받아 탄생한 것이다.

반면 영어의 'interpreter(통역사)'는 라틴어의 *interpres*('모호한 내용을 설명해주는 사람')에서 어원을 찾아볼 수 있으나 그 언어적 기원은 명확하지 않다. 학자 중에는 *interpres*의 뒷부분 *pres*가 *partes*, 즉 *pretium*(가격)에서 온 것으로 '중간상인', '중개인' 또는 '상업적 중개인'을 의미한다고 보기도 하며(Hermann, 1956/2002 참조), 또 산스크리트어에서 어원을 찾기도 한다. 어떤 주장이 옳은가를 떠나 '의미를 설명하는 사람', '타인이 이해하기 어려워하는 것을 이해하는 사람'이라는 의미의 라틴어 *interpres*가 오늘날의 '통역사' 및 '통역'을 이해하는 데 매우 적절한 기반을 제공하고 있다.

동사 'to interpret'의 이러한 어원은 '번역translation', '번역하다translate'라는 단어와 의미론적으로 갈등의 요소를 지니고 있다. 'Interpret'라는 단어의 다의성을 기반으로 하여 '통역은 단어 중심이 아닌 의미 중심의 번역이다'라고 주장할 수도 있으나(3.2.6 참조), 일반적으로 무엇인가를 해석한다는 광의의 의미와 단어를 번역한다는 협의의 의미를 구분해야 한다는 점 역시 강조되어왔다. 이는 특히 법률 분야에서 뚜렷하게 표출된다. 변호사들은 (법에 대한) '해석interpret'은 자신의 전권이며 이에 비해 법정 통역사의 역할은 (언어에 대한) '번역translate'이라고 간주한다(7.4.1 참조).

이는 의미에 대한 단순한 논쟁이라기보다는 번역 그리고/혹은 통역이 무엇인가를 이해하는 데 근본적인 어려움을 제기하고 있으며, 이 책에서는 바로 다음 절을 포함하여 여러 부분에서 이 문제에 대한 적절한 해답을 찾고자 한다.

1.2 통역의 정의

번역의 개념적 틀 안에서의 통역이 다른 번역 행위와 차별화되는 가장 대표적인 요소는 바로 즉시성immediacy이다. 원칙적으로 통역이란 언어와 문화의 장애에도 불구하고 의사소통을 하고자 하는 사람들을 위해 '지금 여기에서' 이루어지는 것이다.

1.2.1 카데의 정의

여러 사전에서 정의된 일반적인 용례와는 달리 '통역'이 반드시 '구두 번역oral translation' 또는 '발화 메시지의 구두 전달oral rendering of spoken messages'을 뜻할 필요는 없다. 왜냐하면 이러한 정의는 수화 통역(1.4.1 참조)을 배제하게 되며 후에 언급될 비전형적인 통역을 설명하기 어렵기 때문이다. 이보다는 즉시성이라는 특성을 기반으로 하면 구어oral와 문어written라는 이분법적인 구분을 피하면서도 여타 번역 형태와 통역을 차별화할 수 있을 것이다. 독학으로 통역과 번역을 공부한 라이프치히 대학의 오토 카데Otto Kade(2.3.1 참조)는 1960년대에 바로 이러한 기준으로 통역을 다음과 같은 특징을 가진 번역의 한 형태로 정의했다(Kade, 1968).

- 출발어 텍스트는 단 한 번만 제시되며, 따라서 재검토 혹은 재생이 불가능하다.
- 도착어 텍스트는 시간적 압박하에서 생산되며 수정이나 교정의 기회

가 거의 없다.

위에서 보듯 카데는 번역과 관련된 기호학적 대상을 '텍스트'(7.1 참조)로 부르고 있으며, 이는 정의에 따라서 '발화', '담화 행위', 또는 '메시지'로 대체된다. 어떠한 용어를 사용하든지 간에 카데의 정의는 수화 통역을 비롯해서 '문장구역sight translation'(1.4.2 참조), '생방송 자막번역live subtitling', 나아가 인터넷 채팅의 온라인 번역에 이르기까지 다양한 형태의 통역을 아우르고 있다. 따라서 즉시성을 통역의 일반적인 특징으로 보고 즉시 사용하기 위한 번역 행위로 통역을 간주한다. 실시간 소통의 목적보다는 통역사의 텍스트 프로세싱의 즉시성을 강조한 카데의 기준을 기반으로 하면 다음과 같은 정의에 이를 수 있다.

> 통역이란 단 한 번 제시된 출발어 발화를 기반으로 다른 언어로 처음이자 마지막으로 생산되는 번역의 한 형태이다.*

출발어 발화의 일회성과 도착어의 즉시적 생산이라는 기준은 개념을 명확히 하는 데에 도움이 된다. 그러나 통역의 개념을 아직도 번역이라는 개념의 연장선상에서 바라보기 때문에 용어의 정의가 가지는 일반적인 모호함을 피할 수가 없다. 통역 연구를 위해 번역의 모든 형태와 의미를 설명할 필요는 없으나, 이 책에서는 통역을 번역의 한 형태로 간주하고 있기에 어떤 통역의 연구자도 기저에 있는 번역의 개념을 간과할 수 없다. 독일어에서 통역사를 뜻하는 단어에 대해 조지 스타이너(George Steiner, 1975: 252)는 "엄밀한 의미에서 'Dolmetscher (통역사)'에 의해 수행되는 의미

* Interpreting is a form of Translation in which a **first and final rendition in another language** is produced on the basis of a **one-time presentation** of an utterance in a source language.

전달은 가장 단순한 형태라 할지라도 번역의 성격과 이론 전체를 포함하는 것이다"라고 했다.

1.2.2 번역으로서의 통역

『번역학 백과사전*Encyclopedia of Translation Studies*』(Baker, 1998)과 같은 문헌에서 볼 수 있듯이 번역에 관한 이론은 워낙 광범위하고 다양하기 때문에 통역을 번역의 한 형태로 설명하는 데에는 다양한 접근법이 있을 수 있다. 연구자마다 연구의 목적, 자신의 경험과 관심에 따라 연구 대상을 정의하고 특징화하기 때문에 번역의 본질이 무엇인가라는 기본적인 문제에 대해서도 매우 다양한 주장이 존재한다. 얼마나 다양한 답변이 가능한지를 설명하기 위해 '번역이란 무엇인가?'라는 질문에 대한 네 가지 답변과 각 답변이 갖는 이론적 의미를 살펴보자.

번역Translation이란:

(a) 한 언어로 표현된 기존의 발화와 동일한 의미를 전달하고자 하는 의도를 가진, 또는 그럴 것으로 추정되는 다른 언어의 구두 혹은 문자 발화가 일어나는 과정이다(Rabin, 1958).

(b) 한 언어(출발어)의 사고와 생각을 다른 언어(도착어)로 옮기는 것으로서, 여기서 언어는 말 혹은 글일 수 있고…… 또는 두 언어 중 한 언어 혹은 두 언어 모두 수화일 수도 있다(Brislin, 1976a).

(c) 도착어 텍스트의 산출을 위해 이루어지는 상황 관련적이고 기능 중심적인 복잡한 일련의 행위들로서, 다른 문화/언어의 수신자를 대상으로 하며, 특정한 출발어 텍스트를 기반으로 한다(Salevsky, 1993).

(d) 어떠한 목적이든 상관없이 한 문화 내에서 '번역'으로 표현되거나

간주되는 모든 발화이다(Toury, 1995).

정의 (a)는 출발어 발화와 도착어 발화 간의 관계를 기반으로 하여 '의미의 동일성'을 중요한 요소로 규정하고 있다. 또한 암묵적이기는 하나 '의도'와 '기대'라는 개념을 통해 통역의 행위자와 태도를 통역의 정의에 포함시키고 있다. 정의 (b)는 번역을 '언어'라는 매개를 통하여 '생각'을 '옮기는' 과정으로 본다. 정의 (c)는 '상황', '기능', '텍스트', '문화' 등 서술적 요소를 다수 도입하며 번역 결과물의 목표지향성을 강조하고 있다. 목표지향성은 정의 (d)에서 극도로 강조되어 처방적 관점에서 벗어나 특정한 사회에서 번역으로 간주되는 모든 것을 번역으로 수용하고 있다.

위의 네 가지 정의는 모두 통역에도 포괄적으로 적용될 수 있으나 각각 상이한 개념을 기반으로 하고 있다. 번역의 핵심적 특징으로 명시된 것(전이, 생각, 동일성, 의도, 문화 등의 개념)이 무엇이든지 간에 우리가 통역을 정의하는 데 영향을 미치게 되며 통역을 기술하고 설명하는 데에 간과되어서는 안 될 것이다. 물론 우리 나름대로 새로운 통역의 정의를 내릴 수도 있으나 통역학 연구를 위해 번역을 도외시하고 완전히 새로 시작하는 것은 현명한 선택이 아니다. 이미 존재하는 번역의 다양한 정의로부터 아래와 같이 기본적인 개념적 요소를 도출할 수 있기 때문이다.

- 다른 언어와 문화에
- 이미 존재하는 발화와
- 유사한 의미 그리고/혹은 효과를 기대하여
- 발화(텍스트)를 산출하는
- 행위

위의 표현들은 여러 가지로 변형시키거나 다듬을 수 있다. 예를 들어

'행위'라는 개념은 '고객client', '사용자user'를 위하여 '의사소통을 가능케 하는' 목적을 가진 '전문적인 서비스'로 구체화할 수 있다. 이와 마찬가지로 '산출(소통)'은 특정 '상황' 및 '문화'에서 발생하는 것으로 구체화할 수 있으며, '문화', '언어', '발화', '의미' 등과 같은 핵심 개념을 좀 더 정교하게 세분화할 수 있다. 그러나 표현을 다듬는 것만큼이나 중요한 것은 우리가 사용하려는 개념의 틀이 아래와 같이 이론적 논쟁이 있는 주제를 어떠한 형식으로 반영하는가 하는 것이다.

- 통역사의 업무 범위 ('주로' 산출)
- 번역 프로세스에 대한 관점 (출발어 의존적인 '전이' 보다는 도착어 지향적인 '산출')
- 번역 결과물에 대한 규범적 규정 ('의미' 또는 '효과'의 '유사성'을 가정)

이 중 어떠한 주제를 연구하더라도 앞서 제시한 용어에 기반을 둔 정의는 통역학자들의 연구 대상인 통역을 번역의 한 형태로 포함시키는 데 충분한 도움이 될 것이다. 그러나 무엇보다도 연구 대상의 정의란 그 바탕이 되는 이론적 가정에 따라 달라질 수 밖에 없다는 점을 분명히 이해해야 한다. 기드온 투리(Gideon Toury, 1995: 23)는 이 점을 다음과 같이 설명하고 있다.

> 연구 대상의 설정은 결코 중립적인 과정이 아니며, 특정한 필요에 의하여 만들어진 이론에 의거해서 연구 대상을 결정하게 된다. 따라서 연구 대상의 설정과 정당화는 연구자가 제기하는 연구 문제가 무엇이고, 그러한 연구 문제를 염두에 두고 연구 대상을 다루는 데에 어떠한 연구 방법이 사용될 수 있으며, 특히 용인될 수 있는 해답이 어떠한 종류의 것인지와 밀접하게 연관되어 있다.

이러한 상대주의적 시각에서 볼 때 한마디로 객관적인 정의란 있을 수 없으며 우리가 지각하거나 믿는 것의 진정한 의미나 본질이라는 것 역시 없다. 이와 같은 의미의 비본질론적, 포스트모더니즘적 접근은 번역학Translation studies의 '공유 기반shared ground'의 일부로서 주요 학자들에 의해 재확인되었다(Chesterman and Arrojo, 2000). 이러한 접근의 이론적·방법론적 결과는 이 책의 후반부에서 좀 더 다루어질 것이다(3.2.1, 3.3.1, 5.1.2 참조). 이제 다시 통역의 개념으로 돌아가서 통역이 다양한 기준에 따라 어떻게 더 세부적으로 구분되는지 살펴보기로 한다.

1.3 환경과 성상도*

통역의 현상을 역사적 관점으로 보면, 가장 분명한 분류와 표식은 통역이라는 행위가 발생하는 상호작용의 사회적 맥락 또는 환경setting이다. 좀 더 오래된 기원을 찾아보면 통역은 각기 다른 언어나 문화 공동체의 구성원이 특정 목적을 위해 접촉할 때에 발생했다. 다양한 사회 간 환경inter-social settings 속의 사회적 주체 간의 접촉 외에, 복수의 언어가 존재하는 한 사회 내에서도 중개된 의사소통이 발생할 수 있는데, 이때의 통역은 사회 내 환경intra-social settings에서의 통역이라고 할 수 있다.

1.3.1 사회 간 환경과 사회 내 환경

서로 다른 언어를 사용하는 사회 간의 최초의 중개된 접촉은 교역과 물품의 교환, 즉 '사업을 위하여' 이루어졌으며 이러한 비즈니스 통역business interpreting을 초기 형태의 통역으로 볼 수 있다. 통역의 종류에 대해 논한

* 성상도(constellation, 星象圖)는 '별자리'를 뜻하는 단어로서, 이 책에서는 통역 상황의 참여자들 간의 구도나 배치, 그리고 그 안에서 이루어지는 상호작용의 형태를 표현하기 위해 사용되었다—옮긴이주.

가장 오래된 문헌 중 하나에서 앙리 반 후프(Henri van Hoof, 1962)는 통역사가 연결자의 역할을 하는 리에종 통역liaison interpreting을 상업적 협상에서 주로 활용되는 통역의 형태로 언급하고 있다. 30여 년 후 젠틸 외(Gentile et al., 1996)는 '리에종liaison'의 의미를 활용해 '연결하다connecting', '엮다linking up'의 개념을 강조하여 다양한 사회 내, 사회 간 환경에서의 통역에 리에종 통역이라는 용어를 확장해서 사용했다.

상이한 언어 · 문화 공동체의 대표들이 정치적 관계의 형성 또는 강화를 목적으로 할 때에는 보통 외교 통역diplomatic interpreting을 수행하는 중개인들에게 의존하게 된다. 관계가 악화되거나 관계 수립 이전에 무력 충돌이 발생할 경우에는 군사적 환경에서의 중개가 필요하게 된다. 이러한 군사 통역military interpreting은 우방국과의 협상, 정전 협정, 수감자 조사 등을 포함하며, 따라서 외교 통역과 역사적 관계가 있다.

사회가 점점 포괄적이고 복잡해지면서 로마 제국이나 황금시대의 스페인 제국 등 다민족으로 구성된 사회정치적 집단이 등장하고 그 안에서 서로 다른 언어 공동체에 속한 개인 간 또는 집단 간 의사소통을 위하여 통역사의 서비스를 필요로 하게 된다. 사법 제도 수립과 집행을 위해, 특히 새로운 정복지나 식민지에서 정복 국가의 언어를 구사할 수 없는 사람들에게도 책임을 묻기 위하여 통역사를 활용했다. 따라서 법정 통역court interpreting은 한 사회 내의 제도적 환경에서 이루어지는 통역의 전형적인 예로서, 16세기 스페인에서는 이에 대한 법 조항이 만들어지기도 했다. 많은 사법권에서 법정 통역이라는 것은 문건의 인증 번역과 준사법적인 행정 청문회에서의 통역도 포함한다. 따라서 법정 통역은 구체적인 작업 환경하에서 이루어진다는 점에서 보다 광의의 법률 통역legal interpreting이나 사법 통역judicial interpreting과 구분된다.

법률 분야 외에 다민족 사회 내 이형 언어heterolingual 사용자 간의 소통을 위해 통역이 활용되는 이유는 최근 들어 평등주의 국가에서 모든 국민들의 복지에 대한 의지를 보이면서이다. 언어의 '동등한 접근성' 원칙이 강조되면서 통역의 사회 내적인 측면이 점차 중요하게 되었다. 예를 들어 미국에서는 청각장애인에게 노동 시장에 대한 동등한 접근성을 제공하기 위한 법이 1960년대에 제정되면서 수화 통역(1.4.1, 2.1.2 참조) 발전의 계기가 되었다. 직업 훈련이나 일반 교육 환경에서 청각장애인을 위한 '사회적 재활'을 강조함으로써 교육 환경에서의 수화 통역(교육 통역)은 가장 중요한 사회 내 통역으로 자리 잡게 되었다.

노동 시장에서 시작해 다양한 공공 기관 및 사회 서비스로 확장된 접근성 문제는 이주(이민)라는 맥락에서 새롭게 대두되는 소통적 요구이기도 하다. 스웨덴, 호주와 같은 국가는 1960년대부터 이민자를 위한 통역 서비스 수요에 부응하기 시작했으나 다른 국가는 이러한 사회적 요구에 빠르게 대처하지 못했다. 1980년대와 1990년대에 들어서 공공 분야(의료, 사회 서비스 등)에서 소통의 문제가 점점 더 많아지면서 '지역사회 기반 통역 community-based interpreting'에 대한 관심이 증가하기 시작했다. 따라서 영국에서는 주로 공공 부문 통역public service interpreting, 캐나다에서는 문화 통역cultural interpreting이라고 불리는 커뮤니티 통역community interpreting이 의료보건 통역healthcare interpreting(의료 통역 또는 병원 통역)과 법률 통역을 중심으로 통역의 새로운 분야로 등장하게 되었다.

사회 내 영역과의 관계는 상대적으로 약한 유형의 통역으로 사회문화 공동체 안에서 미디어 사용자들에게 외국어 방송 컨텐츠에 접근할 수 있도록 해주는 미디어 통역media interpreting 또는 방송 통역broadcast interpreting을 들 수 있다. 주로 영어를 출발어로 하는 구어 미디어 통역은 국제적인 차원의 인물과 내용을 담고 있기 때문에 사회 내, 사회 간 유형의 혼합형으로 볼 수 있다. 한편, 방송 내용을 수화로 통역하는 행위는 미디어 통역의 지역사회적 측면을 가장 잘 나타내고 있다. 마찬가지로 법정 통역도 전범 재판의 예에서 볼 수 있듯이 국제적 영역으로 볼 수 있다.

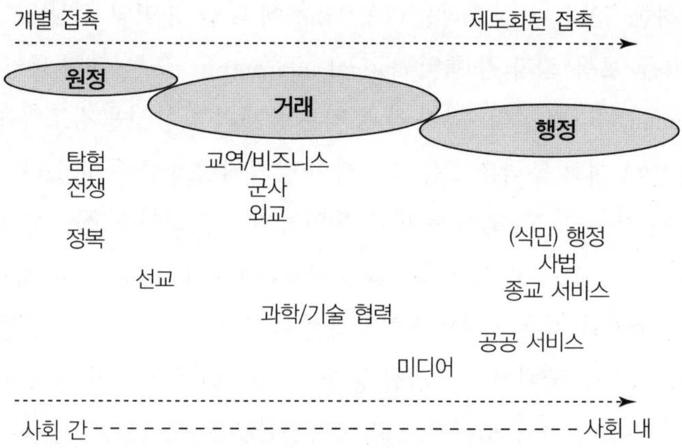

그림 1.1 다양한 사회적 상호작용 영역에의 통역

이와 같이 통역 행위는 역사적으로 서로 다른 부족 간의 첫 만남에서부터 제도화된 사회 간 '거래'와 사회 내('커뮤니티') 관계에 이르기까지 다양한 환경에서 발전해왔다. 따라서 상호작용의 사회 간 측면에서 사회 내 측면까지 아우르고 소통이나 만남이 점진적으로 제도화된 것을 반영하는 스펙트럼을 만들어볼 수 있다. 그림 1.1은 역사적으로 본 통역의 기능을 중심으로 사회 내, 사회 간 연속체를 보여준다. '원정(개별적인 사회 간 환경)', '거래(제도화된 사회 간 환경)', '행정(제도화된 사회 내 환경)'이라는 항목을 기준으로 작업 환경이 분류되었고, 시간의 흐름에 따라 상대적 중요성이 왼쪽 상단에서 오른쪽 하단으로 이동해왔음을 보여준다.

1.3.2 상호작용의 성상도

사회적 맥락과 제도화된 환경을 기준으로 통역의 유형을 분류할 수 있지만 상호작용의 상황적 성상도와 참여자 구도에 의한 유형 분류도 중요하다. 초기의 사회학적 분석에서 브루스 앤더슨(R. Bruce W. Anderson, 1976/2002)은 (이중 언어자인) 통역사가 두 (단일 언어) 고객 사이에서 중개 역할을 하는 '3자 간 상호작용'(5.3.1 참조)에 대한 통역의 성상도를 설계했다. 이를 보통 양자 간 통역bilateral interpreting 또는 대화 통역dialogue interpreting이라고 한다. 양자 간 통역은 중개의 방향성을 강조하는 반면에(1.4.3 참조) 대화 통역은 소통적 교환의 방식에 초점을 두고 있다. 이 두 유형 모두 기존의 '리에종 통역'과 동일하지는 않더라도 상당한 유사성을 갖는다(1.3.1 참조). 이러한 용어들은 **국제회의 통역**conference interpreting, 즉 다수의 국가와 기관의 대표가 참석하는 다자간 의사소통과는 구분된다.

국제회의 및 국제기구를 위한 통역은 여러 면에서 우리 시대의 가장 대표적인 통역이지만, 20세기 초반 국가연합League of Nation이 불어와 영어를 국제회의의 공식 언어로 사용하면서 본격적인 다중 언어를 사용하는 국제회의가 등장했고 통역의 전문성을 인정받기 시작했다. 유럽연합EU의 언어평등정책을 통해 위상이 높아진 **국제회의 통역**international conference interpreting은 다자간 외교 영역을 넘어 언어적 장벽이 존재하는 모든 거래와 협력 활동으로 확산되었다. 따라서 국제회의 통역은 더 이상 특정 기관의 환경이나 맥락에만 국한되는 것이 아니다(벨기에의회, 캐나다의회, 유럽의회에서 사용하는 **의회 통역**parliamentary interpreting이라는 전통적인 용어를 고수하는 것도 방법이긴 하다). 국제회의 통역의 특징이라면 특정 형태의 상호작용('회의')에서 이루어진다는 점이다. 물론 대부분 영어와 자국어를 중심으로 한 국내회의 통역 서비스 시장도 존재하나 많은 경우 국제회의는 국제적 환경에서 이루어진다.

작업 환경과 성상도의 분석적 범주와 그림 1.1의 '상호작용 영역spheres of interaction'을 함께 살펴보면 통역의 개념 범위를 국제(회의)에서 사회 내(커뮤니티) 통역으로 볼 수 있다. 국제회의 통역과 커뮤니티 통역을 동일한 차원에서 비교하고자 하는 유혹이 있을 수 있으나 사회문화적 공동체와 그 구성원/대표자의 수준과 상호작용의 형태 면에서 양자 간(예를 들어 다자간 회의 또는 면대면 대화)의 차이점을 이해하는 것이 중요하다. 그림 1.2는

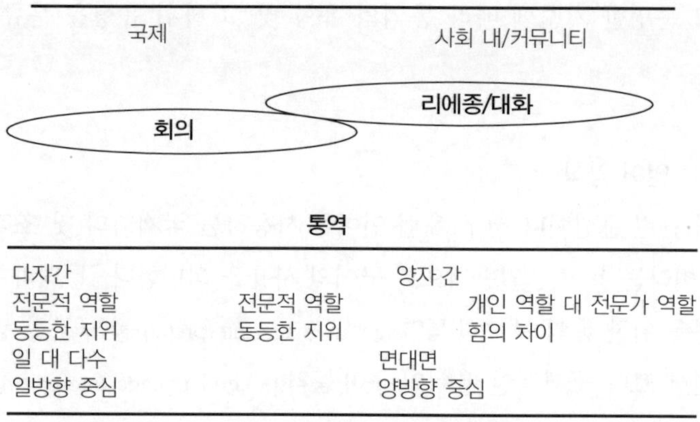

그림 1.2 통역의 개념적 스펙트럼

이러한 두 가지 초점을 보여주는 것으로 리에종/대화 통역이 좀 더 중립적인 입지를 차지하면서 양 극단의 특징을 어느 정도 포함하고 있다.

이 그림에서 모든 요소를 다 포함할 수 없고 또 양분적 논리를 펴는 것은 아니지만, 각 개념이 가진 전형적인 차이점을 살펴볼 수는 있다. 특히 커뮤니티 통역의 특성을 이해하기 위해서는 이 상호작용에 참여하는 주체가 자신을 위해 자신의 의견을 개진하는 개인이라는 사실이다. 또한 '국제적 기반 대 커뮤니티 기반' 또는 '국제회의 통역 대 리에종/대화 통역'이라는 이분법적 분류는 통역의 주된 종류를 구분하는 여러 방법 중 하나에 불과하다. 다음으로는 통역의 다양성과 복잡성에 대한 이해를 돕기 위한 또 다른 변수와 통역의 종류를 소개하려고 한다.

1.4 유형학적 변수

작업 환경과 성상도에 의거한 광범위한 분류 외에 언어 양식language modality, 통역 모드, 방향성, 기술, 전문직으로서의 위상 등 좀 더 체계적이고 분명한 기준에 따라 통역의 유형 및 그 하위 유형을 분류할 수 있다.

1.4.1 언어 양식

통역 관련 문헌이나 서구 유럽 언어를 사용하는 국제회의 및 조직에서 '통역'이라는 용어는 일반적으로 구어의 사용을 의미한다. 통역과 '청각장애인을 위한 통역'인 수화 **통역**sign language interpreting을 구분할 필요가 생기면서 보다 구체적인 용어인 **구어 통역**spoken-language interpreting이라는 표현이 사용되기 시작했다.

사실 청각장애인은 음향 정보보다 다양한 시각적인 언어 코드에 의존하기 때문에 **수화언어 통역**signed-language interpreting(또는 **시각언어 통역**visual language interpreting)이라는 용어가 더욱 정확한 표현이다. 이 용어는 나름의 문화적 정체성을 가진 청각장애인을 위한 농식수화(미국식 영어 수화, 영국식 영어 수화, 프랑스어 수화 등)와 구어나 문어를 기반으로 하는 표준식 수화(예: 수화 영어)로 구분하게 한다. 수화에서 타 언어와 (구어 기반의) 이차적 기호 체계 사이의 통역은 수화간 **통역**transliteration이라고도 하며 수화 통역사sign language interpreter 또는 수화간 통역자transliterator는 고객의 언어 능력과 선호도에 따라 그 사용이 결정된다.

수화 방향으로 가는 통역은 보통 '**수화**signing(음성에서 수화로의 통역, 혹은 수화에서 수화로의 통역)'라고 하며 반대로 수화를 출발어로 하는 통역은 '음성 **통역**voicing' 또는 '음성완역 **통역**voice-over interpreting(수화에서 음성으로의 통역)'이라고 한다. 시각과 청각 장애를 모두 가진 경우에는 기호 메시지를 감지하는 좀 더 특수한 통역 방식을 사용하는데, 수화자의 손 위에 자신의 손을 올려놓아 촉감을 읽는 촉각 **통역**tactile interpreting에는 지화 fingerspelling가 포함된다.

1.4.2 통역 모드

언어 양식과 마찬가지로 새로운 통역 방식이 생기기 전에는 통역 용어를 구분할 필요가 없었다. 1920년대에 들어와 음향 장비의 발전으로 동시통역이 가능해지면서 **순차통역**consecutive interpreting(출발어 발화 이후에 통역)과 **동시통역**simultaneous interpreting(출발어 텍스트가 제시됨과 동시에 통역)을 구분하게 되었다. 흥미로운 것은 원래 동시통역은 출발어 발화가 한 번 있은 후에 여러 언어로 동시에 통역이 되는 **동시적 순차**simultaneous consecutive였다는 점이다. 또 휴대 가능한 디지털 녹음 및 재생 장비의 등장과 더불어 최근 생겨난 또 다른 혼합 형태로 **순차적 동시**consecutive simultaneous를 들 수 있다.

순차통역은 출발 발화가 지속되는 시간이 정해져 있는 것이 아니기 때문에 단어 하나의 통역에서부터 상당한 길이의 발화 또는 연설문 전체에 해당하는 길이를 '한 번에' 통역하는 연속체로 볼 수 있다(그림 1.3). 통역사의 스타일, 기억력, 기타 상황적 변수(슬라이드 사용 등)에 따라 상대적으로 길이가 긴 순차통역에는 20세기 국제회의 통역의 선구자들이 개발한 **노트테이킹**note-taking이 사용되기도 한다(2.1.1, 2.2.1 참조). 이러한 체계적인 노트테이킹이 포함된 순차 통역을 '전통적classic' 순차라고 하며 노트테이킹 없이 리에종 환경에서 이루어지는 양방향 통역을 짧은short 순차로 달리 부르기도 한다.

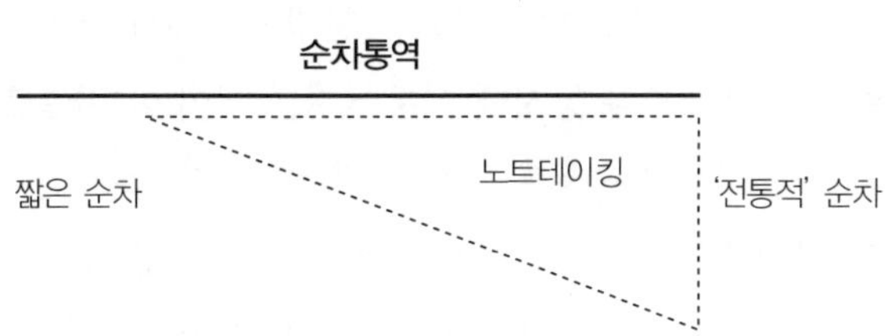

그림 1.3 순차통역의 스펙트럼

시각을 통해 이루어지는 수화 통역에서는 통역사가 추가적인 시각 작업, 즉 노트테이킹을 하는 것이 쉽지 않기 때문에 보통 짧은 순차나 동시통역을 하는 경우가 많다. 그러나 수화 통역에서 순차와 동시가 언제나 명확히 구분되는 것은 아니다. 음성완역 통역이나 수화 통역 모두 음성의 간섭이 없기 때문에 수화 통역사는 출발어의 메시지가 끝나기 전에 통역을 시작할 수 있다. 구어 리에종 통역사도 사실상은 순차통역이지만 동시성을 최대한 살려 통역한다.

출발어와 도착어의 음성 중첩이 발생하지 않기에 수화 통역사의 주된 통역 양식은 오디오 등의 전송 장비 없이 하는 동시통역인 반면에, 구어 동시통역은 전자-음향 장비를 사용하며, 예외적으로 통역사가 한두 명의 청자 바로 옆에서 동시통역을 하는 경우는 '**위스퍼 통역**whispered interpreting'(불어로는 chuchotage)이라고 한다. 속삭인다고는 하나 사실상 속삭이는 것이 아니라 '작은 소리'로 통역이 이루어진다. 이러한 방식은 이동식 장비인 마이크와 헤드셋 수신기를 사용하기도 한다. 그러나 오늘날 기계 장비를 기반으로 하는 동시통역(8.6.1 참조)이 상당히 자리 잡았기 때문에 동시통역이라고 하면 '방음이 되는 부스 안에서 동시통역 장비를 사용하여 이루어지는 구어 통역'을 의미한다.

동시통역의 특별한 유형으로는 쓰여진 텍스트를 '보면서' 통역을 하는 것을 들 수 있다. 청자가 바로 사용할 수 있도록 실시간에 이루어지는 동시통역의 한 종류인 '**문장구역**sight translation'은 좀 더 정확하게는 '시통역 sight interpreting'이라고 할 수 있다. 문장구역에서 통역사의 도착 텍스트 생산은 출발 텍스트와 동시에 이루어지는 것이 아니라 출발 텍스트에 대한 통역사의 시각적 수용과 동시에 이루어진다. 실시간 통역이라는 제한이 없는 상태에서 '보면서' 통역을 한다면 이 시통역은 엄밀히 말해 순차모드에 속하거나 심지어 상당한 '검토'와 수정의 기회가 있는 '구두 번역 oral translation'으로 볼 수 있다. 동시통역의 특별한 형태로 부스 안에서 텍스트를 보면서 하는 동시통역SI with text이 있다. 하지만 출발 발화가 음향 장비를 통해 주어진다는 점, 많은 화자가 텍스트에서 벗어난 내용을 말한다는 점, 시간 절약을 위한 생략이 발생한다는 점 등에서 문장구역이라기보다는 문장구역의 요소를 가진 복합적 형태의 동시통역으로 간주한다.

그림 1.4로 나타낸 이러한 구분은 언어 양식마다 다를 수 있다. 앞서 언급했듯이, '수화 통역(즉 음성에서 수화, 수화에서 수화, 혹은 텍스트에서 수화로의 통역)'은 별도의 장비 없이 동시통역이 가능하다. 반대로 수화에서 음성으로의 통역은 마이크와 부스를 필요로 할 수도, 하지 않을 수도 있다. 이때 동시통역을 위한 장비가 필요한 유일한 경우는 수화로 이루어지는 한 사람의 출발어 발화를 여러 (구어) 언어로 통역하므로 음성 채널을 언어별로 분리해야 할 때이다. 텍스트에서 수화로의 통역의 경우 통역사는 수용(읽기)과 산출(수화) 사이를 오가며 통역을 하게 되고 이때의 문장구역은 (짧은) 순차 통역에 가깝다.

1.4.3 방향성

통역 과정은 언제나 출발어에서 도착어라는 하나의 방향으로 진행되지지만 소통 차원에서는 방향성이 훨씬 복잡하다. 전형적인 중개된 면대면 대화face-to-face dialogue인 경우(1.3.2, 5.3.1 참조), 통역사는 대화 참여자의 말하는 순서에 따라 두 개의 언어를 오가며 통역을 하게 된다. 따라서 양자 간 통역은 통상 '리에종 통역', '대화 통역'과 관련된 개념이지만 통역사가 '이중 언어 사용 부스'에서 질문과 발언을 통역해주는 경우에는 양자 간 통역이 국제회의 통역 상황에서도 이루어질 수 있다.

국제회의 통역에서는 흔한 일이지만 소통 차원에서는 '일방향' 또는 한 방향으로 이루어지는 통역을 나타내는 용어는 없다. 그 대신 국제회의통역사협회(AIIC, International Association of Conference Interpreters, 2.1.1 참조)

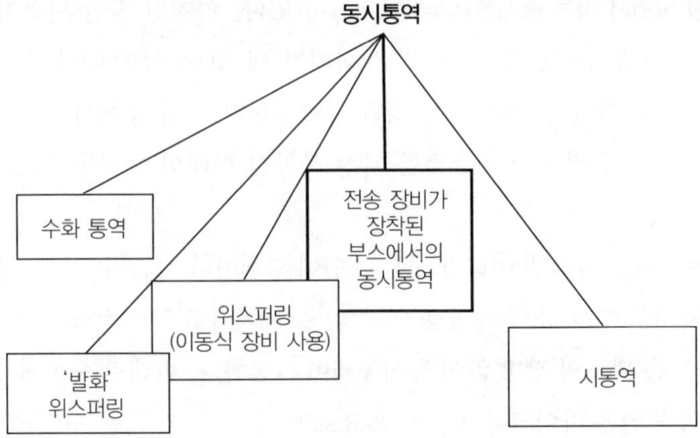

그림 1.4 동시통역의 형태

에서 분류한 A, B, C 언어(A 언어=모국어 또는 가장 '능동적인' 언어, B 언어=모국어 화자 수준으로 구사할 수 있는 '능동' 언어, C 언어='완벽한 이해'가 가능한 '수동' 언어)로 이루어진 통역사의 통역 언어working language 조합을 참고로 할 수 있다. 서양의 국제회의 통역에서는 전통적으로 통역사의 B 또는 C 언어에서 A언어로의 동시통역을 선호해왔다. B 언어 방향 통역A-to-B interpreting or retour interpreting은 국가 내에서 또 민간 시장에서 보편적으로 사용되고 있으나 국제기구에서의 동시통역으로는 수용되지 못했다. 반면, 대다수가 언어 발달기 이전부터 수화를 사용한 사람native signer이 아닌 수화 통역사들은 대부분 B 방향으로 동시통역을 하고 있으며 A 언어로의 통역, 즉 수화에서 음성으로의 통역을 더 힘든 방향으로 간주한다.

또 하나 독립적인 주제이지만 현재 다루고 있는 방향성의 맥락에서 살펴볼 수 있는 유형은 출발어에서 도착어 간의 직접 전이가 어려운 경우이다. 통역사의 언어 조합이 '직접 통역'에 적합하지 않은 경우 제3의 언어를 통해 한 통역사의 도착어 통역이 다른 통역사의 출발어로 작용하는 간접 통역, 즉 릴레이 통역relay interpreting이 이루어진다. 구 동유럽 국가에서는 러시아어가 기축pivot 언어 역할을 하고 이것이 다수의 소비에트 연방 언어로 통역되는 릴레이 동시통역이 일반적이었다. 서구 통역의 전통을 옹호하는 사람들은 이러한 러시아의 릴레이 시스템과 외국어로의 통역을 받아들이지 않았다. 그러나 UN과 EU에서 쓰는 일부 언어에 있어서, 영어를 주로 기축 언어로 하는 B 언어 방향 통역과 릴레이 통역은 중요한 역할을 했으며 EU의 확장과 더불어 앞으로 더욱 많은 역할을 할 것으로 보인다.

1.4.4 기술의 사용

기술 장비의 사용은 동시통역과 관련해 이미 설명한 바 있다(1.4.2 참조). 이때의 기계 장비는 주로 출발어와 도착어 메시지가 음향적으로 섞이지 않도록 하는 기능을 한다. 음향과 영상을 전송하는 전자 시스템은 공간적 거리를 극복하고, 화자(통역사 포함)와 가청 범위 밖의 청자, 수화의 경우 가시거리 밖의 청자를 '연결'하는 데 사용된다. 회의장 또는 소음이 많은 상황 등 현장에서의 용도 외에 전자 음향 및 영상 음향 전송 장비는 일정한 지역을 넘어 사용되기도 한다. 일반적으로 **원거리 통역**remote interpreting이라 불리는 이 경우 통역사는 화자 또는 청자와 같은 공간에 존재하지 않는다. 가장 오래된 원거리 통역은 1950년대의 **전화 통역**telephone interpreting/over-the-phone interpreting으로 1980년대와 1990년대에 특히 사회 내 환경(의료, 경찰 등)에서 널리 사용되었다. 비디오 전화의 개발은 청각장애인을 위한 **비디오폰 통역**videophone interpreting에 상당히 중요한 계기가 되었다. 보통 전화 통역은 통상적인 장비를 사용해 양자 간 순차 모드로 수행되지만, 미국을 중심으로 특수 제작된 음성 변환 시스템을 사용해 의료 분야에 **원거리 동시통역**remote simultaneous interpreting을 하려는 노력이 있었다. 국제 및 다자간 회의에서 다양한 전송 방식을 통한 화상회의 기술의 사용으로 시청각 원거리 (회의) 통역과 **화상 통역**tele-interpreting에 대한 관심이 고조되었으며 향후 가장 역동적인 발전을 보일 통역 분야이기도 하다.

통역의 '비인간화'에 대한 비판도 있으나 기술 중심의 원거리 통역만큼이나 미래지향적인 것으로 기계 번역 소프트웨어와 음성 인식 및 합성 기술에 기반을 둔 자동 통역automatic interpreting 시스템을 개발하려는 시도가 있다. 이러한 기계 통역machine interpreting이 통역학자들의 관심 영역이 되어야 하지만 '완전 자동화된 고품질 통역'의 가능성은 요원하게 보인다.

1.4.5 전문직으로서의 위상

지금까지 소개된 변수와 통역의 종류가 통역의 수행 방식과 관련이 있다면 통역을 수행하는 행위자의 기술과 전문성의 수준 역시 통역의 중요한 구분 방식이다. 대다수의 통역 관련 문헌을 보면 통역 행위와 이를 수행하는 통역사가 특별하고 비교적 높은 전문적 지위를 갖는다고 전제한다. 다시 말해서, 특별히 따로 명시되지 않은 경우 '통역'이라고 하면 전문 통역을 뜻하고 '통역사'는 특별한 기술을 가진 '전문가'로 여겨진다. 이는 이 책에서도 마찬가지이다. 물론 역사적으로 전문 통역과 별도의 훈련을 받지 않은 이중 언어자에 의한 통역을 뜻하는 소위 일반인 통역lay interpreting 또는 비전문 자연 통역natural interpreting을 구분하기는 쉽지 않다.

'비전문 자연번역natural translation'은 1970년대 캐나다의 번역학자인 브라이언 해리스Brian Harris가 "번역은 이중 언어성bilingualism과 동시에 존재한다"라고 말하며 모든 이중 언어 사용자는 최소한의 번역 능력을 가지고 있음을 주장했다(Harris and Sherwood, 1978: 155). 기드온 투리(1995) 역시 이와 유사하나 조금은 덜 급진적인 '비전문 번역사native translator'의 개념을 제시하면서 통역(번역)의 학습 기반으로 이중 언어 사용 능력을 말했다. 두 사람 모두 훈련받지 않은 이중 언어자가 통역 기술을 습득하고 적용하는 과정의 장점을 지적했고, 통역 관행과 통역으로서 인정받기 위해 필요한 기술의 수준을 결정하는 사회문화적 번역 규범이 존재한다는 것에 동의했다.

'통역에 대한 별도의 훈련을 받지 않은 사람에 의해 일상 환경에서 이루어지는 번역 행위'(Harris and Sherwood, 1978: 155)는 고금을 통해 이루어진 행위일 것이다. 오늘날에도 서로 다른 언어를 사용하는 화자 간 대화의 상당 부분이 비전문 자연통역사를 통해 이루어지고 있으며 가장 대표적인 예로 지역사회에서 이민자 가족 중 이중 언어를 하는 자녀 또는 청각장애인의 자녀가 가족을 위해 의사소통을 돕는 경우를 들 수 있다. 크게 보았을 때, 보통 수준의 이중 언어 사용자가 통역할 수 있는 정도를 넘어선 수준일 경우에 특별한 지식(관련 문화나 주제)과 기술(기억력, 노트테이킹, 동시통역), 도덕성, 신뢰성 등의 자격 요건(8.4.1 참조)을 갖춘 사람에게 통역을 의뢰한다. 그러나 통역에서 누가, 또 무엇이 전문 능력인지를 판단하는 기준이 항상 분명한 것은 아니며 전문직으로서의 통역과 전문가로서의 통역사의 지위 문제는 통역이 수행되는 사회문화 및 제도적 맥락에서 검토되어야 한다(2.1 참조).

1.5 영역과 차원

이 장에서 소개된 유형학적 분류를 통한 연구 대상으로서의 통역이란 상당히 다차원적이라는 것을 알 수 있다. 이 절에서는 통역의 몇몇 주요 영역과 통역 행위와 관련된 개념과 변수를 통하여 연구 대상으로서의 통역의 복잡성과 다양성을 살펴보고자 한다. 그 결과로 도출되는 통역학의 영역을 보여주는 '지도'는 통역학의 지평을 논의하는 데 유용한 방향을 제시할 것이다.

번역 활동 연구와 관련하여 번역학의 전체 구도를 파악하고자 했던 시도 중에서 가장 널리 알려진 것은 제임스 홈즈(James S. Holmes, 1972/2000)

의 번역학 연구로서, 보통 번역학의 '지도'로 불린다(Toury, 1995: 10; Munday, 2001: 10 참조). 홈즈는 통역을 일차적 관심사로 삼지 않았으며 홈즈의 지도에서 통역은 '매체 제한적인medium-restricted' 이론적 영역에서 (문어가 아닌) 구어로 이루어지는, (기계가 아닌) 인간에 의한 번역으로 분류되어 있다. 지도 상에 통역의 위치를 좀 더 부각시키기 위하여 하이데마리 잘레프스키(Heidemarie Salevsky, 1993)는 통역학의 학제를 위한 가지형 구조를 제안했으며, 이는 상황 변수를 기반으로 한 이론적 하위 영역으로 구성된다(Salevsky, 1993: 154). 상황 변수에는 통역의 모드(순차 대 동시), 매체(인간, 기계, 컴퓨터 지원 통역), 언어 조합, 문화 조합, 장소/기관(법정, 미디어 등), 텍스트 관계(텍스트 유형, 전문성의 정도 등), 파트너 관계(출발 텍스트 산출자 대 도착 텍스트 수용자) 등이 있다.

이러한 지도화 노력과 위의 1.3과 1.4의 논의를 기반으로 하면 통역학의 이론적 영역의 지도는 (1) 매체, (2) 작업 환경, (3) 모드, (4) 언어(문화), (5) 담화, (6) 참여자, (7) 통역사, (8) 문제라는 여덟 가지 차원으로 구성된다고 할 수 있다. 그림 1.5는 이러한 개념을 사용하여 통역학에서 이론적 · 실증적으로 연구되어야 하는 광범위한 현상의 범위를 보여준다.

그림 1.5의 수평축은 통역의 다양한 성격을 예로 보여주는 반면, 수직적 배열은 통역의 실제와 이론의 주요 하위 영역을 보여준다. 따라서 그림의 왼쪽에는 국제회의 통역의 영역에 있는 다양한 차원들이 있다. 오른쪽을 수직으로 보면 커뮤니티 기반 통역의 주요 특징을 볼 수 있다. 통역의 다양한 현상과 현상의 다양한 측면을 고려할 때, 이 그림으로 모든 특징을 보여줄 수는 없다. 그러나 위로부터 일곱 개 차원의 상호작용을 통하여 전체적으로 다양한 영역의 주요 요소를 알 수 있다. 그림 1.5 하단에 점선으로 표시된 문제 중심적인 차원은 기술적인 특징을 연속선상으로 본 것이 아니라 지금까지의 주요 연구 주제의 예를 나열한 것으로 이 책의 2부에서 추가로 다루어진다.

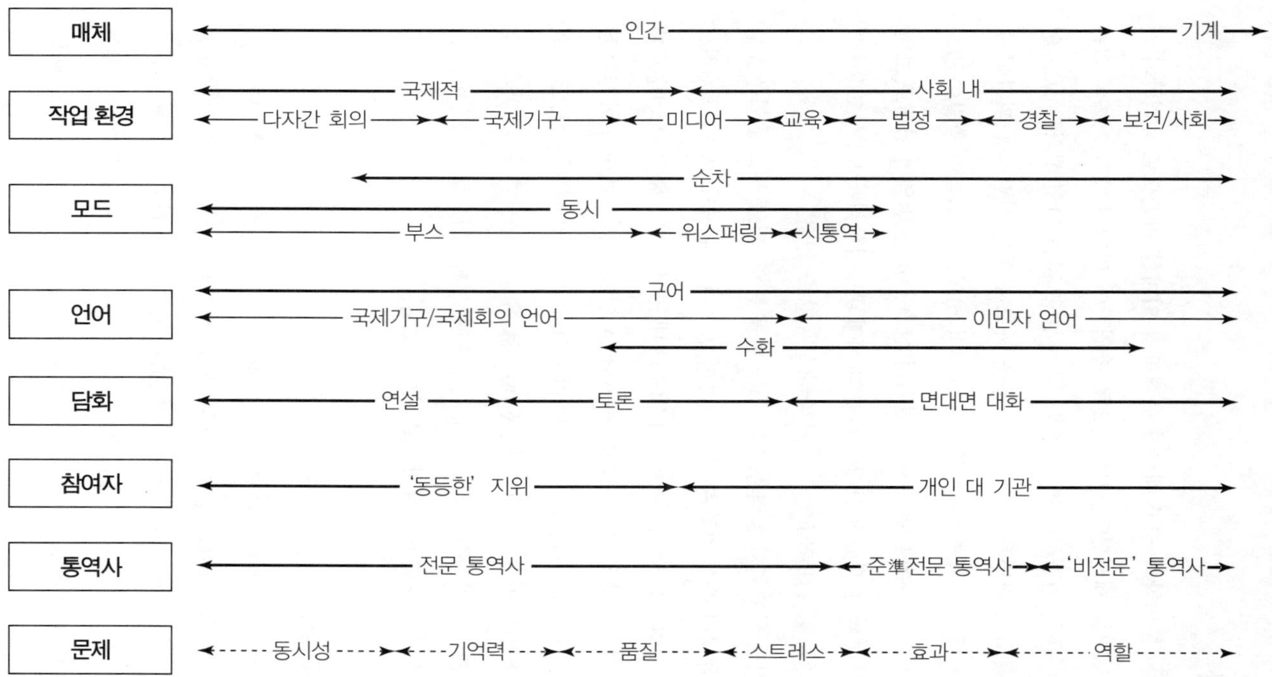

그림 1.5 통역 이론의 영역 및 차원

요약

이 장은 통역학의 연구 대상과 유형학적 의미를 기반으로 통역학의 개념적 토대를 제시했다. 기본적으로 통역학이 번역의 개념 이론에 의존하고 있음을 인정하면서, 통역을 '즉시성'을 갖는 번역 행위로 보고 언어와 문화의 장벽을 넘어 의사소통을 하고자 하는 사람들을 위하여 수행되는 행위로 규정한다. 통역의 개념적 정의는 일회적인 출발어 발화를 기반으로 하여 다른 언어로 일회적 산출을 하는 번역의 형태로 보며, 사회적 맥락과 제도적 환경(사회 간 대 사회 내), 상황적 구도, 상호작용의 형태(다자 회의 대 면대면 대화)에 따라 분류할 수 있다.

통상적인 국제회의 통역과 법정 또는 법률 통역, 의료 부문 통역을 포함한 커뮤니티 중심 대화 통역을 하나의 연속체로 보면서, 좀 더 구체적으로는 통역의 유형 외에 언어 양식(수화 대 구어 통역), 통역 모드(순차 대 동시통역), 방향성(양방향, B/C 언어에서 A 언어 방향 통역, B 언어 방향 통역, 릴레이 통역), 기술의 사용(원거리 통역, 기계 통역) 및 전문직으로서의 위상(비전문 '자연' 통역 대 전문 통역)으로 유형을 구분했다. 마지막으로 통역 연구의 이론적 영역을 '지도'의 형태로 제시함으로써 복잡한 상호작용에 대한 개념을 시각적으로 보여주었다.

핵심 문헌

'통역사interpreter', '통역interpreting'이라는 용어에 대해 Mead(1999)를 참고하라. 아직까지 통역에 대한 포괄적인 개념적 분석을 제공하는 문헌은 별로 많지 않다. 1990년대 중반 Harris의 통역 관련 'taxonomic survey'는 아직 출판되지 않은 상태이다. 커뮤니티 통역을 포함한 분류의 논의는 Gentile et al.(1996), Carr et al.(1997)의 논문과 *Encyclopedia of Translation Studies*(Baker, 1998), *Dictionary of Translation Studies*(Shuttleworth and Cowie, 1997)를 참고하라. 독일어 문헌은 *Handbuch Translation*(Snell-Hornby et al., 1998)를, 역사 속의 다양한 상황에서의 통역에 대해서는 Bowen(1995)을 참고하라. 전문 통역 실무의 다양한 영역에 대한 심층적 연구 논문은 대부분 한 분야만을 대상으로 하고 있으며 국제회의 통역은 Herbert(1952), Seleskovitch (1978a), Jones(1998), 법정 통역은 González et al.(1991), Laster and Taylor(1994), Mikkelson(2000), 커뮤니티 통역/리에종 통역은 Gentile et al.(1996), Erasmus(1999), Wadensjö(1998: ch.3), 수화 통역은 Frishberg(1990), Stewart et al.(1998)을 참고하라.

추가 연구 주제

- 각 언어에서 '통역사'와 '통역'이라는 단어의 어원과 현재 의미는 무엇인가?
- 다른 언어에서 사전과 학술 논문, 또 직업 현장에서 '번역'과 '통역'은 어떻게 구분되고 있는가?
- 다른 언어에서 '통역(interpreting 또는 interpretation)'을 번역적 의미에서, 또 해석적으로 달리 구분하고 있는가?
- 다른 언어나 국가에서 특히 중요시되는 통역의 형태와 유형은 무엇이며, 이의 분류 방식과 관계는 어떠한가?

제2장

진화

이 장에서는 통역 연구가 역사적으로 어떻게 발전되어 왔는지에 관해 조명하고자 한다. 통역학의 전문화가 차지하는 중요성을 강조하면서 통역학의 학문화 기반을 간단하게 검토한 다음, 전문인 중심의 논문에서 이론 기반의 연구에 이르기까지의 발전 단계를 조명하고, 통역학의 사회학적 측면과 학문적 틀을 중점적으로 살펴볼 것이다. 즉 누가, 언제, 어디서 등과 같은 질문에 답하며 통역학의 발전 과정과 구성에 대해 개략적으로 소개하고자 한다.

이 장의 핵심 내용은 아래와 같다.

- 통역의 직업 표준의 진화
- 통역 연구의 시작
- 통역 교육의 제도화
- 통역학 연구의 대표적인 학자와 단체
- 1990년대 이후 통역 연구의 다양화 및 통합
- 21세기 초 통역학의 위상

2.1 사회적-전문적 기반

통역이 매우 오래된 활동임에도 불구하고, 20세기까지는 대체적으로 너무 평범하고 단순하다고 간주되어 별다른 주목을 받지 못했다. 그럼에도 불구하고 인류 역사에서 통역의 역할에 대한 흥미로운 사례를 볼 수 있다. 예를 들어 기원전 3천년 고대 이집트에서는 엘레판틴의 왕자들에게 '통역관들dragomans의 감독'이라는 경칭이 주어졌으며(Hermann, 1956/2002 참조), 기원전 1546년 군대 총지휘관 호렘헤브의 멤파이트 무덤의 벽화에 통역관이 그려져 있는 것을 볼 수 있다(Delisle and Woodsworth, 1995: 279). 또한 전 세계로 퍼져나간 로마 제국의 유급 통역관들, 서기 649년 로마 가톨릭의 라테란 공의회에서 일했던 초기 통역사와 번역사들, 스페인의 정복자 에르난 코르테스가 아즈텍 제국을 점령할 당시 결정적인 역할을 수행했던 인디오 여인 말린체, 16세기 스페인 국왕이 제정한 식민지의 통역 관행 규제법, 콘스탄티노플에서 통역사로서 훈련을 받은 프랑스와 오스트리아의 '언어 담당 소년'들이 후에 오스만 제국에서 외교 업무를 담당한 일, 17세기 캐나다 원주민 부족들과의 거래에서 주요 무역상 및 협상가의 역할을 수행했던 프랑스의 '상주 통역사', 1차 세계대전 당시 평화회담에서 결정적인 역할을 수행했던 폴 망투Paul Mantoux 교수 등이 역사 속에서 흔적을 찾아볼 수 있는 통역사들에 대한 기록이다.

이와 같이 통역은 여러 시대와 지역에 걸쳐 오랫동안 수행되어온 인류의 활동으로, 약간의 보수, 법률적 기준, 그리고 전문 교육까지는 아니더라도 특별한 노하우를 바탕으로 이루어져 왔다. 그러나 총체적으로 보았을 때 통역은 확고한 전문적 위상이나 '직업적 정의'와 같은 개념을 가진 것은 아니었다. 오랜 역사를 기준으로 보면 통역사의 지위는 문화적으로 다양한 역할(가이드, 자문가, 무역상, 전령, 스파이 혹은 협상가의 역할)을 수행했던 현지 중개자 '드라고만dragomans'(1.1 참조)과 국정에 참여했던 '통역 사무관'으로 확연히 구분된다. 20세기 초반에 통역이 전문직으로서의 형태를 갖추기 시작한 것은 국정에 참여한 '통역 사무관' 쪽의 영역이 시발점이 된 것이다.

2.1.1 국제회의 통역

1919년 파리평화회담에서 연합군 사령관들의 통역을 맡았던 폴 망투의 눈부신 활약으로 국제 통역의 근대사는 중요한 전환점을 맞이한다. 이중언어 사용자들이 우연한 기회에 통역을 맡았던 이전의 관행과는 달리 제네바의 국제연맹League of Nations이나 관계 기관인 국제노동기구ILO와 같은 국제기구에서 활동하는 특별한 기술을 가진 전문가 집단이 등장한 것이다. 순차통역의 노트테이킹 기법과 같은 최초의 교육 프로그램이나 통역과 통역사에 대한 초기 연구(Sanz, 1931)들도 이러한 당시 상황과 관련이 있다(2.2.1 참조). 국제 정치와 교역에서 의사소통의 필요성이 확대됨에 따라 외교관의 외국어 훈련을 담당하는 기관과는 차별화된 언어 및 번역 기술의 체계적 훈련을 제공하는 새로운 교육 기관들이 설립되었다. 이러한 취지에서 20세기 유럽에 설립된 최초의 교육 기관으로는 1930년 독일 만하임의 비즈니스 번역통역사 대학으로 이후 하이델베르크 대학으로 이전되었다. 1940년대 초에는 통역번역사를 교육하는 대학들이 제네바와 비엔나에 설립되었으며, 얼마 후 1920년대 중반부터는 시험적으로 시도되던 동시통역의 수요에 부응하기 위한 교육이 제공되었다. 동시통역은 뉘른베르크 나치 전범재판(Nuremburg Trial, 1945~1946)에서 중요한 시험대에 오르게 되었으며 추후 UN에도 도입되었다.

전문 통역 인력에 대한 시장의 수요가 확대되고 교육을 받은 졸업생들이 배출됨에 따라 1950년대 초 국제 통역번역 전문 기구들이 설립되었다. 각국의 통역번역협회를 기반으로 하여 세계의 전문 통역사와 번역사의 권익을 대변하는 세계번역사연맹(FIT, International Federation of Translators)의 설립과 더불어 1953년 전 세계 회원들로 이루어진 국제회의통역사협회(AIIC, International Association of Conference Interpreters)가 발족되었다. AIIC는 1957년 윤리 강령과 직업 표준을 채택하여 통역사들의 근무 조건을 규정하고 국제적으로 통역사의 위상을 높이는 데 성공했다. 1990년대 AIIC의 통역 요율과 근무 조건 규정에 대하여 미국에서 독점 반대 소송이 제기되었으나 AIIC는 근무 조건에 대한 규정만은 고수하는 데 성공했다. AIIC는 국제기구들과의 집단 협상에서 영향력을 발휘하고 있으며 통역 관련 연구(7.5.1, 8.6 참조)는 물론 교육 분야(2.1.3, 9.5.2 참조)에서도 중요한 역할을 담당하고 있다. 그러나 위 소송의 예에서 볼 수 있듯이 자율성을 갖는 국제적인 회의통역일지라도 국내법의 적용을 받을 수 있으며 권한이 축소될 수도 있다. 실제로 국제기구 혹은 국제회의 통역 이외의 다른 영역에서는 통역의 전문성을 모색하고자 하는 노력이 국내법이나 지역의 제도적 제약 때문에 어려움을 겪고 있기 때문이다.

2.1.2 커뮤니티 통역

1950년대 이후 국제회의 통역이 마치 큰 물결처럼 빠른 속도로 전문성을 인정받아 국제적으로 높은 위상을 누리던 것과는 달리, 커뮤니티 통역의 전문화는 작은 물결처럼 간헐적으로 이루어진 듯하다. 사회 간 통역의 유형 중에서 가장 역사가 깊은 통역은 법정 통역이다. 이미 16세기에 법 관련 통역의 전례가 있었음에도 불구하고 각국의 법정에서 이루어지는 통역이 전문적인 기준에 연계되기 시작한 것은 20세기 후반이었으며 이때에도 대부분 '우연한 통역사'에 의존했다. 일찍이 "증인 선서를 한 통역 번역사"의 지명이나 자격 심사에 대한 법률 조항이 있었고(예: 덴마크), 1920년대 설립된 법정 통역사 협회들도 있지만 통역사 양성을 위한 체계적인 훈련에 관한 증거는 거의 없다(2.1.3, 9.1.2 참조). 미국에서는 1978년 법정통역사법Court Interpreters Act을 통해 연방 법원에서 활약하게 될 전문 통역사에 대한 기준을 마련했으며 자격 심사와 인증 장치를 통해 연방 법원 및 주 법원 차원에서 통역의 전문화 추세가 시작되었다(8.3 참조).

통역사의 사용을 관장하는 법 조항의 중요성은 미국 수화 통역사의 전문화 과정에서도 분명하게 나타난다. 1960년대 청각장애인들의 직업 재활을 위한 목적으로 통역사를 사용하고 그에 대한 보수의 지급을 의무화하는 법안이 발효되자, 1965년 청각장애인의 교육과 재활을 담당하는 기관들은 통역사들과 만남을 갖고 전국적인 통역사 단체를 설립했다. 이는 추후 청각장애인을 위한 통역사협회(RID, Registry of Interpreters for the Deaf)로 불리게 된다(8.1.2 참조). RID는 AIIC와 마찬가지로 회원들의 직업윤리와 관행에 관한 기준을 마련하고, 자체 평가 및 인증 제도를 시행했다. 이러한 노력의 중심에는 RID의 윤리 강령이 있으며, 추후 구어 커뮤니티 통역사들의 직업 표준을 성문화하는 과정에서 모델이 되기도 했다.

공공 서비스에 대한 접근성 제공이라는 사명을 공유하고는 있지만 청각장애인보다는 이민자를 주 대상으로 통역 서비스를 제공하는 커뮤니티 통역은 호주나 스웨덴과 같이 확실한 이민 정책을 가지고 있는 국가에서 시작되었다. 이들 국가는 1970년경 전화 통역을 비롯하여 의료 및 공공 부문 현장 통역을 처음 도입했다. 이후 북미와 유럽(프랑스, 네덜란드, 영국 등)에서도 유사한 통역 서비스가 도입되었지만 호주는 호주 국립통역번역사인증국(NAATI, National Accreditation Authority for Translators and Interpreters)을 설립하여 교육 과정 인증을 제공하면서 40개 이상의 언어에 대하여 전문적인 언어 자격 수준을 평가하는 시험을 시행하고 있다.

흔히 독립된 영역으로 여겨지는 법정 통역을 제외하고, 커뮤니티 통역의 전문화가 진전을 이룬 분야는 주로 의료 통역 분야이다. 특히 미국의 차별금지 법안은 유능한 의료 전문 통역사의 고용을 촉진시켰으며 전문가 협회 설립의 초석을 마련했다(8.3 참조). 그러나 전반적으로 각 나라의 제도적 환경, 인구, 정치적 상황, 규제 환경의 다양성 때문에 전문직으로서의 커뮤니티 통역의 발전 정도는 상당히 불균형적이고 일관성이 없었다. 1990년대 중반에 이르러서야 커뮤니티 통역이 국제적인 협력과 교류의 대상이 된 것이다. 그러나 세계 각국의 커뮤니티 통역에서 발견되는 공통점은 전문 직업에 대한 기준과 보수, 훈련 과정이 부족하다는 데 있다. 이러한 사항에 대해 국내적 · 국제적인 통일을 꾀하고 있는 전미의료통역사협의회(US NCIHC, US National Council for Interpretation in Health Care), 유럽수화통역사연합(EFSLI, European Federation of Sign Language Interpreters), 유럽 커뮤니티 통역 중개업자 협회인 '바벨리아Babelea'와 같은 단체들은 어려움을 겪고 있다. 공공 기관들은 전문 통역 서비스에 대해 보수를 지불할 능력이 없거나 혹은 의사가 없기 때문에 커뮤니티 통역사가 더 높은 수준의 교육을 받아야 할 동기가 없다. 실제로 커뮤니티 차원에서 활동하고 있는 통역사들에게 고등 교육 기관에서 제공하는 교육은 거의 없다(9.1.2 참조). 사실 국제회의 통역과 커뮤니티 통역의 가장 큰 차이점 중 하나는 전문적인 교육 기회 제공의 격차이며, 이는 나중에 논의되듯이 통역 연구의 발전에 시사하는 바가 크다.

2.1.3 고등 교육화

1950년대 이후 국제회의 통역사들이 높은 위상을 누릴 수 있었던 이유는 세계적인 단체로서 전문 통역사의 능력과 보수를 규정한 AIIC의 역할뿐 아니라 탄탄한 재정 능력을 갖춘 고객 및 시장 형성과 대학 차원의 교육 때문이었다. 대학의 교육은 1959년 AIIC가 도입한 '교육 정책'에 의하여 큰 영향을 받았다. 통역번역 학교들은 AIIC의 교육 정책, 즉 통역 수업은 현직 통역사들에 의하여 설계되고 교육되어야 한다는 기준을 준수했고, 이들 학교는 1960년대 초반 통역번역 학교로 인정받은 학교들의 모임인 통역번역대학(원)협회(CIUTI, Conference of University-level Translator and Interpreter Schools)를 설립했다. CIUTI 학교들(예: 제네바, 하이델베르크, 파리,

트리에스테, 비엔나 대학)은 소속 대학과의 연계성을 내세우기는 했지만 전문대학의 특징이 강했으며, 많은 경우 독립 기관으로서의 지위를 가졌다. 이는 전문학교, 즉 École(Supérieure), Institut Supérieur, Hoger Instituut, Scuola Superiore, Escuela Universitaria와 같은 학교 이름에서도 찾아볼 수 있다.

이러한 제도권 내의 선구적인 통역사들은 통역에 대한 최초의 교과서를 집필했으며(Herbert, 1952; Rozan, 1956; van Hoof, 1962; Seleskovitch, 1968), 통역 교육 기관들은 1970년대와 1980년대에 걸쳐 고등 교육의 학구적인 면보다는 전문적인 실무를 부각시켰다. 그러나 1980년대 이후 매킨토시(Mackintosh, 1999: 73)가 언급했듯이 좀 더 '이론 친화적인 교과 과정'을 지향하는 분위기가 많은 교육 기관에 조성되었으며, CIUTI는 통역 교육이 실무를 가르치는 동시에 학문적 연구에 의하여 지원되는 실무 교육이라는 점을 강조했다. 뿐만 아니라 점점 더 많은 통역 교육가들이 통역 교육이나 학술적 연구 기회를 확대하기 위한 목적으로 연구에 관심을 갖기 시작했으며 학생들도 이론적인 분석과 교육을 통하여 점점 이론에 노출되기 시작했다. 또한 몇몇 통역번역 교육 기관들은 연구 중심적인 체제와의 긴밀한 통합을 모색하기도 했다. 이에 따라 통역 연구를 주제로 한 졸업 논문을 제출하는 학생들도 많아졌다. 무엇보다 중요한 것은 통역학이 점차 박사 학위 논문의 주제로서 가치가 있음을 인정받고 있다는 점이며, 통역을 주제로 한 박사 논문이 꾸준히 나오고 있어 통역학이 하나의 학문으로 발전하는 데 중대한 역할을 하고 있다.

국제회의 통역과 통역학의 발전에도 불구하고 교육 제도 내 통역번역 학교들의 실무적 성향과 학구적 성향에 관하여 전문 통역사, 교사, 그리고 행정가들 사이에 갈등이 존재하기도 한다. 대표적인 예로 1990년대 독일 정부가 유서 깊은 하이델베르크 대학의 통역번역학부를 기술전문학교 수준으로 격하시키려던 (실패) 사례를 꼽을 수 있다. 이는 EU의 통합된 고등 교육 제도하(3년 또는 4년 학사과정 후의 석사과정)에서 수화 통역, 커뮤니티 통역, 국제회의 통역 등의 통역사 교육의 학문적 위상에 중대한 영향을 미칠 가능성이 높으며, 나아가 학제로서의 통역학 연구의 미래에 영향을 미칠 것이다. 학부과정에서 교육을 제공한다면 과거 소홀하게 다루어졌던 영역에서 수준별 과정을 제공할 수 있게 될 것이다(1990년대 후반 독일 마그데부르크Magdeburg에서 시작된 법정 및 의료 통역 학사과정 프로그램들이 그 예이다). 반면에 집중적인 실무와 학문적 기반을 다질 수 있는 석사과정보다 통역번역 교육을 학부과정에 의존함으로써 졸업 후 곧장 현장에 뛰어드는 졸업생이 많아질 것이다. 미국의 수화 통역 교육과 연구의 역사는 이러한 관점에서 좋은 귀감이 되고 있다. 미국 수화 통역사 교육은 1970년대 활발하게 이루어졌으며, 연방정부의 후원으로 미국 전역의 대학에 과정이 개설되기도 했으나 현재 대다수 교육과정이 인증과정이거나 학사과정으로만 남아있을 뿐이다. 다만 워싱턴 DC의 갤러뎃 대학Gallaudet University에 개설된 석사과정은 계속 수화 통역 연구를 촉진하는 역할을 담당하고 있다. 그럼에도 불구하고 박사과정 학생들은 (사회)언어학이나 교육학 등 다른 학문을 기반으로 연구를 해야 하는 실정이다.

사회적-전문적 발전이 통역의 미래를 어떻게 형성하든지 간에, 통역학은 학문의 한 분야로서 이해되어야 한다. 또한 20세기 초반 이후 현재까지 통역 연구자들의 관심사는 통역의 사회적-전문적인 기반과 밀접한 관계가 있었다는 사실에 주목해야 한다. 지금까지 통역 교육 제도의 확립이 통역의 전문화 추세와 자율적 연구 사이의 중요한 고리를 제공했음을 보았다. 이제 이를 기반으로 통역학의 발전 과정과 구성요소를 학자와 중심지역, 전환적 사건과 출판물 등을 통하여 살펴보기로 한다.

2.2 통역 전문가와 심리학자의 탄생

통역을 전문직으로 인정한다는 것은 통역 실무자들이 공유하고 있는 전문화된 지식과 기술이 존재한다는 뜻이다. 이는 처음에 통역사 개개인의 경험과 내적 성찰을 통해 축적되지만, 사회에 이 전문직을 소개하고 또 미래 실무자들의 교육을 실시하기 위해서는 외연화 및 명시화가 시행되어야 한다. 이러한 집단적인 경험을 기술하고 강화시키며 이 직종의 특수한 지식을 알리는 것이 바로 출판물의 중요한 역할이다.

2.2.1 제네바와 여타 지역의 선구자들

가장 널리 알려진 국제회의 통역에 관한 최초의 책은 장 에르베르Jean Herbert의 『통역사 핸드북*The Interpreter's Handbook*』으로 1952년 3개 국어로 처음 출간되었고 이후 다른 언어로도 번역 출간되었다. UN 수석 통역사이자 국제회의 통역의 선구자 중 한 사람인 장 에르베르가 저술하여 최초의 국제회의 통역사 폴 망투에게 헌사된 100페이지 분량의 이 소책자는 실질적으로 통역 교육의 방향을 제시해준 기념비적인 출판물로 평가받는다. 특히 보다 교육적인 출판물로는 에르베르의 제네바 대학 동료인 장-프랑수아 로장(Jean-François Rozan, 1956)이 쓴 순차통역 노트테이킹 기법에 대한 소책자이다. 지금은 고전이 된 통역 분야의 논문들이 등장하기 이전에도 앙드레 카밍커André Kaminker나 귄터 핸쉬Günther Haensch와 같이 뛰어난 통역사들이 쓴 소고가 제네바 통역대학의 동창회지 『통역*L'interprète*』에 게재된 바 있다. 실제로 『통역』은 세계번역사연맹FIT이 출간하는 『바벨*Babel*』과 『살아 있는 언어*Lebende Sprachen*』보다 먼저 등장한, 통역 분야 최초의 연속간행물로 평가받는다.

이들 초창기 저자들은 주로 통역사가 되기 위해 필요한 능력과 기술, 국제회의 통역사의 업무에 대해 자세하게 소개했다. 심리학자들은 국제회의 통역사가 갖추어야 할 능력과 기술에 관심을 가졌으며, 일찍이 1931년 스페인의 심리학자인 헤수스 산츠Jesús Sanz는 바르셀로나에서 발행되는 한 전문 저널에 국제회의 통역사의 일과 능력에 관한 불어 논문을 발표했다 (8.4.1 참조).

산츠의 연구(1931)는 인지 능력, 스트레스 요소, 훈련의 필요성과 같은 문제들을 제기했지만 널리 알려지지는 않았다. 제네바 통역대학의 교수이자 뛰어난 통역사인 로제 글레메Roger Glémet는 『번역의 측면*Aspects of Translation*』에 기고한 글에서 "20년 전 어느 누구도 국제회의 통역이 진지한 논문의 주제가 되리라고 생각하지 못했다"(1958: 105)고 이야기한 바 있다. 그러나 국제회의 통역은 이미 석사학위 논문의 주제로 부상하고 있었으며, 1957년 런던 대학의 에바 파네트Eva Paneth는 국제회의 통역을 주제로 학위 논문을 제출했다. 파네트는 런던에 있는 파일리A.T. Pilley의 언어학자 클럽Linguists' Club에서 비공식적으로 국제회의 통역사 훈련을 받았으며, 실무 통역과 유럽의 몇몇 통역사 양성 학교에서 이루어지고 있는 훈련 과정에 대한 데이터를 수집했다(Paneth, 1957/2002 참조). 그러나 파네트의 선구적인 논문의 일부는 AIIC의 거센 비판을 받아 철회되는 특이한 사례를 남기기도 했다. 그로부터 12년 후 하이델베르크 대학에서 통역에 관한 최초의 학술 논문이 완성되기에 이르렀다.

1960년대를 거치면서 통역에 관한 출판물들이 본격적으로 발표되기 시작했으며, 이는 유럽이 중심이 되었지만 일본에서 발표되기도 했다(예: Fukuii and Asano, 1961). 반 후프(van Hoof, 1962)의 통역 연구 논문이 발표된 같은 해, 다니카 셀레스코비치(Danica Seleskovitch, 1962)가 쓴 국제회의 통역에 관한 역사적인 논문이 『바벨』에 게재되었다. AIIC의 공동설립자 중 한 사람이자 오랫동안 사무총장직을 역임한 바 있는 셀레스코비치는 1968년 처음 출간된 자신의 저서에서 국제회의 통역의 이론 및 관행에 대해 기술했다. 이는 10년 후 영어로 번역되어 출판(Seleskovitch, 1978a)되었고 1988년에는 독일어로도 출판되었다. 『국제회의통역*L'interprète dans les conférences internationales*』이 처음 출판(패트리샤 롱리Patricia Longley도 비슷한 내용의 책을 런던에서 출간)된 1968년, 오스트리아 알프스의 한 마을에서 매년 열리는 고위급 알프바흐 유럽 포럼European Forum Alpbach에서 통역사와 통역을 주제로 한 특별 워크숍이 열렸다. 타자기로 작성한 10페이지 분량의 회의록에서 볼 수 있듯이 연구에 관심이 있는 소그룹의 국제회의 통역사들이 알프바흐에 모여 의학 전문가와 함께 두뇌 작용, 입력 변수, 기술 시험, 기계 통역, 스트레스 및 피로, 윤리, 그리고 고객의 기대치와 같은 주제들을 논의했다. 실무를 기반으로 한 대부분의 이 주제들은 이후 통역학의 주요 연구 주제로 부상했다.

2.2.2 실험 심리학자들

1960년대 통역은 다시 한 번 심리학자들의 관심의 대상이 되었다. 청각 장애인의 지능과 교육에 관해 많은 저술을 출간한 바 있는 프랑스의 저명한 심리학자 피에르 올레롱Pierre Oléron은 동시통역에 관한 실험 연구(Oléron and Nanpon, 1965/2002)를 최초로 수행한 학자로 평가받는다. 이 연구는 관찰과 실험 데이터를 바탕으로 원문과 통역사의 발화 간 시차(time delay 혹은 décalage)를 측정했으며, 동시통역이 난해한 여러 질적 변수를 포함하는 고도의 복잡한 인지 작용이라는 것을 밝혀냈다.

동시통역을 주제로 한 최초의 박사학위 논문을 쓴 사람은 1969년 노스캐롤라이나 대학 심리학과의 앙리 바릭Henri C. Barik이었다. 바릭은 실험 환경에서 도출한 통역 데이터를 기반으로(4.3 참조) 다양한 유형의 오류(7.2.2 참조)와 같은 정성적 · 언어적 특징들을 살펴보는 동시에 휴지pause 및 시차(time lag, 6.2.2, 6.2.3 참조)와 같이 정량적 · 시간적 특징들을 분석했다. 휴지나 시차에 관심을 가졌던 또 한 사람의 연구자는 영국의 심리언어학자 프리다 골트만-아이슬러(Frieda Goldman-Eisler, 1967, 1972/2002)였다. 그는 즉흥 연설의 형태로 동시통역사들의 발화를 연구했으며 휴지를 언어 생산 과정을 보여주는 '창window'으로 주목했다. 심리학 분야에서 나온 또 다른 박사학위 논문은 1969년 비엔나 대학의 잉그리트 핀터Ingrid Pinter의 것으로 연습을 통한 동시 청취와 발화 기술의 습득 가능성을 주제로 했다. 핀터 역시 훈련을 통해 통역사가 되었으며 결혼 후에는 쿠르츠Kurz라는 성으로 통역에 관한 다양한 저술 활동을 했다. 데이비드 거버David Gerver는 집중력 분배(6.2.1 참조)를 비롯하여 통역의 다양한 주제들을 연구했으며 1981년 세상을 떠나기 전까지 통역의 심리학적 연구 분야의 대표적인 학자로 활동했다. 1971년 옥스퍼드 대학 박사학위 논문에서, 거버는 소음(6.6.1 참조)과 원문 발화 속도(6.6.3 참조), 통역사의 기억력(6.4.1 참조)이 통역 결과에 미치는 영향에 관한 실험을 했으며 이 실험 결과를 바탕으로 최초의 동시통역 정보 처리 모델을 제시했다(5.4.3 참조). 또한 그는 통역 연구를 주제로 다양한 학문(언어학, 인지심리학, 사회학, 인공지능 분야 등)의 전문가들과 에르베르, 셀레스코비치와 같은 실무 통역사들이 참석한 학제 간 심포지엄을 베니스에서 공동 주최하기도 했다. 이 기념비적인 심포지엄의 프로시딩(Gerver and Sinaiko, 1978)은 절판된지 오래됐지만 현재까지 가장 풍부하고 포괄적인 통역 관련 논문집이자 통역학 분야의 가장 중요한 '고전'으로 평가받고 있다.

2.3 학문적 토대

1960년대 후반 바릭, 거버, 골트만-아이슬러와 같은 학자들이 (동시)통역을 하나의 연구 대상으로 발견하고 있는 동안, 몇몇 실무 통역사들은 통역 및 번역을 학문의 주제로 수립하기 위한 노력을 기울였다.

2.3.1 카데와 라이프치히학파

독일어권에서 가장 영향력 있는 학자는 체코어와 러시아어 교사이자 독학으로 국제회의 통역사가 된 오토 카데Otto Kade였다. 그는 1950년대 후반부터 라이프치히Leipzig 대학에 통역번역사 교육 과정을 개설하는 데 주도적인 역할을 담당했다. 카데(1968)는 1964년 심사를 받은 박사학위 논문에서 체계적인 통역번역 연구를 위한 개념적 · 이론적 기본 토대를 수립했으며, 이를 위해 독일어 *Translation*이라는 용어를 만들어냈다. 교육자로서 그는 국제회의 통역사 양성을 위한 특별 과정을 신설하고 졸업생들을 현장에 소개했다. 카데는 1969년 교수로 임명되었으며 1970년대에 박사 후 연구 논문을 완성했다. 카데와 언어학 기반의 번역 연구를 수행한 일명 '라이프치히학파'의 동료 학자들에게 있어서 통역이 주된 관심사는 아니었지만 통역을 주제로 한 그들의 논문 몇 편(예: Kade, 1967; Kade and Cartellieri, 1971)은 하이델베르크의 헬라 키르히호프(Hella Kirchhoff, 5.3.2, 5.4.2 참조)와 (동)베를린의 하이데마리 잘레프스키(Heidemarie Salevsky, 4.5 참조)의 후속 독일어 연구 논문을 탄생시키는 중요한 기폭제가 되었다.

2.3.2 체르노프와 소비에트학파

라이프치히학파는 연구 활동과 통역 훈련에 있어서도 모스크바에 있는 모리스 토레즈 외국어대학Maurice Thorez Institute of Foreign Languages의 겔리 체르노프Ghelly V. Chernov가 대표하고 있는 소비에트학파와 긴밀한 관계를 유지했다. 1960년대 후반 뉴욕의 유엔본부에서 두 번에 걸쳐 각각 6년간 통역사로 활동했던 체르노프는 심리학자 이리나 짐나야Irina Zimnyaya와의 공동 연구에 참여했으며 동시통역에서의 예측적 이해predictive understanding의 역할에 대한 실험을 수행했다(6.3.2 참조). 1981년 전임교수로 임명된 체르노프가 통역에 관한 논문(Shiryayev, 1979도 참조)을 발표한 유일한 러시아 학자는 아니었지만 그의 논문(예: Chernov, 1978, 1979/2002)

은 러시아의 통역 관련 문헌 중 가장 중요한 저술로 평가받는다.

2.3.3 셀레스코비치와 파리학파

연구 활동으로 교수직에 임명된 카데와 체르노프가 지구 동쪽을 대표하는 실무 통역사였다면 서쪽을 대표하는 가장 뛰어난 통역사이자 연구자는 다니카 셀레스코비치Danica Seleskovitch였다. 셀레스코비치는 독학으로 통역사가 된 후 프리랜서이자 유럽석탄철강공동체European Coal and Steel Community 소속 통역사로 활동했다(2.2.1 참조). 그는 1950년대 후반 교편을 잡기 시작했으며, 1968년 중요한 저술을 출간했고, 1973년에는 순차 통역의 노트테이킹을 주제로 박사논문을 완성했다(Seleskovitch, 1975/2002). 일찍이 1974년 셀레스코비치는 자신의 연구 활동의 본거지인 파리 제3대학 소르본Sorbonne Nouvelle의 통역번역대학원École Supérieure d'Interprètes et de Traducteurs(ESIT)에 번역학traductologie 박사과정을 신설함으로써 1990년 본인의 은퇴 연설에서 말했듯이 '학문의 요새, 소르본 대학을 정복'했다. ESIT가 확립한 통역번역 연구의 이론적·방법론적 접근법(4.2 참조)은 1978년 데장 르페알Karla Déjean le Féal, 마리아노 가르시아-란다Mariano García-Landa, 마리안 레데레Marianne Lederer 등에 의한 다수의 통역 관련 박사학위 논문을 배출하는 데 있어 자양분이 되었다. 레데레의 논문은 1981년 책으로 출판되었으며 일명 파리학파(4.2 참조)의 개념을 강화하는 데 기여했다. 1984년 셀레스코비치와 레데레는 공동으로 다수의 논문을 묶어 논문집을 발간하고 통역사 교육에 대한 ESIT의 접근법을 상세하게 소개했다(Seleskovitch and Lederer, 1989/1995).

학자 간의 교류 및 연구 협력은 국제회의 통역 분야 내에서도 제한되어 있었기 때문에, 1970년대 후반 연구 대상으로 부상한 수화 통역과 리에종 통역은 한동안 파리학파가 주도했던 주류 통역업계의 관심 밖에 있었다. 베니스 회의(Gerver and Sinaiko, 1978)의 프로시딩과 리차드 브리슬린(Richard

Brislin, 1976b)이 편집한 논문집에는 셀레스코비치의 논문과 함께 수화 통역과 리에종 통역에 관한 논문이 있었지만 별다른 관심을 불러일으키지 못했다. 특히 로버트 잉그람Robert Ingram은 "이론이든 실무이든 수화 통역을 포함하지 않은 통역에 관한 설명은 결코 완전할 수 없다(1978: 109)" 고 하면서 통역사와 그들의 역할에 대한 사회학적 · 사회심리학적 연구의 필요성을 주장했으나 큰 반향을 일으키지는 못했다. 파리학파가 주도한 국제회의 통역 분야와 수화 통역 분야 간의 화해 분위기가 싹트기 시작한 것은 1980년대 후반에 불어 수화 통역이 ESIT의 전공과목에 포함되었을 뿐만 아니라 필립 세로-기욤Philippe Séro-Guillaume의 박사학위 논문 주제로 부상했을 때였다. 셀레스코비치는 1991년 RID 총회에 연사로 초청받았으며 1992년판 RID 『통역저널*Journal of Interpretation*』에 기조연설을 게재했고 1990년대에 『통역저널』의 편집위원을 맡기도 했다. RID는 1995년 『통역교수법*Pédagogie raisonnée*』(Seleskovitch and Lederer, 1989)의 영문판을 출간했으며 셀레스코비치는 캐나다의 통역번역 저널 『메타*Meta*』의 수화 통역에 관한 특별호(42: 3, 1997) 발행에 객원 편집위원으로 활동하기도 했다.

2.4 재탄생과 새로운 시작

파리학파의 활동이 왕성한 기간 동안에 다른 유형의 통역도 전문 분야 및 연구 대상으로 인정을 받기 시작했으나 대체적으로 국제회의 통역의 그늘에 가려져 있었다. 그럼에도 불구하고 1980년대 다각화로의 진전은 계속되었으며 이는 통역 관련 문헌에도 영향을 미치기 시작했다.

2.4.1 다각화

국제회의나 국제기구 이외에 1980년대 가시적인 성과를 낸 유일한 통역 분야는 법률 통역legal interpreting으로, 주로 법 체계의 관점에서 다뤄져

왔었다. 1985년 ESIT의 크리스찬 드리젠Christiane Driesen이 독일의 사법 통역judicial interpreting에 관한 박사 논문을 완성했으며, 1989년 이스라엘 히브리 대학의 회의 통역사 루스 모리스Ruth Morris가 제출한 석사학위 논문을 비롯하여 1980년대 후반 법정 통역에 관한 혁신적인 실증 연구가 실시되었다. 제네바학파에 의하여 발간되는 저널 『파라렐*Parallèles*』은 법정 통역court interpreting을 다룬 특집호를 내면서(1989년 11호) 여섯 페이지 분량의 참고 문헌을 소개했다. 그러나 관심 분야는 주로 유명한 국제 재판이었고 AIIC는 법정 통역에 국제회의 통역 수준의 조건을 적용할 것을 요구하는 등 통역학을 연구하는 유럽의 학자들은 법률 통역의 현실적 특수성을 충분히 이해하지 못하고 있었다.

이와는 대조적으로 캐나다와 미국의 통역 사회에서 1980년대는 법정 통역에 있어 매우 중요한 시기였다(Harris, 1997: 1). 오타와Ottawa 대학의 통역번역학 학자들이 주최한 세미나 이후 통역을 연구하는 북미 학자들 간에 교류가 진행되어 전문화 노력이 점진적으로 문헌에 반영되기 시작했다(예: Hammond, 1988; Repa, 1991). 그러나 다른 커뮤니티 통역 분야와 지역에서는 전문성의 기반이 매우 취약했다. 영국에서 의학과 사회, 법률 환경에서 이루어지는 커뮤니티 통역의 전문화 노력은 기념비적 소책자(Shackman, 1984)의 출판으로 이어졌다. 또한 전문 언어학자들로 이루어진 언어학연구소Institute of Linguists와 통역번역연구소(ITI, Institute for Translation and Interpreting)의 출판물 간행과 전문화 강화 노력으로 이어졌다. 그리고 다양한 작업 환경에서 이루어지는 통역에 관한 문헌은 서비스 제공업자로부터 나왔으며, 이는 의학이나 법률 전문가들이 쓴 "통역사들과의 작업"에 관한 다수의 논문에서 볼 수 있다(예: Marcos, 1979; Putsch, 1985). 뿐만 아니라 문화 간 커뮤니케이션에서의 언어 사용을 연구하는 언어학자들과 인류학자들은 비전문 자연 통역natural interpreting을 수행하는 이중 언어 중개자들을 연구하기에 이르렀다(예: Kaufert and Koolage, 1984;

Knapp-Potthoff and Knapp, 1986, 1987). 그들의 노력은 전문 통역을 주제로 한 주류 연구의 그늘에 계속 가려져 있다가 1990년대 이후 상호작용적 담화분석 패러다임interactionist discourse-analytical paradigm 연구와 더불어 활기를 띠기 시작했다(4.6 참조).

전문화 노력에 있어서 상당히 앞섰다고 할 수 있는 미국과 캐나다의 수화 통역은 1980년대 중반 해당 분야의 전문 지식을 소개하는 서적(예: Frishberg, 1990)과 직업, 교육에 관련된 많은 문헌이 나오고 박사학위 논문 발표와 연구 중심의 토론(예: Patrie and Mertz, 1997)이 이루어질 정도로 성숙해 있었다. 데니스 코클리Dennis Cokely와 신시아 로이Cynthia B. Roy 등과 같은 미국 학자들의 학위 논문은 1990년대 이후에야 비로소 출판되기에 이르렀는데, 자체적인 학문 기반이 부족했기 때문에 사회언어학을 학문적 틀로 삼거나 구어 국제회의 통역 분야의 연구 결과들을 참고했다(Cokely, 1992a; Roy, 2000a).

2.4.2 방향 전환

에티비아 아호나(Etilvia Arjona, 1984) 외에 다른 국제회의 통역 연구자들은 대부분 1980년대 다른 분야에서 불고 있는 저술 활동이나 연구의 시작에 관하여 무관심했다. 한편, 국제회의 통역 부문 자체에도 많은 변화가 있었다. 1983년 런던 대학의 논문 심사를 통과한 카데린 슈텐츨Catherine Stenzl과 제니퍼 매킨토시Jennifer Mackintosh의 석사 논문과 1980년대 초 다니엘 질Daniel Gile의 다수 혁신적인 논문을 통하여 연구방법론의 방향 전환이 예견되었다.

연구에 관심을 갖고 있던 통역사들은 1970년경 시작되어 거버의 연구로 대표되는 통역의 과학적인 연구에 상당한 관심을 표명했다. 이러한 움직임은 AIIC 연구위원회에 의해서도 활성화되었으며 동유럽 등지의 통역 연구자들도 동참했다. 바릭, 체르노프, 카데의 선구적인 논문의 뒤를 이어 안드레이 코첸스키(Andrzej Kopczyński, 1980), 하이데마리 잘레프스키(Heidemarie Salevsky, 1987), 이바나 쳉코바(Ivana Čeňková, 1988)의 실험적인 박사학위 논문들이 발표되었다. 서구 유럽에서는 통역을 인지적 정보의 처리 과정으로 보는 바바라 모저-머서Barbara Moser-Mercer와 실비 랑베르Sylvie Lambert 등이 인지심리학에 바탕을 둔 접근법을 주창했다(3.2.5 참조). 1980년대 중반 통역 연구에서 나타난 새로운 분위기를 단적으로 보여주는 예는 『메타』 출간 30주년을 기념하는 국제회의 통역에 관한 특별호이다. 이 특별호에는 파리학파의 대표적인 학자들과 더불어 질, 랑베르, 매킨토시, 모저-머서와 같은 학자들의 인지심리학적 접근법을 강조하는 논문들이 등장한다.

이 과정에서 획기적인 사건은 1986년 트리에스테 대학University of Trieste의 통역번역 학교가 주최한 국제회의 통역사 훈련에 관한 국제 심포지엄이었다. 이 국제 심포지엄에서 과학적인 접근법에 관심이 많은 통역 교육자들은 당시까지 신성하게 여겨지던 파리학파의 견해에 공개적으로 의문을 제기하고 실증 연구의 틀 안에서 문제를 탐구할 것을 제안했다. 트리에스테 심포지엄의 폐회사를 맡았던 제니퍼 매킨토시는 이 회의의 활기찬 분위기를 전하면서 "통역학 연구와 관련해 '트리에스테 시대'가 도래했다"고 말했다(Gran and Dodds, 1989: 268). 실제로 트리에스테학파는 여러 면에 있어서 통역학 연구 분야의 중추적인 위치에 올랐다. 첫째는 다학제 간 접근법interdisciplinary approach을 통한 (동시)통역의 신경언어학적 기반을 연구한 것이다(4.4, 6.2.1 참조). 둘째는 1988년 지속적인 교류를 가능하게 하는 매체인 『통역사 뉴스레터*The Interpreters' Newsletter*』의 창간을 꼽을 수 있다. 이 출판물은 잡지의 이름이 내포하고 있는 기능 이상으로 급성장하여 통역 연구의 전문 저널(대체로 연간 발행됨)로 변모하기에 이르렀다. 트리에스테 심포지엄의 프로시딩 출판(Gran and Dodds, 1989) 및 질(예: 1990a)과의 협력하의 여러 행사와 출판물을 통하여 트리에스테학파는 실증 연구, 특히 신경심리학과 텍스트 언어학 관련 연구의 중심이자 집결지가 되었다. 뿐만 아니라 1990년은 셀레스코비치가 『기념호*Festschrift*』 출판과 국제 심포지엄 개최와 더불어 ESIT에서 은퇴함으로써 통역 연구의 중심이 파리학파에서 트리에스테학파로 옮겨가는 전환기로 평가될 수 있을 것이다.

1980년대 통역학 연구 학자들 사이에서 일어났던 방향 전환은 통역 행위를 가능하게 하는 인지 과정에 대한 보다 심도 있는 실증 연구 중심의 '수직적' 발전으로 묘사할 수 있다. 동시에 1980년대는 통역학 연구가 '수평적' 발전을 달성한 시기이기도 하다. 이 시기에 통역학 연구가 다각화되고 국제회의 이외의 다른 분야에도 문을 열었기 때문이다. 1990년경 통역학의 범위가 확대되었음을 단적으로 보여주는 실례는 조지타운 대학의 데이비드와 마가렛 보웬David and Margareta Bowen이 편집한 논문집으로, 통역 및 통역 교육의 역사에 관한 논문은 물론 법정 통역, 커뮤니티 통역, 미디어 통역 등과 같이 새롭게 부상하고 있는 통역의 문제들을 다룬 논문들이 수록되어 있다. 질이 비평에서 지적했듯이 비록 데이비드와 마가렛 보웬(1990)의 논문집은 수화 통역을 포함시키지 않았지만, 이 논문집의 광범위한 폭과 다양성은 1990년대에 보게 될 학제 간 통합을 예고하는 것이었다.

2.5 융합과 통합

트리에스테 심포지엄의 많은 참석자들은 이론 및 방법론적인 측면에서 학제 간의 교류가 필요하다고 할지라도 통역학이 하나의 독립된 학문으로 간주되어야 한다고 주장했다. 그러나 통역학자들이 어떠한 학문적 기반을 가지고 통역을 독립된 학문 분야라고 주장하는지 그 근거는 분명하지 않았다. 1990년대 초반에 부상한 그에 대한 답은, 통역과 번역이 공유하고 있는 공통의 개념적 · 제도적 기반에 근거해야 된다는 것이었다.

2.5.1 연계

통역학 연구가 다학제성과 더불어 하나의 독립적인 학문으로 발전할 수 있었던 기회는 1992년 9월 비엔나 대학에서 열린 '번역학총회Translation Studies Congress'에서였다. 이 국제 학술대회의 주제인 '번역학의 다학제성'은 번역학 및 통역학 분야의 대표 학자들의 관심을 끌기에 충분했다. 당시 통역을 주제로 본회의 연설을 맡은 질은 '통역학interpretation studies'이 성장하기 위해서 다른 학문 분야와의 '교류 개방'이 필요하다고 주장했다(Gile, 1994a). 질이 '통역학'이라는 명칭을 사용한 몇 주 후에 프라하에서 열린 한 국제회의에서 잘레프스키가 논문 제목에 '통역학'이라는 명칭을 사용했다(Salevsky, 1993). 또한 홈즈Holmes의 기념비적인 논문「번역학의 명칭과 본질The Name and Nature of Translation Studies」(1972/2000)에서 사용한 명칭과 같은 맥락의 용어를 사용함으로써 통역학의 정체성을 보다 광범위한 분야인 번역학Translation studies의 하위 학문 분야로 규정했다(3.1.1 참조).

번역학의 사회적-학문적 기반을 활용한 통역학은 질과 같은 학자들이 비엔나 총회 폐회식에서 설립한 유럽번역학회(EST, European Society for Translation Studies) 내에서 인지도를 높였다. 질은 루벤 대학의 번역학 세트라CE(T)RA 여름 계절학기 프로그램에 중심적인 역할을 하게 되었으며, 특히 그가 세라CERA 교수로 재직했던 1993년 이 프로그램에 참가했던 많은 젊은 학자들이 통역을 주제로 박사학위 논문을 완성했다.

특히 헬 담Helle Dam, 프리델 듀스라프Friedel Dubslaff, 앤 숄다거Anne Schjoldager 등 오르후스 경영대학원Aarhus School of Business에서 교편을 잡고 있던 덴마크 통역사들은 학교 저널인 『에르메스*Hermes*』에 통역 연구를 주제로 한 특집호 편집을 담당했다. 『언어학저널*Journal of Linguistics*』(No. 14, 1995)과 CETRA를 계기로 개최된 연구 세미나 덕분에 오르후스 대학에서는 통역 전공 박사과정 학생들을 위한 교육 세미나가 개최되었다(9.5.4 참조).

질은 1990년대 몇 개의 교류 네트워크와 출판 움직임에 주도적인 역할을 담당했다. 1991년 초 그는 국제 통역연구 및 이론 정보 네트워크(IRTIN, International Interpretation Research and Theory Information Network, 이후 IRN으로 변경)를 출범시켰다. 현재는 국제회의 통역연구 정보 네트워크(CIRIN, Conference Interpreting Research Information Network)로 불리며 일 년에 두 번 『소식지*Bulletin*』를 출간하고 업데이트된 서지 정보와 기타 관련 정보들을 제공하고 있다. 질의 활발한 정보 중개 활동에 힘입어 전 세계의 국제회의 통역 연구자들은 미출간 논문의 참고 자료와 중국어, 체코어, 핀란드어, 일본어 등으로 출간된 작품을 서로 공유하고 활용할 수 있게 되었다. 1990년 후반 일본 통역이론연구회Interpreting Research Association를 설립한 바 있는 마사오미 곤도Masaomi Kondo와 아키라 미주노Akira Mizuno를 비롯한 일본의 통역 연구자들은 이러한 네트워크를 구축하려는 노력에 적극적인 지지를 보냈다. 일본 통역이론연구회는 1990년 말 일 년에 두 번 학회지 『통역이론연구*Tsûyakurironkenkyû*』를 출간했으며, 여기에는 1999년 일본 도쿄에서 개최된 국제응용언어학회AILA 세계대회(*Interpreting Research* 8: 2, 1999)에 대한 특별 기사를 모두 영어로 게재했다. 통역이론연구회는 2000년 일본통역학회(JAIS, Japan Association for Interpretation Studies)라는 명칭으로 정식 등록을 마치고 학회지의 명칭 또한 『통역 연구*Tsûyaku Kenkyû*』로 변경했다.

통역학과 관련된 학자들 사이에 국제적인 교류가 확대되고 있다는 사실은 1992년 일본의 통역 연구를 다룬 『통역사 뉴스레터*The Interpreters' Newsletter*』의 특별호뿐만 아니라 「통역이론연구」를 다룬 『타겟*Target*』 및 『국제번역학 저널*International Journal of Translation Studies*』 특별호의 출간으로 여실히 입증되었다. 질이 초빙 편집자로 관여한 『타겟』 7권 1호(1995)는 1990년대 중반 통역학의 전반적인 상황을 기술하고 있으며, 주요 연구자들의 프로필과 관련 협회에 대한 정보도 제공하고 있다. 아울러 방법론과 수화 통역 연구의 시사점을 다룬 논문뿐만 아니라, 트리에스테학파, 동부 유럽과 일본의 통역 연구 진화와 상황에 대한 글들을 담고 있다. 통역 연구 전반에 대한 실태 파악을 위한 야심찬 계획의 일환으로 질과 트리에스테학파의 대표적인 학자들은 공동으로 1994년 핀란드 투르쿠 Turku에서 통역학 국제학술대회를 개최했다. 이 학술대회는 다학제적 접근 및 신경언어학과 인지심리학의 패러다임을 주로 연구했지만, 특히 리에종 통역과 법정 및 미디어 작업 환경과 관련이 있는 실무적인 사안들(예: 통역의 품질)과 개념적인 문제(예: 문화)들도 포괄적으로 다루었다. 투르쿠 회의의 프로시딩(Gambier et al., 1997)을 보면 연구 정책, 훈련, 국제회의 통역의 품질 등과 같은 주제에 관한 기조연설과 워크숍 자료를 수록하고 있다(Tommola, 1995 참조). 이 프로시딩의 제목으로는 다른 통역 분야에 대한 포용성을 볼 수 없으나, 적어도 페르 리넬(Per Linell, 1997)의 기조 논문에 국제회의 통역 외의 다른 통역 분야가 소개되었다는 사실 자체만으로도 당시 커뮤니티 통역에 대한 많은 학자들의 관심이 높아지고 있음을 뚜렷이 보여주고 있다.

2.5.2 크리티컬 링크

1995년 커뮤니티 통역은 획기적인 전기를 맞이했다. 캐나다 토론토 인근의 제네바 공원에서 "제1차 법률, 보건, 사회사업 부문 통역에 관한 국제회의"가 개최되었다. 비록 실무와 관련된 기본 문제들이 없는 것은 아니었지만 본회의의 방대한 분량의 프로시딩을 통하여 알 수 있듯이 커뮤니티 통역은 역동적인 분야로 성장하고 있었다(Carr et al., 1997). 1986년 트리에스테 심포지엄의 참석자들과 마찬가지로 제네바 공원의 역사적인 행사에 참여했던 통역사들과 학자들은 통역 분야에 지속적인 국제 교류 및 협력 통로가 필요하다고 한 목소리를 내었다. 실제로 컨퍼런스의 이름인

'중요한 고리(크리티컬 링크, The Critical Link)'는 캐나다 온타리오 시정부 의원 다이아나 아브라함Diana Abraham의 주도하에 연 2회 발간되는 뉴스레터Newsletter로 이어졌다. 다이아나 아브라함과 오타와 대학의 브라이언 해리스Brian Harris, 로다 로버츠Roda Roberts와 같은 헌신적인 교육자들과 학자들은 '크리티컬 링크'를 연차 총회로 제도화할 것을 제의했으며, 식지 않은 열기를 반영하는 제2차, 제3차 총회가 1998년 캐나다 밴쿠버(Roberts et al., 2000)와 2001년 몬트리올에서 각각 개최되었다. 또한 2003년 초, "사회, 보건 및 법률 분야의 통역을 전문적으로 다루는 계간지"로 『크리티컬 링크*The Critical Link*』를 출간했으며, 웹 서비스 제공에 대한 계획도 갖고 있다.

커뮤니티 통역 환경이 지닌 이질성과 이 분야 통역에 대한 국제 또는 국내 기준의 부재에도 불구하고 크리티컬 링크와 관련된 인사들은 커뮤니티 기반의 구어 통역사와 수화 통역사들뿐 아니라 법률, 의료 및 다양한 분야에서 활동하고 있는 세계 각국의 통역사들이 갖고 있는 공통 기반에 대해 예리한 통찰력을 보여주었다. 캐나다를 중심으로 한 크리티컬 링크 관련자 외에도 미국 몬트레이의 홀리 미켈슨Holly Mikkelson과 스웨덴 린쇠핑Linköping의 세실리아 바덴쇼우Cecilia Wadensjö와 같은 교육자와 학자들이 실무와 학문적 경험을 토대로 한 이 분야의 권위자이다. 미켈슨과 바덴쇼우는 1990년대 주류 통역의 연구 노력에도 동참함으로써 통역학의 통합 과정에 중요한 역할을 담당하기도 했다. 통역학의 제도적 발전 과정의 결과로 1996년에는 최초의 국제 통역 전문 저널의 출간이 이루어졌다. 이는 바바라 모저-머서의 주도로 발행된 『인터프리팅: 국제연구저널과 통역실무*Interpreting: International Journal of Research and Practice in Interpreting*』로 인지과학적 연구에 중점을 두었다. 그러나 이 저널(네덜란드 암스테르담의 John Benjamins Co. 출판)은 다양한 통역 양식과 환경을 다루고자 노력했으며, 미켈슨의 논문(예: 1996, 1998)을 비롯하여 커뮤니티 통역에 관련된 논문 여러 편을 수록했다. 바덴쇼우는 1997년 개최된 오르후스 통역 연구 세미나의 강사로 참여했으며 대화 환경의 통역 연구에 담화를 기반으로 한 접근방식을 소개했다(4.6 참조). 뿐만 아니라 바덴쇼우는 이안 메이슨 Ian Mason이 객원 편집위원으로 참여한 『번역사*The Translator*』(5: 2, 1999)의 『대화통역*Dialogue Interpreting*』 특별호의 아이디어 제공자이자 주요 기고자이다.

2000년 말 역사적인 세 번째 통역 학술대회가 (1977년 베니스와 1986년 트리에스테에 이어) 이탈리아 폴리Forlí의 볼로냐 통역번역대학에서 개최될 즈음에는 위에 언급된 통합이 활발하게 이루어졌다. 1994년 투르쿠 회의가 많은 협력과 지원을 받은 것과는 달리 폴리 회의는 지역적 노력으로 개최된 학술대회였지만 그 폭과 다양성에서 이전 회의들을 능가했다. 참가자들은 통역 부문에 대하여 포괄적인 관점을 가질 수 있었으며 법률 및 의료 환경에서 중개를 담당하고 있는 통역사들이나 수화 통역사들도 방송이나 EU 산하 기관 및 UN 등에서 활동하고 있는 통역사들과 함께 자신의 목소리를 낼 수 있었다. 폴리 회의는 "21세기의 통역Interpreting in the 21st century" (Garzone and Viezzi, 2002; Garzone et al., 2002)" 이라는 회의 주제에 걸맞게 의미 있는 학술대회로 기록되었으며 독립적인 학문으로 자리 잡으려는 통역학의 움직임이 있었던 2000년대를 긍정적으로 마무리해주었다.

2.6 21세기의 통역학

21세기로의 전환이 다소 인위적이고 유럽 중심적이기는 하나, 통역학은 유럽과 그 외 지역에서 몇 가지 중요한 발전을 이루었으며, 이는 21세기 통역학의 진전을 기대하게 해준다.

2.6.1 오래된 문제와 새로운 지평

1990년대를 거치면서 통역학이 다양한 분야로 범위가 확대됨에 따라, 학문 전체를 대표하는 중심 또는 구심점이 사라지게 되었다. 볼로냐 대학도 트리에스테학파에 합류하여 통역학의 발전을 꾀했을 뿐 아니라 신설된(또는 오래된) 기관들이 통역 연구에 보다 적극적인 역할을 담당하게 되었다. 가장 주목할 만한 움직임은 제네바 대학(2.2.1 참조)이 주류 인지과학에 접목한 통역 연구 및 통역사 교육에 대한 합의하에 통역학 박사학위 과정을 개설했다는 점이었다(Moser-Mercer and Setton, 2000: 51). 이러한 '제네바 독트린'은 모저-머서와 로빈 세튼이 각각 추구하는 인지심리학과 언어학의 융합을 근간으로 한다. 수년간 다학제적이고 과학적인 통역 연구를 주창해왔던 모저-머서는 1997년과 2001년 아스코나 워크숍에서 그랬듯이 인지심리학을 특히 강조했다. 반면 세튼은 파리학파의 토대 위에 관련성 이론Relevance Theory 즉, 인지 화용론을 바탕으로 한 새로운 언어학을 공고히 하고자 했다(5.4.3 참조).

앙헬라 코야도스 아이스(Ángela Collados Aís, 1998/2002)와 같은 그라나다 대학의 통역 연구자들도 박사과정을 개설하고 다수의 논문을 발표했다. 2001년 그라나다 대학이 주관한 통역 품질에 관한 알무니에카르 학술대회에 국제회의 통역 연구를 대표하는 저명한 학자들이 대거 참석했으며 다양한 분야에서 활동 중인 학자들이 논문을 기고했다(Collados Aís et al., 2003). 이는 1998년 전 세계 각국의 학자들이 스페인의 비고 대학에서 개최된 통역번역 학술대회(Álvarez Lugrís and Fernández Ocampo 1999)에 참가해 통역 연구가 활발하게 진행되고 있음을 확인시켜주었던 때보다 더욱 성황을 이루었다. EU 회원국의 확대와 함께 폴란드나 슬로베니아와 같은 동유럽 국가들의 통역 연구에 대한 높아진 관심 외에도 알무니에카르 학술대회에는 광둥, 홍콩, 대만을 포함한 중국어권 학자들 다수의 논문이 포함되어 극동에서 통역 연구에 대한 관심이 고조되고 있음을 보여주었다.

중국 본토는 물론 대만의 많은 대학들이 국제 통역번역 학술대회를 개최했으며(예: Hung, 2002), 통역을 주제로 한 논문들이 해당 국가의 통역번역사협회 저널을 통해서 소개되었다. 통역번역 박사과정의 개설로 많은 중국어 논문과 서적이 출간될 것으로 보이며, 통역학계에 상당한 언어 장벽이 생길 것으로 예상된다. 통역번역 연구 및 교육에 열정을 보이는 한국의 통역 관련 출판물도 비슷한 양상을 보이고 있다. 숙명여자대학교와 한국외국어대학교 통역번역대학원 주최로 통역번역 연구에 관한 국제 학술대회들이 개최되었다. 1999년 최정화 교수에 의해 설립된 한국국제회의통역학회는 『국제회의 통역과 번역』이라는 제호의 학회지를 발행하기 시작했으며, 창간호에는 파리학파(2.3.3 참조) 소속의 서구 국제회의 통역 학자들의 논문이 수록되었다. 그 후 발행본에는 다른 학파 학자들(예: Moser-Mercer and Setton, 2000)의 논문도 게재되었다. 1986년 프랑스 ESIT에서 박사학위를 취득한 최정화 교수는 레데레와 함께 소르본 누벨Sorbonne Nouvelle 출판부가 (영어와 불어로) 발행하는 통역번역 국제학술지 『포럼*Forum*』을 발간했다. 이러한 극동의 발전 양상은 통역학이 국제적 학문으로 발전하는 데 촉진제가 되고 있으며 과거 소홀했던 언어적 문제와 사회문화적 상황을 강조하는 한편, 유럽에서 통역학이 태동하는 데 원동력을 제공했던 실무 중심의 이론적 접근방식을 부활시키고 있다.

2.6.2 진행형의 성공 이야기

20세기 말 통역학의 발전 과정에 있었던 역사적인 사건과 선도적인 노력을 살펴보면, 통역학은 (1980년대 번역학의 성장을 표현했던 문구를 빌려) '1990년대의 성공담'으로 평가할 수 있다. 그러나 통역학이라는 신생 학문이 직면하는 문제점과 약점들이 있는 것도 사실이다. 학문적으로는 상당히 발전했음에도 불구하고 통역 연구자들의 규모는 작고, 연구의 결과물도 꾸준하기는 하지만 아직 미미한 수준이다. 상대적으로 틀이 갖추어졌다고 할 수 있는 국제회의 통역의 연구에 집중하고 있는 학자인 질(1998, 2000)도 통역학이 질적 · 양적 측면에서 부족한 면이 있으며 충분한 연구 훈련을 받은 학자들도 부족하다고 지적했다.

리에종 통역 혹은 지역사회 내의 대화 통역(비전문 통역 포함)과 같은 커뮤니티 통역의 다양한 영역으로 연구 분야가 확대된다면 통역사의 전문가로서의 명성은 다소 약해질 수 있으나 통역학의 개념적 · 방법론적 약점을 해결하는 데에는 도움이 될 것이다. 언어학, 사회학, 담화 연구와 같은 분야의 비통역 전문가들에게 커뮤니티 통역은 매력적인 주제가 되고 있다. 실제로 수잔 버크-셀릭슨(Susan Berk-Seligson, 1990)과 로버트 바르스키(Robert Barsky, 1996)와 같이 커뮤니티 통역에서 가장 영향력이 있는 연구를 진행한 학자들은 통역학이라는 학문 내에서 연구를 수행하지 않았다. 이것은 독립적인 연구 분야로 발전하려는 통역학의 정체성에 혼란을 줄 수는 있지만 이와 같은 현상은 새로운 것이 아니다. 바릭Barik, 거버Gerver와 같은 심리학자들의 자극이 없었다면 국제회의 통역 연구의 역사는 존재하지 않았을 것이다. 게다가 학문의 융합과 분열의 문제가 통역학에만 국한된 것도 아니다. 번역학 역시 연구 대상의 다양성과 다학제적인 접근법에서 기인한 역학에 영향을 받고 있다(Munday, 2001: 190).

지나친 낙관은 조심스럽지만 21세기 초 통역학의 전망은 아주 밝다. 통역학은 보다 포괄적인 번역학 내에서(학술회의 프로그램, EST 가입, 루틀리지 Routledge 백과사전에서 보듯이) 인정받고 있으며, "지식의 규모나 전문화 정도가 개별적으로 다루어져야 하는 하위 학문 분야"의 하나로 인식되고 있다(Venuti, 2000: 2). 또한 세계 공용어인 영어를 기반으로 한 협력과 교류가 늘어나고 있으며 전자 매체를 통한 커뮤니케이션도 확대되고 있다. 국제회의 통역 경험이 있고 특히 유럽에서 활동하고 있는 많은 학자들도 점차 커뮤니티 통역의 연구에 흥미를 가지게 되었다(예: 유럽 최초로 열렸던 2004년 제4차 Critical Link 스톡홀름 회의에서 입증되었다). 통역 실무에서 기술 발전으로 야기되는 변화는 연구의 새로운 필요성을 창출하고 있다(10.2.2 참조). 통역학에서는 자체의 전문 학술지들이 발행되고 있으며, 『통역학 대표 논문집*The Interpreting Studies Reader*』(Pöchhacker and Shlesinger, 2002)이나 이 책과 같이 학문의 정체성 수립을 위한 출판물도 나오고 있다. 이러한 모든 상황을 종합해볼 때 향후 통역학은 그 사회학적 측면과 내용적인 측면에서 발전을 거듭할 것이며, 현재 학문적으로도 일익을 담당하고 있다는 인식을 높여가고 있다.

요약

2장에서는 20세기에 들어 진행된 통역의 전문화와 통역 교육의 학문화에 대해 살펴보았으며, 통역학의 발전을 개략적으로 검토하고 누가 무엇을 했으며, 언제 어디서 어떤 일이 일어났는지를 대략적으로 소개했다. 1950년대와 1960년대 국제회의 통역사와 심리학자들의 선구적인 노력에 힘입어 1970년대 특히 Seleskovitch가 이끄는 프랑스 ESIT를 중심으로 통역학의 학문적 틀이 마련되었다. 1980년대 초 '파리학파'가 전성기를 구가하던 시기에도 통역학은 내부적으로 좀 더 엄격하고 과학적인 연구를 지향하려는 방향 전환의 움직임과 통역 실무의 다각화가 진행되었다.

트리에스테학파가 국제회의 통역 연구의 새로운 중심 세력으로 부상한 1990년 즈음 법정 통역과 수화 통역 등 종전에 주목받지 못했던 분야가 전문화된 통역 분야의 연구 대상으로서 부상하기 시작했다. 1990년대 초반, Daniel Gile을 비롯한 통역학자들은 번역학Translation studies계와 새롭게 등장한 사회-학술 단체들과 긴밀한 유대감을 형성했고 다양한 연구 교육 프로그램에서 나타나듯이 국제 교류 및 협력 프로그램에 참여했다.

1990년대 후반에는 커뮤니티 통역이 전문적 훈련과 연구가 절실하게 요구되는 분야로 주목받기 시작했고, 캐나다에서 개최된 크리티컬 링크 Critical Link 학술대회를 통해 관심을 받게 되었다. 커뮤니티 통역은 Holly Mikkelson과 Cecilia Wadensjö와 같은 교육자와 연구자들의 노력 덕분에 주류 통역 연구자들과 긴밀한 관계를 수립하게 되었고, 통역이 하나의 학문 분야로 강화되고 통합하는 데 기여했다. 21세기를 맞아 극동아시아의 통역 연구 및 통역사 교육에 대한 높아진 관심으로 인하여 이러한 움직임이 더욱 탄력을 받으며 통역학의 새로운 지평을 열고 있다.

핵심 문헌

역사 속의 통역과 통역사의 역사에 관한 정보는 8장 앞부분(8.1 참조)에 소개된다. 통역의 다양한 분야에 관한 추가 정보는 1장 끝부분에 제시된 핵심 문헌을 참고하라. 이 책의 끝부분에 있는 참고 문헌 뒤에 관련 전문기관과 학회, 서지 정보 목록이 있는 웹사이트의 주소가 수록되어 있다.

독립 학문으로서의 통역학의 발전과 위상을 살펴보려면 Gambier et al.(1997), Gile(1988, 1994a, 1995a, 2000), Pöchhacker(2000a), Salevsky(1993), Seleskovitch(1991)와 '통역 연구'를 주제로 다룬 *Target* 특별호를 참고하라. 주요 연구자들의 이력과 학문 분야에 대한 간략한 정보를 원할 경우에는 『*The Interpreting Studies Reader*』를 참고하라.

추가 연구 주제

- 이 장에 언급되지 않은 국가나 지역에서의 다양한 통역 분야의 위상은 어떠한가?

- 통역과 통역 교육이 갖는 학문적 위상은 무엇이며, 수년간 어떤 변화를 겪어왔는가?
- 통역학의 위상은 어떠한가(출판물, 박사과정 등)?
- 영어 외 다른 언어로 쓰여진 통역 문헌 중 다양한 분야 간 상호작용을 보여주며 통역사와 다른 학술 분야 전문가들 간의 교류를 볼 수 있는 문헌은 언제 저술되었으며 어떤 것들이 있는가?

제3장

접근법

앞 장에서 학문의 제도화와 통역학의 '사회학'적 측면을 살펴보았다. 이제 통역학의 본질을 구성하는 생각과 연구 방법을 고찰하고자 한다. 이 장에서는 통역 현상을 연구하기 위해 과거에 활용했던, 그리고 앞으로 활용할 수 있는 중요한 학문적 · 개념적 · 방법론적 접근법에 대해 살펴볼 것이다.

이 장의 핵심 내용은 아래와 같다.

- 통역 연구의 출발점이 된 학문적 관점
- 과거와 현재의 통역 연구를 뒷받침하는 주요 아이디어
- 통역학의 중심 생각 혹은 '밈memes'의 개념적 관계
- 이론과 방법론의 상호관계 및 주요 방법론적 성향
- 통역 연구에 활용된 연구 전략 및 기법

3.1 학제적 관점

1990년대에 학문적 정체성을 형성하기 시작한 통역학은 이미 확립된

다른 학문의 개념이나 방법론적인 접근법을 통해서 학문적 틀을 마련했다고 볼 수 있다. 따라서 통역학의 핵심 아이디어와 이론적 틀을 살펴보려면 그 현상을 바라보고 연구한 여러 학문적 관점을 이해해야 한다.

3.1.1 번역학 내에서의 통역

앞서 통역학이 번역학이라는 보다 포괄적인 학문의 하위 분야라고 이해한 바 있다. 따라서 통역의 번역적 활동에 대한 연구가 당연히 '모母학문'을 기반으로 아이디어와 연구 접근방식이 형성되었을 것이라고 생각할 것이다. 그러나 실제로 통역 연구가 번역학에 근거를 둔 경우는 그리 많지 않다. 그 이유는 대부분의 번역학자들이 연구 대상을 문자 매체written medium에만 국한시켜 자신의 모델과 연구 방법을 통역에 적용할 필요를 느끼지 못했기 때문이다. 또 모든 형식의 번역 행위를 포함하여 포괄적인 번역의 개념을 채택한 학자들은 지극히 소수에 불과하다. 번역 이론으로 통역을 설명하고자 했던 홈즈Holmes, 투리Toury, 베르미어Vermeer와 같은 학자들도 실제 연구에서는 통역을 간과했다. 물론 통역 연구자 자신도 실무를 강조하는 전통을 가지고 있고, 주류 (국제회의) 통역 연구자들의 방어적인 태도, 또 구체화하기 어려운 통역의 현상을 고려할 때, 통역은 문자로 표현된 언어를 연구하는 것에 비해 쉽지 않다는 사실은 부인할 수 없다. 번역학자들의 관심 부족 못지않게 통역 연구자들 또한 관련성을 내포하고 있는 문자 번역 연구에 별다른 관심을 갖지 않았다. 등가equivalence 개념이 대표적인 예이다. 등가 개념은 수십 년 동안 번역과 관련된 담화에서 중요한 위치를 차지해왔지만(Munday, 2001: ch. 3; Venuti, 2000: 121f), 많은 통역 연구자들은 출발 언어와 도착 언어 간의 등가가 성립된다는 암묵적이고 확신에 찬 가정 아래 정확성accuracy 혹은 오류errors와 같은 개념을 연구해왔다. 통역 연구에서 문자 번역written translation에 대한 접근법에 관심을 갖고 진지하게 연구하기 시작한 것은 1990년대 초에 들어와서이다.

번역 이론과 통역 연구 간에 교류가 많지 않은 또 다른 이유는 번역을 연구하는 학자들이 긴밀한 공동체를 형성하지 않고 있기 때문이다. 다양한 언어학적 접근과 문학적 접근의 통합을 시도했던 슈넬-혼비Snell-Hornby의 노력에도 불구하고, 투리(1995: 23)의 눈에 비친 1990년대 중반의 번역학은 여전히 '매우 이질적이고 느슨하게 연결된 일련의 패러다임'이었다. 그리고 1990년대 후반에 들어서야 비로소 번역 연구자들 사이에 공통의 관심사를 확인하는 노력이 힘을 얻기 시작했으며, 이는 통역 연구자들에게도 영향을 미치게 되었다. 『타겟』에 게재된 체스터만과 아로요(Chesterman and Arrojo, 2000)의 「번역학의 공통의 기반Shared Ground in Translation Studies」이라는 논문은 두 명의 저명한 통역 연구자를 비롯한 많은 이들로부터 건설적인 반응을 이끌어냈다. 이러한 사실은 적어도 근본적인 인식론epistemology과 방법론methodology의 차원에서 번역에 대한 기본적인 통찰력과 아이디어가 통역학에 보다 직접적으로 유입되어 통역학의 이론적 토대(3.2.2 참조)를 풍부하게 만들고 있다는 것을 의미한다. 그러나 전반적으로 현재까지 통역 연구의 진화는 번역학보다는 다른 분야의 접근방식에 의존하여 이루어져 왔다.

3.1.2 심리/언어학적 접근법

통역학에 영향을 미친 수많은 학문 중에서 가장 두드러진 분야는 심리학(2.2 참조)이다. 심리학의 개념론적 접근법과 방법론적 접근법은 특히 국제회의 동시통역 연구에 지대한 영향을 미쳤다. 성장하고 있는 다른 학문과 마찬가지로 심리학도 중대한 변화와 패러다임 전환(4.1 참조) 과정을 경험했으며, 이러한 변화는 통역과 관련된 문제에 대한 심리학적 연구에까지 영향을 미쳤다. 즉 조건반사 차원에서의 '발화 행위verbal behavior'에 대한 관심은 '블랙 박스'에 비유되는 통역사의 뇌 안에서 일어나고 있는 인지 과정에 대한 관심으로 대체되었고, 어휘 및 문법 처리 기술과 관련된 심리언어학적 관심은 전략적 담화 과정에 대한 연구로 이어졌다. 또한 실험실 안에서 수행된 과제에 대한 분석은 실제 현장에서의 통역 행위로 그 대상을 옮겨갔다. 이 책에서 심리학의 근본적인 개념과 방법론적 변화, 그리고 그것이 시사하는 바까지 상세하게 거론할 수는 없지만, 통역 연구에 영향을 미친 심리학적 접근법이 하나가 아니라는 사실만은 분명하다. 오히려 통역과 관련된 연구는 인지심리학cognitive psychology, 교육심리학educational psychology, 심리언어학psycholinguistics, 신경심리학neuropsychology과 같이 매우 다학제적인 심리학의 여러 하위 부문과 밀접하게 연계되어 있다. 바릭, 골트만-아이슬러, 거버(2.2.2, 6.2 참조)는 물론 실비 랑베르(6.4.1 참조), 프랑코 파브로(6.1.2 참조)와 같은 연구자들이 이를 대변한다.

통역학의 원천 학문으로 이해되는 또 하나의 분야는 언어학으로, 매우 다양한 하위 부문이 있으며, 학제 간 중첩과 상당한 패러다임의 전환을 겪은 분야이다. 1960년대 번역과 통역을 과학적으로 설명하려는 관심이 높아진 때에도, 언어학자들의 관심은 하나의 체계로서의 언어를 구성하는 음운과 어휘, 문법에 있었다(소쉬르의 용어로는 랑그langue). 그 후 수십 년간 언어학계에는 대조언어학, 사회언어학, 텍스트언어학과 같은 하위 분야는 물론 다양한 응용 분야(예: 임상언어학, 범죄언어학)와 방법론들(예: 전산언어학, 코퍼스언어학)이 등장했으며, 현재의 통역학 형성에 각기 영향을 미쳤다(7.1 참조). 특히 언어학과 언어심리학의 접점을 기반으로 하여 다양한 인지언어학적 접근법이 탄생했는데, 인지 화용론cognitive pragmatics으로 알려진 관련-이론적 시각도 이의 일환이다(4.4.2 참조).

일찍이 1970년대 중반에 언어학자와 심리학자, 언어철학자, 인공지능 연구자 간의 공통의 관심의 결과로 인지과학이 등장했다. 그들의 자연 언어 프로세싱natural language processing에 관한 연구는 로베르 드 보그란드(Robert de Beaugrande, 1980)에 의해 탄생된 텍스트언어학에 커다란 영향을 미쳤다. 언어학자들이 분석 범위를 '문장 너머의 언어'로 확대함에 따라,

의사소통을 위한 상호작용에서 구어 혹은 문자로 사용된 언어로서의 '텍스트'가 구조적 기술과 화용적(사용자 중심) 분석의 대상이 되었다(Beaugrande and Dressler, 1981). 이와 관련이 있는 양상으로서 담화에 대한 관심이 높아짐에 따라 훨씬 더 포괄적인 담화 연구의 틀이 형성되기에 이르렀다. 이러한 담화 연구는 인류학 · 언어학 · 철학 · 심리학 · 사회학 분야의 소통, 즉 커뮤니케이션에 초점을 맞춘 연구자들의 관심을 끌었다. 실제로 '담화'라는 개념은 여러 분야에서 사용되기에 일반적으로 정의하기가 어렵게 되었다. 마찬가지로 소통적 언어 사용의 구조와 절차에 관심을 공유하고 있는 텍스트 언어학적 접근법과는 달리, 언어적 담화 분석은 사회적 상황 속에서의 상호작용으로까지 관심의 초점이 확대되기에 이르렀다(Van Dijk, 1997b 참조). 담화 분석 학자들의 주된 관심이 면대면 대화에 있다는 것을 감안할 때, 대화 분석(민족지학적 방법론)과 (사회언어학적) 화용론과 같은 담화 연구 접근법은 1980년대 중반 이후 리에종 통역이나 대화 통역의 중요한 토대가 되었다(4.6 참조).

3.1.3 사회/문화적 접근법

담화의 사회언어학적 접근법은 이 책에서 분류한 '심리언어학적' 관점과 '사회문화적' 관점의 많은 부분을 포괄하고 있다. 그러나 현재까지 통역학에서 큰 역할을 담당하지 못했던 사회학과 문화인류학 같은 분야에서 접근한 커뮤니케이션이란 문화적 차원과 상호작용적인 측면을 강조하고 있다는 점에서 다르다고 할 수 있다. 예를 들어 언어와 문화, 사회 간 상호작용에 기초한 인류학적 · 사회학적 · 언어학적 관점을 결합한 상호작용적 사회언어학은 역할 관계와 기대치, 사회적 · 문화적 지식과 이전의 지식이 의사소통의 의미를 형성한다고 주장하는 것이다. 같은 맥락에서 커뮤니케이션의 민족학과 문화 간 커뮤니케이션 분야는 '문화'라고 일컬어지는 일련의 가정과 믿음이 사람들의 생각과 행동 양식을 지배한다고 보는 것이다.

1960년경에 미국에서 등장한 이러한 이론적 · 방법론적 틀은 존 굼페르즈John Gumperz, 델 하임즈Dell Hymes, 에드워드 홀Edward T. Hall과 같은 인류학자들이 발전시켰으며, 문화 간 소통 중개를 중시한다. 그러나 사회문화적 관점은 1970년대에 등장했음에도 불구하고(예: Gumperz and Hymes, 1972) 그 당시 통역학 연구자들이 국제회의 통역사의 두뇌 활동에 관심이 있었기 때문에 인지과학적 접근법의 그늘에 가려져 있다가 국제회의 통역 이외의 작업 환경 연구를 통해 주목받기 시작했다. 다만 예외적으로 앤더슨(R.B.W. Anderson, 1976/2002)이 사회학적 관심을 가지고 상황적 배치와 역할 충돌은 물론 사회 계층, 교육, 성별에 따른 참가자의 권력이나 상대적인 지위와 같은 문제들이 연구 대상이 될 수 있음을 지적했다. 또 통역학에 중대한 영향을 미친 사회학 분야의 학자로 어빙 고프만Erving Goffman(예: 1981)을 꼽을 수 있다. 직접적인 면대면 상호작용과 담화 참여에 관한 그의 분석은 바덴쇼우(Wadensjö, 5.3.1 참조)의 연구에 영감을 주었으며, 대화 통역(4.6 참조) 연구의 초석이 되었다. 보다 포괄적인 차원에서는 피에르 부르디외Pierre Bourdieu가 주창한 아비투스habitus, 장field, 상징 자본symbolic capital과 같은 주요 사회학적 개념들이 번역이라는 직업과 그 제도적 위상을 연구하는 번역학자들의 관심을 끌었다. 더 큰 맥락에서의 문화 연구 관점에서는 역사 속의 통역사들의 권한과 문화적 위상을 연구해야 한다는 목소리가 높아지기도 했다. 이러한 맥락에서 마이클 크로닌(Michael Cronin, 2002)은 통역학이 '문화로의 전환cultural turn'을 할 것을 주장했다.

광범위하고 다양한 심리학과 언어학의 관점에서부터 보다 전문화된 사회적 상호작용 틀 안의 언어 연구까지, 다양한 다학제적 관점들은 통역 현상에 흥미를 느낀 관련 학문의 연구자들의 연구를 통해, 또는 통역학이 활용할 수 있는 개념적 · 방법론적 도구를 제공함으로써 통역 연구에 기여했다. 분명한 것은 통역을 연구 대상으로 바라보게 만든 다양한 학문적 관점이 존재한다는 사실이다. 이제 통역학에서의 '밈memes', 즉 반복적인 아이디어의 관점에서 이러한 다양한 개념들을 자세히 살펴보고자 한다.

3.2 통역의 밈

이 책에서 '밈memes'의 개념은 앤드루 체스터만(Andrew Chesterman, 1997)이 저술한 『번역의 밈*Memes of Translation*』에서와 유사한 의미로 사용된다. 사회생태학적 개념의 '밈'은 인류의 문화적 진화 속에서 마치 유전자처럼 확산되고 복제되는 사상, 관행, 창작물, 발명품을 일컫는 것으로 1970년대 중반 처음 소개되었다. 체스터만은 이러한 이론적 틀을 특히 번역에 대한 사고 발전에 적용하면서, 밈을 '번역'의 개념을 설명하는 은유, 또한 번역 현상을 '바라보고' 이론화하는 특정한 방식으로 설명하고 있다.

3.2.1 '바라보는 방법'

연구의 첫 단계는 어떤 현상 또는 '문제'를 보고 그것을 연구의 대상으로 생각하는 것이다. 넓은 의미에서 이는 체스터만(1997: 1)이 그리스 어원의 단어인 theoria, 즉 바라보기, 관망, 관찰, 관조가 갖는 의미를 참조하여 사용한 바 있는 이론theory과 일치한다. 무엇인가를 바라본다는 것은 의도적인 행위로 이미 특정한 '관점'이 있는 상태이기 때문에 보이는 것과 그것을 보는 방법을 제한하게 된다. 앞으로 다양한 학문적 관점에서 통역 현상을 연구해온 사람들의 눈에 통역이 어떻게 비춰졌는지에 대해 살펴볼 예정이다.

통역은 물론 번역의 경우에도, 현상에 관한 일부 개념들은 '슈퍼밈supermemes'(Chesterman, 1997: 7)이 될 정도로 상당히 광범위하고 포괄적이다. 정보 처리, 즉 프로세싱processing과 소통적 활동communicative activity

뿐 아니라 번역과 일반적으로 관련된 통역의 슈퍼밈을 먼저 소개한 다음 통역의 특징적인 다섯 가지 밈에 대해 설명하고자 한다.

3.2.2 번역으로서의 통역

이 책에서 전제하는 개념에 따르면(1.2.2 참조) 통역은 근본적으로 번역으로 볼 수 있다. 이러한 관점의 상당 부분이 체스터만이 기술한 밈에 의해 다뤄지고 있기 때문에, 그가 언급한 다섯 가지 슈퍼밈을 소개하고 그것이 통역이라는 개념에 적용되는 정도에 대해 살펴보도록 하겠다.

체스터만(1997)이 슈퍼밈의 지위로까지 격상시킨 다섯 가지 개념은 출발-도착 은유source-target metaphor, 등가의 개념idea of equivalence, 번역 불가성untranslatability의 신화, 직역과 의역free-vs-literal의 이분법, 그리고 모든 글쓰기는 일종의 번역translating이라는 생각 등이다. 마지막에 언급한 슈퍼밈은 체스터만이 상위 개념으로서의 번역보다는 문자 번역에 초점을 맞추고 있기에 이 책에서는 더 이상 다루지 않기로 한다(다만 추후 '모든 이해는 통역'이라는 뜻의 유사한 개념이 논의될 것이다). 나머지 네 가지 슈퍼밈은 비록 항상 외연적으로 드러나는 것은 아니지만 통역의 이론적 접근법에서도 쉽게 찾아볼 수 있다. 의역 대 직역의 개념은 용어는 다르지만 유사한 개념인 '의미 기반meaning-based' 통역 대 '형식 기반form-based' 통역, 혹은 '통역interpreting proper' 대 '대응전환transcoding'과 같은 이분법으로서 뒤에 이어질 밈에 대한 논의에서 등장할 것이다. 번역 불가성의 문제는 통역 행위의 실시간성이라는 제약 때문에 번역사들보다는 통역사들에게 더욱 큰 문제가 될 것처럼 보인다. 그러나 시나 언어 유희 등 통역하기에 부적합하다고 생각되는 표현의 형식과 관련된 문제들을 제외하고, 번역 불가성의 문제는 통역 연구에서 별다른 주목을 받지 못했으며 실질적으로 번역학자들이 다루어야 하는 문제로 치부되어왔다. 마찬가지로 번역의 주된 이론적 주제인 등가의 문제 역시 통역 담화에서는 대체적으로 배제되었다. 다만 국제회의 통역 연구에서 '정확성'과 '오류'를 주제로 하는 연구들의 기저에 깔린 암묵적인 전제가 되었다. 마지막으로 출발-도착 은유는 두 개의 담화 행위를 연결하는 상황적인 즉시성을 감안할 때 실질적으로 통역에서 반드시 필요한 요소이다. 번역에서처럼 출발어에서 도착어로 통역한다는 것은 무엇인가를 한 곳에서 다른 곳으로 옮기는 전이 과정을 의미한다. 그러나 번역 이론가들이 언어적 '대상'을 본 것과는 달리 통역 연구자들은 '프로세스'의 개념을 강조해왔으며, 이는 현재까지도 통역학에서 가장 영향력 있는 슈퍼밈이라 해도 과언이 아니다.

3.2.3 정보 처리 대 커뮤니케이션 활동

'프로세스'의 개념은 더 광범위하게 사용될 수 있지만(Linell, 1997: 50), 통역에 관한 담화에서 사용되는 개념은 입력물input을 산출물output로 전환하는 보다 구체적인 의미의 정보 처리processing 작용에 국한되어 있다. 질(Gile, 1994b: 40)은 이 과정의 개념을 한 지점에서 출발하여 다른 지점에 도달하는 과정, 즉 '프로세스 P가 입력물 I에 작용해서 산출물 O를 산출하는 과정'으로 표현했다(그림 3.1).

이 포괄적인 처리 구조는 다양한 유형의 입력과 산출에 적용하여 설명할 수 있다. 흔히 통역 과정은 '구어적 재료verbal material'에 작용하는 과정, 다시 말해서 출발어의 단어와 구조를 도착어로 전이하는 과정으로 이해되어왔다. 따라서 구어적 전이verbal transfer의 개념은 프로세스 슈퍼밈 중에서 상당히 공통적인 하위 밈으로 분류될 수 있다(3.2.4 참조). 그러나 이 개념은 오랫동안 통역사가 아닌 사람들로부터는 지지를 받아왔지만 자신의 아이디어를 만들어가고 있던 통역사들에게는 그리 환영받지 못했다. 구어적 처리로서의 통역은 언어학적 관점에서는 특정 어휘와 구문의 입력 및 산출의 등가로, 심리학적인 관점에서는 언어 처리(6.2.3 참조) 능력의 다각적인 면을 측정하는 관점에서 연구되어왔다. 심리학자들의 관심

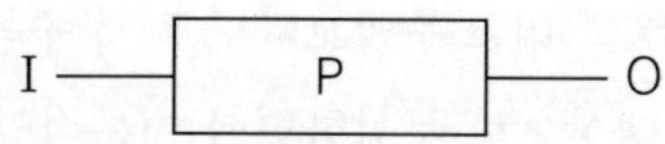

그림 3.1 프로세싱 슈퍼밈(Gile, 1994b: 40)

이 언어 행위 관찰에서 통역사의 뇌, 즉 '블랙박스'에서 일어나는 사고 작용에 대한 고찰로 옮겨가면서, 연구자들의 관심도 언어적 입력-산출 관계에서 사고의 프로세스로 전환되었다. 정보 이론과 인지심리학의 발전을 활용하여, 통역은 일련의 정보 처리 작용을 컴퓨터 등과 같은 디지털 장비의 데이터 처리 작업과 유사한 과정으로 이해하게 되었다. 즉 인간 프로세서인 통역사는 담화 인식, 기억 저장, 구어 산출물 생성과 같은 다양한 인지 기술을 수행하는 것으로 인식되었으며, 이러한 다양한 인지 기술의 통합이 통역이라는 복잡한 업무를 수행하는 것으로 보았다. 인지적 정보 처리 기술cognitive information processing skills에 관한 관심은 현재까지 통역 연구 분야에서 가장 널리 알려진 밈이다(3.2.5 참조).

처리 과정의 개념을 상당 부분 보완해주는 통역의 또 다른 슈퍼밈은 바로 통역을 특정한 사회적 상호작용 속에서 한 인간이 수행하는 소통적 행위로 이해하는 것이다. 이러한 보다 '자연주의적' 관점에서의 통역은 소통을 가능케 하는 듣기와 말하기가 결합된 활동으로 볼 수 있다. 국제회의 통역이 전문직으로서 그 틀을 형성하던 시기에 실무회의 통역사들의 관점에서 구축된 통역사의 소통 활동에 대한 개념은 해석making sense 밈에서 가장 극명하게 드러났다. 즉 '해석'이란 출발어의 연사가 의도한 바를 이해하고 그것을 다른 언어의 청자들이 이해할 수 있게 표현하는 것을(3.2.6 참조) 통역사의 임무로 본다는 뜻이다. 이후 이론화 과정에서는 통역사가 소통 활동을 수행한다는 개념이 당연한 것으로 받아들여졌고 더 이상 관심을 기울이거나 발전시킬 필요가 없다고 여겨졌다. 별다른 주목을 받지 못했음에도 불구하고 소통 활동의 슈퍼밈은 1980년대 번역학자들이 분석의 범위를 확대하면서, 그리고 무엇보다도 과거 주목받지 못했던 통역 분야들이 통역 연구의 대상으로 부상하면서 이론적인 관심을 받기 시작했다. 그 결과 소통 활동 슈퍼밈 아래 사실상 긴밀한 관련성을 갖고 있는 **텍스트/담화 산출**(text/discourse production, 3.2.7 참조)과 **중개**(mediation, 3.2.8 참조)로 이루어진 두 개의 하위 밈이 탄생하기에 이르렀다. 텍스트/담화 산출은 대체적으로 텍스트, 담화, 번역 이론을 바탕으로 형성된 반면 중개는 상호작용의 사회학과 밀접한 관련이 있다. 또한 두 하위 밈 모두 이문화異文化 간 커뮤니케이션 중개 측면에 관심을 갖고 있다는 공통분모가 있다.

지금까지 이 장에서는 처리 과정과 의사소통 활동이라는 슈퍼밈하에 있는 다섯 가지 통역의 밈들을 소개했다. 다음은 특정 밈이 널리 확산되었던 시기와 학문적 맥락에 대해 보다 상세하게 다뤄보고자 한다.

3.2.4 구어 전이

일반적으로 번역은 물론 통역의 가장 '원시적'인 개념은 한 언어의 단어를 다른 언어의 단어로 전환하는 과정으로 이해하는 것이다. 셍 제롬St Jerome이 '단어를 다른 단어로 표현한다verbum exprimere e verbo'라는 구절에서 포착한 기본 전제는, 단어가 의미를 담고 있으며 한 언어를 구성하는 기본적인 요소가 된다는 것이다. 따라서 한 언어의 단어들로 이루어진 말은 통역사에 의해서 의미가 일치하는 도착 언어의 단어를 사용해서 재생산될 수 있으며, 통역 업무의 난이도는 언어적 재료의 특성에 좌우된다. 바로 이 개념이 19세기 초반 독일의 이론가 프리드리히 슐라이어마허Friedrich Schleiermacher가 제안한 통역과 번역의 이분법의 기초가 되었다. 학술 및 예술적인 작품의 문어 '번역'과 상업적 텍스트의 구어 및 문어적 번역 행위('통역')를 구분했던 슐라이어마허는 상업적인 거래에서 사용된 언어는 "다분히 직접적이기 때문에 두 언어를 어느 정도 유창하게 구사할 수 있는 사람은 누구나 수행할 수 있는 상당히 기계적인 업무에 속한다" 고 주장했다. 더불어 이와 같은 상황에서는 "명백한 오류가 발견되지 않는 한 잘된 통역과 그렇지 못한 통역 사이에 별다른 차이가 없다" 고 주장하기도 했다(Schleiermacher, 1813/1997: 227).

율리우스 위를(Julius Wirl, 1958) 또한 통역을 이중 언어자에 의해 다소 자연스럽게 수행되는 언어전환language-switching 작용으로 간주했다. 율리우스 위를은 비엔나 경영대학원의 영어과 교수로 통역 활동을 이론화한 최초의 언어학자 중 한 명이다. 자동화 현상과 관용적 표현 간의 관계에 기초하여 자신의 이론을 설명하고자 했던 위를(1958)은 진정한 이중 언어자이자 완벽한 언어 매개자에게 두 개의 언어는 언제나 상호교환이 가능하기 때문에, 통역사는 의지에 따른 행위라기보다는 자동화된 반사 작용으로 업무를 수행하는 것이 가능하다고 주장했다.

한 언어의 단어를 다른 언어의 등가어로 쉽게 전환하는 능력을 이중 언어 구사 능력으로 간주한 전제는 1950년대 이중 언어 사용자의 언어적 행동에 대한 실험 연구의 토대가 되었다. 이중 언어 연구자들은 동시대의 심리학적 접근법에 기초하여 피실험자인 이중 언어 사용자가 언어 자극(W.E. Lambert, 1978)에 반응하는 시간을 측정하는 것으로 단어 번역word-translation 작업의 자동화된 수행 정도를 측정했다. 그 후 40년이 지난 뒤 등장한 이중 언어 처리에 대한 인지심리학적 · 신경언어학적 연구의 실험 설계들은 통역 과정에 대한 보다 포괄적인 이해를 바탕으로 수립된 것이기는 했지만 종전의 단어 기반의 관점에서 크게 벗어나지는 못했다.

구어 전이 밈verbal-transfer meme은 1940년대 후반 클로드 섀논Claude Shannon과 워렌 위버Warren Weaver가 주창한 커뮤니케이션 정보 이론의 수학적 모델과 함께 널리 확산되었다. 전기 신호 전송의 비유에 기초해서 번역은 언어 신호 전환을 비롯하여 암호해독decoding과 암호화encoding가 결합된 활동으로 비춰졌다. 따라서 번역사/통역사는 발신자와 수신자 사이의 특별한 유형의 '전송자'로서 정보를 담고 있는 한 코드의 신호를 다른 코드의 신호로 바꿔주는 매개체로 간주되었다. 이러한 언어적 코드전환 linguistic code-switching 혹은 대응전환transcoding의 개념은 심리학자와 언어학자들 사이에서 번역을 상징하는 가장 영향력 있는 은유의 하나로 확고하게 자리 잡았다. 예를 들어, 초창기 심리언어학적 실험 연구에서의 초점은 한 가지 언어로 된 언어 입력의 반복인 '섀도잉shadowing(6.2.3 참조)'과 비교해서 동시통역에서의 '코드전환 작업'에 필요한 시간에 모아졌다. 비슷한 맥락에서 골트만-아이슬러(Goldman-Eisler, 1967: 125)는 동시통역을 복잡성 측면에서 소리 내어 읽기와 즉흥 연설의 중간 단계에 놓고, '어휘 및 통사구조적인 결정과 관련된 생성적 행위generative acts를 수반하는 번역'으로 묘사했다.

이러한 어휘뿐만 아니라 문법 구조의 재암호화recoding와 관련하여, 동시대 유럽의 여러 회의 통역 언어들 중에서도 독특한 구조적 특성을 갖고 있던 독일어는 특히 어려움을 주는 언어였으며, 통사 중심의 동시통역 연구의 대상이 되었다. 1960년대 후반, 라이프치히 대학의 학자들은 언어학을 번역 현상을 연구하는 데 가장 적절한 도구로 보았으며, 어휘적 등가 lexical equivalence 관계뿐 아니라 동시통역에서 '최적의 간극'(예: 청성시차)을 결정하는 대응 규칙과 통사적 규칙성을 파악하기 위해 노력했다(Kade and Cartellieri, 1971 참조). 그럼에도 불구하고 카데와 그의 동료 연구자들은 난자 마테른Nanza Mattern의 1974년 석사학위 논문에서와 볼프람 빌스(Wolfram Wilss, 1978)가 주장한 것과 마찬가지로 통역에 있어서 '일련의 언어 기호' 처리보다 지식을 바탕으로 한 예측이 우선한다는 사실을 알게 되었다(6.7.3 참조). 따라서 1960년대 후반 (동시)통역 과정은 어휘 단위 및 통사 구조의 직접적인 언어 전이가 아닌 인지적 재연 혹은 기억의 형태로 중개되는 과정으로 이해해야 한다는 인식이 생기기 시작했다.

3.2.5 인지적 정보 처리 기술

행동주의 심리학자들이 행동 반응을 관찰하는 것을 선호하고 내적 정보 처리의 이론화에 회의적이었던 반면, 인지심리학자들은 인간의 정보 처리 시스템에 대한 은유로서 디지털 데이터 처리 유추를 바탕으로 언어 데이터를 처리하는 다양한 정신적 구조와 절차를 가정했다. 이러한 개념의 틀 안에서, 거버(Gerver, 1971: 8)는 통역 업무를 '수용, 저장, 변환, 구어 정보의 전송을 비롯해서 상당히 복잡한 형식의 인간 정보 처리'로 규정했다. 따라서 인간의 정보 처리 시스템의 정보 처리 능력과 집중력이 분산되어야 하는 멀티테스킹, 기억을 구성하는 요소들의 구조와 기능 등이 주요 연구 문제로 다루어졌다. 복잡한 업무인 통역을 실험 연구에 적합하게 만들기 위해서는 음소나 단어 인식, 어휘 명료화, 통사 처리('구문 분석'), 지식 기반의 추론 등과 같은 하위 업무 또는 구성요소 기술component skills에 대한 정보 처리 접근법으로 언어 처리를 좀 더 세분화해야 한다. 인지과학에서 학제 간 연구의 주요 분야 중 하나인 '자연 언어 프로세싱natural language processing' 분야가 이러한 문제들에 대해 보여준 다양한 통찰력은 국제회의 통역 및 제반 구성요소 처리 과정 연구에 많은 영향을 미쳤다(Moser-Mercer et al., 1997). 컴퓨터와 유사한 기호 처리symbol processing 관점보다는 신경 네트워크 모델neural network model이나 '연결주의' 모델connectionist model로 개별 하위 업무를 수행하는 인지과학자들이 점차 증가하면서 동시통역에서의 인지 기술에 '연결주의connectionist' 혹은 '비기호적 처리subsymbolic' 접근법이 적용되기 시작했다(예: MacWhinney, 1997; Paradis, 2000; Setton, 2003a). 통역 과정에 관련된 언어 처리 기술을 설명하기 위해 제시된 '인지적 구조'와 상관없이, 인지적 정보 처리 밈은 통역 과정의 모델 구축(5.4.3 참조)은 물론 다양한 교육학적 활용(9.2.2, 9.3.3 참조)에도 지대한 영향을 미쳤다.

3.2.6 해석 이론

실험 심리학자들이 복잡한 인지 과정을 탐구하기 시작했을 무렵, 선구적인 국제회의 통역 연구자들은 통역 과정을 소통적 맥락communicative context에서 설명하기 시작했다. 그중 에르베르(Herbert, 1952)는 국가 간 의사소통 서비스인 국제회의 통역에서 상호이해를 가능하게 하는 통역사의 역할을 강조했다. 특정한 소통 상황 속에서 통역사의 업무는 청자와 연사의 역할이 결합된 것으로 특징지어졌다. 출발 언어로 표현된 것을 이해하고, 이해한 아이디어, 즉 '메시지'를 도착어 문화의 청중이 이해할 수 있도록 다른 언어로 표현하는 것이 통역 업무의 핵심으로 여겨졌다. 선구자적인 통역사이자 연구자, 또한 교육자였던 셀레스코비치와 에르베르는 통역사의 업무에 대해 "통역사는 무엇보다 연사의 아이디어를 이해해야(Seleskovitch, 1978a: 11)" 하며 "각각의 아이디어를 '훌륭한 연사'가 말하는 것처럼 자연스럽게 표현해야 한다(Herbert, 1952: 23)"고 했다.

통역 행위에서 듣기와 말하기가 별개의 단계로 여겨지는 순차통역에 특별한 관심을 가졌던 이들 초창기 연구자들은 당연히 번역의 문제보다는 듣기와 말하기의 소통적 기술을 강조했다. 실제로 번역적인 요소는 무시되어 '통역'의 상대물로 보여지기까지 했다. 특히 셀레스코비치(1976, 1978a)는 번역을 분석적인 코드전환 작업(3.2.4 참조)으로 간주하는 당시의 관점과는 달리 통역은 의미sense를 이해하고 전달하는 활동이 동시에 일어나는 작업이라고 주장했다. '통역은 모든 단어를 번역하는 것이 아니다'와 같은 말에서 알 수 있듯이 통역과 번역 간의 반목은 다수의 통역 관련 문헌에서 여전히 감지되고 있다.

보다 광범위한 번역 이론적 문맥에서 해석 대 코드전환의 구분을 셀레스코비치는 그림(=통역)과 사진(=번역)에 빗대어 설명하기도 했다. 이는 오래된 의역과 직역의 이분법, 의미 중심의 접근법 선호를 반복하는 것이다. 그러므로 통역을 '해석'으로 본 것은 통역사만의 독특한 과제로 본 것은 아니고, 오히려 (사전) 지식을 매우 중요하게 보았다는 사실이 혁신적이었다. 에르베르(1952: 19)는 '주제에 대한 충분한 지식'이 중요하다고 지적했고, 셀레스코비치는 해석 이론 혹은 의미론(théorie du sens, 5.4.1 참조)으로 알려진 의미 기반의 이론적 설명을 통해서 언어의 이해를 인지적 측면에서 접근하려고 시도했다. 또한 셀레스코비치(1976, 1978b)는 새롭게 등장한 다학제적 인지과학의 개척자로서 통역과 이해를 배경 지식과 인지적 입력물이 더해진 정신적인 인식의 재연이라고 주장했다. 이러한 측면에서, 실무와 훈련 중심의 파리학파(2.3.3, 4.2 참조)가 주도한 통역학에서 번성했던 해석 밈meme of making sense은 정보 처리 밈information-processing meme에서 영감을 받은 인지과학 연구자들의 언어 이해 개념과 상당한 접점을 공유하고 있다. 이해 과정에서 다양한 유형의 배경 지식이 결정적인 역할을 한다는 것에 대해 전반적인 합의가 이루어지고 있으므로 통역의 수용 단계에서 해석 밈은 확실한 지지를 받고 있다.

반면 산출 쪽에서는 지식과 해석 간의 관련성이 별다른 주목을 받지 못했다. 그러나 셀레스코비치는 "통역사의 도착 언어 발화는 반드시 수용자에게 맞춰져야 한다"(1978a: 9)고 주장하고 "연사가 의도한 의미를 이해하고 청자가 이해할 수 있도록 가장 적합한 언어 형태로 표현하는 것"이 통역사의 업무라고 기술하고 있다(1976: 109). 확실한 것은 발화를 이해하는 데 있어 지식은 통역사 못지않게 도착어 문화의 청자에게도 중요하다. 뿐만 아니라, 통역사는 발화된 메시지를 이해하기 위해 연사와 사회문화적 배경을 공유하고 있는 반면, 도착어 문화의 청자는 그렇지 않다. 만약 통역사의 임무가 이해를 돕는 것이라면, 통역사는 반드시 이 메시지를 청자의 사전 지식, 즉 셀레스코비치가 말한 '문화적 틀cultural frames of reference'에 적합하게 전환하여 의미가 통하도록 해야 한다. 다시 말해서 도착어 텍스트가 도착어 문화 환경 속에서 제 기능을 달성할 수 있도록 해야 한다는 뜻이다. 따라서 도착어 문화 중심적인 관점에서의 해석 밈을 논하는 것이

가능하며, 이러한 밈은 한스 베르미어Hans Vermeer의 번역 행위(Vermeer 1989/2000)에 관한 스코포스 이론skopos theory에서 가장 종합적으로 표현되어 있다. 이 '기능주의적' 접근법(Nord, 1997)은 동시통역에 특별히 적용되었으며(예: Kirchhoff, 1976/2002), 특히 독일어권 학자들에게 많은 영향을 미쳤다(4.5 참조). 그러나 기능주의 접근법의 중요성은 사람들의 관심이 국제회의가 아닌 다른 통역 상황으로 확대되면서부터 알려지기 시작했다. 커뮤니티 통역의 경우, 주요 참여자들의 사회적 지위는 불평등하며 교육 정도에도 상당한 차이를 보인다. 이러한 상황에서는 "청자가 이해하기에 가장 적합한 언어적 형태(Seleskovitch, 1976: 109)"를 사용해야 한다는 것이 어려운 과제로 부상했다. 만약 통역사가 청자의 사회문화적 지식 안에서 통역을 이해시키고 청자의 지식 수준을 판단할 수 있는 유일한 사람이라면, 통역사는 바꿔 말하거나 설명하거나 단순화시킴으로써 연사가 기대하는 소통적 효과를 달성해야 한다(7.3 참조).

3.2.7 텍스트/담화 산출

프로세스로 보든 커뮤니케이션 활동으로 보든 통역이 산출 지향적 활동production-oriented activity임은 분명한 사실이다. 문제는 통역사가 생산하는 산출물을 어떤 분석적인 용어로 표현하느냐이다. 에르베르(Herbert 1952: 23)는 통역사를 '훌륭한 연사'에 비유했는데, 이는 수사학을 분석의 틀로 간주한다는 뜻이다. 심리언어학자들은 통역사의 산출물로서 발화물speech을 연구하고, 특히 휴지pause와 같은 시간적인 특징에 관심을 가졌다. 또한 인지심리학자들은 정보 내용과 같은 측면에 초점을 맞췄다. 언어학자들이 어휘적 의미와 통사 구조에 집착하는 한, 통역사의 산출물에 대해 논할 주제는 매우 제한적일 수밖에 없었다. 그러나 1970년대 언어학의 방향이 소통에서의 언어 사용으로 바뀌면서 비로소 언어 생성에 대한 보다 포괄적인 개념이 세상의 주목을 끌기 시작했다. 텍스트를 의사소통의 의도를 기반으로 하여 결정되는 관계의 망으로 보는 개념, 특히 보그란드와 드레슬러(Beaugrande and Dressler, 1981)의 텍스트 언어학적 접근법에서 유래한 텍스트 개념이 번역학자들에 의해 곧바로 수용되었다. 통역 역시 텍스트성textuality의 기준, 즉 표층결속성cohesion, 심층결속성coherence, 간텍스트성intertextuality(7.1.3 참조)에 따라 텍스트로 보았다. 통역사가 생산한 산출물의 구어성orality을 강조하려는 연구자들은 할리데이(M.A.K. Halliday, 1985)의 체계적 기능언어학systemic functional linguistics처럼 구어에 초점을 둔 이론과 '담화'를 중심으로 한 접근법에 의지했다. '텍스트'와 '담화' 간의 개념 구분은 명확하지 않으며 지리언어학적 전통 또는 지적 선호도에 따라 결정되기도 한다. 그러나 어떠한 명칭이나 분석 틀을 사용하느냐에 관계없이, 통역의 이중 텍스트/담화 밈은 상당히 의미 있는 관점인 것이 분명하며 코퍼스 언어학적 방법corpus-linguistic methods의 사용이 많아지면서 그 영향력을 유지하고 있다(7.1.2 참조).

그러나 인지적 담화 접근법(6.3.2 참조)의 주요 관심사인 텍스트 분석의 개념은 일방향성monologic이란 특징을 가지고 있다. 다시 말해, 텍스트가 발화자에 의해 적극 생산되고 청중은 이를 수용한다는 담화 관점이다. 이러한 관점은 국제회의 환경을 반영하는 데는 효과적이지만 연사와 청중의 역할이 보다 역동적이고, 대화자들이 근거리에 공존함으로써 담화의 상호작용적 흐름이 선호되는 소통 환경을 분석하는 데는 적합하지 않다. 바덴쇼우(Wadensjö, 1998)의 대화 통역에 관한 연구는 이러한 상호작용으로서의 담화의 관점에 주목한 것이다. 그러나 '활동으로서의 발화talk as activity'와 '텍스트로서의 발화talk as text'를 구분하는 바덴쇼우(1998: 21)의 시도는 텍스트/담화 생산 밈의 양방향성dialogic의 특징을 기반으로 하고 있으며, 두 개념이 서로 다른 차원에서 통역사의 행위를 설명하기에 이 두 개념은 대립하는 것이 아니라 보완적이라고 본다. 실제로 통역 과정에서 '(상호)활동'으로서의 텍스트 생산 이외에 다른 어떤 일이 일어나는지에 대한 바덴쇼우의 설명은 다음으로 논의하게 될 통역에 대한 또 다른 관점과 밀접한 관련이 있다.

3.2.8 중개

해석 밈meam of making sense처럼 중개 밈mediation meme은 여러 면에서 통역과 관련된 '기본적' 개념이며 어원학적으로 통역과 밀접한 관계를 갖고 있다(1.1 참조). 전문 통역사든 아니든 통역사는 원래 '가운데 있는 사람'(Knapp-Potthoff and Knapp, 1987)이다. 다시 말해 관련된 언어 간 중개자라기보다는 그들이 대표하고 있는 기관이나 사회문화적 입장 간의 중개자인 것이다. 통역사의 두 고객은 소통의 과정에서 각자의 의도와 기대를 갖고 있다. 이러한 각기 다른 의도와 기대가 의견 충돌로 이어지는 경우가 많으므로 통역사는 어쩔 수 없이 '중개자'로서의 역할을 수행할 수밖에 없다. 협상에서의 브로커나 조정자가 아니라 이해의 과정을 조율하는 대리인의 역할을 하게 된다는 뜻이다. 연사 간 충돌의 단순한 예로는 연사들이 동시에 이야기를 하게 되는 경우이다. 이때 통역사는 주요 당사자들의 말차례turn-taking를 정하고 게이트키핑gatekeeping 자격으로 담화의 흐름을 조율해야 한다. 좀 더 복잡한 예로, 당사자 한 명이 이해를 못하는 경우 소통을 돕는 통역사의 임무가 위협받게 되고 따라서 중개를 위한 간섭이 필요할 수 있다. 실제로 크나프-포트호프와 크나프(Knapp-Potthoff and Knapp, 1986)는 전문 통역사가 아닌 일반인이 '언어 중개'를 수행하는 경우에 중립적이거나 '보이지 않는' 역할을 수행하기보다는 적극적인 제3자로서 중개 활동을 하는 경우가 많다는 사실을 밝혀냈다. 이러한 연구 결과는 통역사의 역할이 무엇인가라는 어려운 문제를 생각해보게 했는데, 즉 소통의 상황에서 이해를 돕기 위하여 메시지를 전달하는 것 외에 통역사에게 기대되고 또 허용되는 역할이 무엇인지에 관한 문제에 관심을 집중시키기 시작했다(7.4 참조).

통역사의 역할에 관한 문제는 특히 커뮤니티 기반의 대화 통역과 직결된다. 대화 통역 상황에서 상호작용의 형태는 불평등한 권력 관계와 당사자들 사이의 사회문화적 배경의 심한 격차가 특징이며, 이러한 격차를 중개하는 임무가 통역사에게 주어진다. 사실 통역사의 역할과 임무의 일환으로서 중개는 원칙적으로 국제회의 통역에서도 필요하다(Kirchhoff, 1976/2002: 113; Seleskovitch, 1978a: 100). 전문 통역사로 수년간의 경험을 바탕으로 논문을 쓴 존스(Jones, 1998)는 국제회의 통역사들이 '문화적 어려움'을 극복하기 위하여 '꼭 필요한 설명을 제공하거나 심지어 실제 연사의 지시체를 변경(1998: 4)'하는 경우처럼 적극적으로 개입할 필요가 있을 수 있다고 주장한다. 따라서 도착어 문화의 청중의 의사 전달 요구에 맞게 통역사의 산출물을 변경해야 한다고 전제한다면 통역사는 필요에 의하여 문화 중개자로 정의되는 것이다(Kondo and Tabble, 1997).

구체적이고 상호작용적인 담화 상황과 일반적인 이문화 사이의 소통에서 통역사가 실제로 중개를 넘어서 두 문화를 대표한다는 사실은 이들을 문화적 접점cultural interface으로 바라볼 수 있게 해준다. 이러한 의미에서 통역사는 다양한 문화를 연결해주고, 보웬(Bowen, 1995: 262)이 도나 마리나Doña Marina에 대해 언급했듯이 '미래의 문화적 혼성 사회'를 대표한다. 그러므로 통역사는 지역사회의 경계를 넘나드는 사람들을 대표한다고 할 수 있다. 통역사는 '혼합인'이며, 문화의 만남, 공존, 상호화합을 가능하게 하고 구현해야 하는 '중개자'(Cronin, 2002: 392)이다. 따라서 특정 사회가 이러한 문화 중개 대리인에게 부여하는 지위는 타他문화 및 이문화 간의 교류에 대한 해당 사회의 태도를 반영한다고 볼 수 있다.

3.2.9 밈의 도해

아이디어에 관한 여타 담론과 마찬가지로, 통역의 여러 밈을 어떠한 차원에서 서로 개별적인 것으로 간주할 것인지 혹은 하나로 통합시킬 것인지에 대해서는 논란의 여지가 있다. 그러나 다섯 가지의 밈을 차별화하기로 한 이유는 이들이 각각 오래 진행되어온 통역의 개념적 진화를 보여주고 또 각각 상대적으로 중요한 개념을 기반으로 하고 있기 때문이다. 이는 통역에 관한 학문적 · 일상적인 담론을 제공하는 주요 생각들이 네 개의 기본적인 개념과 어떻게 서로 연관되어 있는지를 보여주는 밈 도해(그림 3.2)를 통해서 설명되고 있다.

모든 밈은 언어, 인지, 상호작용, 문화와 여러모로 긴밀하게 연관되어 있다. 이 개념들은 그림 3.2에서 서로 독립된 기둥으로 표상되어 있지만 다양한 방식으로 연결되어 또 다른 여러 차원을 형성하며(예: 언어-문화, 언어-인지, 인지-문화), 밈은 그 안에 위치하게 된다. 이 도해 안에 있는 다섯 개

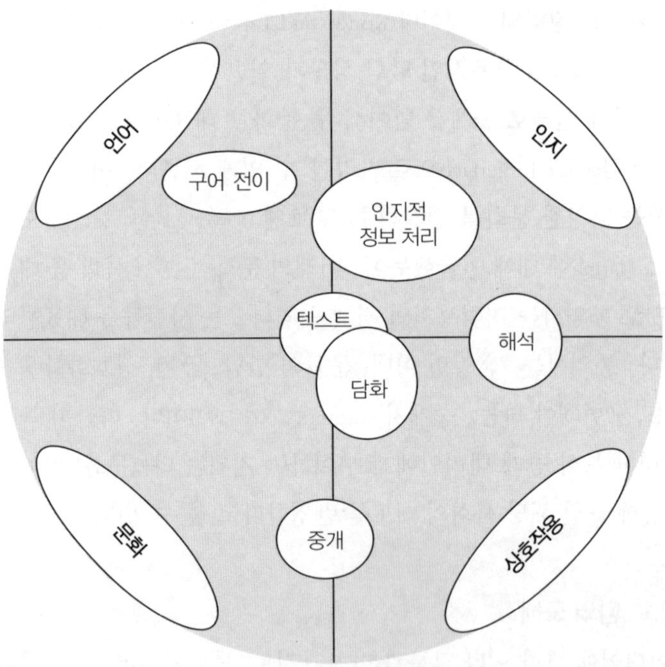

그림 3.2 통역 연구의 밈 도해

밈의 위치는 네 개의 기둥과의 개념적 근접성을 나타내고 있다. 비록 직관적인 것에 불과하지만 이 밈의 도해를 통역의 이론적 탐구의 길잡이가 된 개념적 표지판으로 이해하면 도움이 될 것이다.

3.3 방법론

연구 대상에 관한 생각을 형성하는 것은 연구 과정에 반드시 필요하며, 보다 세부적인 지식을 획득하기 위해서는 실증적 재연을 통한 현상 확인을 필요로 한다. 이를 가능하게 하는 여러 방법이 과학철학의 주요 영역 중 하나인 방법론이다. 방법에 대한 연구로서의 방법론은 지식에 대한 이론인 인식론epistemology의 일부이며, 이는 모든 방법론적 고려 대상의 기초가 된다(3.3.1 참조). 보다 구체적으로는 특정한 학문 분야 또는 연구에 사용하는 방법과 절차를 방법론이라 한다. 지금부터 전자(철학적 방법론)와 후자(실용적 방법론)를 모두 간략하게 검토해보기로 하자.

3.3.1 '알아내는 방법'

만일 연구와 탐구의 목적이 '현실' 세계의 '진실한' 본질에 관한 지식을 얻는 것이라면, 지식 창출의 과학적 노력은 근본적으로 '진실truth', '사실facts' 혹은 '현실reality'과 같은 개념의 가설에 의존하게 된다. 과학이란 알려진 것과 사실로 인정되는 것에 관한 합의로서, 객관적 현실에 대한 확인 가능한 사실을 오랫동안 신봉해왔다. 자연과학에 적합한 것으로 보이는 이러한 인식론적 입장은 현실의 객관성이 결국 개인의 다양한 해석에 영향을 받는다는 현대적인 시각에도 불구하고 그 입지가 흔들리지 않았다. 그러나 현실에 대한 실증적인 시각도 결국 객관적인 현실은 존재하지 않으며 모든 경험은 주관적으로 형성된다는 주장의 포스트모던 혹은 후기 실증주의, 구성주의적인 관점에 의하여 도전을 받게 된다. 통역의 연구에 이러한 인식론적 입장을 도입한 것은 결국 '자연적 데이터natural dada'는 존재하지 않는다는 것을 의미한다. 체스터만과 아로요(Chesterman and Arrojo, 2000: 152)가 지적했듯이 데이터는 '주어지는' 것이 아니라 특정한 생각과 목적을 가진 분석가에 의하여 '수집'되는 것이다.

'사실적 증거'나 '객관성'과 같은 개념의 과학적인 연구 가능성을 배제하는 것은 아니지만, 현실 혹은 지식이 상대적이기에 연구자는 과학적 탐구에서 인간의 개입이 피할 수 없음을 인식하는 동시에 끊임없이 간주관적intersubjective 점검이 가능한 연구를 하려고 노력하는 것이다. 이렇게 되면 객관성이란 우리의 개인적 주관을 기반으로 한 사회적인 노력이다(Babbie, 1999: 36). 그렇기 때문에 연구자는 자신의 이론적 관점뿐 아니라 개념적 · 방법론적 선택을 확실히 명시할 필요가 있다.

3.3.2 '과학 하는 방법'

사회적 활동으로서 과학 연구에 참여하는 것은 특정 과학 공동체가 수립한 규칙과 기준을 준수한다는 것을 의미한다. 그러나 학제 간, 또 특정 분야 내에서도 과학을 하는 방법이 다양하기 때문에 연구자들은 방법론에 관한 선택을 해야 한다. 여기에는 탐구의 양식(연역법 대 귀납법), 데이터의 성격(정량적 대 정성적), 연구 목적, 전반적인 방법론적 전략 및 연구 방법 그 자체 등이 있다.

과학적 방법의 전통적인 방식이며 통역 연구에 영감을 제공했던 모델은 이론을 기반으로 하여 데이터로 향하는 연역적deductive 방식이다. 이는 연구 주제를 특정 이론의 틀 안에서 설정한 후 가설을 세우고, 관련된 모든 변수를 정의하고 측정 가능한 양적quantitative 지표를 정한 다음, 가설을 유형화operationalized한다. 그 다음 적절한 방법론적 절차를 이용하여 데이터를 기반으로 가설을 검증하고 그 결과로 가설은 수용 또는 기각되어 제시한 이론을 실증적으로 뒷받침하거나 아니면 해당 이론의 수정을 필요로 하게 된다. 또 다른 대안은 귀납적inductive인 방법을 통해서 이론을 정립하는 것으로, 관찰과 모색을 통하여 패턴을 발견하고 이를 근거로 이론적 원칙을 정립하는 방법이다. 1960년대 사회학자들에 의해 주창된 일명 근거이론grounded theory은 데이터에서 이론을 도출하는 접근법으로 질적 데이터qualitative data와 가까운 관계에 있다. 사회과학과 인문학이 연구와 이론에 대한 포스트모더니즘적인 해석적 접근법interpretive approach으로 수렴해감에 따라 질적 연구qualitative research가 방법론의 새로운 바람을 불러일으키며 처음 적용되었던 원학문 분야에서 벗어나 통역번역학 등 타 분야까지 널리 확산되기에 이르렀다(Denzin and Lincoln, 2000).

그렇다고 연역법 대 귀납법의 구분이 질적 데이터 대 양적 데이터 활용과 일치하는 것은 아니며, 이론적 가설의 유형화(연역법)와 실증적 데이터의 추출 및 일반화의 과정(귀납법) 모두가 과학을 하는 효과적인 방법이 될 수 있다. 또한 인식론과 관련하여, 질적 연구라고 해서 반드시 포스트모더니즘을 지향하는 것으로 볼 수 없듯이 계량화가 항상 실증주의적 입장을 의미하는 것은 아니다. 연구에 따라 질적 데이터 혹은 양적 데이터 (혹은 이 둘의 결합)가 더 적합할 수 있다. '집합'적으로 볼 것인지 '개별'적으로 볼 것인지, 즉 수치 데이터를 쓸 것인지 수치가 아닌 데이터를 쓸 것인지의 선택은 연구의 대상이 되는 사람, 사건 또는 대상물(예: 텍스트) 간의 공통적 속성이 각각의 독특한 특징을 간과하게 할 만큼 중요한지의 여부에 달려 있다(Babbie, 1999: 23).

연구자의 관심사 혹은 목적은 연구 설계에 중대한 영향을 미치며 여러 가지일 수 있다. 연구를 진행하는 데 있어서 중요한 개인적 동기나 실용적 목적이 있다고 하더라도 원칙적으로 연구란 대상을 탐구하고 기술하고 설명하기 위해서 수행된다. 특정 목적이나 연구 대상에 따라 연구자는 실증 데이터를 다루는 전체적인 방법론적 전략을 정하게 된다. 이러한 연구 전략은 일반적으로 분야에 따라 다양한 방법으로 나눌 수 있다. 통역학에서 특히 질(예: 1998)이 자주 사용해온 포괄적인 분류는 관찰식observational 접근법과 실험식experimental 접근법이다. 관찰 연구는 진행이 되는 현상을 '자연적으로naturally,' '현장에서in the field' 연구하는 것을 말한다. 반면 실험 연구는 연구 목적 그 자체를 위하여 현상을 발생시키는 것을 말한다. 관찰 연구의 경우 데이터가 현장에 이미 존재하는 반면에, 실험 연구에서는 — 적어도 고전적 형태의 실험에서는 — 연구자의 통제 아래, 종종 실험실 환경에서 실험을 목적으로 데이터가 수집된다. 그러나 이러한 이분법적인 분류에는 면담이나 설문지를 사용하여 정보 제공자로부터 데이터를 (상호) 적극적으로 유도하여 수집하는 방식이 누락되어 있다. 특히 응용사회학에서 많이 사용되는 이러한 설문 조사 방식은 정량적 분석을 목적으로 주로 대규모 집단의 사람들로부터 표준화된 형태의 정보를 수집하는 경우가 많다.

관찰 연구와 실험 연구의 이분법적 분류에서는 전반적인 연구 방법으로서의 관찰과 특별한 데이터 수집 방법으로서의 관찰의 구분이 모호하다. 다시 말해서 실험 연구에서의 데이터 수집은 피험자의 행동을 관찰하는 것을 포함하고, 통역 현장에서의 관찰 연구는 실험 참가자의 관찰, 포커스 그룹, 인터뷰, 유도된 회고, 녹음 분석과 같은 다양한 데이터 수집 방법을 필요로 한다. 따라서 기본적인 연구 전략을 현장 조사, 설문 조사, 실험 연구(Robson, 1993: 40)의 세 가지로 분류하는 것이 좋을 것이다. 이 세 가지 분류법의 특징을 살펴보면, 우선 현장 조사는 실제 상황 속에서 발생하는 사건이나 사람들에 대한 데이터를 수집하는 것을 말하며, 흔히 독특한 사례를 연구한다. 설문 조사는 대규모 집단에서 표준화된 형태의 데이터를 수집하는 것을 의미한다. 실험 연구는 하나 또는 그 이상의 종속 변수dependent variables를 기준으로 특정 독립 변수independent variable의 조작 결과를 측정하는 것을 말한다.

전반적인 지침으로는 유용하지만 이러한 단순한 범주에 모든 접근법이 정확하게 들어맞는 것은 아니다. 예를 들어 시뮬레이션은 특히 컴퓨터 모델을 사용할 경우 실험 연구로 간주될 수 있지만, 롤-플레이처럼 준실제적 환경quasi-authentic environment에서 시뮬레이션이 사용될 경우에는 현장 조사 연구에 가깝다. 이는 실제적 환경authentic settings 혹은 준실험quasi-experiments 환경에서의 실험일 때도 마찬가지이며, 실행 연구action research와도 관련이 있다. 실행 연구는 연구 참여자의 실제 삶이 무대가 되고, 참여자가 피험자가 아닌 주역으로서 참여하는 회고적이고 협업적인 연구 형태를 의미하며 교실 환경에서의 실험이 좋은 예라 하겠다(McDonough and McDonough, 1997 참조).

연구 전략은 대체로 연구 목적이 무엇이냐에 따라 정해지지만 — 탐구는 현장 조사, 기술은 설문 조사, 설명은 실험적 (인과 관계) 가설 시험 — 원칙적으로는 모든 연구 전략이 모든 목적에 사용될 수도 있다(Robson, 1993). 예를 들어 사례 연구법이 인과 관계를 설명하는 데 사용될 수 있는 것처럼 탐색 목적을 위하여 실험을 사용할 수도 있다. 이와 마찬가지로 연구 전략과 데이터 수집 방법 사이에도 이렇게 다각적이고 열린 관계가 존재한다.

통역 연구와 관련하여, 기본적인 데이터 수집 기법은 관찰, 질문, 녹음으로 요약될 수 있다. 연구 방법론적 기준에서 보자면 이는 비공식적인 참여자 관찰participant observation에서 코딩coding 체계를 사용한 매우 조직적인 관찰까지를 포함하는 관찰 방법과 일치한다. 인터뷰와 설문지 조사법은 다소 조직적이며 다양한 방법으로 실시된다. 또한 분석을 위한 다큐멘터리 자료의 수집(예: 실제적 담화 코퍼스 혹은 실험 산출물)도 있다. 다큐멘터리 자료 수집법은 간접적이며 방해가 되지 않는 관찰법으로 산출물 중심적인 통역 연구와 당연히 연관성이 있다.

어떠한 연구 방법을 사용하든 데이터는 표집sampling이 안고 있는 복잡한 문제들을 충분히 고려하여 수집되어야 하며 이는 연구 결과의 타당성에 영향을 미친다. 특히 질적 연구 옹호자들은 한 가지 이상의 데이터 수집 방법을 통하여 여러 개의 데이터 원천을 이용하는 '삼각법triangulation'의 가치를 주창해왔다. 이러한 다원법적 접근multi-method approach은 사례 연구의 전형적인 특징으로 실험 연구에서도 폭넓게 활용되고 있으며 통역 연구에서도 그 활용도가 점차 확대되고 있다.

3.3.3 통역학의 방법론적 접근법

위와 같은 다양한 연구 방법 중에서 통역학 분야는 여러 가지 접근방식이 사용 가능할 뿐 아니라 방법론적 발전 범위도 광범위하다. 위에서 언급한 세 가지 기본적인 연구 전략인 현장 조사 연구, 설문 조사 연구, 실험 연구는 통역 연구에서 사용되고 있으며, 아주 오래된 통역 연구 문헌들에서도 볼 수 있다. 국제회의 통역 교육을 주제로 한 파네트(Paneth, 1957)의 선구적인 논문은 현장 조사 연구의 모범적인 사례이다. 이 논문은 교육 기관을 방문하여 인터뷰와 수업 참관을 통해서 수집한 자료를 토대로 작성되었다. 산츠(Sanz, 1931) 역시 자신의 초기 연구에서 현장 조사 방법을 활용했지만 설문지를 이용하여 20명의 전문 통역사들을 대상으로 한 설문 조사가 주를 이룬 연구였다. 올레롱과 난퐁(Oléron and Nanpon, 1965/2002)의 동시통역에 관한 획기적인 논문은 주로 실험 연구에서 수집한 데이터를 바탕으로 작성되었는데, 두 학자는 현장 조사에서 수집한 데이터가 분석에 부적합함을 깨닫고 실험 연구로 방향을 돌렸다.

이러한 통역학의 초기 논문들이 나온 이래로, 설문 조사 연구는 실무 관련 문제를 연구하는 데 활용되어왔다(7.5.1, 8.4.1, 8.6 참조). 반면 현장 조사 연구는 통역을 주제로 한 실증 연구의 방법론으로는 놀랄 만큼 미미한 역할만을 담당하다가 법정 통역에 관한 최초의 연구가 수행됐던(7.4.2 참조) 1980년대 후반부터 자리매김을 하기 시작했다. 국제회의 통역에 관한 대규모 현장 연구는 거의 이루어지지 않은 반면(예: Pöchhacker, 1994a; Diriker, 2001), 대화 통역에 대한 관심이 높아지면서 민속지학적이고 담화 분석적인 기술을 바탕으로 한 사례 연구가 급격하게 늘어났다(4.6 참조). 실행 연구(action research, 9.3 참조)로 볼 수 있는 교육을 주제로 한 몇몇 연구를 제외하고, (국제회의) 통역 연구에서 중심 무대를 차지한 방법은 실험 연구이다. 인지적 정보 처리 밈(cognitive-processing meme, 3.2.5 참조)과 인지심리학의 실험 연구 전통(4.4.1 참조)과 더불어, 통제된 실험 환경에서의 가설 검증은 통역 연구 분야의 최우선 관심사였다. 이러한 높은 관심은 이제까지 많은 실험 연구가 종종 소수의 학생이나 전문가를 대상으로 수행되었다는 사실에서 볼 수 있으며(6.4, 6.6, 6.7 참조) 또한 다양한 패러다임 내의 통역 연구자들 사이에서 실험 연구에 대한 방법론적 논의가 이루어지고 있다는 사실을 통해서도 알 수 있다.

요약

이 장에서는 통역학의 연구와 관련이 있는 방법론적 전략과 주요 사상, 학문적 틀의 관점을 살펴보았다. 연관 학문인 번역학이 기본적인 이론적 토대를 제공했다는 것 이외에는 별다른 자극을 제공하지 못한 반면, 통역학은 심리학 · 언어학 · 사회학 · 문화인류학과 같은 광범위한 주제하의 다양한 학문적인 틀을 활용했다. 또 이러한 다학제적 접근법이 통역 현상의 개념화에 기반이 되기도 했다.

통역의 수퍼밈을 번역, 정보 처리, 소통적 활동으로 보고 그 아래에 다섯 가지 밈을 소개하여 여러 시대와 학문적 맥락 속에서 통역에 대한 사고가 어떻게 발전되었는지를 특징적으로 설명했다. 다섯 가지 밈memes은 구어 전이verbal transfer, 해석making sense, 인지적 정보 처리 기술cognitive information processing skills, 텍스트/담화 산출text/discourse production, 중개mediation로서 이 밈들은 언어, 인지, 상호작용, 문화라는 기본 개념을 기준으로 도해로 표상되었다. 또한 연구의 이론적 토대를 보완하기 위하여 방법론의 근본적인 주제를 연역법 대 귀납법, 질적 대 양적 방법으로 살펴보았다. 그리고 현장 조사 연구, 설문 조사 연구, 실험 연구라는 연구 전략과 그에 필요한 데이터 수집 및 분석을 위한 방법과 기법을 소개하고 통역학 분야에서의 역할에 대해서도 알아보았다.

핵심 문헌

번역학의 인식론적 토대에 관해서는 Chesterman and Arrojo(2000)를, 후속 논의는 *Target*(특히 13: 1, 2001 참조)을 참고하라. 통역학이 접목을 시도한 주요 학문을 개괄한 방대한 안내서들은 다음과 같다.

인지심리학

J.R. Anderson(1990), Kintsch(1998), Tulving and Craik(2000)

심리언어학

Gernsbacher(1994)

이중 언어 사용 연구

Hamers and Blanc(2000)

담화 연구

Schiffrin et al.(2001), van Dijk(1997a, 1997b)

번역학의 밈에 관한 연구로는 Chesterman(1997)을, 통역의 인지 처리 밈은 Gerver(1975, 1976), Moser-Mercer et al.(1997), "Interpreting"(2: 1/2, 1997), Danks et al.의 논문집(1997), Englund Dimitrova and Hyltenstam(2000), Tirkkonen-Condit and Jääskeläinen(2000)을 각각 참고하라. 해석 밈은 Seleskovitch(1976, 1978a), Nord(1997: 104-8)를, 텍스트/담화 밈은 Hatim and Mason(1997), Roy(2000a), Wadensjö(1998)를, 중개 밈은 R.B.W. Anderson(1976/2002), Wadensjö(1998)를 각각 참고하라.

통역 연구의 방법론적인 측면을 살펴보기 위해서는 Gile(1990a, 1994b,

1997, 1998)과 "Interpreting"에 실린 다수 논문(2: 1/2,1997)을, 대화 통역의 방법론은 Mason(2000), Wadensjö(1998) and Roy(2000a)를 각각 참고하라. 방법론에 관해 추가 정보는 이 책의 마지막 장인 10장에 참고문헌을 제시했다.

추가 연구 주제

- 영어 외 다른 언어의 번역학자나 인지/언어학 혹은 사회/문화학 분야의 전문가들이 통역 문헌에 기여한 것은?
- 통역학 내의 밈의 위상과 관련해서 고려할 수 있는 통역과 관련된 개념과 가정에는 어떤 것이 있는가? 통역학 관련 문헌에서 이러한 개념과 가정은 어떻게 나타나고 있는가?
- 다른 언어 혹은 타 학문 분야에서 저술된 방법론 교재들은 다양한 연구 전략 및 방법론을 어떻게 분류하고 있는가?

제4장

패러다임

3장에서 살펴본 이론적 · 방법론적 토대를 바탕으로, 4장에서는 오늘날까지의 통역학의 주요 연구 전통에 대해 알아본다. '패러다임paradigm'의 개념을 사용해서 통역학계에 등장했던 여러 연구 모델을 추적해보고 그들의 위치 및 상호관계에 대해 살펴보게 될 것이다.

이 장의 핵심 내용은 아래와 같다.

- 과학적 학문 분야의 분석에 사용되는 '패러다임'의 개념
- 통역학 발전 초기의 자생적 패러다임의 등장
- 통역학에서 실험 연구의 역할
- 다양한 연구 접근법의 패러다임으로서의 위상
- 통역학의 핵심 패러다임 간의 관계

4.1 '패러다임'이란?

물리학자 토마스 쿤Thomas Kuhn이 처음으로 과학과 과학의 변화 과정을 패러다임과 패러다임 전환의 관점에서 분석한 이래로 패러다임이란 개

념은 과학의 역사와 이론의 개념적 초석이 되었다. 쿤(1962/1996)에 의하면, 과학적 사고와 연구는 '패러다임'에 의하여 구축되며, 여기에서 패러다임이란 특정한 학문 집단의 구성원들이 공유하고 있는 기본적인 가정, 모델, 가치, 표준적 방법으로 이루어진다. 연구자들은 해당 학문을 지배하는 패러다임 안에서 후속 연구를 설계하고 기존 이론을 발전시킴으로써 현상의 다양한 측면을 설명하려는 노력을 축적하는 것이다. 그러나 결국 하나의 패러다임이 데이터 내의 '이상 현상anomalies'을 설명할 수 없는 상태가 되면 새로운 개념과 방법론이 부상하면서 기존의 패러다임을 혼란에 빠뜨리고 그 자리를 대신하게 된다. 따라서 쿤의 패러다임 전환paradigm shifts은 새로운 패러다임으로 인하여 기존의 패러다임이 축출되는, 즉 진화적인 변화라기보다는 혁명적 변화를 지칭한다.

쿤이 제시한 과학의 진보에 대한 '급진적인' 이해는 자연과학에서 시작되었지만 그 개념은 점차 정치학, 사회학, 경영학, 언어학, 나아가서 번역학 등 다양한 학문 분야로까지 수용 범위가 크게 확대되었다. 그러나 인문학과 사회과학에서는 연구의 대상이 본질적으로 다양한 환경에서 형성되고 또 대개는 다양한 관점으로 대상을 바라볼 수 있다. 이는 다소 덜 급진적인 관점의 패러다임 전환이 존재한다는 것을 의미하며, 그 결과 단일 학문 공동체 내에 서로 다르면서도 관련성이 있는 패러다임들의 공존이 가능해진다. 이 장에서의 통역학의 패러다임에 대한 논의도 바로 이러한 관점에서 보고자 한다.

4.2 패러다임 세우기

통역 연구의 초기(2.2 참조)에는 통역 현상을 연구하는 학자들의 공동체가 소규모였으며 이질적인 성격을 보였다. 당시 통역 연구자들은 국제회의 통역사 및 통역 교육 기관의 교육자(예: 셀레스코비치, 롱리), 그리고 다양한 학문을 대표하는 학자(예: 바릭, 거버, 골트만-아이슬러)들로 이루어져 있었다. 또한 일부 통역사들(예: 카데, 체르노프)은 특히 언어학이나 심리학과 같이 이미 확립된 학제적 틀 안에서 통역 현상이라는 주제에 접근을 시도하기도 했다. 통역 교육이 점차 체계화되면서 통역학 패러다임이 출현할 수 있는 토대가 마련되었고, 그 선두에 파리 ESIT의 셀레스코비치가 있었다(2.3.3 참조). 1974년 소르본 누벨에 번역학 박사과정을 개설한 셀레스코비치는 ESIT 연구 모델의 이론적 근간이 된 해석 이론théorie du sens, 즉 번역의 해석 이론(IT, interpretative theory of Translation)을 발표했다.

해석 이론(IT)을 중심으로 구축된 일명 파리학파의 패러다임은 IT 패러다임으로 지칭될 수 있다. 이 학파는 '해석 밈'(3.2.6 참조)으로 특징지을 수 있는데, 셀레스코비치는 삼각 모델(5.4.1 참조)로 해석 밈을 체계화했고, 이 삼각 모델은 통역 이해 과정 중에서 개념화된(탈언어화된) 결과, 즉 의미sense를 번역 과정의 중요한 단계로서 강조한다. IT 접근법은 셀레스코비치에 의하여 순차통역의 노트테이킹 연구에 처음 적용되었으며(6.4.3 참조), 이후 제자이자 동료, 또한 후계자이기도 한 마리안 레데레Marianne Lederer에 의해 동시통역에 적용되었다(5.4.2, 6.7.3 참조). 이러한 ESIT 연구 모델의 패러다임 사례들은 통역을 언어 간의 전이가 아닌 지식 기반의 이해 과정으로 보는 관점을 재확인시켜주었다. 해석 이론의 패러다임은 여러 측면에서 부정의 원칙으로 정의된다. 통역은 단어의 번역도, 언어의 전이(코드전환)도 아니고, 통역 연구는 시스템으로서의 언어(소쉬르의 용어에 따르면 '랑그') 또는 언어쌍 간의 차이에 초점을 맞추지 않고, 언어학을 토대로 확립된 분야가 아니며 심리학이나 심리언어학의 실험 대상이 아니라는 것이다.

셀레스코비치(1975)와 레데레(1981) 자신들은 실험에서 도출된 데이터를 활용했으나, 해석 이론 패러다임 자체는 과학적 실험을 통역 연구에 반드시 필요하거나 심지어 타당한 접근법으로 간주하지 않았다. 오히려 이 패러다임은 전문가들이 성공적인 실무에 의한 실증적인 지식을 보유하고 있으며 이는 녹음이나 전사물transcription의 도움을 얻어 관찰되고 반추될 수 있음을 강조했다. IT 패러다임은 또한 가장 이상적인 프로세스에 초점을 맞추고, 엄선된 실제 사례들을 바탕으로 국제회의 통역사들이 고도의 전문 소통 행위를 할 수 있는 방법과 이유를 설명했다. 이러한 현장 중심적인 접근법과 간결한 기저 이론의 수립으로 통역을 연구하는 많은 전문 통역사들에게 매력적이면서도 이해하기 쉽게 받아들여졌다. 뿐만 아니라 IT 패러다임은 전문 통역 실무와 교육과 관련된 문제를 해결하고, 체계적인 실증 연구에 의존하지 않고도 처방적인 해답을 제시함으로써 국제회의 통역 공동체 전반의 폭넓은 지지를 이끌어내는 데 성공했다. 덕분에 파리학파의 접근법은 '자력적 패러다임bootstrap paradigm'으로 성공했으며, 비록 제한적이나 통역과 번역이 과학적 학문으로 발돋움할 수 있게 만든 최초의 노력으로 평가받고 있다.

다수의 박사학위 논문이 발표되면서 IT 패러다임은 1970년대 후반 더욱 자리를 공고히 하기에 이르렀다. 쿤의 패러다임 이론이 암시한 것처럼 IT 패러다임은 중요하다고 생각하는 문제와 질문의 유형, 또 그것들에 대한 해답을 찾기 위한 방법론을 직접 결정했다. 따라서 언어 능력의 측정과 이중 언어 사용bilingualism에서부터 비구어 소통nonvocal communication과 컴퓨터 중심 번역computer-instantiated translation에 이르는 다양한 연구 주제들을 다루었던 베니스 심포지엄(2.2.2 참조)에서 파리학파의 패러다임은 통역 연구에 관심을 가진 다른 학제의 학자들과 맞서게 되었다. 그리하여 자체적인 이론과 방법론을 기반으로 학문적 주장을 하는 통역사들의 지나치게 방어적인 태도로 인하여 진정한 의미의 다학제적 교류는 불가능해 보였다. 이때 가장 논란이 됐던 문제 중 하나가 바로 통역 연구에서의 실험의 역할이었다.

4.3 통역과 실험

1960년대 심리학자와 심리언어학자들에 의해 수행된 (동시)통역에 대한 선구적인 실험 연구들(2.2.2 참조)은 방법론적 측면에서 통역 실험 연구에 커다란 영향을 미쳤다고 볼 수 있다. 심리학자들에게 있어서 동시통역은 전문 분야로서라기보다는 언어 처리 연구에 대한 실험 과제로서 상당히 매력적인 분야로 인식되었다. 인지심리학 분야의 권위자인 죠바니 플로레스 다르케스(Giovanni Flores d'Arcais, 1978: 393)는 베니스 심포지엄에서 다음과 같이 말했다.

> 일반적인 언어보다 '인위적'인 언어 사용과 외부 변수 통제라는 두 가지 측면에서 통역사가 들어가 있는 회의 부스 안의 상황만큼 심리학 실험을 수행하는 연구실과 흡사한 '실제' 상황은 거의 없을 것이다.

반면 통역사의 입장에서 보았을 때, '인위적artificial'인 것은 심리학자들이 통역 행위를 현장이 아닌 실험실에서 해부하려고 하는 시도였다. 일례로 동시통역 실험 연구의 고전으로 가장 널리 인용되고 있는 바릭의 연구(6.2.2 참조)는 국제회의 통역사인 일레인 브로스-브란(Eliane Bros-Brann, 1975)으로부터 신랄한 비판을 받았다. 브로스-브란은 바릭의 실험 설계와 연구 결과를 '순수하고 때묻지 않은, 알아들을 수 없는 말'이라고 비난했다. 건설적인 비판은 아니었지만 브로스-브란(1975)의 비판은 몇 가지 측면에서 정당했다. 예를 들어, 바릭의 연구 설계는 네 개의 각기 다른 입력 상황에 단 여섯 명으로 구성된 매우 이질적인 집단을 실험 대상으로 했다(두 명의 피험자는 동시통역 교육을 받은 적도 현장 경험도 없었으며, 다른 두 명의 피험자는 동시통역 교육을 받기는 했지만 현장 경험은 전혀 없었다. 또한 세 개의 하위 그룹 중 각각의 그룹에서 두 명의 피험자는 각기 다른 제1지배 언어를 사용했다). 뿐만 아니라 바릭이 실험 결과물 데이터를 분석하기 위하여 사용한 오류 분류error classification 기준은(7.2.2 참조) 자신의 판단에만 의존한 것이었다. 동료 심리학자인 거버조차 바릭이 오류와 누락을 분류하는 데 사용했던 기준을 '상당히 주관적'이라고 특징지었다(1976: 186).

거버의 실험(6.6 참조) 역시 바릭의 실험과 마찬가지로 주관적인 어휘를 기반으로 한 정확도 점수를 사용했고, 유네스코 기관지인 『유네스코 쿠리어*UNESCO Courier*』의 기사 일부를 녹음하여 입력 자료로 사용했다. 그러나 그는 실험 설계가 안고 있는 복잡한 문제를 충분히 인식하고 있었으며, 이러한 문제는 오늘날에도 통역을 주제로 한 다수의 실험 연구가 풀어야할 과제이기도 하다. 거버는 아래와 같이 통역의 실험 설계와 관련된 문제를 지적했다(Gerver, 1976: 167).

> 독립 변수와 종속 변수를 정의하고 분리하기, 다면성을 갖는 요인들을 다룰 수 있는 실험 설계 찾기, 많지 않은 통역사들 중에서 같은 언어 조합을 가진 숙련된 통역사를 같은 시간에 같은 장소에 불러 모으기 등을 어려움으로 꼽을 수 있다.

하지만 바릭이 텍스트 유형과 전달 모드가 중요한 입력 변수가 될 수 있다는 사실을 인식했다는 점은 인정해야 한다(6.6.4 참조). 실험적 입력 자료(즉흥 연설, 일부만 준비된 연설, 전체가 준비된 연설, 인쇄된 자료 읽기)를 선정한 것은 올레롱과 난퐁(Oléron and Nanpon, 1965)이 선택한 입력 자료와 비교할 때 적절한 선택이었다. 올레롱과 난퐁의 경우, 실험 참가자에게 『유네스코 쿠리어』의 번역본과 생텍쥐페리Saint-Exupéry의 『어린 왕자*Le Petit Prince*』에서 일부 발췌한 부분을 짧은 문단뿐 아니라 문장별로, 심지어 단어 단위로 통역하게 했다. 셀레스코비치(1975/2002: 129)는 실험 설계에서의 이러한 '오류'를 구체적으로 비판했는데, 공교롭게도 올레롱과 난퐁(1965)은 해당 연구에서 셀레스코비치가 도움을 주었다며 감사를 표하고 있다.

셀레스코비치(1975/2002: 129)는 자신이 사용했던 순차통역 노트테이킹 연구의 실험 방법을 설명하면서 자신은 "실험 상황이 실제 모든 통역 현장을 그대로 충실하게 반영하도록 매우 신경을 썼다" 고 말했다. 그러나 실험에 참가한 일부 전문 통역사들은 녹음된 연설문을 통역하고 통역이 녹음되고 있는 실험 상황에서는 실제 현장에서 사용하던 통역 스타일과는 다른 스타일을 사용했다고 말했다. 통제된 상황에서 통역 현상을 재생산하려는 노력은 실험이라는 사실 때문에 크게 변형될 수 있다는 실험의 패러독스experimental paradox로 실험에 대해 부정적인 견해를 갖고 있던 파리학파의 입장을 어느 정도 설명할 수 있다. 실제로 레데레(1978/2002: 131)는 동시통역 행위는 실험실 연구를 필요로 하지 않는다고 주장했다.

> 통역은 인지 활동이 그 무엇보다 가장 우선시되는 인간 활동이다. 따라서 특별한 실험에 의존하지 않더라도 심리학과의 연계성이 있다. 심리학에서는 발화의 각 부분이 차례로 실현되는 과정을 통해 사고와 발화의 연관성을 관찰하기 때문이다.

동시통역이 언어 처리에 대한 심리학적 연구를 하기 위한 준실험적 작업이라는 데는 의견을 같이 했으나 IT 패러다임 학자들과 콜린 롭슨(Colin Robson, 1993: 45)이 분류한 '심리-통계 패러다임'을 공유하던 과학자들은 실험화의 문제에 있어서는 이견을 보였다. 그것은 **생태적 타당성**ecological validity의 문제로서, 실험적인 상황이 통역을 비현실적으로 만드는 정도가 실제 현장의 통역 상황에 준하는가 하는 것이다. 실험 접근법을 둘러싼 논란은 1980년대 국제회의 통역 연구에서 일어난 중요한 패러다임의 전환에도 불구하고 1990년대까지 여전히 해결되지 않는 문제로 남아 있었다.

4.4 과학을 향한 염원

4.4.1 과학적 기준

1980년대 초 질Gile, 매킨토시Mackintosh, 모저-머서Moser-Mercer, 슈텐츨Stenzl(2.4.2 참조)과 같은 연구 지향적인 국제회의 통역사들은 파리학파가 수립한 확신과 '진실'을 넘어 통역 연구에 있어서 보다 기술적이고 실증적인 접근방법의 필요성을 주장했다. 매킨토시는 1986년 트리에스테 심포지엄에서 이와 같은 새로운 부류의 입장을 대변하면서 "우리 분야에서 조금 덜 주관적이고 덜 개인적인 분석 방법을 모색하는 것이 중요하다고 생각한다"(Gran and Dodds, 1989: 266)고 말했다. 특히 질은 고유 명사나 기술적인 용어와 같이 소위 쉽게 '번역 가능한' 항목에 대한 논문들(Gile, 1984)을 통하여 파리학파가 통역 프로세스를 처방적으로 이상화한다고 비판하고, 통역사들의 정신적 '에너지' 관리와 분배를 기반으로 하여 통역 과정에서의 정보 처리 실패를 설명하고자 했다(5.4.2 참조).

1983년 런던에서 매킨토시와 슈텐츨이 쓴 석사 논문도 이러한 새로운 경향을 반영했으며 비록 출판되지 않았음에도 불구하고 큰 영향을 미쳤다. 매킨토시(1983)는 정보 내용을 점수로 환산하는 방법을 직접 고안해서 만든 매우 구체적인 실험 연구에서 직접 통역과 릴레이 통역에서의 정보 손실 문제를 다루었다. 그는 자신의 실험 데이터에 대하여 실제성이 떨어진다는 사실을 공개적으로 인정했으며, 자신의 실험 결과가 "실제 상황에서 얻어진 통역의 말뭉치(코퍼스, corpus)를 가지고 검증되어야 한다"(Mackintosh, 1983: 5f)고 강조했다. 매킨토시는 이 연구에서 단 일곱 개의 논문을 참고 문헌으로 사용했는데 그중 두 개는 담화 처리 이론theory of discourse processing을 발전시킨 심리학자 발터 킨취Walter Kintsch와 텍스트 언어학자인 반 다이크(Teun van Dijk, 1978)의 것이었다.

슈텐츨의 석사 논문(1983)은 비록 독일 문헌을 참조했으나 텍스트 이론을 활용했다. 번역 이론 모델을 통역에 적용하려고 시도한 것 외에 (5.3.3 참조), 슈텐츨은 실증 연구의 방법론적인 문제에 대한 명쾌한 분석을 시도했으며, (자주 인용되는) 다음과 같은 평가를 도출했다.

> 동시통역에 대한 문헌들을 보면 약간의 실험 데이터와 이론적 접근법을 제시하고 있으나 실무 통역에 대한 체계적인 관찰이나 기술은 거의 전무하다…… 통역과 관련된 정신적 프로세스를 추측해보는 것은 흥미롭기는 하나 추측은 다만 문제를 제기할 뿐이다. 질문에 대한 답을 원한다면 단순한 가정이 아닌 사실을 기반으로 한 것이어야 한다.
>
> (Stenzl, 1983: 47)

트리에스테 심포지엄에서 반복된 슈텐츨의 체계적 기술 연구descriptive studies에 대한 호소는 셀레스코비치와 IT 패러다임을 겨냥하여 '추측적 이론화speculative theorizing 대 실증 연구empirical research'에 대한 논쟁을 폈던 질(Gile, 1990a)의 적극적인 지지를 받았다. 셀레스코비치의 탁월한 실무적인 '아이디어(또는 '이론')'에 대한 공로를 인정하면서도 질은 자신의 비판을 뒷받침하기 위해 설레스코비치의 박사 논문에 드러난 몇 가지 문제점을 제시하면서 그의 업적이 '비과학적이다'라고 지적했다. 아울러 질은 실험 연구의 방법론적인 단점을 지적하면서, "관찰 연구에 우선순위를 둘 것" (1990a: 37)을 권고했다. 질이 주장한 것은, 국제회의 통역의 연구 부문을 발전시키려면 연구를 하는 전문 통역사들, 즉 '실무 연구자'들과 인지과학의 전문가들 간에 '분업'이 이루어져야 한다는 것이다. 자신을 실무 연구자라고 하면서도 질은 이미 확립된 학문의 과학자들이 보유하고 있는 우수한 연구 실력을 인정하고 "가장 훌륭한 결과를 도출하기 위해서는 인지심리학 · 심리언어학 · 응용언어학과 같은 과학적인 학문을 전공한 전문가의 기여가 필요" (Gile, 1988: 363)하며 "인지과학자들의 연구가 실무 연구자들보다 더 정교하고, 논리적이고 심도 있다" (Gile, 1994a: 156)고 했다.

실무 연구자들의 연구 능력에 대한 질의 융통성 있는 반응은 국제회의 통역사로서 교육을 마치고 셀레스코비치가 제공하는 연구 세미나에 참석하면서 접하게 된 ESIT식 접근방법에 노출되었기 때문이라고 볼 수도 있다. 파리학파의 패러다임에 대한 그의 비판은 바바라 모저-머서의 적극적인 지지를 받았는데 모저-머서는 국제회의 통역 연구 집단이 크게 두 그룹으로 나뉘어져 있다고 말했다.

> 첫 번째 그룹은 정교한 논리 과정을 요하는 탐구와 자연과학 그리고 계량화를 선호한다. 두 번째 그룹은 덜 엄격한 논리로 지식을 추구하는 탐구 방식과 인문학적 접근방법, 일반적 이론화에 관심을 가진 그룹이다.
>
> (Moser-Mercer, 1994a: 17)

모저-머서(1994a)의 입장은 쿤의 패러다임 개념에서 비롯된 것으로 그는 이를 더 넓은 의미로 사용하여 '특정한 과학 공동체의 지적인 성향, 규칙과 연구 접근방법'으로 설명했다(1994a: 18). 모저-머서에 따르면, 셀레스코비치와 레데레가 (논리적으로 덜 엄격한) '인문학 공동체'를 가장 잘 대표하는 반면, 바릭, 핀터, 거버, 모저, 슈텐츨, 랑베르, 매킨토시, 질, 그랜, 파브로와 같은 학자들은 '모두 동일한 자연과학의 패러다임 연구자로 분류'(Moser-Mercer, 1994a: 20)할 수 있다.

모저-머서의 구분은 국제회의 통역 연구의 긴장 관계를 큰 그림으로 보여주는 것은 될 수 있으나, 인문학적 번역 연구와 실증 연구를 강조한 슈텐츨의 연구(1983)와 질이 주장하는 '자연주의적' 관찰, 통역 연구 내의 실무 연구자들과 통역사가 아닌 과학자들 간의 차별화 등을 포함한 여러 관점들을 너무 단순화시킨 경향이 있다. IT 패러다임에 의문을 제기한 사람들을 단결시킨 것은 순수 과학의 연구 모델을 따르자는 것보다는 연구에 보다 엄격한 기준을 적용하자는 염원과 다른 이론 및 방법론, 나아가 다른 학제에 대한 개방성을 원하는 것이었다. 통역 과정에 대한 파리학파의 핵심 주장을 함께 공유하면서도 이 새로운 – 그리고 상당한 다양성을 가진 – 패러다임은 통역을 해석 밈(3.2.6 참조)으로만 보는 것이 아니라, 하나의 복잡한 '인지적 정보 처리 기술'(3.2.5 참조)로 이해했기에 인지과학의 관점에서 연구하는 것이 가장 적합하다고 본 것이다.

인지적 정보 처리(CP, cognitive processing)에 대한 관심이 토대가 된 CP 패러다임은 거버의 선구적인 연구(2.2.2, 6.6 참조)에 근본적인 뿌리를 두고 있으며 언어와 인지의 상호작용을 설명하기 위한 인지과학의 포괄적인 주제를 공유하고 있다. (동시)통역을 인간의 정보 처리(3.2.5 참조)라고 정의한 거버는 인지적 요소뿐 아니라 "언어적linguistic, 동인적motivational, 상황적situational, 그리고 다른 여러 가지 요소들을 무시할 수 없다"(Gerver, 1976: 167)고 주장함으로써 또 다른 과제를 던져주었다. 이는 CP 패러다임의 논의의 폭을 한층 확대시킴으로써 연구해야 할 변수를 거의 무제한 열어놓은 것처럼 보인다. 실제로 CP 지향적인 연구의 범위가 워낙 넓어 일부 사례들을 선정하는 것은 어렵지만 그중 몇 가지만 들어본다면 거버의 박사 논문(Gerver, 1976 참조), 랑베르(S. Lambert, 1989)와 잉그람(Ingram, 1992) 외 모저의 동시통역(SI) 모델을 기반으로 한 프로세싱 기술processing skills에 대한 연구(1978, 5.4.3 참조), 질Gile의 노력 모델(Effort Models, 5.4.2 참조) 등이 있다. 집중력 분배 문제와 관련해 심리학에서 오랫동안 지속되어온 관심사를 반영해주는 질의 노력 모델은 특히 통역학계에서 인기가 높았으며 CP 패러다임의 핵심적인 이론 요소로, 셀레스코비치가 제시한 의미 기반의 삼각 모델이 IT 패러다임에서 차지하는 것과 비슷한 역할을 담당하게 되었다.

CP 패러다임의 연구들이 일반적으로 인지과학의 연구 방법과 결과를 수용하고 있는 반면 통역학자들은 다학제성interdisciplinarity의 원칙을 다양한 정도로 받아들였다. CP 패러다임 안에서는 '적어도 과학이라는 탄탄한 토양 위에 한 다리는 확실히 딛기'(Shlesinger, 1995a: 7)를 바라는 이들과 인지과학의 연구 방법을 배우지 않은 상태에서 통역사가 사용할 수 있는 보다 쉬운 방법을 가지고 연구하는 이들을 구분할 수 있다. 후자는 실무 연구자들과 대학 교육의 일환으로 졸업 논문을 준비하는 학생들로 젊은 이들에게 방법론적으로 가능한 범위 내에서 소규모의 실증 연구를 추구하도록 계속 격려했다. 모저-머서가 지지하는(예: Moser-Mercer et al., 1997) 그룹은 전자로서, 뚜렷한 다학제성을 가지고 인지심리학자들이 수행하는 실험적인 가설 검증을 선호한다. 쿠르츠(1996)의 박사과정 후 연구와 슐레징거의 박사 논문(2000a)은 CP 패러다임의 바로 이러한 뚜렷한 다학제 지향적인 사례들이다. 트리에스테 대학에서는 이보다 더 엄격한 다학제 간 연구가 모색되었고, 1986년 심포지엄에서 이를 통역학계에 소개했다.

4.4.2 다학제성

트리에스테 심포지엄(2.4.2. 참조)에서 이 행사를 주최한 프랑코 크레바틴Franco Crevatin은 통역 연구에 대한 지지 발언을 하면서도 "현장에서 과학적인 연구를 하는 통역사들은 자신의 일상적인 실무 행위로 인하여 이론을 변형시킬 위험이 있으므로, 통역 연구는 반드시 외부의 통제가 필요하다"(Gran and Dodds, 1989: 266)는 신념을 밝히기도 했다. 크레바틴은 갈릴레오를 언급하며 개인적 경험과 직감보다 '측정가능성measurability'이 '진정한 과학'으로서의 통역 연구의 특징이 되어야 한다고 강조했다. IT 패러다임에 대하여 적대적으로 볼 수 있는 이 입장이 의미하는 바는 실비 랑베르S. Lambert의 말로 대변할 수 있다. 실비 랑베르는 자신의 실험에 참여했던 전문 통역사들이 불편해하는 것을 보고 "이들 통역사는 이러한 성격의 실험이 유명한 학술지에 실리고 나아가 진지하게 받아들여지기 위해서는 엄격하게 통제된 실험 조건이 준수되어야 한다는 사실을 미처 깨닫지 못하고 있다"(S. Lambert, 1994: 6)고 설명했다. 즉 랑베르가 호소하고자 했던 것은 다른 학제의 '보다 고차원적이고' 과학적인 기준을 통역사에 대한 연구의 기반으로 활용하자는 것이지 통역사와의 연구나 통역사에 의한 연구에 적용하자는 의미가 아니라는 것이다.

크레바틴의 주장은 신경생리학자인 프랑코 파브로Franco Fabbro가 SSLMIT의 로라 그랜Laura Gran과 협력해서 트리에스테 대학에서 이끌었던 통역 연구의 신경언어학적 접근방식에 의하여 뒷받침되었다(2.4.2 참조). 두뇌 속 언어들languages in the brain의 구조, 동시 다중 청취dichotic listening와 언어-손동작 간섭verbal-manual interference과 같은 과제가 포함된 복잡한 실험 설계의 신경심리학적 연구 결과를 기반으로 한 파브로와 동료들의 연구(Fabbro and Gran, 1994 참조)는 일반적으로 이중 언어자, 특히 통역사들이 대뇌 편측화cerebral lateralization, 다시 말해 대뇌 속 언어 기능의 비대칭적 분배라는 특징적인 패턴을 나타냈다는 가설에 중점을 두고 있다(6.1.2 참조). 그랜(1989)은 실험 결과를 교육에 적용하려는 시도를 했으며, 발레리아 다로(Valeria Daró, 1994, 1997)는 신경심리학적 접근방법을 발화와 관련된 주제라는 보다 광범위한 범주로 확대시켰다. 이와 유사한 다학제 간 연구는 비엔나 대학과 투르쿠 대학에서도 추진되었다. 신경생리학자인 헬무트 페체Hellmuth Petsche와 함께 쿠르츠(Kurz 1994, 1996)는 뇌 활성화의 패턴 차이를 가시화하기 위해 EEG 매핑을 사용했으며, 요르마 토몰라Jorma Tommola는 '번역하는 뇌translating brain'(Rinne et al., 2000)를 연구하기 위해 양전자 방사 단층촬영PET을 사용하는 신경과학자들과 한 팀을 이루었다. 토몰라(1999)는 CP 패러다임으로 소개한 '인지행동주의적 접근방법cognitive-behavioral approach'과 대조되는 독특한 연구 모델로 신경 접근방법neuro approach을 제시했다. 따라서 이를 첨단 신경과학 이미징 기법과 밀접하게 관련된 통역 연구의 신경생리학적/신경언어학적 패러다임 혹은 NL 패러다임이라고 할 수 있다(Tommola, 1999 참조).

갈수록 확산되고 있는 신경과학적 방법론은 통역 연구의 NL 패러다임에 대한 앞으로의 가능성이 크다는 것을 시사해준다. 그러나 동시에 신경과학적 접근방법은 통역학과 통역사에 대한 신경과학자들의 지속적인 관심에 크게 의존하고 있다. 뇌 기능에 특히 초점을 두고 있고 상당한 방법론적 어려움이 존재한다는 점을 고려했을 때, NL 패러다임이 가까운 미래에 통역학계가 보편적으로 공유하는 연구 방법론이 되기는 어려울 것 같다. 실제로 NL 패러다임이 과거에 보여주었던 원동력은 비엔나 대학뿐 아니라 트리에스테 대학에서도 사라진 듯하다.

현재 혹은 미래에 NL 접근방법이 패러다임 차원에서 어떤 위상을 가질 것인지와는 무관하게, 트리에스테 심포지엄의 개최와 동시에 급성장한 다학제 간 협력 가능성은 통역학의 중요한 특징으로 남게 되었으며 중요한 사회적 · 학술적 시도에 반영되었다. 심리학자로 구성된 심사위원단이 심사하는 국제 학술지 『통역*Interpreting*』의 출간, 1994년 투르쿠 회의(2.5.1 참조), 통역번역의 인지 프로세스Cognitive Processes in Translation and Interpreting(Danks et al. 1997)로 대변되는 1995년 켄트 심리학 포럼, 1997년과 2001년의 아스코나 워크숍(*Interpreting* 2: 1/2, 1997 및 5: 2, 2000/01), 그리고 1997년 초 스톡홀름(Englund Dimitrova and Hyltenstam 2000)에서 열린 '언어 처리와 통역에 대한 국제 심포지엄International Symposium on Language Processing and Interpreting'은 통역계와 다른 학제 간에 상당한 정도의 상호작용이 있음을 보여준다. 그러나 동시에 타 학제로부터 모델과 방법을 단순히 도입만 하는 것이 아니라, '진정한', 즉 공동 및 쌍방향의 다학제 간 연구를 하는 데는 심각한 장벽이 있다는 인식도 높아졌다. 국제회의 통역에 대한 다학제 간 연구의 오랜 지지자인 질은 '다학제성의 문턱doorstep interdisciplinarity'(1999a: 41)이란 표현을 사용하면서 사회적 · 학술적 소통의 문제와 지향하는 개념과 방법론의 차이로 인하여 지속적인 다학제 간 협력과 교류가 부족하다고 비판했다.

이러한 배경하에서, 수년간 트리에스테 대학 내 NL 패러다임을 대표하는 인물 중 하나였던 로라 그랜이 통역학계를 대표하여 다학제성에 대한 다음의 결론에 도달했다는 의견을 내놓은 것은 매우 놀랍다.

> 우리 통역사들은 심리학자, 언어학자, 커뮤니케이션 전문가 등과 보다 밀접한 관계를 갖게 되었다. 우리가 이들 학자에게 많은 도움을 받은 것은 사실이지만, 우리는 우리 학문의 특이성에 대한 인식을 높이고, 우리 문제를 파악하고, 스스로 목표를 설정하고, 통역 프로세스의 여러 측면을 연구하는 데 필요한 도구를 사용할 줄 알아야 한다.
>
> (Fabbro and Gran, 1997: 26)

분명 여기에서 그랜이 주장하는 것은 통역학 자체의 패러다임으로, 대다수 통역학계가 공유하는 개념과 방법론, 그리고 통역에 전문적인 배경과 학문적 책임을 진 사람들에 의하여 결정된 연구 정책을 뜻하는 것이다. 그랜과 같이 통역의 정신적인 과정에 초점을 두었던 사람들에게는 CP 패러다임이 매우 적합하다고 볼 수 있으며, 이는 원래 IT 패러다임의 경쟁자로 볼수도 있으나 돌이켜보면 선임자의 선구적인 연구를 보다 광범위하고 과학적으로 이어간 후임자로 볼 수 있다. 세튼(Setton, 1998/2002, 1999)의 **인지 화용론적 분석**(cognitive-pragmatic analysis, 2.6.1, 5.4.3, 6.3.2 참조)은 후자의 경우를 가장 확실하게 보여준 사례이다. 세튼의 코퍼스 중심적 언어분석은 분명한 다학제 간 접근방식으로 IT와 CP 패러다임을 결합한 것으로 볼 수 있다. 첨단 인지과학의 맥락에서 '의미'를 보다 높은 수준에서 제시하며, 언어 입력물의 분석 과정에 맥락 분석을 분명히 포함시켰다. 세튼의 영향으로 CP 패러다임에 '화용론적 요소'가 적용되었으며, 그리하여 약자 CP가 '인지 화용론cognitive pragmatics'을 의미할 수도 있게 되었다. 따라서 세튼은 매킨토시(1995: 121)가 찬사를 보낸 '일반적으로 수용할 수 있는 통역 프로세스에 대한 설명'을 개발한 질, 레데레, 모저, 셀레스코비치, 슈텐츨에 이은 실무 연구자의 대열에 반드시 포함되어야 할 것이다.

4.5 시야 넓히기

지금까지 기술한 패러다임들은 통역사의 정신적 정보 처리에 초점을 맞추었기 때문에 사회 소통적 문제라는 광범위한 범주는 다루지 못했다. 1980년대 들어서 보다 체계적인 상황적 · 사회문화적 맥락situational and socio-cultural context의 분석을 통하여 이를 극복하려는 시도가 번역 이론의 틀에서 등장한다.

통역 프로세스를 연구함으로써 번역의 일반 이론에 도달하려고 시도한 프랑스 학자들과는 달리, 비슷한 시기의 독일 학자들은 모든 종류의 번역 활동에 적용할 수 있는 번역 전반에 대한 분석을 시도했다. 카데의 연구뿐 아니라 행위 이론, 문화와 상호작용 등을(1.2.1 참조) 기반으로 하여, 한스 베르미어(Hans Vermeer, 1998/2000 참조)는 그리스어로 '목표', '기능' 또는 '목적'을 뜻하는 스코포스 이론을 수립했다. 스코포스 이론의 전제는 도착어 텍스트의 스코포스, 즉 목적이야말로 등가equivalence, 불변소invariance, 또는 충실성fidelity과 같은 출발어-도착어 대응의 전통적인 기준을 초월하는 번역 활동의 지배적 원칙이라는 것이다(7.2.1 참조). 스코포스는 원문으로부터 도출되는 것도, 번역사나 통역사가 임의적으로 부과하는 것도 아니다. 스코포스는 근본적으로 소통의 이유, 목표 청중의 기대, 상황적 맥락과 사회문화적 환경 등에 의하여 결정된다. 따라서 스코포스 중심적, 또는 기능주의적 접근방법은 해석 밈뿐 아니라 텍스트 생산 밈(3.2.7 참조)과 중개 밈(3.2.8 참조)으로부터 크게 영감을 받은 것이다.

이미 1960년대부터 셀레스코비치가 제시한 도착 중심이라는 개념(1978a:

9 참조)은 카데의 사상(2.3.1 참조)뿐 아니라 이중 언어자에 대한 심리언어학적 연구를 기반으로 작업했으며 베르미어의 동료이기도 한 하이델베르크 대학의 헬라 키르히호프Hella Kirchhoff도 함께 공유했다. 키르히호프는 '기능적 등가functional equivalence'라는 기본 가정하에서 연구를 하면서도 출발어 텍스트를 '서로 다른 사회문화적 배경을 가진 수신자의 소통적 요구 사항'에 맞출 필요가 있다고 분명히 인정했다(1976/2002: 113). 트리에스테 심포지엄에서 '보다 넓은 시야'를 호소했던 슈텐츨의 연구는 키르히호프와 베르미어로부터 큰 영향을 받았다(Stenzl, 1989: 24).

> 우리는 심리학이 지배적인 관점보다는 통역이 연사로부터 통역사를 거쳐 수신자에게 전달되는 전체적인 소통의 과정이라고 보는 보다 기능주의적인 접근방법을 도입하기 위해 방향의 전환, 또는 더 엄밀히 말해 연구의 틀을 확장해야 할 필요가 있다. 우리는 지금까지 키르히호프와 같이 수년간 그러한 접근방법을 제안해왔던 사람들에게 너무나 무관심했다.

이러한 맥락에서 카데의 연구 성과는 행위 이론적 기능주의 틀 안에서 그의 제자인 하이데마리 잘레프스키(Heidemarie Salevsky, 1987)에 의해 계승되었다. 가장 포괄적으로는 푀히하커(Pöchhacker, 1994a, 1994b, 1995a)가 국제회의 동시통역의 상호적·상황적·텍스트적 특성의 개념적 모델과 실증적 분석을 위한 기반으로 번역 행위의 기능주의적 이론을 사용한 바 있다(5.3.1 참조). 그러나 통역에 대한 실증 연구는 기능주의 학파 내에서는 상대적으로 많이 수행되지 않았다. 즉 번역 이론 내의 또 다른 중요한 조류와 통합되지 않았더라면 통역학 패러다임의 하나로 볼 만큼의 영향을 통역학에 미치지 못했다.

1980년대 말에 이르러 투리(1995)의 번역 규범translation norm이라는 개념에 중점을 두었던 기술번역학Descriptive Translation Studies의 도착어 중심 패러다임은 문학 번역에 관심을 두었던 처음과는 달리 크게 확대되었다. 통역에서 번역 규범의 역할은 슐레징거(Shlesinger, 1989a)에 의해 처음 논의되었고 뒤이어 숄다거(Schjoldager, 1995/2002)가 이를 통역의 실증 연구에 적용했다. 이러한 도착 텍스트 중심 번역 이론target-text-oriented translation-theoretical 접근방법, 또는 TT 패러다임의 중요한 의의는 텍스트 결과물에 대한 구조적 또한 화용론적 분석에 대한 관심이다. 다시 말해서, 통역사의 산출물은 인지 과정을 보여주는 '창window'이 아닌 (예를 들어 레데레가 제안했듯이) 중개된 소통의 거시 프로세스의 결과물이나 도구로 간주하는 것이다. 통역사의 산출물에 대한 텍스트적 또 담화적 초점은 TT 패러다임하에서 연구하는 학자들로 하여금 텍스트언어학이나 담화학 분야 전반의 방법론들을 사용할 수 있게 해주었다(3.1.2 참조). 이러한 패러다임의 사례들 중에는 슐레징거(1989b)가 수행한 영어-히브리어 동시통역에 대한 구어성과 문어성의 코퍼스 기반 분석과, 푀히하커(1994a)가 영어-독일어 국제회의 동시통역에 대한 상황 및 텍스트적 변수의 상관 관계를 설명하고 기능주의적 관점에서 통역사의 목표 텍스트를 분석한 사례 연구가 있다.

TT 패러다임의 또 다른 개념적 초점은 — 특히 독일의 기능주의적 접근방법은 — 소통을 하는 당사자들이 각각 자신의 특정한 사회문화적 관점에서 서로 관련성을 갖고 상호작용을 하는 방법이다. 비언어적인 것을 포함한 소통 행태의 문화적 패턴에 대한 관심은 인류학과 사회학(3.1.3 참조)의 커뮤니케이션 및 문화에 대한 새로운 접근방법에 의해 고조되었다. 그 접근법은 베르미어와 긴밀하게 협력한 마인츠 대학 게머스하임의 국제회의 통역사이자 교수인 하인츠 괴링Heinz Göhring에 의해 독일에서 증진되었다. TT 패러다임이 IT나 CP 패러다임만큼 국제회의 통역과 강한 연관성이 없었다는 점 덕분에 다양한 문화적 상황 속에 위치하게 되는 리에종 통역 연구에 쉽게 적용될 수 있었다. TT 학자들이 이끈 이러한 연구 방향이 대부분 개념적이고 교육적인 차원에 머무르긴 했지만, 1990년대 통역 연구의 새로운 패러다임의 부상을 가능하게 해준 기능주의 패러다임과 상호주의적 접근 간의 접점을 제공해주었다.

4.6 상호작용

1980년대를 거치면서 통역 연구에 대한 관심과 시도는 매우 전문화된 국제회의 통역 분야를 넘어 보다 광범위해졌다(2.4.1 참조). 수화 통역은 본격적인 직업으로 자리를 잡으며 놀랄만한 발전을 이루었고 특히 미국에서 연구 대상으로 많은 관심을 끌었다. 1980년대 중반부터 후반에 걸쳐 나온 박사과정의 연구에서 데니스 코클리Dennis Cokely와 신시아 로이Cynthia B. Roy는 1970년대에 활동한 언어학자, 심리언어학자, 심리학자들이 이루어놓은 일부 획기적인 연구(예: Brislin, 1976b; Gerver and Sinaiko, 1978 참조)를 넘어 수화 통역 과정에 대한 보다 포괄적인 분석을 실시했다. 코클리는 자신의 프로세스 모델(5.4.3 참조)을 사회언어학적으로 부각시키고자 했으나, 국제회의장에서 녹음한 실제 코퍼스를 바탕으로 한 그의 실증적 연구는 CP 패러다임을 기반으로 한 동시통역 연구의 전통을 반영하고 있다(6.2.3 참조).

1989년 로이가 쓴 박사 논문은 완전히 새로운 개념과 방법론의 시발점이 되었다. 사회언어학적 담화학을 대표하는 데보라 타넨Deborah Tannen(예: 1982)의 영향을 받은 로이는 한 대학의 여교수와 석사과정의 청각장애 학생 사이에 있었던 15분간의 면담을 바탕으로 대화 통역의 사례 연구를 실시했다. 로이의 비디오 녹화를 통해 얻은 코퍼스의 정성 분석qualitative analysis은 상호작용적 담화, 특히 발화 순서 과정에 초점을 두었다(예: Roy, 1996). 대화 분석(민족지학적 방법론)과 담화 분석(상호작용적 사회언어학, 커뮤니케이션의 민족지학) 방법을 바탕으로 로이(2000a: 66)는 통역사의 역할이 '단순한 번역' 또는 '단순한 통역' 이상이라는 증거를 제공했고, 상호작용에 있어서 통역사의 적극적인 참여를 강조했다(7.4 참조).

로이가 워싱턴 D.C.에 소재한 조지타운 대학Georgetown University에서 연구를 하고 있을 즈음 구어 대화 통역에 대한 유사한 연구가 스웨덴의 린쉐핑Linköping 대학에서 진행되고 있었다. 커뮤니케이션 학과의 담화 연구자 페르 리넬Per Linell의 지도 아래 세실리아 바덴쇼우(Cecilia Wadensjö, 2.5.2 참조)는 국가 인증이 있는 스웨덴 통역사의 중개로 이루어진 러시아-스웨덴 이민자의 의료 인터뷰에 대한 담화 기반의 현장 연구를 실시했다. '텍스트'를 대부분 일방향성 관점으로 보는 기존의 피상적인 번역 이론에 실망한 바덴쇼우는 그 대안으로 면대면 소통face-to-face communication에 있어서 맥락의 역할과 상호활동interactivity의 역동성을 강조한 상호작용 중심적 관점을 제안했다(3.2.7 참조).

바덴쇼우는 통역사 중개 환경의 역할 모델을 구축하려 했던 고프만Goffman의 연구와 자신이 확보한 데이터를 기술하는 형식의 담화분석적 접근방법discourse-analytical approach을 통해 통역사의 행위가 '이상적인 통역' 규범인 '단순 번역하기'를 초월하여 주요 당사자들의 발화를 '조율coordinating'하는 기능까지 있다는 것을 보여주었다(1993/2002 참조). 바덴쇼우는 선구적인 자신의 1992년도 논문의 개정본에서 개괄했듯이, "대화 통역에 있어서 번역과 조율은 '동시에 존재하며' 하나가 다른 것을 배제하지 않는다" (Wadensjö, 1998: 105)고 주장했다.

상당 부분 일맥상통하는 로이와 바덴쇼우의 연구는 (대화) 통역에 대한 일관성 있는 개념적 접근방법과 담화분석적 방법론의 폭넓은 기반을 동시에 제공함으로써 통역학을 위한 대화적 담화 기반의 상호작용(DI, dialogic discourse-based interaction)이라는 새로운 패러다임을 탄생시켰다. DI 패러다임은 1990년대에 거쳐 산업 훈련 과정의 말차례 조율(Apfelbaum, 1995), 사고 발생률이 높은 미디어 통역에서의 권력과 체면(Baker, 1997), 수화 통역에서의 '중립성의 신화'(Metzger, 1999) 등의 연구를 포함한 담화 기반의 실증 연구들이 추가되면서 급격히 성장했다. 『번역사*The Translator*』(5: 2, 1999)의 특집호뿐만 아니라 『대화 통역*Dialogue Interpreting*』(Mason, 2001)의 자매편은 DI 패러다임과 바텐쇼우의 대표적인 작업의 위상을 말해준다.

DI 패러다임의 성공은 커뮤니티 통역이 중요한 전문 분야로 점차 인정을 받고 의미 있는 연구 분야가 된 것과도 분명 관계가 있었다(2.5.2 참조). 비록 영감을 얻은 곳은 번역 이론보다는 사회학적 · 사회언어학적 담화학이긴 하지만, DI 패러다임은 TT 패러다임과 더불어 기능주의자들의 (상호)작용과 중개에 대한 관심과 동시에 실제 담화 및 전문가의 윤리 강령(codes of ethics, 8.3.1 참조)과 같은 텍스트 외적 정보에서 드러나는 번역 규범에 대한 관심을 공유하고 있다. 더욱이 상호작용적 담화의 화용론에 초점을 둔 것은 DI 패러다임과 세튼의 인지 화용론적 접근방법(1998/2002, 1999) 사이에 상당 부분 공통점이 있음을 시사한다. 그렇다면 분명 통역학의 최근 연구들과 기존 연구들 사이에는 상당한 접점이 존재한다.

4.7 다양성 속의 통일성

(동시)통역학 연구에 사용될 수 있을 만한 다른 학문들의 패러다임을 조사('다학제 간 패러다임')한 슐레징거(Shlesinger, 1995a: 9)는 통역학 패러다임의 상황에 대해 "우리에게는 하나의 통일된 패러다임이 없으며 또 반드시 그것을 원할 필요도 없다"고 단적으로 말한다. 슐레징거가 '패러다임'을 다소 좁은 의미로 사용하긴 했지만, 그의 평가는 이 장에서 제안하는 패러다임에 대한 개괄적인 내용과도 일맥상통하며, 이는 (1) 통역학에는 패러다임의 위상을 부여할 수 있는 몇 가지 개념적 · 방법론적으로 다른 기존의 연구들이 존재하며 (2) 통역학의 주요 패러다임들은 여러 면에서 상호 연계되어 있으며 주로 서로 경쟁하기보다는 상호보완적이라는 것을 보여주었다.

직관적으로 가시화하자면 여기에서 살펴본 다양한 패러다임과 상호관계를 클러스터cluster로 보고 한쪽은 실무와 교육 부문, 다른 한쪽은 인지학, 언어학, 사회학이 자리 잡고 있는 것으로 묘사할 수 있을 것이다(그림 4.1). CP 패러다임은 주로 실무를 기반으로 한 IT 패러다임을 과학 지향적으로 확장한 것이라고 볼 수 있다. CP 패러다임은 인지과학 분야에까지 깊숙이 뻗어 있으며, 그중에서도 NL 패러다임은 통역의 가장 전문화된 연구 모델로 두각을 나타내고 있다. 이와는 반대로 TT 패러다임은 클러스터의 하단에 위치하고 있으며 다른 학문들보다는 실무 위주의 이론과 교육 분야와 중첩되어 있다. 중간 지점을 차지하고 있는 DI 패러다임은 언어학에 상당한 관련성을 가지면서 모든 부문과 두루 접하고 있는 것을 볼 수 있다.

그림 4.1에 묘사한 클러스터의 형상은 실무 통역과 성숙한 과학 사이를 채우고 있는 여러 패러다임 간의 다양성과 일관성이 높다는 것을 보여주고자 했다. 인정하건대 이 형상은 특정 패러다임과의 연계성이 없거나 충분한 모멘텀을 확충하지 못한 상태에서 수행된 다수의 개별적인 연구 노력들은 고려하지 못했다. 물론 관점에 따라 다르겠지만, 여기에서 제시된

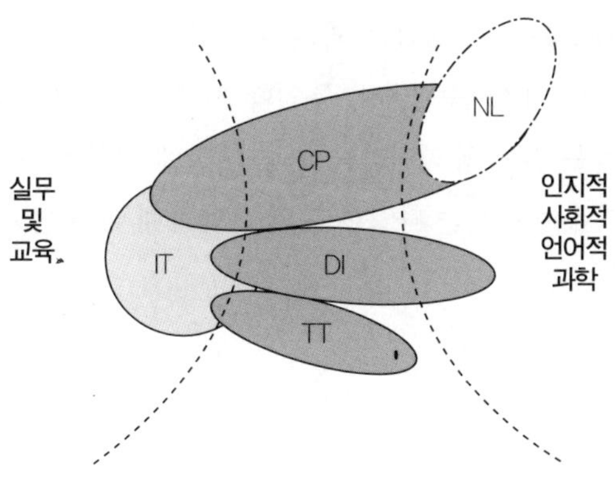

그림 4.1 통역학의 패러다임 클러스터

패러다임들은 통역학을 매우 분산되고 고립된 시도로 보는 관점과 하나의 공유된 패러다임으로 통일된 학문으로 이상화하는 관점 간의 타협으로 받아들여도 무방할 것이다.

다양성 속의 통일성이라는 이 비전은 하나 이상의 패러다임을 가지고 많은 연구를 해온 통역학자들의 사례를 통하여 볼 수 있다. 예를 들어 통역사를 대상으로 한 심리학 실험의 선구자인 쿠르츠(Kurz, 6.2.1 참조)는 기능주의 TT 패러다임의 관점에서 자신의 사용자 기대 설문 조사(user expectation survey, 7.5.1 참조)를 발표하고 NL 패러다임의 합동 연구에도 참여했다(6.1.2 참조). 실비 랑베르는 거버의 CP 패러다임 전통을 직접 연구하면서도 신경언어학과 신경심리학에 관여하고 이를 장려했다. 슐레징거는 TT 패러다임(1989a, 1989b)에 선구적인 기여를 한 동시에 CP 패러다임의 복잡한 실험 연구를 수행하기도 했다(6.4.2 참조). 푀히하커는 TT 패러다임을 국제회의 통역의 현장 연구를 위한 기반으로 사용하면서도 DI 패러다임의 발전에 기여했다. 토몰라는 CP 패러다임의 실증 연구에 참여하면서(6.6.1, 6.6.4 참조) 다른 한편으로는 NL 패러다임을 발전시키기 위해 신경과학자들과 협력했다.

그렇다면 패러다임이 모호한 이미지를 한 가지 관점에서만 볼 수 있도록 하는 '형태전환gestalt switch'과 같은 기능을 한다고 주장한 쿤(Kuhn 1962/1996: 150)의 가정과는 달리, 통역학에서는 개인 연구자나 연구 공동체들이 다면성을 갖는 통역이라는 연구 대상에 대하여 다양한 관점을 가질 수 있다. 다음 장에서는 다양한 통역 모델들에 대해 살펴보기로 한다.

	IT	NL	CP	TT	DI
수퍼밈(Supermeme)	소통적 활동 + 프로세스(프로세싱)	프로세스(프로세싱)	프로세스(프로세싱)	번역(Translation)	소통적 활동
밈(Meme)	의미 이해	인지적 정보 처리	인지적 정보 처리	의미 구축 + 텍스트 산출 + 중개	담화 산출 + 중개
영향을 미친 모델/이론(이론가)	해석 이론 (Seleskovitch)	뇌기능 분화(Fabbro)	기술 모델(Gerver, Moser-Mercer), 노력 모델(Gile)	번역 규범(Toury), 스코포스 이론(Vermeer)	참여의 틀(Goffman)
대표학자	Seleskovitch, Lederer	Fabbro, Tommola	Moser-Mercer, Gile, Setton	Shlesinger, Pöchhacker	Wadensjö, Roy
패러다임의 사례	Seleskovitch 1975, Lederer 1981	Fabbro et al. 1990, Fabbro and Gran 1994	Gerver 1976, Moser-Mercer 1978, Gile 1985, 1999a	Shlesinger 1989b, Pöchhacker 1994a	Wadensjö, 1998; Roy 2000a
다학제 성향	(심리학)	신경생리학, 신경심리학	인지심리학	번역과 담화학	사회학, 사회언어학
방법론적 전략	현장 조사	실험	실험, 설문 조사, 현장 조사	현장 조사, 설문 조사	현장 조사
통역 유형(모드)	국제회의 (순차 + 동시통역)	동시통역	국제회의 (동시+순차통역)	국제회의 (동시통역) + 대화	대화

그림 4.2 통역학 패러다임의 요약표

요약

이 장에서는 통역 연구가 처음으로 독립 학문의 연구 분야로 등장하기 시작한 1970년대 이래 통역학 내에서 등장했던 연구의 전통, 즉 패러다임을 살펴보았다. 프랑스 ESIT에서 Seleskovitch와 Lederer가 지지한 초기 '자력적 패러다임bootstrap paradigm'은 성공적인 실무 행위를 관찰하고 반추하는 것을 바탕으로 국제회의 통역의 이상적인 프로세스를 설명하고자 했다. 번역의 해석 이론interpretive theory의 핵심 개념을 기반으로 한 IT 패러다임은 Daniel Gile, Jennifer Mackintosh, Barbara Moser-Mercer, Catherine Stenzl 등과 같은 연구 지향적 사고를 가진 회의 통역사들로부터 도전을 받게 된다. 이들은 통역의 인지 과정 연구에 좀 더 과학적이고 보다 엄격한 기준을 적용할 것을 요구하면서, 특히 인지과학을 포함한 다른 학문의 개념과 방법에 대하여 사고를 열겠다고 공언한다.

기본적으로 David Gerver의 연구로부터 영감을 받은 광범위하면서 이질적인 인지 처리 또는 CP 패러다임에 비하여 트리에스테에서 신경생리학자인 Franco Fabbro가 선구적으로 연구한 신경언어학 또는 NL 패러다임은 번역 행위의 영역을 초월하는 이론과 방법들에 확고한 기반을 두고 있다. 후자는 통역을 도착 중심적 텍스트 생산(TT 패러다임)의 차원에서 조사하기 위해 스코포스skopos나 번역 규범 등의 번역 이론적 개념을 가져온 Pöchhacker와 Shlesinger와 같은 통역 연구자들이 강조한 것이다.

커뮤니티 기반의 대화 통역이 전문직과 연구의 분야로 점차 인식되어가는 가운데, 미국의 Cynthia B. Roy와 스웨덴의 Cecilia Wadensjö는 통역사가 중개한 상황들을 대화적 담화 기반의 상호작용 차원에서 연구했다. 사회언어학과 사회학으로부터 개념을 가져오고 담화분석적 방법을 적용한 이 DI 패러다임은 1990년대를 거치면서 다른 패러다임들과 나란히, 그리고 함께 또 하나의 전통적인 연구로 자리매김했다. 이는 그림 4.2에 요약되었다.

핵심 문헌

통역학의 패러다임에 대한 내용은 Moser-Mercer(1994a), Shlesinger (1995a)와 Setton(1999: ch.2)을 참고하라.

IT 패러다임에 대한 내용은 García Landa(1981), Lederer(1978/2002, 1981, 1990), Seleskovitch(1976, 1978a, 1978b, 1991), Seleskovitch and Lederer(1984)를, CP 패러다임에 대한 내용은 Englund Dimitrova and Hyltenstam(2000), Gerver(1975, 1976), Gile(1994b, 1995a, 1997/2002), *Interpreting* 2: 1/2(1997), *Interpreting* 5: 2(2000/01), S. Lambert (1989), Moser-Mercer(1997, 1997/2002), Moser-Mercer et al.(1997), Shreve and Diamond(1997), Tirkkonen-Condit and Jääskeläinen (2000)을 참고하라. NL 패러다임에 관해서는 Fabbro and Gran(1994, 1997), Fabbro et al. (1990), Kurz(1994), Petsche et al.(1993), Rinne et al.(2000), Tommola (1999)를, TT 패러다임은 Nord(1997: 104-8), Pöchhacker(1992, 1994a, 1994b, 1995a), Schjoldager(1995/2002), Shlesinger(1989a, 1989b, 1999), DI 패러다임에 관해서는 Mason(2000, 2001), Roy(1996, 2000a), Wadensjö(1993/2002, 1998), *The Translator*의 *Dialogue Interpreting*에 대한 특집호를 참고하라.

추가 연구 주제

- 지정학적 · 언어학적 · 제도적 요인들은 통역학의 여러 패러다임의

발전에 어떠한 영향을 미쳤는가?

- 여러 패러다임들이 보다 광범위하고 다양한 학문의 기준을 제공한다고 볼 때, 다른 영향력 있는 통역학의 접근방식에는 어떠한 것들이 있으며 이 장에서 소개한 각 패러다임과는 어떠한 관계가 있는가?

제5장

모델

밈의 도해(3.2.9 참조)에서 서로 다른 부분에 초점을 맞춘 통역의 개념들은 모델의 형태로 구체화된다. 사회적 맥락이라는 보다 포괄적인 차원에서 시작하여 인지적 관점의 세부적인 것에 이르기까지 이 장에서는 몇 가지 모델 접근방법들을 정리하고 사례를 논하고자 한다.

이 장의 핵심 내용은 아래와 같다.

- 연구에 있어 모델링의 특징과 목적
- 통역 현상 중 모델링할 수 있는 개념적 차원
- 통역의 상호작용 중심 모델
- 통역의 프로세스 중심 모델
- 모델의 시험과 적용

5.1 모델링

5.1.1 본질, 형태 및 목적

모델이란 하나의 물질 또는 현상을 재현하는 형태라고 할 수 있다. 모델은 일반적으로 연구 대상이 되는 물질이나 현상의 일부를 구성하는 구성요소들의 유형과 수를 파악하고 이들 구성요소가 어떻게 결합되고 연관되는지를 보여준다. 따라서 기본적으로 모델이란 사물의 본질과 그것이 어떻게 기능하는가에 대한 가정이며, 이론적 노력의 형태로 볼 수 있다. 이러한 이론적 모델은 언어적 묘사에서부터 이미지나 수학적 공식에 이르기까지 여러 가지 재현 형태를 띨 수 있다. 대부분의 경우 어떤 현상을 '반영'하고 '재현'하려는 욕구는 흔히 도해의 형태로 보여주려는 경향을 띠게 되며, 이 장에서 언급되는 대부분의 모델들도 모두 도해로 형상화되었다.

모델은 여러 가지 조사 목적을 위해 사용된다. 이론화의 기본적인 형태로서 모델은 하나의 현상에 대한 직관적인 가정과 생각(밈)을 표현해줄 수 있다. 보다 직접적인 관찰과 실증적 데이터를 바탕으로 만들어지는 모델은 비록 불완전한 재현이긴 하지만 '현실'의 어느 부분을 기술describing하기 위한 것으로 분석가가 특별히 관심을 가지는 특징과 관계를 추출하여 만들어진다. 모델 중 시간에 따른 변화나 인과 관계와 같은 역동적인 관계를 포착하려는 것은 하나의 현상이 어떻게, 또는 왜 일어나는지를 설명하는 데 사용될 수 있다. 만일 연구 중인 현상에 영향을 미칠 수 있는 모든 요인과 관계를 충분하게 고려했다면, 모델은 통제된 실험과 같은 상황에서 미래에 발생 가능한 현상을 예측하는 데 사용될 수 있다. 예측은 모델과 그 배경 가정들을 검증하는 방법의 하나이며, 그 외 방법으로는 지속적인 관찰과 컴퓨터 시뮬레이션 등이 있는데, 이들 모두 이론의 발전과 개선을 목적으로 한다.

기본적으로 통역 모델은 위의 어떤 목적으로든 사용될 수 있다. 하지만 통역의 개념이 발전해온 역사에서 볼 수 있듯이 통역 현상이란 워낙 복잡해서 포괄적인 예측 모델을 만들기는 쉽지 않다. 따라서 대부분의 통역 모델은 기술형descriptive 모델이며 특정한 분석 차원에 맞춰져 있다.

5.1.2 모델링의 층위

통역 이론에 대한 개념이 미시 프로세스 중심의 인지 영역에서부터 소통이란 거시 프로세스의 사회문화적 차원에 이르기까지 확대되어 있기 때문에 모델을 설계하려면 하나 또는 그 이상의 개념적 층위를 정해야 한다. 통역 모델을 만들기 위한 개념의 기준이 될 수 있는 분석 차원은 무엇인가?

통역의 밈meme에 대한 논의의 끝부분에 언급했던 이문화 간 관계에서 통역사의 역할의 경우, 통역의 인류학적 모델을 통하여 인류 문명의 역사 속에서의 통역의 역할에 대해 생각해볼 수 있다. 추상성과 역사적인 깊이를 배제하고 사회적 구조에 초점을 맞춘다면, 통역의 사회직무적 개념, 즉 사회에 존재하는 하나의 직업으로서의 통역 모델을 구성할 수 있다. 또 국제기구나 의회, 법정과 같은 특정한 사회 제도로 초점을 좁히게 되면 통역의 제도적 기능에 주목하게 된다. 한편, 회의나 인터뷰와 같은 특정 유형의 소통에 초점을 맞추면 통역이 특정 상황 속에서 동시에 그 상황을 만들어가는 상호작용적 관점을 강조하게 된다. 텍스트를 소통적 과정에서 가장 중요한 도구로 본다면 통역을 주로 텍스트적 또는 담화적인 과정으로 볼 것이고, 언어 사용의 기반을 이루는 정신적 과정에 관심을 가진다면 통역의 인지적 모델을 지지할 것이다. 마지막으로 정신 작용의 물질적 기반을 연구 대상으로 한다면 뇌 구조와 뇌 활동 모델을 통해 조사할 수 있는 신경neural 차원의 연구가 될 것이다.

이러한 일곱 가지 차원을 분리된 것이 아닌 유동적인 것으로 보고 사회적 맥락이 강조되는 바깥쪽의 원으로부터 가장 안쪽에 있는 신경인지적 원, 더 구체적으로 말하면 사회문화socio-cultures에서 시냅시스synapses까지를 망라하는 일련의 동심원으로 형상화할 수 있다(그림 5.1).

이 다차원 모델에서 제시하는 모든 원들이 통역학 내에서 똑같은 수준의 관심을 끌었던 것은 아니다. 그림의 더 짙은 색으로 표시된 인지 프로세스 차원에서 더 많은 모델링이 시도되었으며 상호작용 차원에서도 모델

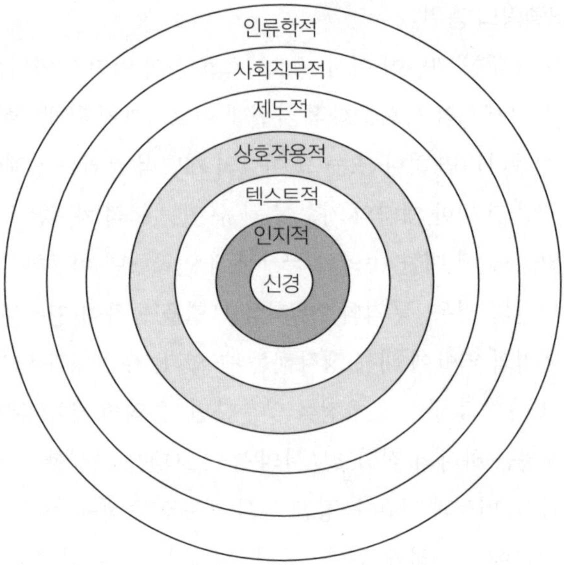

그림 5.1 모델링의 여러 층위

링 시도가 다소 있었다. 이 두 가지 차원은 프로세싱과 소통적 활동이라는 통역의 두 가지 슈퍼밈으로서 추후 소개할 여러 모델의 형성에 영향을 미친다.

5.2 사회직무적 · 제도적 모델

역사 속의 사회 간 관계나 문화적 정체성에 대한 인류학적 차원의 통역 모델이 그 자체로 개발된 적은 없었지만, 그림 1.1(1.3.1 참조)에 묘사된 다양한 사회적 맥락 속에서의 통역 모델은 이 차원에서 다룰 수 있을 만한 유형이다. 또 다른 인류학적 차원의 모델의 예는 식민 제국과 여행이라는 맥락에서 본 크로닌(Cronin, 2002)의 통역의 '현지조달heteronomous' 및 '본국조달autonomous' 체제가 있다(2002: 393f 참조).

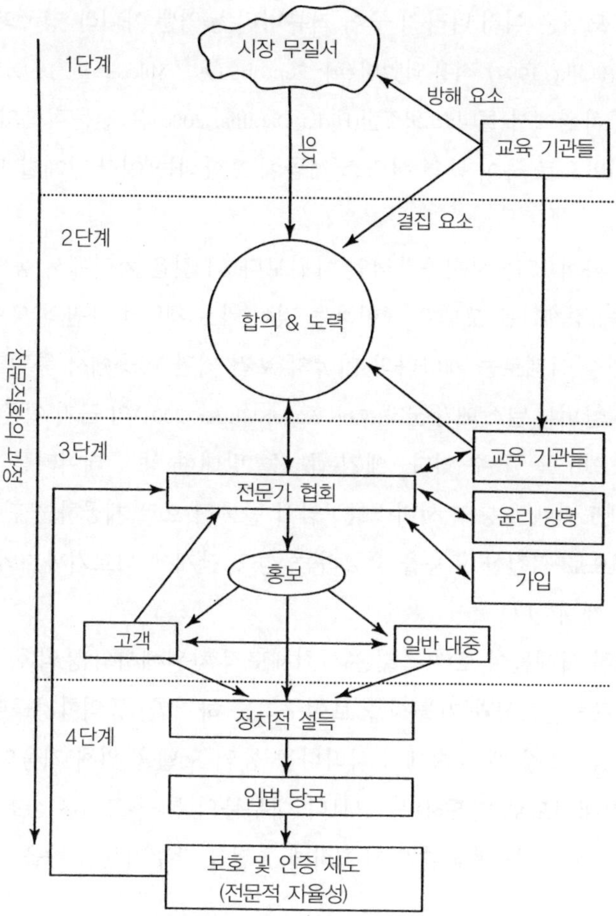

그림 5.2 쳉의 전문직화 과정 모델(Tseng 1992: 43에서 발췌)

사회에서 인정한 하나의 직업으로서의 통역에 초점을 맞춘 사회직무적 socio-professional 모델은 대만의 사회적 맥락 속에서 국제회의 통역을 분석한 조세프 쳉(Joseph Tseng, 1992)이 개발했다. 이 모델은 '시장 무질서'의 단계에서 '전문적 자율성'까지 전문직화professionalization 과정의 4단계를 기술하고 있다(그림 5.2).

쳉의 모델은 여러 나라의 구어 커뮤니티 통역뿐 아니라 영국의 수화 통역에도(Pollitt, 1997) 적용되었다(예: Fenton, 1993; Mikkelson, 1999). 보다 일반적인 차원에서 울디스 오조린(Uldis Ozolins, 2000)은 전문직화의 주요 요소를 기반으로 하여 통역 서비스 제공에 포함되는 여러 단계를 모델로 나타냈다.

특정 사회 또는 사회문화적인 차원보다 더 깊은 차원에서 통역의 발전과 기능, 경제학을 모델로 표현하는 것이 바로 제도적 차원의 모델링이다. 이에 대한 사례로는 캐나다와 미국의 보건 기관 14곳에서 통역과 관련된 변화를 살펴본 닐스 애거-굽타(Niels Agger-Gupta, 2001)의 근거 이론Grounded Theory 연구를 들 수 있다. 애거-굽타는 방대한 양적 데이터를 기반으로 여러 제도권에서 통역 서비스를 '임시 변통적'으로 제공하는 단계로부터 문화적으로 적절한 도움을 제공하는 성숙 단계에 이르기까지의 몇 가지 모델을 제시한다.

이러한 사례들이 보다 폭넓은 사회제도적 차원에서의 통역 현상을 모델로 만드는 필요성과 가능성을 보여주기는 하지만, 통역학자들이 역사와 사회 또는 특정 제도 속에서 나타나는 통역 모델을 위해 기울인 연구 노력은 상대적으로 미흡하다. 그보다 대부분의 통역 모델은 상호작용의 영역(5.3 참조), 또는 복잡한 인지 처리에 초점을 맞추려한 경향을 보인다(5.4 참조).

5.3 상호작용 모델

상호작용 모델은 상호작용 과정에 참여하는 여러 주체들 사이의 사회적 · 상황적 · 소통적 관계를 나타낸다. 이 모델은 상황에 따라 상호작용 주체들의 구도인 성상도constellation를 모델링한 것(5.3.1 참조), 소통 프로세스(5.3.2 참조)에 초점을 맞춘 것, 또는 좀 더 구체적으로 소통적 상호작용 속의 텍스트나 담화의 역할에 초점을 맞춘 것 등으로 크게 분류할 수 있다 (5.3.3 참조).

5.3.1 성상도

통역사가 중개하는 상호작용의 기본 구도, 또는 유형 사례type-case는 앤더슨(R.B.W. Anderson, 1976/2002)이 A 언어를 구사하는 단일 언어 화자와 B 언어를 구사하는 단일 언어 화자가 두 언어를 모두 구사하는 통역사를 통하여 소통하는 것을 모델로 만든 것이다(그림 5.3).

앤더슨의 선형 성상도 모델linear constellation model은 중개된 대화에서 이중 언어자인 통역사의 중추적인 위치를 보여준다. 또 다른 학자들은 통역사가 정점에 자리하는 삼각 모델을 사용하여 이를 표현하기도 했다. 삼각 모델은 커뮤니티 통역 분야의 기본 표상으로 자리 잡게 되었으며(예: Gentile et al., 1996; Erasmus, 1999), 이를 '삼자 통역'이라고 부르기도 한다. 이 모델은 당사자들 간의 소통적 상호작용을 기반으로 하여 통역사의 역할을 단순한 '교환국switching station'보다는 적극적인 참여자active participant로 부각시킨다(7.4 참조).

기본 삼자 상호작용 모델three-party interaction model은 더 복잡한 구도를 고려하여 다양하게 확장 가능하며 또 확장되어 사용되어왔다. 앤더슨(1976: 211)도 양측에 한 명씩 총 두 명의 통역사가 동석하는 협상 환경뿐 아니라 강의 형식의 일방향 소통의 과정에서 B 언어 화자들이 청중 역할

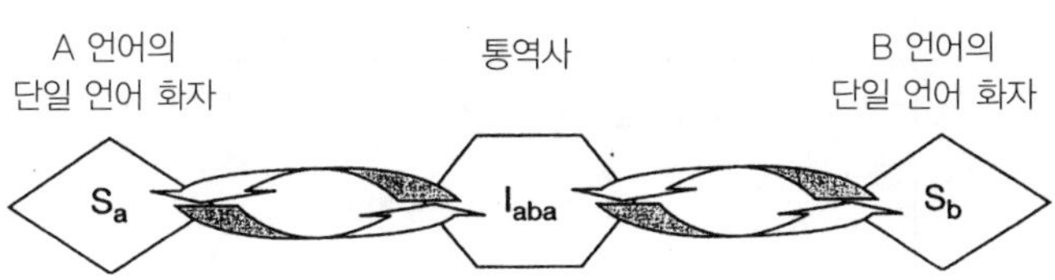

그림 5.3 앤더슨의 삼자 상호작용의 '유형 사례' 모델(R.B.W. Anderson, 1976: 211에서 발췌)

을 하는 등의 다양한 환경을 모델로 표현했다. 이와 마찬가지로 윙 푹 쿤(Wong Fook Khoon, 1990: 112)은 말레이시아 법정에서 한 명 또는 두 명의 이중 언어 통역사 또는 세 가지 언어를 하는 통역사가 서로 다른 언어나 방언을 사용하는 판사, 피고와 증인 사이를 중개하는 통역의.복잡한 구도를 묘사하고 있다.

질(Gile, 1995b: 24)은 단일 언어를 구사하는 연사가 연설문의 언어를 이해하지 못하는 사람들이 포함된 청중에게 연설하는 국제회의 상황에서 상호작용적 구도의 단순 모델을 그림 5.4와 같이 제안했다.

질의 모델에서 '고객'은 상호작용에 직접 참여하지는 않지만 국제회의 차원에서 중요한 역할을 한다. 이 모델을 추가로 구체화하면 회의 조직자, 자료 제공, 장비 기술자 등과 같이 통역사의 업무 조건에 영향을 미칠 수 있는 중개인들의 범주를 고려할 수도 있다. 또한 같은 부스 안의 동료, 특히 릴레이 통역할 때도 유사하게 적용될 수 있다.

기관과 관련된 모델의 예로는 델리아 키아로(Delia Chiaro, 2002)의 TV 통역 연구를 들 수 있는데, 이 환경은 중개된 면대면 소통이 '일 대 다' 소통과 혼합되는 전형적인 매스컴의 형태이다. 이는 통역이 제공된 소통 환경에서의 상호작용 모델로서, 지금까지 관심이 미흡했던 기관 차원에서의 모델에 어느 정도 기여를 했다.

'일 대 일'이나 '일 대 다' 구도를 반영하는 상호작용 통역 모델은 참여자의 자리를 추가함으로써 확장되거나 구체화될 수 있다. 뿐만 아니라 좀

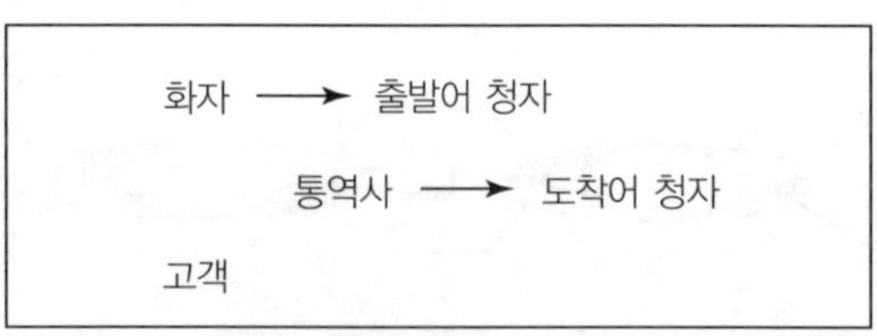

그림 5.4 질의 국제회의 통역에서의 상호작용 모델(Gile, 1995b: 24에서 발췌)

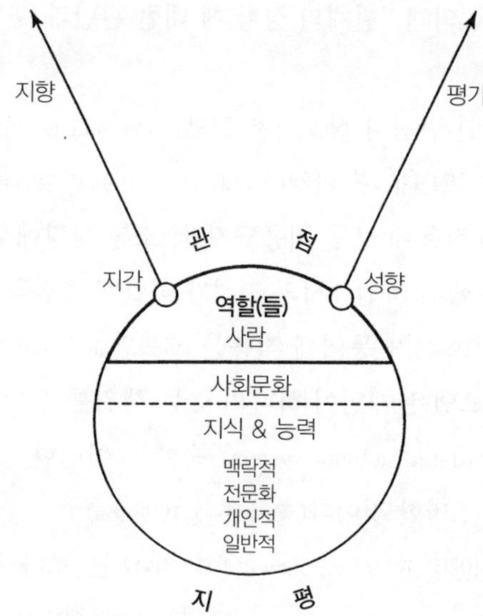

그림 5.5 푀히하커의 통역 상황에서의 상호작용자 모델(Pöchhacker, 1992: 216에서 발췌)

더 보충 작업을 하면 상호작용 참여자들의 특징을 반영할 수도 있게 된다. 이것이 푀히하커(1992) 모델의 목표이며, 이 모델은 상호작용자 개인이 특정한 소통 상황을 보는 '관점'을 표현하고 있다(그림 5.5).

상호작용자 모델interactant model은 상호작용에서 소통을 하는 '사람'의 '역할'을 강조한다. 해당 상호작용자는 다른 상호작용자들과 그들의 행동을 지속적으로 '평가'하고 의도적으로 '지향orientation'하면서 상황에 대한 '관점'을 구축한다. 상호작용자의 관점은 기본적으로 개인의 사회문화적 '배경', 또는 개인의 다양한 인지 능력과 경험으로 구성되는 '지평horizon'에 의하여 구체화된다. 다시 말해, 보다 인지적인 의미에서 상황이란 오로지 상호작용자의 '눈 속에만'(즉 보는 관점에서) 존재한다는 것이다. '지각perception' 및 '성향disposition'과 관련된 심리물리적인 요인들과 마찬가지로, 동기, 정서적 태도, 기대, 심지어 의도 등을 포함하는 개인의 지향과 평가에 의해 '현재의 상황'에 대한 판단과 행동이 결정된다는 것이다.

이러한 개인적인 관점의 상호작용 모델individualized interaction model은 국제회의와 같은 '일 대 다' 환경(Pöchhacker, 1994a: 144)과 중개된 면대면 소통의 삼자 상호작용에 모두 적용되지만, 소통 상황에서 개별적인 발화 차원보다는 대화 행위 차원에서의 지위와 역할에 초점을 맞추고 있다. 바덴쇼우(Wadensjö, 1998)가 통역에 적용한 고프만Goffman의 용어를 빌리자면, 상호작용자 모델은 개인이 하나의 공동 행위를 수행하기 위하여 '상황적 행동 체계situated activity system' 속에서 어떠한 '행위 역할activity role'을 하는지를 조명한 것이다(Wadensjö, 1998: 84).

비스트라 알렉시에바(Bistra Alexieva, 1997/2002)는 보다 분석적인 거시적 차원의 중개 접촉mediated encounters 모델을 제안했다(1997/2002). 알렉시에바는 통역 성상도의 다중 매개 변수 모델에서, 상호작용자들의 사회상황적 성상도와 관련이 있는 일곱 가지 척도를 기반으로 통역사 중개 환경의 기본 유형typology을 설명한다. 상호작용자의 환경에 직접적으로 영향을 미치는 범주는 다음과 같다.

- '거리distance' 대 '근접성proximity' (연사, 청중과 통역사 간)
- '평등성equality/결속력solidarity' 대 '비평등성non-equality/권력power' (연사 및 청중뿐 아니라 경우에 따라 통역사의 지위, 역할, 성 등과 관련)
- '공식적 작업 환경formal setting' 대 '비공식적 작업 환경informal setting' (참가자 수, 밀접성의 정도, 자국으로부터의 거리와 관련)
- '협력성cooperativeness/직접성directness' 대 '비협력성non-cooperativeness/간접성indirectness' (협상 전략과 관련)
- '공유된 목표shared goals' 대 '상반된 목표conflicting goals' (Alexieva, 1997/2002: 230)

알렉시에바는 자신의 다중 범주 모델을 '문화적 특수성'의 정도에 따라 통역사가 중개한 상황을 평가하는 데 사용함으로써, 상호작용으로서의 통역의 개념에 '문화'의 역할을 재확인시킨다.

이와 같은 소통 이벤트 차원의 구도와는 달리 미시적인 차원, 즉 개별 발화 차원에서 일어나는 상호작용의 역동적인 환경을 모델링하려면 보다 정교한 분석적 구분이 필요하며 이는 바덴쇼우(Wadensjö, 1998)의 통역사가 중개하는 만남이라는 이론적 틀에서 볼 수 있다. 대화 통역을 분석한 바덴쇼우의 모델은 소통적 상호작용에서의 개인의 참여, 또는 '참여 상태'를 설명함으로써 지대한 영향을 미친 고프만Goffman의 참여의 틀 개념을 기반으로 하고 있다. 고프만의 용어를 빌리자면, '청자'는 '대상 또는 비대상 수신자', '방관자'와 같은 '승인'된 대상이거나 '의도하지 않은 도청자' 혹은 '의도한 도청자'와 같이 '승인되지 않은' 대상일 수 있다. 반면 '화자'는 자신의 발화에 대하여 세 가지 다른 입장, 즉 복합적인 입장을 취할 수 있으며(Wadensjö, 1988: 88 참조), 고프만은 이를 산출 양식production format이라는 주제로 설명한다.

- '행위자animator' – 또는 '발성자vocalizer'(Clark, 1996: 20)로서의 연사speaker – 는 말소리를 생산하는 책임만을 진다.
- '저자author'로서의 연사는 발화를 구성해야 할 책임을 진다(Clark가 주장하는 '구성자formulator').
- '주역principal'으로서 연사는 표현된 의미에 대하여 궁극적인 책임을 진다.

바덴쇼우는 '청자층'을 이와 유사하게 분류함으로써 고프만의 세 가지 산출 양식을 보완한다. 바덴쇼우(1998: 91f)는 통역사의 여러 가지 청취 역할을 '수신 양식reception format'이라는 제목 아래 세 가지로 구분한다.

- '보고자reporter' 로서의 청취(발화된 내용을 반복해주기만을 기대)
- '재현자recapitulator' 로서의 청취(앞선 연사의 말을 권위 있게 옮겨줄 것을 기대)
- '반응자responder' 로서의 청취(담화에 개인적인 기여를 해줄 것을 기대)

바덴쇼우는 화자와 청자의 동시성을 특히 강조하면서 면대면 소통에서 말하기는 항상 듣기와 동시에 이루어지며, 듣기는 외연적 발화 행위(예: 긍정의 표현)를 포함할 수 있다고 주장한다. 따라서 그는 고프만(1981)의 참여의 틀에서 중요시되는 '입장 설정footing' 의 개념을 '(화자이자 청자로서) 특정 발화에 대한 입장 설정' 으로 정의한다(1998: 87). 바덴쇼우의 모델은 발화 대 발화 차원에서 화자-청자 역할이 역동적으로 변하는 것을 고려할 수 있게 하며, 따라서 '계속되는 담화의 흐름 속에서 변화하는 입장을 통하여' 소통적 상호작용의 재구성을 설명해준다(1998: 86).

5.3.2 커뮤니케이션

통역의 초기 커뮤니케이션, 즉 소통 모델들은 인간 사이의 상호작용을 개념으로 보기보다는 대부분 '신호 처리signal processing' 의 관점에서 소통의 수학적 이론에 따라 형성되었다(Shannon and Weaver, 1949). '출발어' 에서 비롯된 '메시지' 가 '통로' 를 통해 '암호화' 및 '전송' 되고 '수신자' 에 의해 '해독' 되는 고전적인 소통의 정보이론적 모델은(3.2.4 참조) 통역에서도 다양하게 적용되었다.

기본 소통 모델을 바탕으로 만든 통역의 초기 모델은 잉그람Ingram에 의해 1970년대에 개발되었다(1985 참조). 처음에는 수화 통역을 위해 고안되었던 잉그람의 모델은 '메시지 전달' 이라는 구두 언어적 개념을 넘어 '다중 코드로 상호연계된 메시지' 를 표상한다(1978: 111). 다중 코드multiple codes의 개념은 그림 5.6에 제시된 바와 같이 잉그람이 개발한 통역의 기

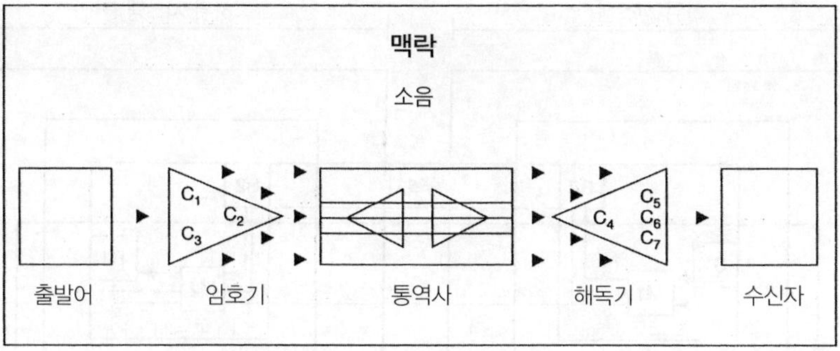

그림 5.6 잉그람의 통역의 기호학적 소통 모델(Ingram 1985: 98에서 발췌)

호학적 모델의 특징이다.

분명 잉그람의 모델은 고전적인 발신자-수신자 소통의 선형 모델을 연상시키며 '맥락'에 대한 언급을 함에도 불구하고 기본적으로는 통역사를 '통로channel'에 속한 '코드전환code-switching'기로 묘사한다. 이보다 좀 더 상세한 모델이 키르히호프(Kirchhoff, 1976)의 것으로, 비록 언어를 여전히 코드로 가정하고 따라서 언어 처리를 '암호화encoding'와 '해독decoding'으로 보는 입장을 견지하긴 하지만 보다 상세하다. 키르히호프의 모델을 번역한 것이 그림 5.7이다.

키르히호프는 언어적 · 비언어적 신호로 구성된 메시지(M1)가 주어진 상황과 사회문화적 배경 속에서 1차 발신자(S1)에 의해 암호화되고, 이는 도착 언어 맥락 속의 1차 수신자(R1)에 의해 수신된다는 소통의 이중 체계dual system of communication를 가정한다. 소통 체계의 두 부분은 통역사에 의해 연결되는데, 통역사는 주요 당사자들의 상황과 직접 관련되지 않은 '주변 참여자side participant'이며 동시에 M1의 2차 수신자(R2)이자 M2의 2차 발신자(S2)이다.

곤도(Kondo, 1990: 61, 2003: 81)는 세 상호작용자 간에 피드백 기재를 추가하고 소통의 관념 또는 개념 차원을 강조하면서 키르히호프보다 구체적

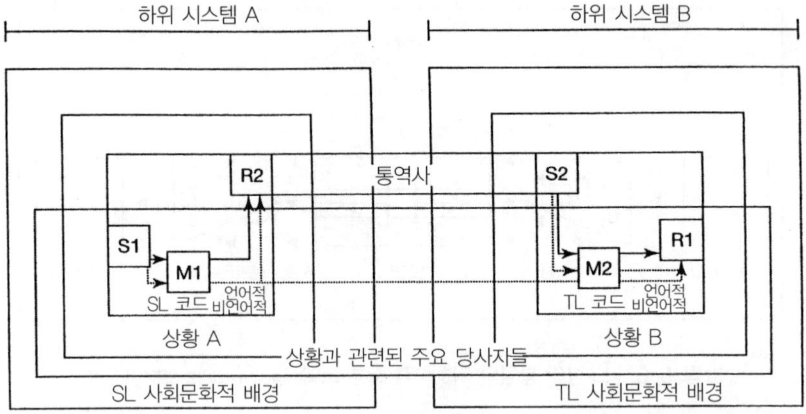

그림 5.7 키르히호프의 3자 간 이중 언어 소통 시스템 모델(Kirchhoff, 1976: 21에서 발췌)

인 모델을 기술했다. 구체성은 떨어져도 이와 비교할 만한, 다른 저자들이 독자적으로 개발한 모델들도 있다. 소통 연구를 특별히 언급한 에리히 펠트벡(Erich Feldweg, 1996)은 갈수록 복잡해지는 소통 당사자들의 환경과 국제회의에서의 순차통역 및 동시 통역에서 정보의 흐름을 염두에 둔 기본 소통 모델의 다양한 변형 모델을 제시했다(예: 1996: 223).

키르히호프와 펠트벡 모두 통역된 소통을 '다중 통로 현상'으로 보기는 했으나 이들이 언급한 통역 과정에 포함된 기호 체계는 페르난도 뽀야토스 Fernando Poyatos가 개발한 야심찬 기호학 모델과 비교했을 때 미약하다(1987/2002). 뽀야토스는 동시통역 및 순차통역에 관여하는 언어와 비언어 체계들을 다양한 청각 그리고/또는 시각적 요소들이 공존하는 구도로 이루어진, 음향과 시각 기호 전달 체계들이 교차하는 행렬matrix의 형태로 표현한다(1987/2002: 237 참조). 뽀야토스의 행렬 모델은 위스퍼링 통역이나 동시 수화 통역을 다루지 않음에도 불구하고 현재까지 시도되었던 이러한 종류의 분석 가운데 가장 고차원적인 형태이다.

5.3.3 텍스트/담화

1970년대 말 언어학의 '화용론적 전환'이 있은 후, 일부 학자들은 중개된 상호작용을 모델링해보려는 노력의 일환으로 텍스트와 담화 개념에 초점을 맞추었다. 슈텐츨(Stenzl, 1983)은 통역을 상호작용의 과정으로 모델링하기 위해 통역학에 텍스트 이론과 번역 이론을 적용하려고 했던 초기 학자들 중의 하나였다. 번역 과정의 **텍스트-이론적 모델**text-theoretical model을 구체화시키면서 슈텐츨은 화자, 통역사, 도착 텍스트 수신자의 텍스트 처리에 중점을 둔 (동시)통역의 소통적 정보 흐름을 설명하고 있다. 그림 5.8에서와 같이 이 모델에 나타나는 주요 특징에는 소통적 '의도' (수신자 입장에서는 '기능'), '상황', '사회문화적 맥락', '지식', '텍스트' 등이 있다.

슈텐츨(1983: 46f)이 기술한 소통의 흐름에 관여하는 15개의 절차, 또는 '단계'에 따르면, 사회문화적 맥락 A에 해당되는 화자는 소통 의도 I_1을 정의하고, 수신자의 상황과 텍스트 지식(1단계)을 평가하며, 출발 메시지를 구축하고 발화(2, 3단계)한다. 출발 메시지는 언어뿐 아니라 준언어 및 언어 외 요소들을 포함하며(예: 억양, 동작, 시각적 의미 등), 이는 수신자가 가정한 지식과 연계되어 있다. 통역사는 출발 메시지의 음향과 시각 기호를 인식하고(4단계) 이를 상황, 텍스트 정보와 함께 처리하여(6단계) I_1을 생각하면서 통역사의 소통 의도 I_2를 도출한다(7단계). 수신자의 상황과 텍스트 지식을 평가한 다음(8단계) 통역사는 언어 및 준언어 요소, 그리고 출발 텍스트로부터 최소한의 처리를 거친 요소가 포함된(9, 11단계) 도착 메시지를 구성하여 발화한다(10단계). 수신자는 상황과 텍스트 지식을 바탕으로 하여(13단계) 도착텍스트와 연사에게서 직접 지각한 정보를 처리하여(15단계) 소통기능 F를 수행한다(14단계).

동시통역을 위해 설계되긴 했으나 슈텐츨의 모델은 일반적인 통역의 소통적 흐름을 보여주고 있다. 이 모델은 프로세스의 각 절차를 일련의 분리된 '단계'로 묘사하고 있으나 슈텐츨(1983: 47)은 이들이 '상당한 상호작

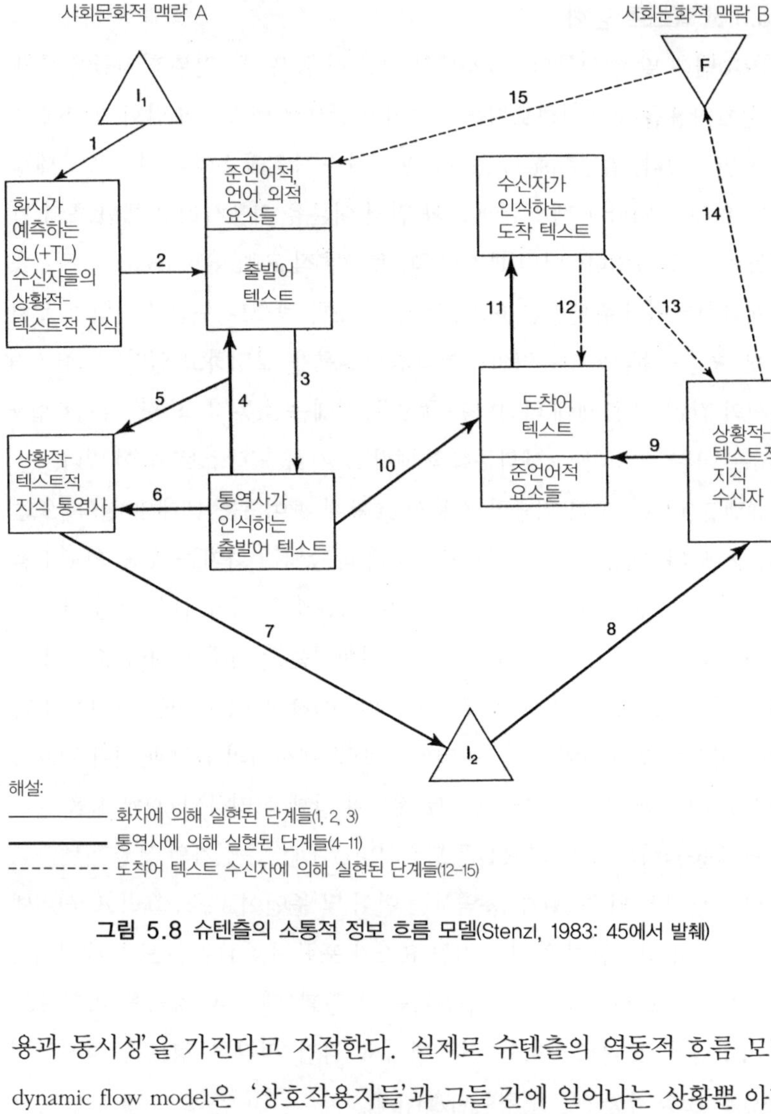

그림 5.8 슈텐츨의 소통적 정보 흐름 모델(Stenzl, 1983: 45에서 발췌)

용과 동시성'을 가진다고 지적한다. 실제로 슈텐츨의 역동적 흐름 모델 dynamic flow model은 '상호작용자들'과 그들 간에 일어나는 상황뿐 아니라 통역사 내부에서 일어나는 일부 과정을 표현한 프로세스 모델인 동시에 상호작용 모델이라고 볼 수 있다.

실비아 칼리나(Sylvia Kalina, 1998)는 지식 기반의 통역 텍스트 생산과 이

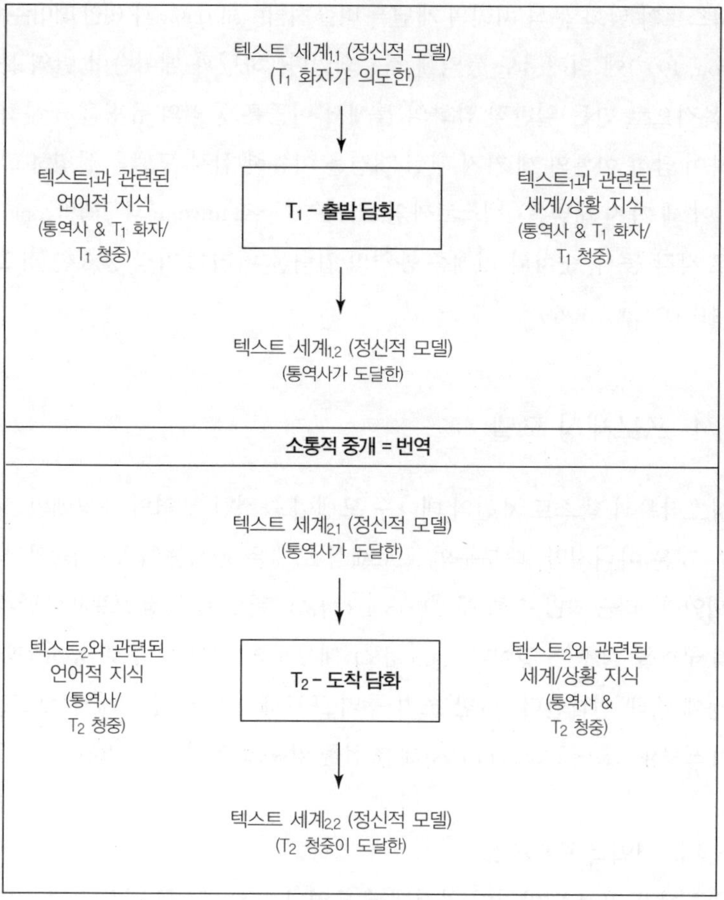

그림 5.9 칼리나의 통역의 이해와 산출 모델(Kalina, 1998: 109에서 발췌)

해의 개념을 제안했다. 단일 언어 소통의 담화 모델에서 영감을 받은 칼리나의 모델은 역동성보다는 텍스트 처리text processing의 인지적 차원에 초점을 둔다. 이 모델은 '소통 중개'를 하나의 텍스트/담화 과정으로 보여줌으로써 화자의 정신적 담화 모델에서 언어 지식과 세계/상황 지식을 기반으로 도착어 청중이 구축한 정신적 담화 모델을 포함한다(그림 5.9).

텍스트와 담화 분석 처리의 개념은 바질 하팀Basil Hatim과 이안 메이슨(Ian Mason, 1997)에 의해서도 통역에 적용되었다. 하팀과 메이슨이 번역 분석을 목적으로 만든 일반적 담화의 틀에서 이들은 통역의 유형을 구분하기 위하여 담화 이론의 세 가지 핵심 개념을 이용한 삼각 모델을 설명하고 있다. 이 세 가지 개념은 '텍스트짜임texture', '구조structure'와 '맥락context'으로 각각 동시, 순차와 리에종 통역의 입력물 처리에 가장 중요한 것으로 본다(1997/2002: 256f).

5.4 프로세싱 모델

상호작용과 텍스트 차원의 대다수 모델이 특정한 통역의 유형에만 적용되는 것은 아니지만, 대부분의 프로세싱 모델은 동시통역 모드를 위해 설계되었다. 다중 과업 수행 문제나(5.4.2 참조), 관련된 특정 프로세싱 단계와 두뇌 구조를 다루는 것이나(5.4.3 참조) 대부분의 모델은 주로 동시통역의 과정에 대해 언급한다. 다만 초기 통역 프로세스의 모델은 예외적으로 번역적 프로세스translational process에 초점을 맞추고 있다(5.4.1 참조).

5.4.1 번역적 프로세스

최초이자 가장 일반적인 관점에서 통역의 프로세스를 다룬 것은 '통역이 본질적으로 (a) 이해understanding, (b) 변환conversion, (c) 전달delivery'이라는 특징적인 세 부분으로 이루어졌다고 주장한 에르베르(Herbert, 1952: 9)로 거슬러 올라간다. 그러나 에르베르가 본 번역의 중심 요소는 언어와 관련된 문제와 통역 기법에 관한 질문에 국한되었으며, 그 저변에 있는 정신적 프로세스에 관한 언급은 없었다.

통역의 보다 인지적인 분석을 과감하게 시도한 가장 유명한 통역사는 셀레스코비치(2.2.1 참조)였다. 에르베르의 『핸드북*Handbook*』 이후 10년

만에 출판된 소고에서 셀레스코비치(1962: 16)는 순차통역뿐 아니라 동시통역의 '기재mechanism'는 '삼각 프로세스'라고 주장하면서, 그 삼각형의 꼭대기에 의미sense라는 구성 개념이 있다고 주장했다(그림 5.10).

이 모델에 따르면, 번역에서 일어나는 핵심 프로세스는 고유 명사, 숫자, 전문 용어와 같이 정해진 대응어를 가진 항목들의 제한된 언어적 '코드전환'이 아니라 통역사의 '의미'에 대한 이해와 표현이다(3.2.6 참조). 셀레스코비치(1978b: 336)에 따르면, '의미'란 (1) '의식적'이고, (2) '말소리로 발현되고 인지적 첨가가 더해지는 언어적 의미로 구성'되며 (3) '비구어적'이어서 인지 기억 속의 어떠한 언어적 형태와도 연관되지 않은 것이다. 번역의 과정들이 기본적으로 언어적 변환 절차('코드전환')가 아니라 언어로부터 자유로운('탈언어화된') 발화 의미라는 생각은 파리학파가 주장하는 해석 이론의 토대를 이룬다(2.3.3, 4.2 참조).

번역의 일반적인 모델로 매우 추상적이라는 특징 때문에 셀레스코비치가 제시한 삼각 프로세스 모델은 추가적인 확대 가능성을 많이 지니고 있다(예: Laplace, 1994: 230 참조). 심리언어학 연구를 바탕으로 가르시아-란다(García-Landa, 1981)는 삼각 모델을 '의미의 등가' 원칙에 따라 서로 연결

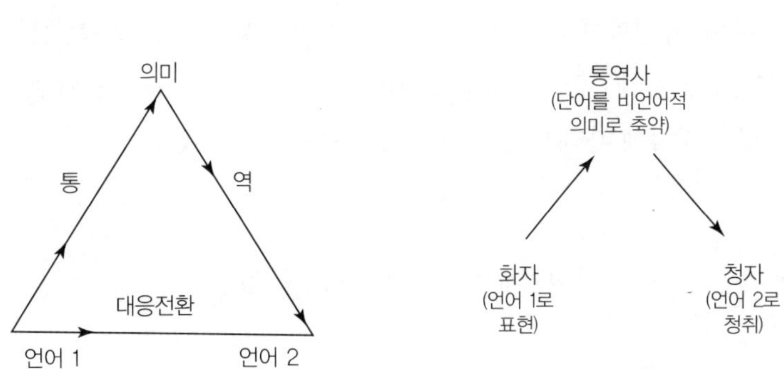

그림 5.10 셀레스코비치의 삼각 모델(두 가지 버전)(Seleskovitch와 Lederer, 1984: 185, 168에서 발췌)

된 두 개의 담화 행위acts of discourse, 즉 담화의 출발 행위에서 비롯된 화자의 의도는 통역사가 인식한 의도된 의미와 같으며, 이는 다시 도착 담화를 위한 통역사의 의도가 되고, 이것은 또 고객이 인식하는 의도된 의미와 같다고 정리했다(이 방정식의 수학적 공식에 대한 보다 자세한 정보는 가르시아-란다, 1998 참조). 가르시아-란다(1981)는 집중력 역치attention thresholds, 기억력 구조(작업 기억, 장기 기억 활성화), 담화의 구성요소, 상황 변수를 통하여 담화의 이해 및 산출 과정을 설명하는 보다 풍부한 개념화를 시도하고 있다. 비슷한 맥락에서 베티 콜로노모스Betty Colonomos(Ingram, 1985: 99 참조)는 무정형의formless 개념적 메시지를 중심으로 여러 종류의 단기 및 장기 기억, 모니터링, 피드백 작업 등을 제시하는 모델을 만들었다. 콜로노모스의 모델에는 수화간 통역transliteration 처리의 변수가 추가됨으로써 특히 미국 수화 통역 공동체와 이와 관련된 교육에 많은 영향을 미쳤다(Baker-Shenk, 1990 참조).

5.4.2 다중 작업

가르시아-란다(1981)와 마찬가지로 해석 이론의 삼각 프로세스 모델에서 벗어난 레데레(Lederer 1981)는 동시통역의 여덟 가지 정신 작업eight mental operation을 규명하고 이 중 두 개 이상의 작업이 동시에 일어나는 보다 구체적인 모델을 개발했다. 레데레(1981: 50)는 이 작업들을 시간의 흐름에 따른 발현 양상에 따라 다음의 세 가지 유형으로 분류했다.

- 지속적으로 진행되는 순차적이고 동시적인 작업
  - 청취
  - 언어 이해
  - 개념화(즉 언어적 입력물을 사전 지식과 통합시켜 인지 기억을 구축)

- 인지 기억을 기반으로 한 표현

- 지속적이고 '기저'에 깔려 있으며 간헐적으로 발현되는 작업
  - 상황 인식
  - 자기 모니터
- 간헐적인 작업
  - 대응전환
  - 특정한 어휘 표현 검색

레데레 또한 주요 프로세스 단계(언어 입력 인식, 개념화, 표현)를 작동 기억 및 장기 기억과 연계시키기는 하지만 레데레의 통역 과정 모델과 주요 요소들은 보다 총체적이라고 볼 수 있다. 키르히호프가 제안한 동시통역의 모델도 마찬가지라고 이야기할 수 있다(Reader 112쪽 참조). 정보 이론의 용어로 표현된 그의 기본 프로세스 모델은 '해독', '재암호화', '산출', '모니터링' 등을 포함한다. 아울러 키르히호프는 출발어와 도착어 간의 통사적 차이를 고려하기 위해 입력 조각의 단기 저장과 관련된 보다 복잡한 변수를 기억 속에 다루고 있다. 이러한 맥락에서 전반적으로 보았을 때, 개념 처리에 초점을 맞추었던 해석 이론과 달리 키르히호프의 다단계 모델은 언어의 표층 구조에 관심을 가졌다는 것을 알 수 있다. 나아가 키르히호프의 목적은 '최고 수준의 통역'을 모델링하려는 것이 아니라 심리언어적 프로세싱의 어려움processing difficulties을 보여주려 한 것이다. 자신의 다중작업 모델을 통역사의 심리적 처리의 어려움과 연계시킨 키르히호프의 분석은 '인지적 부하cognitive load'와 '프로세싱 역량processing capacity'과 같은 개념에 초점을 둔다. 키르히호프는 통역 중에 언어적으로 부적절한 표현이나 왜곡, 정보 손실 등과 같이 완벽하지 못한 결과가 나오는 원인을 각각의 작업들이 특정한, 그리고 다양한 양의 처리 능력을 요구한다는

사실로 설명하고 있다. 다시 말해서 "복수의 작업 수행에 문제가 생기는 경우는, 주어진 과제 수행에 요구되는 인지적 결정의 합이 통역사의 처리 역량의 한계에 도달하거나 이를 넘어서는 경우"(1976/2002: 118)라고 설명하고 있다.

이 문제는 질(Gile, 1985, 1997/2002)이 제안한 통역의 노력 모델Effort models의 핵심을 이루기도 한다. '듣기와 분석listening and analysis'(L), '산출production'(P), 그리고 '기억memory'(M)으로 불리는 세 가지 기본 노력efforts을 가정한 질(1985)은 애초 통역사의 처리 노력을 위해 사용할 수 있는 정신적 '에너지' 또는 처리 역량은 한정되어 있으며, 위 세 가지 노력의 합이 통역사의 처리 역량을 넘어서면 안 된다는 기조로 동시통역의 노력 모델을 사용했다.

$$(L + P + M) < C_{apacity}$$

보완된 후속 모델에서는 '조율 노력coordination effort'(C)이 추가되었으며 모델의 구성요소들 간의 관계가 다음과 같이 일련의 공식과 관계로 표현되었다(Gile, 1997/2002: 165 참조).

(1) SI=L+P+M+C	동시통역을 세 가지 주요 노력과 한 가지 조율 노력으로 구성된 프로세스로 모델링했다.
(2) TR=LR+MR+PR+CR	총 요구되는 처리 역량은 개별적으로 요구되는 처리 역량의 합(반드시 산술적인 의미는 아님)이다.
(3) LA ≥ LR, (4) MA ≥ MR,	각 노력에 대하여 가용한 역량이 반드시 작업 중인 업무에서 요구되는 역량과 같거나 그보

(5) PA ≥ PR 및	다 커야 한다.
(6) CA ≥ CR	
(7) TA ≥ TR	총 가용한 역량은 적어도 총 요구되는 역량과 동일해야 한다.

질은 동시통역의 노력 모델과 이에 변형을 가한 순차통역 모델 또한 텍스트가 주어진 동시통역 모델을 사용하여 프로세싱의 어려움과 실패를 설명한다. '줄타기 가설tightrope hypothesis'(Gile, 1999b)로 불리는 가설을 바탕으로 통역사들이 특히 동시 모드에서 자신이 가진 프로세싱 역량의 한계에 가까운 상태에서 작업한다고 가정한다. 질은 자신의 모델을 사용하여 고유 명사, 숫자, 복합어로 된 전문 용어 등과 같은 '문제 촉발 인자들'이 '단계적 실패'로 이어지고 특별한 '대처 전술'을 요하게 된다고 설명한다(자세한 논의는 Gile, 1995b, 1997/2002 참조).

여기에서 살펴본 모델들은 모두 인지과학자들이 아닌 통역사들에 의해 개발된 것으로, 구체성의 정도로 본다면 기본 번역의 프로세스와 보다 구체적인 심리언어학 작업의 표상들을 나타내는 모델의 중간이라 할 수 있다. 이들은 과제를 구성하는 요소들의 동시성에 초점을 맞추었지만 이들 구성요소의 존재학ontology과 '설계architecture', 즉 뇌 속의 특정 정신 구조와 프로세스의 존재 여부나 상관 관계에 대한 주장은 없다. 후자는 동시통역에서 복잡한 심리언어적 처리의 구체적인 모델에 기초를 제공한 인지과학 언어 처리를 기반으로 하고 있다.

5.4.3 복잡한 작업

동시통역을 위한 최초의 심리학적 프로세스 모델을 개발한 사람은 거버(Gerver, 1971)이다. 통역사들의 시차, 기억력 사용, 산출물 모니터링 등에 대한 자신의 실험 결과를 바탕으로 그는 입력물 처리와 산출물 생성에 관여하는 정신 구조와 과정의 흐름도 모델flow-chart model을 만들었다(도해를 보려면 Reader의 151쪽 또는 Gerver, 1975, 1976 참조). 이 모델은 단기 저장 버퍼, 장기 기억 체계, 산출물 버퍼와 같은 기억 구조들과 입력물 폐기, 산출물의 사전 시험, 산출물 모니터링, 이전 산출 내용을 개선하기 위한 '고쳐 말하기back-tracking' 등과 같이 통역사의 통제하에 있는 절차들을 표현하고 있다. 입력된 출발 언어는 저장 버퍼로 들어가고 저장 버퍼의 상태와 통역사의 분할 전략에 따라 '입력 과정'을 밟게 된다. '활발한 복구' 과정을 통하여, 통역사의 장기 기억 속에 있던 언어적 지식이 단기 '작업 기억operational memory' 또는 '작동 기억working memory'에서 가용하게 되며 이는 출발어의 '해독'과 도착어의 '암호화' 작업에 사용된다. 거버는 작업 기억의 유지가 모니터링과 자기수정 과정에서도 필수적이라고 보면서 특히 프로세스 역량에 일시적 결핍 상황이 발생했을 때 문제가 된다고 보았다.

통역 과정에 대한 언어적인 면보다 심리학적 설명을 목표로 했던 거버의 모델은 번역 과정 자체에 대해서는 그다지 자세하게 언급하지 않는다. 그럼에도 불구하고 거버는 언어적 표층 요소들(소리, 단어, 문장)과 통역사가 이해하는 의미의 심층을 확실히 구분하며 주어, 술어, 목적어 등 상대적인 의미 구조를 포착하는 것이 번역 작업의 중대 과제라고 했다. 또 한 가지 분명한 특징으로, 자신의 모델에 통합시키지는 않았지만 거버도 아래에서 논의될 체르노프(Chernov, 1978)의 모델의 핵심인 예측 기반 프로세싱의 잠정적 역할을 인정하고 있다.

1970년대 중반 바바라 모저Barbara Moser는 동시통역의 기억 구조와 프로세싱 작업과 관련된 또 다른 모델을 제시했다(그림을 보려면 Reader의 152쪽과 Moser-Mercer, 1997 참조). 발화 이해의 심리언어학적 모델에 기초한 모저(1978)의 모델은 입력물 처리 단계에서부터 유의미한 구와 문장의 수준에 대해 상당한 관심을 기울일 뿐 아니라 입력 중심의 단계적 프로세스와 장기 기억 속 지식 간의 긴밀한 상호작용을 가정한다. 모저의 모델에 있어서 중추적 특징은 '개념적 기반'의 모색과 다양한 유형의 지식(개념의 망, 맥락 지식, 일반 지식)으로부터 도움을 받아 구축되는 언어 전 의미 구조 prelinguistic meaning structure이다. 개념적 의미 기반은 산출물을 발화하기 전 통사 및 의미론적 단어와 구를 처리하기 위해 도착어 요소들을 활성화해준다. 이 모델은 처리가 다음 단계로 가거나 이전 단계로 돌아가게 하는 몇 개의 의사결정 단계들을 가지고 있다. 이 단계들 가운데 하나가 특징의 발견에서 도착어 요소의 활성화에 이르기까지를 제외한 모든 처리 단계들을 생략할 수 있게 해주는 '예측prediction'이다. 모저(1978)는 상향식 정보 처리와 하향식 정보 처리 사이에 상당한 정도의 상호작용이 존재한다고 가정하며(6.3 참조) 가용한 처리 역량을 확보하기 위한 경쟁 또는 단계 간 존재하는 절충에 대해서도 논한다.

여러 저자들 중에서 체르노프(Chernov, 1978, 1979/2002)는 기대 중심 프로세싱, 또는 예측을 (동시)통역 과정에 있어 중요한 것으로 보았다. 자연 언어에서의 중복성을 출발점으로 삼은 체르노프는 새로운 '신정보/평언 rhematic' 메시지 요소와 이미 알고 있는 '구정보/주제thematic' 요소 간의 차이를 강조하며 통역사가 새로운 정보를 지닌 요소들에 주의를 기울인다고 주장한다. 이러한 '정보 밀도의 절정'은 통역사가 기존에 가지고 있는 지식을 활용한 개연적 예측probability prediction을 통하여 처리되며, 이는 음절, 단어, 구, 발화에서부터 텍스트와 상황 맥락에 이르는 다양한 처리 단계에서 동시에 가동된다. 체르노프의 모델에서 중복성을 기반으로 한 예측, 즉 소리 패턴, 문법 구조, 의미론적 구조, 메시지 의미의 예측은 이해의 기반이 되는 중요한 기재이다. 산출의 관점에 대해서 체르노프는 지식 기반의 이해 과정과 유사한 예측적 합성anticipatory synthesis을 주장한다. 이와 같이 지식 기반의 예측 패턴을 활용한 메시지의 의미에 초점이 맞춰져 있기 때문에 체르노프의 모델이 해석 이론뿐 아니라 인지과학을 기반으로 하여 지식 구조를 설명하는 모저의 모델과도 기본적으로 호환성이 있음을 보여준다.

통역 과정에 관여하는 입력물과 산출물의 (발화된 또는 기호화된) 양식과 다양한 사회언어적·문화적·심리적 요인을 특별히 고려한 코클리(Cokely, 1992a)의 단계형 모델sequential model도 지식 중심의 (하향식) 처리를 중요하게 보았다. 코클리는 메시지 수신으로부터 산출에 이르는 총 일곱 가지 주요 처리 단계를 가정한다(그림 5.11).

일곱 가지 주요 처리 과정은 메시지 수신 – 예비 처리 – 단기 메시지 보존 – 의미적 의도 실현 – 의미적 등가 결정 – 통사적 메시지 구성 – 메시지 산출이다. 이들 단계 외에도 코클리는 여러 단계에서 사용되는 장기 기억 속의 다양한 지식 유형에도 상당한 관심을 보인다. 따라서 코클리(1992a: 125f)는 '이異언어 간 인식', '이異문화 간 인식', '언어적 표지', '사회적 표지' 등의 요인이 의미 및 통사적 산출 생성 단계에 포함된다고 주장하면서도 더 많은 분석과 증명이 필요함을 인정했다.

이론 모델이 해결해야 할 어려움이라고 할 수 있는 검증과 시험(5.5 참조)은 컴퓨터 기반의 통역 행위 실행implementation 모델에서는 문제가 되지 않는다. 인공지능 연구자인 데릴 론스데일(Deryle Lonsdale, 1997)이 설계한 동시통역 모델은 제한된 용량의 작업 기억, '의미 트리semantic tree'와 '구문 트리parse tree'를 구성하기 위한 이해와 산출 모듈, 언어 내 매핑 시스템 등으로 구성되어 있다. 구문 분할과 모호성 해소와 같은 하위 수준의 프로세싱 작업에 초점을 두긴 했지만 론스데일 역시 개별 발화 처리의 맥락이 되는 화용론적 요인들(화자와 상황에 대한 지식, 협력의 격률 등)이 데이터베이스 형태로 되어 있는 '대화 처리 체계'에 대한 언급을 하고 있다.

간단한 전화 통화 등을 처리할 수 있는 말 대 말speech-to-speech 자동번역 시스템 DMDIALOG를 설계한 히로아키 기타노(Hiroaki Kitano, 1993)는

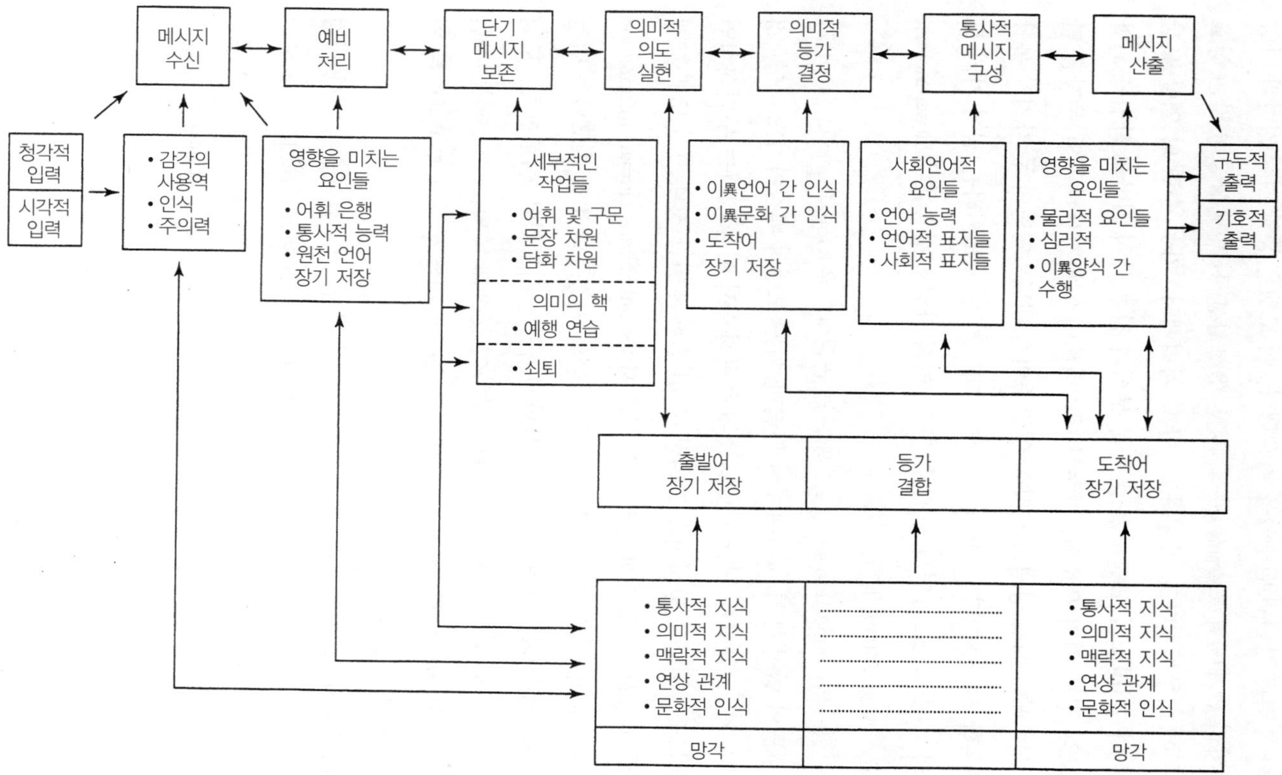

그림 5.11 코클리의 사회언어학적 요소를 고려한 프로세스 모델(Cokely, 1992a: 124)

대화 통역과 관련된 범주들을 기술했다. 이 모델은 중앙 지식 기반과 다양한 처리 단계(담화 프로세싱 - 분석 - 생성 - 음성 합성) 사이에 상당히 많은 상호작용이 이루어진다고 가정하고, 발화 처리에서 '가설 수립'의 역할을 강조한다. 기타노의 모델은 문장 구문 분석과 같은 규칙 기반의 작업을 위한 기호적 정보 처리 요소와, 기존의 데이터베이스에 저장된 구와 문장을 맞춰보는 패턴 매칭 형태의 하향식 연결주의적 네트워크형의 두 가지가 복합된 혼합 시스템이다. 기타노(1993)는 '대단히 평행적'이라는 점이 자기 모델의 특징이라고 하면서 구조의 연결주의적 관점을 강조했다(Moser-Mercer, 1997; Setton, 2003b 참조).

연결주의(connectionism, 3.2.5 참조)는 곤잘레스 외(González et al., 1991)가 자신들의 법정 통역 교과서에서 기술한 이론 모델의 배경이기도 하다. 거버, 모저, 코클리가 제안한 모델들에 주목하면서 이들 저자는 무의식적인 처리 작업과 다중 동시성을 고려한 좀 더 진화된 인간 정보 처리 모델을 제안한다. 고도로 복잡한 동시 인간 정보 처리Simultaneous Human Information Processing의 '비선형적' 개념은 인지 기능의 연결주의적 신경 모델을 법정 통역에 해당되는 번역 규범들과 융합시키려는 시도였다(7.4.1 참조). 모델이 지나치게 광범위하다는 견해에 대하여 곤잘레스 외(1991: 358)는 자신들의 '시험이 불가능해 보이는 이론'을 검증하려는 연구가 부족했다는 점을 인정하고 있다.

미셸 파라디스(Michel Paradis, 1994)는 특히 이중 언어 실어증에 대한 신경언어학 연구 결과를 기반으로 한 연결주의적 모델을 제안했다. 그의 동시통역 모델은(그림 5.12) 기억 버퍼(원), 프로세싱 기재(사각형), 비언어적 정신적 표상(마름모) 등으로 이루어져 있으며, 모든 시점에서 발생하는 부분별 프로세싱 작업의 다중 동시성multiple simultaneity에 초점을 맞추고 있다.

동시통역에 있어 구문 처리를 나타내는 흐름도는 각각의 청크chunk(통사적 구문 및/또는 의미 단위)가 반향 기억, 언어적 해독, 의미 표상, 도착어 암

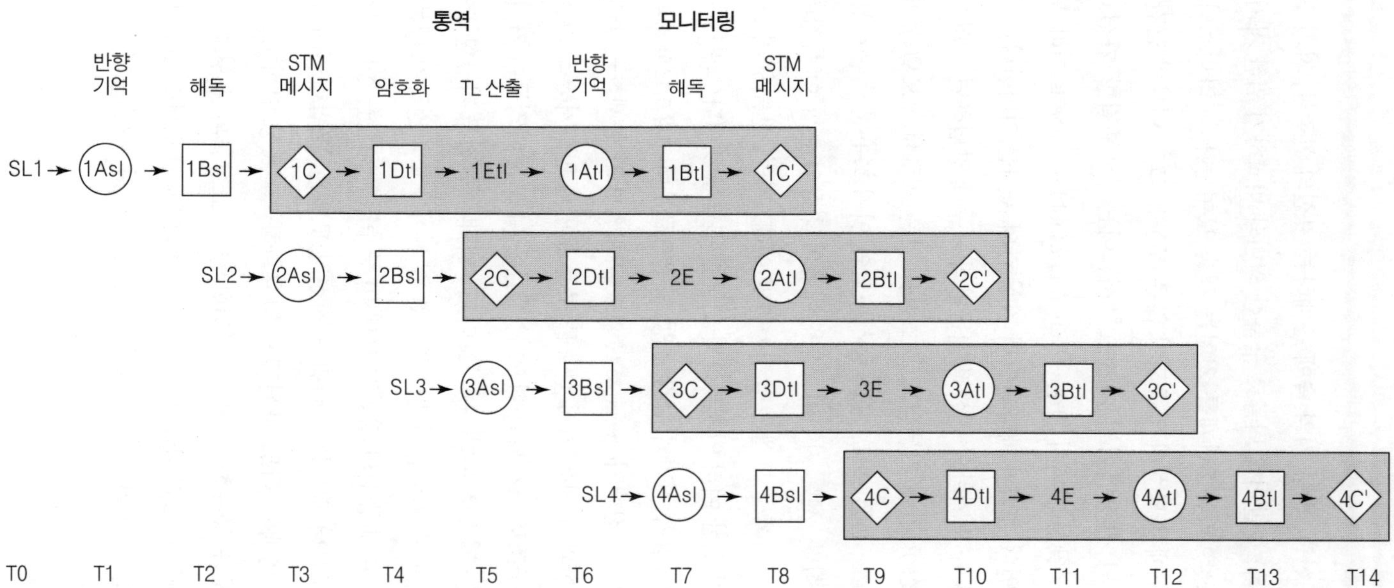

그림 5.12 파라디스의 동시통역 흐름도 모델(Paradis, 2000: 24)

호화, 도착어 산출, 반향 기억 속에 존재하는 자신의 산출물, 자기 산출물의 언어적 해독, 출발어 입력물로 구축한 의미와 비교하기 위한 자기 산출물의 의미 표상이라는 8단계를 거치는 것을 보여준다. 파라디스의 평행 순차적 흐름도에서 확실히 입증되지 않은 부분은 그의 이론의 근간을 이루는 연결주의 신경언어적 가정으로서, 이는 '부분집합 가설subset hypothesis'과 '활성화 역치 가설activation threshold hypothesis'이라 부르는 것과 내연적 언어 능력과 메타언어적 지식 간의 차이를 의미한다.

연결주의와 규칙 기반의 연산적 접근방식 모두에 양립하면서 의미의 중간 인지적 표상 차원에 기본적으로 초점을 맞춘 프로세스 모델을 제안한 것은 세튼(Setton, 1999)으로, 그는 동시통역의 인지 화용론적 관련성 이론을 통해 설명했다. 세튼 자신이 '가용 이론의 최상의 혼합'이 특징이라고 언급한 그의 프로세스 모델은 동시통역의 이해, 기억, 산출 등의 모든 관점들을 다루기 위한 여러 인지과학적 연구를 결합한 것이다(그림 5.13).

비록 시청각 입력 처리의 감각 운동 차원으로부터(그림 5.13의 좌측 하단) (작업 기억 기반의) '집행기executive'(중앙으로부터 상단)가 통제하는 동시다발적 의미의 조합과 구성을 거쳐 산출물 구문 분할과 발화기(우측 하단)에 이르는 단계형 구조로 묘사되긴 했으나, 세튼은 이 모든 과정들이 거의 예외 없이 중첩되는 것으로 본다. 무엇보다도 '맥락', 즉 접근 가능한 모든 지식이 모든 인지 처리의 단계에서 중요한 부분이라고 가정하기 때문에 적응 기억에서 '과제 중심의 정신적 모델'이 중추적인 역할을 한다. 상황 및 세계 지식으로부터 정보를 공급받는 정신적 모델은 '조합기assembler'와 함께 의미를 명제와 태도 차원에서 암호화하는 '표상 언어language of representation'를 공유한다. 바로 이러한 중간 표상들의 유형화가 세튼(1998/2002, 1999)으로 하여금 이전의 동시통역 인지 프로세스 모델에서 고려하지 않았던 여러 가지 담화 현상의 '상세한 미시 분석'을 가능하게 해준다.

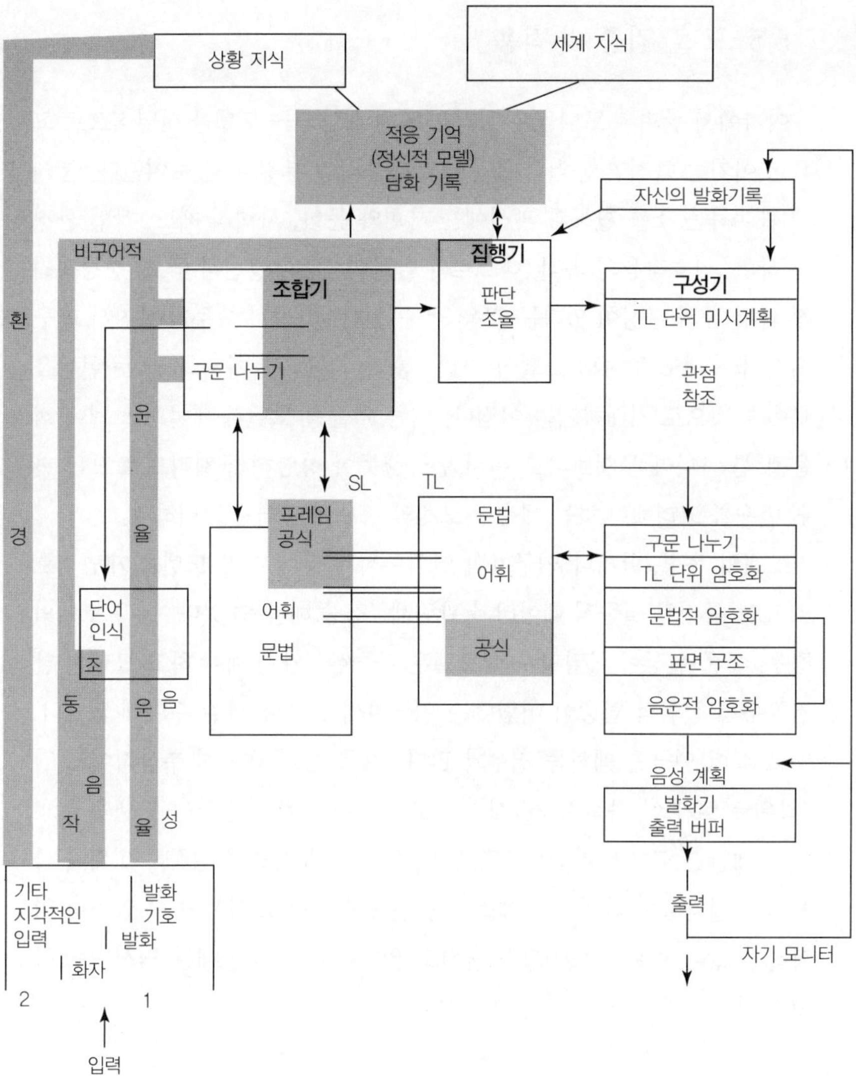

그림 5.13 세튼의 동시통역을 위한 프로세스 모델(Setton, 1999: 65)

5.5 모델, 검증 및 적용

여기에서 살펴본 모델들은 여러 개념에 해당되는 모델을 선별적으로 고른 것이기는 하지만 통역의 복잡하고 다중적인 본질을 잘 보여준다. 통역에 관여하는 소통 활동과 과정에는 사회와 문화, 사회적 제도, 작업 환경과 상황, 상호작용의 목적, 텍스트와 담화의 특징, 정신적 구조, 신경생리적 과정 등의 관점이 있다는 것을 알 수 있다. 따라서 아무리 복잡하고 구체적이라 해도 하나의 모델이 소위 '통역이라는 것 자체'의 모든 현상을 보여줄 것으로 기대하기는 어렵다. 이는 기술형 모델과 해설형 모델에 적용될 뿐 아니라 무엇보다도 이미 언급했듯이 상당히 구체적으로 모든 관련 변수를 고려해야 하는 예측형 모델의 경우에는 더욱 그러하다.

모델의 유형, 학자나 연구자의 인식론적 입장에 따라 모델을 개념적으로 또는 특정한 실증적 데이터와 관련해 '검증'해볼 수 있다. 예측 모델의 경우, 물론 현상이 복잡할수록 모델은 가능한 '완전'해야 하고 모델이 완전할수록 실험적 입증이 어렵다는 연구자의 모순에 빠질 수밖에 없으나, 주로 실험 연구를 택하는 경우가 많다. 예를 들어 대단히 추상적이고 긴 '하위 프로세스' 목록이 7단계의 주요 프로세스를 보완하는 모델을 (그림 5.11) 제안한 코클리 자신도 "프로세스의 주요 부분들을 입증하기 위해 사용되는 절차들이 하위 프로세스들을 입증하는 데도 사용될 수 있는지 명확하지 않다" (1992a: 125f)고 기술하고 있다. 이 문제는 세튼 역시 인정하고 있다.

> 우리의 현 지식을 바탕으로 보았을 때, 단어 인식과 발화 등과 같은 주변 체계에 적용되는 가설이 실험으로 접근하기 어려운 중앙 프로세스에 관한 가설보다 더 안전하다고 볼 수 있다.

따라서 코클리나 세튼과 같은 저자들이 선택한 방법론적 대안은 통제된 실험실 환경에서 수행되는 고전적 의미의 가설 검증이 아니라 실제 또는 시뮬레이션된 통역 행위에서 생성된 텍스트 코퍼스를 근접 관찰하고 분석한 것이다. 그러나 실제 상황에는 워낙 많은 변수들이 작용하기 때문에 엄격한 의미에서 이러한 분석으로 모델을 '검증'할 수 있는 것은 아니다. 다만 연구자가 실증 데이터를 기술하거나 설명할 때에 이러한 모델이 유용할 것이다.

보다 엄격한 모델 시험 방법은 컴퓨터 프로그램에서 구현해보는 것이다. 론스데일(Lonsdale, 1997)의 시뮬레이션은 특히 지식 기반 처리의 역할과 담화의 다중매체적 특징과 관련하여 컴퓨터 모델링의 잠재력과 한계를 보여주고 있다. 셀레스코비치의 삼각 모델이나 질의 노력 모델과 같은 보다 포괄적인 모델들은 실험으로 생성된 실증 데이터에 성공적으로 적용되었다. 그러나 분명 이러한 연구들(예: Seleskovitch, 1975; Gile, 1999b)은 모델의 기반이 되는 원리만을 입증해줄 뿐 실제 프로세싱을 충분히 구체적으로 반영해주지는 못한다.

일반적으로 대다수 통역 프로세스 모델의 근간을 이루는 인지심리학, 인지언어학 등과 같은 학문들이 선호하는 실험적 가설 검증은 통역 전반에 대한 '전체 프로세스' 모델을 시험하기 위한 대안은 아닌 듯하다. 따라서 특정한 분석을 위하여 특정한 면과 요소에만 초점을 맞추는 '부분 모델'이 중요한 것이다. 그러나 특정한 연구 주제를 다룬 통역의 하위 모델은 워낙 많기 때문에 선별하는 것 자체가 어렵다. 대표적인 예가 6장에서 소개될 이해 프로세스 모델(예: Mackintosh, 1985)과 작동 기억 모델이다(예: Darò, 1994; Padilla et al., 1995; Shlesinger, 2000a; Liu, 2001).

이들 모델은 실험 연구와 코퍼스 기반의 현장 연구에 적용된 것 외에도 교육에 있어서 중요한 역할을 했다. 특히 질의 모델과 같이 일부 모델은 애초에 교육을 위한 목적으로 수립되었다가 추후 연구에 적용된 것이었다. 이와는 반대로 모저Moser의 모델은 애초 기초 연구라는 맥락에서 개발되었다가 추후 적성 검사(9.2.2 참조)와 기술 습득과 같은 교육 문제를 위해 적용되었다. 분명한 것은 모델이 그 본질이나 지향하는 바와 무관하게 체계적인 연구에 중요한 역할을 한다는 점이다. 이 책의 1부에서 선별한 모델과 모델링 접근방법들은 2부에서 보다 구체적인 주제를 다루는 데 좋은 출발점이 되어줄 것이다.

요약

모델은 상호연계된 구성요소들과의 관계로 이루어진 하나의 현상을 표상하는 것으로서, 보다 폭넓은 인류학적 · 사회직무적 · 제도적 차원으로부터 상호작용적 · 텍스트적 차원, 그리고 인지적 · 신경적 과정의 '내부적' 차원에 이르기까지 다양한 개념적 차원에서 고안될 수 있다. 통역을 모델링하려는 노력은 1970년대로 거슬러 올라가는데 먼저 소통의 상호작용과 인지적 프로세싱의 관점에서 관심을 가졌다.

전자의 경우 성상도 모델은 (예: R.B.W. Anderson, Gile, Wadensjö, Alexieva) 상호작용자와 소통 상황에서 이들의 관계를 보여주고자 한 반면에, Kirchhoff, Ingram과 Poyatos 등이 개발한 모델은 커뮤니케이션 신호의 본질과 흐름에 초점을 맞추며, Stenzl과 Kalina의 모델은 소통적 상호작용에서 지식과 텍스트의 역할을 강조한다. 한편 인지적 과정에 초점을 맞추는 모델은 프로세스 단계 또는 작업의 총체적인 관점을 보여주려 하거나(예: Seleskovitch, Lederer, Kirchhoff, Gile) 아니면 가설화된 정신적 구조와 절차의 차원에서 인지언어적 작업들을 세부적으로 분석하려 한다(예: Gerver, Moser, Cokely, Paradis, Setton). 현상이 복잡하기 때문에 통역 모델은 포괄적이기 힘들고 따라서 이들의 예측력을 '입증'하기 어렵다. 그러다 보니 대부분의 통역 모델은 기술과 설명을 일차 목표로 삼고 있으며 따라서 교육과 후속 연구에 있어 유용한가를 바탕으로 '검증'하게 된다.

핵심 문헌

국제회의 통역의 (프로세싱) 모델에 대한 내용은 *Reader*의 3부와 Setton (2003b)을, 이 장에서 살펴본 여러 모델에 대한 더 자세한 정보는 본문 중에 제공한 해당 참고 문헌을 참고하라.

추가 연구 주제

- 특정 개념(예, 사회작용적, 텍스트적)을 강조한 모델은 다른 개념을 강조한 모델과 호환성을 갖는다고 할 수 있는가?
- 상호작용 모델과 인지적 프로세싱 모델은 서로 다른 모델이다. 이들 모델이 개념적으로 공통점을 갖는 부분은 무엇인가?
- '화자', '상황', '역할 ', '맥락', '지식' 등과 같은 핵심 개념의 뜻이 각각의 모델에서 어떻게 다르게 사용되고 있는가?

제2부 주제와 연구

제6장

프로세스

모델 설계(5장)의 주된 관심사였던 통역사의 정신적 프로세스 작업은 실증 연구의 주요 테마이기도 하다. 이 장에서 검토할 언어의 인지 처리에 초점을 맞춘 주제 및 연구 결과들은 다학제적 성향이 뚜렷하다. 대부분의 프로세스 중심 연구는 인지과학 분야의 폭넓은 지식과 방법에 의존하고 있으며, 동시통역으로 진행되는 구어 국제회의 통역에 초점이 맞춰져 있다.

6.1 이중 언어 사용

두 개 또는 그 이상의 언어 사용(이중 언어 사용 능력, 다중 언어성)은 다양한 언어학적 · 심리학적 · 사회학적 연구가 가능하다. 한 특정 사회에서 두 개 이상의 언어가 사용되는 것(사회적 이중 언어 사용)과 한 개인이 두 개의 언어를 사용하는 것은 다르다. 후자는 제2언어 습득, 이중 언어 처리와 언어전환과 같은 현상을 포함하며 번역 및 통역과 관련하여 일찍이 연구되어왔다.

6.1.1 언어 우세성

1950년대 초반, 특히 캐나다의 윌러스 랑베르Wallace E. Lambert를 위시한 북미의 심리학자들은 이중 언어 사용자가 단어를 번역하는 데 드는 반응 시간을 측정하여 각 언어(대개 불어와 영어)의 구어 행위의 자동화 정도를 파악하고 해당 언어 간 균형형balanced 이중 언어자와 단일 언어 우세형dominant 이중 언어자를 구분했다. 다른 실험 과제와는 달리, 번역의 용이성을 측정하는 작업에서는 일부 참가자들이 자신의 (비우세적인) 습득 언어 방향으로 더 빠르게 번역을 하는 모순된 결과가 도출되었다. 랑베르 외(1959: 81)는 이러한 결과가 AIIC의 회의 통역사 통역 언어 분류에서도 나타났듯이 제2언어 습득에 대한 개인의 능동적 또는 수동적 접근방식에 기인한다고 추측하고, 개인의 이중 언어성을 형성하는 데 있어 동기와 태도, 문화적 요소가 중요하다는 점을 지적했다. 좀 더 최근에 행해진 '번역의 불균형성'이라는 주제(예: de Bot, 2000)에 단어 번역을 활용한 심리언어학적 실험들은 우세 언어에서 취약 언어로 번역할 때 반응 시간이 더 길다는 사실을 확인했으며 습득한 언어의 구사력이 높아질수록 방향 간의 반응 시간 차가 감소한다는 사실도 발견했다.

이중 언어 사용 및 번역에 적용되어온 습득과 관련된 지배적인 가설은 1950년대 도입된 복합적compound 이중 언어자 대 대등적coordinate 이중 언어자의 구분과 관련이 있다. 단일한 습득 환경에서 두 언어를 학습한 복합적 이중 언어자들은 하나의 표상적 의미에 대해 두 세트의 언어 기호를 가지고 있으며, 반면 대등적 이중 언어자는 각각의 언어에 대한 사회적·문화적 언어 습득 환경이 상이하기 때문에 각 언어별로 독립된 언어 기호 세트와 다소 다른 표상적 의미 세트를 갖는다고 주장한다. 일부 심리언어학자들은 후자의 경우를 '진정한 이중 언어자'로 규정할 수 있으며, '진정한 이문화 간 번역'의 필요 조건(Ervin and Osgood, 1965: 143)이라고 말한다. 크리스토퍼 띠에리Christopher Thiéry는 이 주제를 다룬 몇 안 되는 실험 연구 논문의 하나인 자신의 1975년 박사학위 논문에서 A 언어를 두 개 가진 것으로 분류되는 동료 AIIC 회원 48인을 설문 조사하고 응답자 34인의 언어 사용 패턴과 언어 습득 이력을 분석했다. 띠에리(1978)는 진정한 이중 언어자는 사춘기 전이나 혹은 사춘기 때 습득한 두 개의 '모국어'를 가지고 있으며, 성인기에 진정한 이중 언어 사용자가 되기 위해서 의식적인 노력을 기울여야 한다는 결론을 내렸다.

6.1.2 대뇌 편측화

언어적 우세성의 문제와 관련된 이중 언어 사용에 대한 또 다른 접근법은 신경생리학자들과 통역 연구의 신경학적(NL) 패러다임 연구자들이 연구했던 이중 언어 사용자의 언어 기능의 신경생리학적 기반과 관련이 있다(4.4.2 참조). 좌반구가 언어 기능(오른손잡이)을 주로 수행한다는 사실에서 출발하여 1970년대 후반 연구자들은 통역사를 비롯해서 두 가지 언어 이상을 구사할 수 있는 사람들이 대뇌 편측화cerebral lateralization의 특징적인 패턴을 보이는지 여부를 확인하려고 했다. 신경생리학적 연구들은 가끔 모순되기도 하지만, 언어 습득 연령, 상대적 언어 유창성, 성별, 구어 대 수화 언어(예: Corina and Vaid, 1994)와 같은 요인과 연관된 좀 더 균형 잡힌 신경언어학적 주장을 뒷받침할 수 있는 증거(예: 이중 언어 사용자나 다언어 사용자들의 경우 우반구의 개입이 눈에 띄게 많았다)를 찾아내는 데 성공했다. 프랑코 파브로Franco Fabbro와 동료 연구자들(Fabbro and Gran, 1994 참조)은 특히 통역사의 경우, 동시통역에서 발화 처리를 할 때 좌우 양측 반구의 개입이 더 많다는 사실을 확인했다. 그러나 실험 과제와 설계에 관련된 불확실성과 통계적 제약 때문에 신뢰도가 그리 높다고 할 수 없다. 특정 참여 집단을 대상으로 이원 청취dichotic listening 혹은 '핑거 태핑finger tapping'(Fabbro and Gran, 1994 참조)과 같은 실험을 통해 획득한 결과는 뇌파전위 기록 분석(Petsche et al., 1993) 결과나 뇌영상 연구(Rinne et al., 2000) 결과와 비교하기 어렵다. NL 패러다임에서 방법론적으로 가장 정밀하게 연구한 그린 외(Green et al., 1994)는 파브로와 동료 연구자들이 제시한 가설, 즉 동시통역사들에게서는 불균형적인 대뇌 편측화 현상이 특이하고 덜 비대칭적으로 발전한다는 가설을 뒷받침할 만한 증거를 찾지 못했다. 오히려 습득 언어를 사용할 때에는 우반구의 개입이 보다 활발하다는 증거가 집중력 전략과 비언어적(화용적) 지식의 활용을 통해 입증됐다.

6.1.3 신경언어학적 장치

신경언어학자들은 신경심리학적 실험 이외에 이중 언어 사용자나 다언어 사용자의 실어증, 즉 뇌 손상에 의한 언어 장애 관련 임상 데이터를 사용하여 번역 행위에 대해 설명적 가설을 수립했다(Fabbro and Gran, 1994 참조). 파라디스(Paradis, 2000: 20)는 "특이한 대뇌 비대칭을 확인하려는 무의미한 탐구"를 비판하면서 일명 **부분집합 가설**subset hypothesis을 제시했다. 이 가설에 따르면 이중 언어 사용자의 두 개의 언어는 "암묵적 언어 능력"으로 알려진 보다 거대한 인지 시스템을 구성하는 두 개의 하위 시스템의 지원을 받는다. 두 개의 하위 시스템은 각각 독립적으로 활성화되기도 하고 억제되기도 하며, 언어 기억 속의 흔적을 기반으로 한 **활성역치**activation threshold는 활성화의 빈도와 최신성에 의하여 결정된다(Gile의 '중력 모델gravitational model' 1995b 참조).

파라디스는 신경언어학적 증거를 인용하여 통역은 최소한 신경기능적으로 독립된 네 개의 시스템을 필요로 한다고 주장한다. 즉 각각의 언어에 대해 두 개의 시스템이, 그리고 각각의 번역 방향에 대해 또 다른 두 개의 시스템이 필요하다고 설명하면서 번역의 과정은 개념의 중개 또는 직접적 언어 대응을 통하는 것이라고 제안하고 있다. 그러므로 파라디스(2000)가 제안한 신경 네트워크적인 설명에 따르면, 동시통역사들은 간섭을 최소화하면서 두 개의 시스템을 동시에 사용하기 위해 각 언어 요소 체제의 억제/

활성화라는 독특한 상태를 유지할 수 있는 능력을 길러야 한다는 것이다.

6.2 동시성

국제회의 동시통역에 대한 과학적 관심이 유발된 이후, 동시성은 프로세스 중심 연구의 주요 주제였다. 물론 대화 통역 연구(4.6 참조)에서도 '중복된 발화' 형태로서의 동시성과 담화 상호성에 대한 통역사의 다양한 참여에 대한 논의가 있으나 이 장에서는 집중력 분배와 심리언어학적 작업의 동시성이라는 전통적인 주제에 초점을 맞추었다.

6.2.1 집중력 분배

도날드 브로드벤트Donald Broadbent와 알렌 벨포드Alan Welford와 같은 1950년대와 1960년대 초기 인지심리학자들은 집중력 공유attention-sharing가 습관적이고 거의 자동화된 행위에 대해서만 가능하다는 오랜 전제에 대해 연구했다. 동시에 간단한 질문을 듣고 대답하는 실험에서 브로드벤트(1952)는 "간단한 일련의 단어를 말하는 것이 새로운 메시지의 이해를 방해한다"는 것을 발견했고 "타인의 발화와 자신의 발화 모두에 완벽하게 주의를 기울일 수 없다"(1952: 271ff)고 결론을 내렸다. 잉그리트 핀터 Ingrid Pinter는 1969년에 쓴 박사 논문에서 이에 대한 의문을 제기했고 (2.2.2 참조) 그의 실험은 전문 통역사는 물론 통역을 전공하기 시작한 학생과 상급 학생 모두 동시에 듣고 말하는 능력의 변화는 연습을 통해 생긴다는 것을 보여주었다(Kurz, 1996). 간섭을 피하기 위해 통역사들이 자신의 목소리를 듣지 않는다는 벨포드의 주장에 대해서 거버(Gerver, 1971)는 동시통역사들이 자신의 목소리를 모니터한다는 증거로 통역 산출물에서의 자가수정self-correction을 예로 들어 이를 반박했다.

거버는 현대 심리학자들의 주장, 즉 제한된 용량의 고정(단일) 채널 개념이 아닌 전체 가용한 정보 처리 용량 내에서 여러 과업으로 활동이 나누어진다는 "고정 용량 중앙처리기"의 안을 받아들였다(1971: 15f). 이러한 용량 공유 접근법은 통역 프로세싱 모델의 구축에 불가결한 요소이며(5.3 참조) 동시통역의 작동 기억working memory과 관련한 최근 연구의 핵심이기도 하다(6.4.2 참조). 통역 과정에서의 집중력 공유 원칙이 이제는 당연한 것으로 받아들여지고 있으나 통역사 개인이 집중력 자원을 어떻게 선택적으로 배분하는지는 아직 불확실하다. 그랜(Gran, 1989: 97)의 경우 듣기와 도착어 산출 사이에 집중력이 번갈아 전환되는 과정을 가설화했고 이것이 연습과 경험의 축적에 따라 점점 더 조율되고 자동화된다고 보았다.

6.2.2 휴지와 동기화

통역사와 심리언어학자 모두 통역사가 들으면서 말해야 하는 동시성을 피하기 위하여 출발어 발화의 휴지를 이용한다고 보았다. 바릭은 1969년 자신의 박사 논문에서 통역사가 자신의 산출물을 연사의 휴지 기간에 최대한 많이 소화하려 한다는 생각(Paneth, 1957/2002: 33; Goldman-Eisler, 1967: 128)을 입증하고자 했다(2.2.2 참조). 바릭은 실험 데이터에서 자신의 가설을 뒷받침하는 증거를 찾기는 했으나 원천 발화 휴지 동안에 일어나는 통역사의 발화 활동이 통역 수행을 돕기 위한 전략이라기보다는 과업의 부수 현상일 수도 있다는 점을 인정했다. 이러한 사실은 실제 국제회의 연설을 대상으로 한 거버(1975, 1976)의 휴지 시간 분석에서 확인되기도 했다. 그는 250밀리세컨드의 휴지 기준을 적용해 표본 중 대다수의 휴지(804건 휴지 중 71%)가 750밀리세컨드 이하의 길이이며 1초 이상의 휴지는 17%에 불과하다는 것을 발견했다. 거버(1975: 123)는 통역사의 전략적 행동에 대해 "통역사가 산출물 대부분을 연사의 휴지에 끼워넣을 수는 없으며 또 발화 중인 통역사가 휴지를 메우지 않을 수도 없다"고 결론지었다. 더불어 구소련 학자들의 연구 관심사였던 동시통역에서의 말하기 및 듣기의 동시성은 이바나 쳉코바Ivana Čeňková의 1985년 박사과정 연구에서도 입증되었다. 29분에 달하는 러시아어와 체코어의 현장 데이터 진동 기록을 기반으로 쳉코바(1988)는 분당 200음절 이상의 속도로 전달된 원천 발화의 약 90%에서 동시 발화 행위가 있음을 보고했다.

컴퓨터 보조 음성 데이터 분석(Lee, 1999; Yagi, 1999; Tissi, 2000) 덕분에 최근 다시 활발해진 휴지 시간 비교 분석 외에도 동시통역에서의 출발 및 도착 발화의 동시성이란 주제는 발화 속도, 휴지 사이의 '집중 발화'와 발화 '청크'의 수와 기간, 출발-도착 '중복 발화' 등을 통하여 연구되어왔다. 그러나 이러한 분석은 측정 기술의 차이, 휴지의 기준, 언어쌍, 담화의 유형 및 통역 기술의 수준 등에 따라 다양한 결과를 보인다.

6.2.3 발화 시차와 분절

원천 발화와 통역사의 산출물 간의 시간 차이인 발화 시차time lag는 동시통역의 동시성의 중요한 특징으로 데깔라쥬décalage라고도 불린다. 파네트(Paneth, 2.2.1 참조)는 "통역사는 자신이 현재 듣는 것이 아닌 이미 들은 것을 말한다"(1957/2002: 32)고 강조하며 현장 데이터의 발화 시차를 측정한 결과 평균 2~4초의 시차가 있음을 발견했다. 이러한 초시계 측정은 올레롱과 낭퐁(Oléron and Nanpon, 1965/2002)이 병렬 시각 추적에서 시차를 분석하는 특수 장비를 사용해 다시 한 번 확인했다. 이들은 다양한 언어 조합에 대해서 평균 2~3초의 시차를 발견했고 전체 측정된 범위는 0.5~11초 사이였다. 일반적인 발표 속도에서 4~5단어 또는 평균 2~3초(Gerver, 1969/2002)의 발화 시차를 갖는다는 신뢰할 만한 연구 결과도 있다(Lederer, 1981: 290). 코클리(Cokely, 1992a)는 영어와 미국식 영어수화ASL 통역에 대해 통역사 여섯 명의 개인별 평균 발화 시차(최소 1.7초, 최대 4.8초)에 상당한 차이가 있다는 사실에 주목하면서 발화 시차가 평균 2.8초(최소 1초, 최대 8초)임을 보고했다. 되르테 안드레스(Dörte Andres, 2002)는 순차통역을 할 때에 발화를 들은 시간과 노트테이킹을 시작한 시간의 차이를 연구하기 위해 시간 기록 녹화 장치를 사용하여 전문 통역사들이 불어에서 독일어로 통역할 때 평균 시차가 3~6초이며 최대 10초에 달한다는 사실을 발견했다.

'단계 전환' 또는 '청성 시차(EVS, ear-voice span)' 등 다양하게 불리는 동시통역의 발화 시차에 대한 관심은 시차의 원인이 될 수 있는 인지적 활동으로까지 확대되었다. 100단어로 구성된 영어와 불어의 문단과 단어 기반의 분석법을 사용한 초기 실험에서 앤 트리스만(Anne Treisman, 1965)은 훈련받지 않은 이중 언어 실험 참가자의 섀도잉shadowing, 즉 같은 언어로 따라하는 EVS와 동시통역의 EVS를 측정했다. 트리스만은 통역 행위의 EVS가 더 길다는 것(섀도잉할 때 3단어, 통역할 때 4~5단어)을 발견했고 이 같은 현상은 "입력물과 산출물 사이의 의사결정 부담이 더 크기" 때문이라고 보았다(1965: 369). 섀도잉과 통역 간에 발견된 EVS의 차이는 거버(1969/2002)에 의한 전문 통역사 대상의 실험에서도 나타났으며, 린다 앤더슨(Linda Anderson, 1994)이 했던 실제 통역 상황과 좀 더 유사한 상황하에서의 실험에서도 확인되었다. 앤더슨은 섀도잉의 평균 EVS가 1.4초인데 반해 동시통역의 EVS는 거의 3초가 된다는 점을 발견했다.

번역 단위units of translation 역할을 하는 '청크chunks'로 입력 발화를 분절하는 것은 동시통역의 의사 결정과 관련된 중요한 측면이다. 전문 통역사 여섯 명이 세 개 언어 조합의 짧은 연설(3~6분)을 통역하는 실험에서 골트만-아이슬러(Goldman-Eisler, 1972/2002)는 EVS 단위가 어휘가 아닌 통사적 성격의 것이라고 결론 내렸다. 대부분의 EVS 단위는 명사구와 동사구가 있는 완전한 술부로 구성되었으며 이 중 동사구(술어)가 중요한 역할을 한다는 것이다. 골트만-아이슬러는 EVS의 주된 심리언어학적 기준이 명제적 의미 단위propositional meaning unit이기는 하지만, 청킹chunking(통역사가 청크 단위로 분절하는 행위)이 입력된 분절의 순서를 따르지 않음을 관찰했다. 그는 통역의 입력과 산출의 단위가 완벽하게 일치하는 것이 아니라 통역사 산출물의 시작 부분이 입력 분절이 끝나기 전('분열')이나 두 개 이상의 입력 청크 뒤('융합')에 온다는 것을 발견했다. 그 원인으로 골트만-아이슬러(1972/2002: 73)는 언어 요소language factor 외에도 "메시지의 성격"과 입력 정보를 저장하거나, 선호하는 통역사의 역량 또는 정보 예측 능력에 대해서도 간략히 언급했다(6.7.3 참조). 동시통역사들이 개인적 선호에 따라 다양한 타이밍의 패턴, 테크닉, 또는 전략을 선택할 수도 있다는 사실은 파네트(1957/2002)에 의해서도 일찍이 제안된 바 있으며 수화 통역사에 대한 연구(Llewellyn-Jones, 1981; Cokely, 1992a)에서도 찾아볼 수 있다. 베네데타 티시(Benedetta Tissi, 2000)는 최근 연구에서 갓 졸업한 실험 참가자 열 명이 두 개의 독일어 원천 텍스트를 이탈리아어로 동시통역한 결과물에서 휴지 패턴에 개인 차가 크다는 것을 발견했다. 이는 도착어 텍스트 특성에 있어서 개인별 결정 요인이 차지하는 역할을 시사한다.

6.3 이해

언어 이해는 언어와 인지의 접점에 위치하는 중요한 주제로서, 인지과학의 주요 연구 대상 중 하나이다. 언어 이해에 대한 연구에서는 기본적으로 '상향식' 작업(입력 중심)과 '하향식' 작업(지식 기반)을 구분하고 있으며, 언어 이해를 완전하게 설명하기 위해서는 이 두 가지가 모두 필요하다. 여기에서는 이해를 '언어로 중개된 의미를 정신적인 표상으로 구축하는 행위'로 정의한다.

6.3.1 언어 이해

심리언어학에서의 구어 이해에 대한 연구는 오랫동안 이해 과정의 초기 단계에 특별한 관심을 보여왔다. 인지과학의 연결주의connectionist 패러다임뿐 아니라 순차적 정보 처리에서 모델링의 대상이 되어온 음소 식별, 단어 인식, 어휘 파악, 문장 분절 등과 같은 하위 작업들은 당연히 통역과 관련이 있다. 하지만 실제로는 자동 통역을 위한 음성 인식 연구(8.5.3 참조)를 제외하고는 언어 이해의 하위 수준 프로세스low-level processes에 대해 특별히 통역과 관련해서 이루어진 연구는 매우 적다. 일례로 로버트 맥칼리스터(Robert McAllister, 2000)는 제2언어 습득이라는 관점에서 습득 언어의 (열등한) 이해 능력을 연구했다. 또한 단어 식별이나 분류와 같은 작업을 수행할 때 통역사들이 사용하는 특수한 어휘 기술lexical skills에 대한 심리학적 연구를 수행한 바호 외(Bajo et al., 2000)는 통역사들이 훈련을 통해 대조군의 이중 언어자들보다 더 우월한 능력을 가진다는 사실을 발견했다. 그러나 이러한 연구를 제외하면 통역학자들, 특히 IT 패러다임 쪽의 학자들은 심리언어학 실험실에서 연구되는 대상으로서의 언어 이해의 하위 수준 단계에 대해 별다른 관심을 보이지 않았다. 그보다는 통역사들이 자신의 맥락적 · 상황적 · 배경적 지식을 사용하여 상황적 담화(발화)의 뜻을 이해하는 방식에 집중해왔다.

6.3.2 지식 기반 처리

이해라는 것이 수동적으로 또는 일방적으로 수용만 하는 과정이 아니라 이미 알고 있는 지식에 크게 의존한다는 점은 주지의 사실이다. 따라서 새로운 정보를 처리하기 위해서는 입력물input을 이미 존재하는 여러 지식 — 어휘, 통사, 화용, 배경 지식 — 과 결합함으로써 어떤 형태로든 심적 표상을 적극적으로 구축해야 하는 것이다. 1950년대 초에 개발된 소위 빈칸 채우기 기법cloze technique은 이와 같이 지식을 기반으로 한 이해라는 개념에서 출발한다. 즉 피험자는 언어 구조에서 빠진 곳을 채우기 위해 예측을 통하여 혹은 패턴 기반의 '채워넣기closure'라는 과정을 통하여 자신이 가지고 있는 어휘적 · 문법적 지식을 활용하는 것이다. 동시통역에 있어서 사전 지식이 예측을 가능하게 하고 또 이것이 이해에 도움이 된다는 사실은 이미 오래 전에 입증되었다. 체르노프(Chernov, 2.3.2. 참조)는 11명의 전문 통역사에게 실제 상황과 유사한 20분짜리 여러 발화물(UN 연설 및 강의)을 통역하게 했는데, 이때 원래의 연설문을 조작하여 의미론적으로 변칙적인 무의미한 문장이나 앞의 문맥에 비추어볼 때 예상되지 않는 비논리적인 구문 전환을 삽입했다. 대부분의 피험자들은 변칙적인 문장을 생략하거나 잘못 통역했으며, 비논리적인 발화는 문맥상 예상되는 원칙에 따라 통역했다(Chernov, 1979/2002: 100). 체르노프는 이를 통해 주관적 중복성의 원칙을 확인했고, 따라서 맥락적 발화의 예측가능성predictability이 이해 과정에 핵심적이라는 사실을 알아냈으며, '개연적 예측probability prediction'을 자신의 동시통역 프로세싱 모델의 핵심으로 삼았다(5.4.3 참조).

체르노프는 '구정보'와 '신정보'를 지칭하는 주제theme와 평언rheme이라는 언어학적 개념을 차용하여 이해의 의미론적 수준을 '의미 구조'를 기반으로 한 '누적 동적 분석cumulative dynamic analysis'의 과정으로 보았다. 그는 전반적으로 이해라는 동적 과정을 (1) 평언 요소가 이미 나온 요소에 점차적으로 추가되고, (2) 의미 간극sense gap이 메워지고, (3) 주제 요소와 평언 요소가 합쳐짐으로써 보다 복잡한 구성을 이루고, (4) 그 결과로 생겨나는 의미 구조가 상황적 문맥과 듣는 이의 지식에 맞게 형성되는 과정을 거치는 것으로 묘사했다(Chernov, 1979/2002/104f). 체르노프의 모델은 담화 이해의 가장 최근 모델과 맥을 같이 하고 있다. 일례로 널리 알려진 반 다이크와 킨취(van Dijk and Kintsch, 1983)의 모델과 연관해서 볼 때 체르노프의 주장은 (1) 명제형 텍스트베이스propositional textbase를 구축하고, (2) 추론을 도출inferencing하고, (3) 거시 프로세싱macro-processing과 (4) 상황 모델situation model을 구축하는 것과 관련되어 있다고 할 수 있다. 이들 개념 중 일부는 통역에서의 이해 연구에도 사용되어왔다.

마이크 딜린저(Mike Dillinger, 1994)의 연구는 지금까지 이와 관련된 주제를 다룬 가장 철저한 실험 연구 중 하나로, 그는 명제 점수proposition score를 사용하여 훈련받지 않은 이중 언어자와 전문 통역사의 이해 과정을 비교했다. 그의 연구는 텍스트 형식과 정보 밀도(6.6.4 참조) 등 다수의 의미 있는 입력 변수를 다루었으나 통역에만 적용되는 이해 기술을 증명하기에는 부족했는데, 이는 아마도 실험 설계 때문인 것으로 보인다. 매킨토시(Mackintosh, 1985)는 정량적 명제 접근법에서 한걸음 더 나아가 '삭제', '일반화', '복구'와 같은 거시적 프로세싱 조작이 동시통역과 순차통역에서 의미가 있음을 지적했고, 푀히하커(Pöchhacker, 1993)는 통역사들이 '틀', '스크립트', '기억조직장치(MOP, Memory Organization Packet)'와 같은 지식 구조물knowledge structures을 사용하여 추론을 하고 메시지 내용에 대한 정신적 모델mental models을 구축한다고 설명했다. 추론을 요하는 빈칸 채우기cloze 시험을 사용하여 수화 통역에서의 이해를 연구한 윌리암 이샴과 레인(Isham and Lane, 1994)은 영어 원문 구절을 수화간 통역하는 대신 농식수화로 통역하여 이를 보다 개념적 수준에서 처리한 피험자들이 필요한 정보를 추론해내는 능력이 더 월등하다는 것을 밝혀냈다.

통역에 필요한 이해의 수준이나 개념적 깊이가 정확히 어느 정도 요구되는지는 밝혀지지 않았다. 이는 특히 통역 과정 중 "작업 가능한 이해operational comprehension"(Gile, 1993: 67)의 수준을 측정하는 데 방법론적 어려움이 따르기 때문이다. 언어 기반의 '코드전환'이냐 아니면 '탈언어화' 기반의 통역이냐는 이분법적 논란에 대해 실험 연구를 통하여 답을 구하고자 했던 시도가 몇몇 있었다. 그중 이샴(1994)은 전문 영불 통역사 9명과 대조군의 이중 언어자 12명을 대상으로 한 연구에서 소위 자벨라 효과 즉, 가장 최근에 들은 절을 글자 그대로 기억하는 데 통사적 경계가 미치는 영향을 재현했다. 그 결과를 보면, 통역사 중 일부는 청중과 유사한 수준의 상기recall 패턴을 보인 반면 다른 통역사들은 들은 내용을 글자 그대로 기억하는 데 어려움을 겪었고 통사적 경계를 전혀 기억하지 못하는 것으로 나타났다. 이샴은 이 연구를 통해 특정 언어쌍의 경우 형태 기반 form-based의 접근법과 의미 기반meaning-based의 전략(6.7.4 참조)이 모두 효과를 발휘할 수 있다고 결론지었다.

담화 이해의 심리학에 대한 대부분의 연구는 일상적 상황에서 벌어지는 상호작용적 담화보다 동시통역에서 흔히 다루는 일방향성 텍스트에 관심을 두어왔다. 체르노프(1994: 144f)는 이 문제에 관해서도 상황적, 화용적 추론pragmatic inferences의 역할과 사회언어학 연구의 필요성을 강조함으로써 다양한 연구 가능성을 제시했고, 이러한 주제들은 대화 통역(4.6 참조) 연구에서 가장 핵심적인 자리를 차지하게 되었다. 국제회의 통역에 있어서는 통역된 담화 데이터를 연구한 세튼(Setton, 1998/2002: 199)의 인지-화용적 분석이 이해의 인지-심리언어학적 차원과 화용-사회언어학적 차원을 가장 잘 결합한 것으로 평가된다.

6.4 기억

기억을 감각 기관을 통한 입력물의 정신적 표상으로 보는 현대적 개념이 등장한 것은 20세기 중반에 들어서면서부터이다. 당시 심리학자들은 신경화학적 흔적이나 활성화 패턴으로 구성된 네트워크에 기반한 보다 지속성이 강한 '저장' 형태가 아닌 임시 저장 시스템의 존재를 강조하는 가설을 수립했다. 그 후 '단기' 저장 및 '장기' 저장을 가능케 하는 기억에 대한 다양한 모델이 제안되었으며, 흔히 '작동 기억working memory'이라 불리는 단기 기억 자원이 인지 처리 연구의 핵심 관심사로 떠올랐다.

6.4.1 저장과 프로세스

통역사의 언어 처리 과정에 대한 인지적 작업과 관련된 초기의 연구들은 피험자가 통역 및 그와 관련된 작업을 수행한 후 이를 얼마나 잘 기억하는지를 시험했다. 거버(Gerver, 1974a)는 9명의 학생들에게 미리 준비된 텍스트를 읽어주는 실험에서 동시통역이나 섀도잉을 했을 때보다 듣기만 했을 때 상기율(내용에 대한 질문으로 측정)이 더 높게 나타나는 것을 발견했다. 그리고 듣기와 말하기를 동시에 하는 것이 기억력을 저하시키는 원인이라고 지적했다. 이러한 주장은 이후 이샴(Isham, 1994)의 연구에서도 재확인되었다. 이샴은 수화 통역사와 구어 통역사의 통역 성과물에서 나타나는 차이를 통해, 과제 수행 후 상기 정도는 통역 프로세스 자체에 의해서도 영향을 받으나 통역 양식과 관련된 처리 간섭에 의해서도 영향을 받는다고 결론지었다(Ingram, 1992: 114 참조).

거버(1974a)는 섀도잉을 했을 때보다 통역을 한 이후에 상기 정도가 더 높다는 사실은 통역에 보다 더 복잡하고 심도 깊은 프로세싱 작업이 관여한다는 것을 증명한다고 결론 내렸고, 이는 실비 랑베르(Sylvie Lambert, 1989)의 1983년 박사학위 논문에서 다시 다루어졌다. 랑베르는 1970년대 초반 유일한 기억 모델로 대두된 심층적 처리depth-of-processing 가설이라는 이론적 틀 안에서 16명의 피험자(8명의 전문 통역사와 8명의 학생)가 동시통역, 순차통역, 섀도잉, 듣기를 수행한 후 어느 정도 상기recall와 인식recognition을 할 수 있는지를 비교했다. 그의 연구에서는 듣기와 동시/순차통역 후 상기 점수 간에 큰 차이가 나타나지 않아 거버(1974a)의 연구만큼 명백한 패턴을 보여주지는 못했으나, 섀도잉의 경우 단순 듣기나 순차통역을 하고 났을 때에 비해 상기 정도가 상당히 낮게 나타났다. 랑베르도 인식 점수에서 유사한 관계가 성립한다는 것을 발견했는데, 특히 작업 후 출발어 텍스트의 의미 정보에 대한 인식이 어휘적 혹은 통사적인 것에 비해 높았다. 잉그람(Ingram, 1992)은 이와 유사한 연구에서 11명의 전문 수화 통역사를 대상으로 실험했는데, 수화간 통역transliteration이 섀도잉과 비슷하게 '깊이가 없고 피상적인' 형태에 기반한 처리 작업이라는 가설에도 불구하고 단순 듣기가 수화간 통역뿐 아니라 영어-ASL 동시통역에 비해서도 의미 인식 점수가 상당히 낮게 나오는 것을 볼 수 있었다(Ingram, 1994 참조). 따라서 잉그람(1992: 1115)은 "수화간 통역이 감각 자극에 단순 반응하는 것이 아니라 통역과 마찬가지로 복잡하고 깊은 차원의 인지 처리 과정을 요한다"고 결론을 내렸다. 청각장애인 중 수화가 아닌 입술 읽기에 의존하는 사람들을 위한 '구화 통역oral interpreting' 혹은 '순화 lipspeaking'에 대해서도 이와 유사한 견해가 있다(Frishberg, 1990: 162).

심층적 처리의 가설은 모리죠 비에찌(Maurizio Viezzi, 1990)에 의해서도 사용되었다. 그는 동시통역의 두 가지 형태, 즉 문장구역sight translation과 동시통역을 수행한 후의 정보 보유 정도를 비교했다. 비에찌는 18명의 전문 통역사와 24명의 학생 통역사를 대상으로 영어나 불어에서 이탈리아어로 통역하도록 한 실험에서 형태통사적으로 이질적인 언어쌍(영어-이탈리아어)에서만 동시통역 때보다 문장구역을 한 후의 상기 점수가 더 낮은 것을 볼 수 있었다. 불어와 이탈리아어처럼 구조가 유사한 언어들의 경우 동시 처리 작업 후에도 단순 듣기 때만큼의 상기 점수가 나왔다. 비에찌(1990)는 이러한 결과가 과거 연구(Gerver, 1974a; Lambert, 1989)와 차이를 보이는 이유가 형태통사적 변화가 처리 자원에 영향을 미치기 때문이라고 설명했으나, 그러한 효과가 왜 시각적인 동시통역, 즉 문장구역에만 국한되는지는 밝혀내지 못했다.

심층적 처리 가설은 다중 시스템 접근법이 등장하면서 뒤로 물러나게 된다. 특히 영국의 심리학자 알렌 배델리Alan Baddeley는 세 개의 구성요소로 이루어진 작동 기억working memory 모델(예: Baddeley, 2000)을 내놓았다. 이에 따르면 새로운 입력물과 장기 기억에 저장된 지식 간의 실시간 online 상호작용은 단기 저장과 프로세싱 자원에 의해 중개된다고 한다. 이 모델은 통역의 기억에 관한 최근 몇몇 연구의 바탕이 된 것으로서, 제한적 용량을 가지는 집중력 시스템인 '중앙 집행부central executive'가 두 개의 '노예 시스템slave system'을 제어한다고 가정하고 있다. 여기서 노예 시스템 중 하나는 언어에 기반을 둔 정보를 다루고('음운론적 루프') 다른 하나는 시각적 혹은 공간적 정보('시공간 스케치패드')를 다룬다. 작업 기억에 대한 또 다른 접근법은 에릭슨과 킨취(Ericsson and Kintsch, 1995)가 주창한 '숙련 기억skilled memory' 이론으로, 이는 부분적으로 배델리의 모델과 유사하며 '장기 작동 기억'을 포함하고 있다.

6.4.2 작동 기억과 집중력

작동 기억을 저장소이자 집중력 제어 시스템으로 보는 배델리 모델의 연속선상에서 통역에서의 기억 용량에 대한 실험 연구는 양 측면을 모두 다루어왔다. 다로(Daró, 1994)는 통역 전공의 초급 학생 세 명, 상급 학생 다섯 명과 함께 복잡한 청각적 섀도잉 실험을 수행했다. 그 결과를 통해 다로는 동시통역의 경험이 언어적 단기 기억력 향상과 연관되어 있음을 시사했다. 파디야 외(Padilla et al., 1995)는 기억 용량을 측정하기 위한 표준 과제를 각각 10명의 피험자로 구성된 네 개 그룹(숙련된 통역사, 통역학과 초급 학생, 통역학과 상급 학생, 이중 언어자 대조군)에 적용했는데, 그 결과 전문 통역사들이 숫자 기억 과제(청각적으로 제시된 최고 9자리까지의 숫자 기억하기)와 이보다 더 복잡한 구절 기억 과제에서 다른 그룹들을 완연히 앞서는 것을 볼 수 있었다. 통역사들이 기억 용량뿐 아니라 집중력 조율에 있어서도 일반인과 차이를 보이는지 보기 위해 파디야 연구진은 피험자에게 글로 쓰여진 단어 리스트를 보여주고 암기하게 한 후 자유롭게 기억해보도록 했다. 이때 입으로는 "블라"라는 음절을 동시에 소리 내거나, 혹은 아무 소리도 내지 않으면서 외우도록 했다. 그 결과 숙련된 통역사 그룹만이 입으로 소리를 내면서 외우는 것에 영향을 받지 않았으며 다른 피험자에 비해 훨씬 높은 상기 점수를 기록했다. 이를 통해 이들이 보다 효율적으로 집중력 자원 배분attentional resource allocation을 제어할 수 있음을 보여주었다.

동시통역에서 집중력 자원을 할당하는 문제는 최근의 박사 논문 중에서도 특히 생태적 타당성을 고려한 실험 설계를 통해 다루어져 왔다. 동시통역의 전문성이 동시통역의 경험과 훈련을 통해 습득된 각 과제별 기술이 아닌 작동 기억 용량과 같은 일반적인 인지 특성에 의해 어느 정도로 좌우되는지를 알아보기 위해, 민화 류(Minhua Liu, 2001)는 총 36명의 중국어 원어민 피험자(전문 통역사, 통역학과 상급 학생, 통역학과 초급 학생이 각각 1/3 정도를 차지하게 구성)를 대상으로 실험을 수행했다. 이해력 시험과 청취 범위 시험에 더하여 피험자들에게 11분~17분 길이의 영어 텍스트 3개를 동시통역하게 했다. 사용된 각각의 영어 텍스트에는 '핵심 문장'이 20개 포함되어 있었고, 각각의 핵심 문장은 뒤에 오는 연속 문장으로 이어졌으며, 연속 문장 앞부분에 나오는 단어들은 완전하고 정확한 이해를 위해 꼭 필요한 단어들이었다. 핵심 문장의 인지 부하는 가독성 및 읽는 속도를 통해 조절되었다. 파디야 외(1995)와는 달리 류(2001)는 세 개의 피험자 그룹 간에 작동 기억 범위 점수가 차이를 보이지 않는다는 점을 발견했다. 그러나 통역 과제에서만은 전문 통역사들이 통역학과 학생들보다 우수한 성과를 냈다. 즉 통역사 그룹이 연속 문장에서의 정확도 점수가 훨씬 높게 나왔으며 통역 결과물의 의미, 매끄러움, 자연스러움이라는 통역 품질 항목에서도 눈에 띄게 높은 점수를 받았다. 여기에서 알 수 있듯이, 통역사 그룹은 중요한 문장에서 보다 우수한 선택적인 의미 처리 기술을 보여주었으며 더 효율적으로 집중력(작동 기억) 자원을 관리하는 것으로 나타났다.

슐레징거(Shlesinger, 2000a)의 동시통역 시 작동 기억에 대한 보다 구체적인 연구는 음운론적 작동 기억이 약 2초의 시간적 제약을 받는다는 배델리Baddeley의 발견으로부터 출발한 것이었다. 다시 말해, '소리 내지 않고 읊조리기subvocal articulatory rehearsal'라는 과정이 배제될 경우 청각적으로 들어온 입력물의 기억 잔상이 사라진다는 것을 뜻한다. 소리 내지 않고 읊조리기는 동시통역에서 요구되는 동시 조음 행위와 충돌하므로 (이를 '조음 억압'이라 함) 보다 긴 저장 시간을 요하고 구조적 변형이 요구되는 언어적 입력물은 단기 기억 용량을 과부하시킨다는 것이다. 슐레징거는 위의 실험에서 16명의 전문 통역사에게 영어를 히브리어로 동시통역하게 하고 이들의 행동을 분석했다. 이들이 통역한 텍스트는 과부하를 유도하는 입력열(명사 앞에 4개의 형용사가 연이어 나오는 형태)이 포함되도록 했다. 히브리어는 후변용post-modification을 요하는 핵이 먼저 나오는head-initial 언어이므로 실험 참가자들은 작동 기억 용량에 큰 부담을 주는 저장 및 재구조화 조작을 수행해야 했다. 기억 부하는 단어 길이와 연사의 말하는 속도에 따라 달라졌다. 연사의 말하는 속도가 느리면 단기 기억 저장고에서 되뇌어지지 않은 메모리 잔상이 더 많이 상실되므로 통역 성과가 떨어질 것이라는 중심 가설은 실험 결과를 통해 대부분 입증되었다. 그러나 슐레징거의 연구 대상 중 전문 통역사들은 통역 산출물에서 수식어를 한두 개 통역하는 데 그치거나 아니면 전혀 통역하지 않았는데, 이는 '사소한' 언어 항목에 대한 생략을 용인하는 관행 때문인 것으로 생각된다. 따라서 슐레징거의 연구(2000a)는 동시통역에서 작동 기억 용량이 시간적 한계를 가진다는 점을 적절히 증명하고, '순수하게' 실험용 작업을 위한, 철저히 통제된 입력 재료를 사용하는 것이 방법론적으로 얼마나 복잡한지를 보여준 것 외에도 통역의 전략적 측면이 인지적 제약(6.7.1 참조)만큼 중요한 역할을 한다는 점을 지적하고 있다.

6.4.3 장기 기억과 노트테이킹

작동 기억과 집중력에 비해 장기 기억이 통역에서 어떤 역할을 하는지에 대한 연구적 관심은 그다지 많지 않았다. 킨취(Kintsch, 1998: 217)는 장기 기억(LTM, long-term memory)을 "선언적 지식과 절차적 지식뿐만 아니라 일화 기억과 의미 기억 등 한 사람이 알고 기억하는 모든 것"이라고 정의했다. 이해에서 지식이 수행하는 일반적인 역할(6.3.2 참조) 외에 동시통역에 특별히 사용되는 장기 기억 기술이 있는지 여부는 아직까지 입증된 바가 없다. 바호 외(Bajo et al., 2000)는 통역사들이 장기 기억에 존재하는 어휘와 의미 정보에 접근하는 속도가 더 빠르다는 것을 발견했는데, 이러한 접근 역시 대부분 작동 기억에 의해 중개되는 것이다. 에릭슨과 킨취(Ericsson and Kintsch, 1995)는 통역사들이 가지는 이러한 전문가적 이해력이 소위 '장기 작동 기억'에 의한 것이라고 설명한다. 장기 작동 기억이란 단기 기억의 단서와 연결되는 장기 기억의 일부분을 사용 가능하게 만드는 '회상 구조'를 말한다. (단기) 작동 기억의 용량이 제한적인 것에 반해, 장기 작동 기억은 오직 회상 구조의 길이와 성격에 의해서만 제약을 받으며, 회상 구조는 장기 기억에 입력물을 저장하기 위해 사용되는 '청킹 chunking' 전략이 얼마나 효율적이냐에 따라 달라진다.

동시통역에 비해 '고전적' 형태라고 할 수 있는 순차통역에서는 장기 기억에 저장하기 위해 입력물을 의미적으로 청킹하는 것과 효율적인 회상 단서를 사용하는 것이 더더욱 필수적이다. 20세기 초 통역이라는 직업이 형성되던 수십 년의 기간 동안 통역학계에서는 통역사의 장기 기억과 노트테이킹 기술을 통역 과정에서 가장 특징적인 부분으로 강조했다. 숫자나 이름 등을 기억하기 위한 외부 저장 장치로서, 그리고 암기된 개념 구조 혹은 의미 패턴을 회상하기 위한 회상 단서retrieval cues로서의 통역사 노트는 실증 연구와 교육적 성격이 강한 많은 저술의 주제가 되어왔다 (9.3.2 참조).

셀레스코비치(1975)는 노트테이킹에 관한 선구적 실험 연구에서 12명의 전문 통역사에게 두 개의 연설을 순차통역하게 한 후 자신이 사용한 노트에 대해 의견을 제시하도록 했다. 셀레스코비치는 기억에 관한 특정 가설을 시험하기보다는 통역이 '의미 기반' 프로세스(3.2.6, 5.4.1 참조)로서의 성격을 가진다는 점을 보여주고자 했으나, 형태를 막론하고 노트가 개념과 내용을 최대한 상기하기 위해 최소한의 단서를 제공한다는 점을 강조함으로써 장기 작동 기억에 대한 현재의 개념을 이미 예측했던 것으로 보인다(1975: 84 참조). 또한 그는 통역사들이 입력물의 분석과 노트테이킹 사이에 집중력을 분산시켜야 하며 노트테이킹으로 인해 이해 과정에 필요한 집중력이 방해를 받아서는 안 된다고 지적했다(1975: 120f).

따라서 순차통역의 노트테이킹은 장기 저장의 문제일 뿐 아니라 집중력 자원 관리('단기 프로세싱')의 문제이기도 하며, 오늘날까지 노트테이킹의 복잡한 인지적 메커니즘에 대해서는 상대적으로 알려진 바가 거의 없다. 노트테이킹이 부족한 집중력 용량을 확보하기 위해 이해 과정과 어느 정도로 경쟁하는지에 대한 다양한 실험 연구들은 각기 상이한 결과를 보여주고 있다. 안드레스(Andres, 2002)는 14명의 전문 통역사와 14명의 학생들을 피험자로 한 박사 논문에서 연사의 발화 속도가 느린 경우에도 순차통역의 듣기 단계에서 과부하가 발생한다는 강력한 증거를 찾아냈다. 그가 찍은 비디오 녹화물에서도 볼 수 있듯이, 특히 학생들의 노트테이킹은 자동화가 덜 이루어진 상태가 많았으며 따라서 집중력에 부하를 발생시켰다. 학생들의 노트테이킹은 연사에 비해 6초 이상 뒤처졌으며 이를 따라잡기 위해 노트테이킹을 중간 중간 건너뛰었고, 이는 바로 도착어를 전달할 때 내용의 생략으로 나타났다.

6.5 산출

이해(6.3 참조)에 초점을 맞춘 언어 처리 연구가 많이 이루어진 데 비해, 인지과학 전반과 통역학에서, 특히 CP 패러다임에서 산출production 과정은 그만큼 많은 관심의 대상이 되지 못했다. 이와 대조적으로, 상호작용에서의 언어 사용에 중점을 두는 DI 패러다임에서는 연구자들이 상황 속 행동situated activity으로서 '말하기'에 큰 관심을 보여왔다. 이러한 점은 통역을 '텍스트/담화 산출'(3.2.7 참조)로 보는 서로 다른 연구 경향을 통해 알 수 있다. 한쪽은 '말하기'를 언어적 발화물 자체의 산물로 보는 연구이며, 또 다른 쪽은 발화물을 상호작용적인 담화 생성 과정에 사용되는 도구로 보는 연구이다.

6.5.1 의도에서 발화까지

에르베르(Herbert, 1952: 59)가 "훌륭한 통역사는 훈련된 대중연설가여야 한다"고 주장한 이래로 국제회의 통역사들은 특히 순차 모드로 일할 때 자신들의 전문적 표현 기술을 전면에 부각시켜왔다(Déjean le Féal, 1990: 155). 그러나 통역사의 발화 프로세스가 다른 (원어민) 화자와 동일할 것이라는 가정 아래(Seleskovitch, 1978a: 97) 산출 프로세스에 대한 설명은 심리언어학자들의 몫으로 남았고 이들은 수십 년에 걸친 실험 연구 끝에 산출 프로세스를 밝혀냈다. 가장 널리 통용되며 영향력 있는 언어 산출 모델 중 하나가 빌렘 레펠트(Willem Levelt, 1989)의 『말하기*Speaking*』에서 제시된 3단계 모델three-stage model이다. 이 모델에 따르면, '개념기conceptualizer'가 '구어 전 메시지preverbal messages'를 생성하면, '형성기formulator'가 이것을 '내적 발화internal speech'로 암호화하고, '발화기articulator'가 '외적 발화overt speech'를 산출한다. 이 모델은 특히 세튼(Setton, 5.4.3 참조)과 키스 드 보트(Kees de Bot, 2000)에 의해 채택되었으며, 이들은 이중 언어 사용과 동시통역을 설명하면서 초기 프로세스 모델(5.4.3 참조)의 산출 부분을 중요하게 다루고 있다. 또 하나의 모델은 거버(Gerver, 1971)의 모델로서, 그는 처음으로 모니터링과 수정이 동시통역 프로세스의 필수불가결한 부분이라고 강조했다(1976: 202). 개념 생성과 관련된 요소에 대한 연구가 워낙 힘들기 때문에 언어학자와 통역 연구자들 모두 산출 프로세스 중의 자기수정이나 다시 시작하기false start 등을 통해 드러나는 산출물 계획과 모니터링 같은 부분에 특별한 관심을 두었다.

6.5.2 머뭇거림과 수정

골트만-아이슬러Goldman-Eisler는 1950년대 말부터 수행한 즉흥적 발화에 대한 심리언어학적 연구에서 머뭇거림hesitation, 특히 휴지pausing에 초점을 두고 이를 발화 산출에 내재되어 있는 인지적 계획 활동의 '창'으로 보았다. 동시통역에 대한 골트만-아이슬러(1967)의 '휴지적' 접근법이 나온 이래로, **침묵형 휴지와 메움형 휴지**silent and filled pauses는 통역 결과물 생성 프로세스의 중요한 특징이자 텍스트적 산출물로서 통역사의 산출물에서 나타나는 두드러진 특징으로 인정되어왔다(7.1.2 참조). 일례로, 레데레(Lederer, 1978/2002, 1981)와 세튼(Setton, 1999)은 자신들의 코퍼스 중 동시통역의 전사 내용에 포함된 통역사의 휴지에 대해 논하고 있고, 세튼(1999: 246)은 다양한 머뭇거림 현상이 여러 수준의 집중력에 상응한다는 의견을 피력했다.

휴지와 머뭇거림에 대한 연구를 순차통역에 적용한 피터 미드Peter Mead는 2002년 완성한 박사학위 논문에서, 방대한 순차통역 코퍼스(영어/이탈리아어)를 놓고 비유창성의 발생 횟수와 (45명의) 피험자들이 통역을 한 후 스스로의 휴지 행동에 대해 사후에 설명한 내용을 중심으로 분석했다. 미드(2000)는 소프트웨어를 사용한 정확한 측정을 통해 A 언어로 통역하는 전문 통역사의 평균 휴지 시간은 11초, B 언어로 통역하는 통역학과 학생의 경우는 20초 이상으로 나타나는 것을 볼 수 있었다. 비슷한 맥락에서 티시(Tissi, 2000)는 **시간 끌기**stalls와 **보수**repairs, 침묵형과 메움형 휴지, 음절 늘여 발음하기, 반복, 수정, 다시 시작하기와 같은 기타 비유창성 요인으로 인해 나타나는 머뭇거림과 수정의 측면에서 학생 통역사의 통역 결과물에 대하여 기술했다. 프로세스 지향적 관점에서 이러한 현상들은 결점이나 불완전함이라기보다는 **즉흥적 발화**impromptu speech(Enkvist, 1982)의 전형적인 특징으로서 통역사에게 요구되는 자연스러운 발화의 특징으로 개념화되었다(Lederer, 1981: 41; Pöchhacker, 1995b).

6.5.3 발화에서 상호작용적 담화까지

생각에서 발화에 이르는 과정이 발화자의 산출물에 대한 심리언어학 연구의 관심 대상이라면, 사회언어학적 관점에서 말하기에 대한 연구는 2인 이상의 발화자가 대화를 하는 상호작용의 과정에서 어떤 식으로 발화를 사용하는지에 초점을 맞추고 있다. 상호작용적 담화에 대한 이러한 접근법은 앞서 소개한 하임스Hymes의 말하기(SPEAKING, Situation-Participants-Ends-Act sequence-Key-Instrumentalities-Norms-Genres) 모델에 정리되어 있는 바와 같이(3.1.3 참조) 통역 연구의 여러 분야에서 채택되어온 맥락적 요소에 대한 관심을 내포하고 있다. DI 패러다임에서는 담화를 '대화적' 개념으로 보고 있는데, 여기서 산출이란 상호작용의 모든 참여자가 화자와 청자로 관여하는 일종의 합동 활동 또는 상호 간 활동으로 간주된다. 산출에 대한 담화-분석적 개념의 핵심은 대화 분석 패러다임의 중심에 있는 말차례turn-taking라는 개념이다(Apfelbaum, 1995; Roy, 2000a). 특히 말차례에 대한 연구는 통역사와 통역사 외의 핵심 참여자들에 의한 담화 산출에서 비언어적 특징이 담당하는 역할을 강조하고 있다(Poyatos, 1987/2002).

6.6 입력 변수

통역 프로세스에서 집중력, 기억, 이해력이 펼치는 복잡한 상호작용은 여러 '외부' 요소에 의해 다양하게 영향을 받는다. 이 요소들은 주로 통역사의 정신적 분석 행위의 즉각적인 입력 요소인 원천 메시지의 성격과 관련되어 있다. 출발어 텍스트 처리 그 자체에 앞서 있는 것이 청각적 그리고/혹은 시각적 접근과 인식이라는 문제이다.

6.6.1 소리와 시각

구어 통역이 가능하기 위한 필수 조건은 입력물의 음향 품질과 인식 가능성이다. 장비 없이 진행되는 면대면 순차통역에서는 여러 배경 소음과 부적절한 자리 배치 같은 문제들이 통역사의 원연설문에 대한 인식과 이해를 방해할 수 있으나, 상호작용이 가능한 환경에서는 이런 문제들이 해결 가능하다. 하지만 동시통역에서는 그것이 위스퍼링이든, 구어에서 수화로의 통역이든, 혹은 전자음향 전송 시스템을 사용하는 구어 동시통역이든 간에 이러한 문제들이 해결되기 어렵다. 동시통역사들은 자신의 처리 역량의 최대 한계 수준에서 작업하기 때문에(Gile, 1995b, 1999b) 음향 품질 문제가 특히 중요하다. 1950년대와 1960년대에 이미 브로드밴트(Broadbent, 1958)와 같은 심리학자들은 품질이 저하된 입력물을 이해하기 위한 노력이 동시 수행되는 다른 작업의 수행 능력을 떨어뜨리는 것으로 추정했다. 이 점은 셀레스코비치(1978a: 128ff)에 의해서도 강조되었고, 거버(1971, 1974b)의 동시통역 연구에서도 조사되었다.

거버는 12명의 숙련된 전문 통역사로 하여금 세 가지 소음 수준에서 짧은 불어 원고를 영어로 통역하고 섀도잉하게 했다. 거버가 출발어-도착어 대응을 평가하는 데 사용한 분석 기법이 완벽한 것은 아니나, 그의 연구 결과는 소음이 동시 언어 작업의 성과를 저하시키는 효과가 있음을 분명하게 보여주고 있다. 섀도잉과 동시통역에서 공히 소음이 없는 환경에서보다 소음이 있는 환경에서 오류와 생략이 더 많이 발생했고 통역 결과물의 품질도 현저하게 떨어졌다. 거버(1974b: 165)는 출발어 입력을 인식하는 데 어려움이 있으면 통역사가 통역과 통역 모니터링에 사용할 수 있는 채널 용량이 줄어드는 결과가 초래된다고 결론지었다(1974b: 165). 토몰라와 린트홈(Tommola and Lindholm, 1995)은 여덟 명의 전문 통역사를 대상으로 -5데시벨의 가청 소음이 있을 때와 없을 때 실제 회의 발표 자료를 영어에서 핀란드어로 동시통역하도록 한 연구에서 위와 유사한 결과를 얻었다. 두 명의 평가자들이 통역의 정보 정확도를 평가한 결과 열악한 음향 품질이 통역의 정확도에 지대한 영향을 미치는 것으로 나타났다.

1980년대 초 회의 통역에 맞는 적절한 전송 품질에 대한 기술 표준이 제정되기는 했으나, 화상회의 및 원격 통역과 관련하여 소음 혹은 신호 품질이 다시 큰 문제로 대두되었다(8.5.1 참조). 음향 품질보다 더 문제가 되는 것은 이러한 새로운 환경에서 통역사는 연사와 발표 자료에 대한 시각적 접근을 침해받는다는 점이다. 회의 통역사들이 회의장에 대한 시야 확보가 필요하다고 오랫동안 주장해왔음에도 불구하고, 동시통역에서 시각 정보의 역할에 대한 연구는 모호한 결과를 내놓았을 뿐이다. 설문 조사 연구를 보면 회의 통역사들은 연사의 제스처, 얼굴 표정 등의 동작, 말차례 신호, 청중의 반응 등 비언어적 시각 단서 전체에 접근할 수 있도록 연사뿐 아니라 다른 참석자들도 직접 볼 수 있는 자리에서 일해야 한다고 주장하고 있다(Altman, 1990; Buhler, 1985; Cooper et al., 1982). 그러나 통역이 적절하게 수행되기 위해서 시각적 접근이 필요하다는 점을 실험적으로 입증하기 위한 시도가 몇 차례 있기는 했으나 이 역시 명백한 결과를 보여주지는 못했다. 모리치오 발차니(Maurizio Balzani, 1990)는 졸업을 앞둔 12명의 학생 통역사를 대상으로 오디오테이프나 비디오테이프에 담긴 짧은 즉석 연설 또는 원고를 읽는 연설을 통역하는 실험을 했다. 두 명의 평가자가 '충실성', '도착어 정확성', '전달력' 면에서 통역을 평가했다. 발차니는 즉석 연설의 경우 비디오테이프로 보여주었을 때 통역 결과가 크게 향상되었으나, 원고를 읽어준 경우에는 그렇지 못하다는 점을 발견했다. 이보다 앞서 앤더슨(L. Anderson, 1994)은 실험에 참가한 12명의 전문 통역사에게 영상과 함께, 또는 영상 없이 짧은 길이의 즉석 연설을 통역하게 했는데, 여기서도 아무런 차이가 발견되지 않았다. 마찬가지로 토몰라와 린트홈(1995) 역시 비디오 영상이 있는 경우와 없는 경우에 동시통역에서의 명제 정확도에는 별다른 차이가 없는 것으로 보고했다.

손동작이나 얼굴 표정 같은 연설자의 동작이 어떤 효과와 이점을 제공하는지를 놓고 루이 알론소 바시갈루페(Luis Alonso Bacigalupe, 1999)는 졸업을 앞둔 8명의 학생들을 대상으로 실시간 실험을 진행했다. 피험자들은 별다른 몸동작이 없는 상황에서, 그리고 80개의 몸동작으로 표현을 강화한 상황에서 짧은 연설을 동시통역했다. 그 결과, 구두 전달 면에서는 몸동작을 첨가한 것이 차이를 유발하는 효과를 나타내지 않았으며, 참가자들을 대상으로 통역의 정보 내용 측면을 비교 분석한 결과 몸동작이 제공된 경우의 통역 결과가 더 나쁘게 나왔다. 이와 유사한 석사 과정에서의 실험들 역시 결정적인 증거를 산출하지는 못했으나, 국제회의 환경에서 수행된 현장 연구(Pöchhacker, 1994a)를 보면 — 통역 결과물의 '품질'은 측정하지 않았으나 — 회의 진행과 동시통역사의 내용 전달에 있어서 시각적 단서가 의사소통을 향상시키는 효과를 가진다는 점이 발견되었다.

6.6.2 억양과 어조

음성 언어 통역의 메시지 전달에 있어서 입력물의 소리 품질 이외에 인식에 가장 밀접하게 연관되는 측면은 연사의 발음과 그로 인한 입력물의 음성적 특징이다. 여느 인식 프로세스와 마찬가지로 말소리의 인식은 사전 지식에 의존하며, 익숙한 청각적-음성적 패턴에서 벗어날수록 통역사가 인식하기 더 어려워질 가능성이 높다. 국제회의 통역사의 직무 스트레스에 대한 설문 조사에서 대부분의 응답자들이 '낯선 억양'을 자주 발생하는 심각한 문제로 꼽았다(Cooper et al., 1982: 104; AIIC, 2002: 25). 매우 강한 억양이 동시통역 수행에 미치는 부정적 영향은 몇몇 소규모 석사 논문 연구에서도 입증되었다. 안드레아 마체티(Andrea Mazzetti, 1999)는 다소 포괄적인 범위의 연구를 수행했는데, 졸업을 앞둔 통역 전공 학생 15명에게 독일어 연설을 통역하게 하고 독일어 원어민 억양과 어조intonation로 읽은 경우와 음소적phonemic 혹은 '분할적' 일탈과, 운율적prosodic 혹은 '초분할적' 일탈이 많이 포함되도록 읽은 경우를 비교했다. 독일어가 A 언어인 피험자 5명과 이탈리아어가 모국어인 학생 5명에게는 (1075 단어 분량의)

연설을 어색한 발음으로 들려주었고, 또 다른 5명의 이탈리아어 원어민 학생에게는 대조본을 읽어주고 통역하게 했다. 비원어민의 어색한 발음으로 들려주었을 때는 속도가 느렸기 때문에 이탈리아어 원어민 피험자들이 산출한 의미적으로 부정확한 통역의 정량적 패턴이 평준화되었으나, 어색한 발음으로 읽어준 경우 독일어 원어민 피험자보다 이탈리아어 원어민 피험자들의 통역이 더 악화된다고 결론지을 수 있는 증거를 확보했다. 이는 '체감되는 외래 억양'에 대한 제2언어 습득 연구(McAllister, 2000) 결과와 일맥상통한다. 이 연구에서 습득 언어 사용자는 특히 음성 신호가 소음이나 낯선 억양으로 덮여 있을 때 인식에 더 큰 어려움을 겪을 것으로 예상했다. 이러한 연구는 B 언어 방향 통역이, 적어도 인식이 어려운 조건 아래에서는 더 유리할 수 있음을 시사하고 있다. 심지어 연사의 모국어(즉 간섭의 원천)가 통역사의 통역 언어 중 하나일 경우 비원어민 억양으로 전달된 연설이 덜 어려울 수 있음을 암시하는 증거도 있다.

마체티(1999)가 강조했듯이 통역사들이 일반적으로 '외래 억양'이라고 부르는 것은 개개의 음소를 비표준적으로 발음하는 것을 훨씬 넘어서 어휘적, 통사적 수준뿐 아니라 초분할적 수준의 일탈까지도 포함하는 것이다. 이러한 다중 일탈이 가장 자주 일어나는 출발 언어는 세계에서 가장 강력한 국제 공용어이자 회의 언어인 영어이며, 따라서 대부분의 연구가 기타 언어를 모국어로 하는 연사가 영어를 사용할 때 나타나는 비원어민적 특성에 초점을 맞춰왔다. 그러나 원어민의 연설이건 비원어민의 연설이건 간에, 어조를 비롯하여 템포나 리듬 같은 운율의 기타 다른 요소들은 통역 프로세스에서의 인식과 이해에 특히 관련성이 높다. 거버(1971)는 운율적으로 열악한 입력물이 동시통역 수행에 미치는 영향을 시험하는 초기 실험에서 여섯 명의 전문 통역사들에게 열 개의 짧은 텍스트를 불어에서 영어로 통역하도록 했다. 각각의 출발어 텍스트를 절반은 표준 운율로 읽어 녹음하고(분당 100단어), 나머지 절반은 어조와 강세를 최소화하여 250

밀리세컨드 혹은 그 이상의 휴지가 없도록 녹음했다. 거버(1971)는 '올바르게 번역된 단어'가 차지하는 비율을 기준으로 했을 때, 기복이 없고 감정 표현이 없이 단조롭게 읽은 부분에서는 점수가 매우 낮게 나타나고, '대체형 오류'가 훨씬 많이 발생한다는 것을 알아냈다(7.2.2 참조). 물론 사용된 분석법에 약점이 있기는 하나, 거버의 연구는 휴지, 강세, 어조와 같은 운율적 단서가 통역사로 하여금 출발어 메시지를 분할하고 처리하는 데 도움을 준다는 사실을 강하게 시사하고 있다. 이 점은 카을라 데장 르 페알(Karla Déjean le Féal, 1982)에 의해서도 분명히 지적되었는데, 그는 어조 패턴과 체감되는 입력 속도 간에 연관 관계가 있음을 입증했다.

6.6.3 속도와 전달 방식

'입력 속도', '발표 속도', '전달 속도'로 지칭되기도 하는 메시지 전달 속도는 어조나 리듬과 같은 운율적 단서에 의해서 영향을 받기도 하나 그 자체로도 중요한 입력물 변수이다. 입력 속도에 대한 특별한 관심은 거의 동시통역 모드에만 결부되어왔다. 이에 대해 1968년 개최된 통역사와 통역에 관한 알프바흐Alpbach 회의(2.2.1 참조) 참석자들은 "입력 속도는 너무나 중요하다. 느린 입력은 빠른 입력만큼이나 정보 처리를 방해한다"고 언급했다(Alpbach, 1968: 2). 이보다 몇 년 앞서 1965년에 열린 통역사 교육에 대한 AIIC 심포지엄에서는 분당 100~120단어의 속도가 동시통역 수행에 편안한 속도로 제안되었으며 이는 거버(1969/2002)의 실험 연구에서 재확인되었다. 분당 95~120 단어 범위를 웃도는 속도에서는 피험자들이 텍스트를 정확하게 통역하는 분량이 줄어들었고 반면 발화 시차와 휴지는 늘어났다. 거버는 단기 기억의 한계와 관련하여 동시통역사들은 통역 산출 속도를 올려 어느 정도까지는 빠른 입력 속도를 따라갈 수 있지만 '안정적인 통역을 유지하는 대신 오류와 생략이 늘어나는 한계'에 도달한다고 결론을 내렸다. 느린 속도의 입력물에 관해서는 슐레징거(Shlesinger,

2000a)가 작업 기억 내 되뇌어지지 않은 잔상의 소멸(6.4.2 참조)에 관한 연구에서 느린 입력이 동시통역에 부정적 영향을 미친다는 점에 대해 설명했다.

입력 속도가 미치는 영향에 대한 연구 결과가 상당히 명백함에도 불구하고 이 변수를 측정하는 것은 사실 매우 복잡한 문제이다. 측정 단위를 무엇으로 할 것이냐(단어 대 음절)의 문제도 있지만, 전달 속도는 휴지의 빈도와 지속 시간에 따라 달라지며, 이로 인해 발화가 연속적으로 이어지는 구간과 휴지가 섞여 있는 상태에서 순수 조음률articulation rate을 계산하기 위해 사용되는 휴지 기준이 무엇이냐에 따라서도 달라진다. 형태론적으로 이질적인 언어들의 속도를 측정하는 데 단어 수를 적용한다거나 70밀리세컨드에서 600밀리세컨드에 이르는 다양한 휴지 기준이 사용되었다는 점을 고려할 때, 여러 연구 간에 정확한 비교는 쉽지 않은 일이다. 하지만 이런 문제가 해결되었다 치더라도, 측정된 입력 속도와 실제로 체감된 입력 속도 간의 차이라는 문제가 남는다. 특히 데장 르페알(1982)은 어조 패턴이 통역사가 느끼는 전달 속도에 영향을 미친다는 점을 입증했다. 객관적인 속도가 같을 때, 분명하고 굴곡이 있는 어조로 전달된 출발어 연설에 비해 단조로운 어조로 되어 있고 휴지가 짧은 연설일 경우 통역사들은 실제보다 더 빠르고 통역하기도 더 어려운 것처럼 느꼈다. 데장 르페알은 즉흥 연설과 원고를 읽는 연설을 비교하면서, 전자의 경우 휴지가 더 많고(즉 짧은 발화 구간) '청각적 휴식'이 두드러지며(즉 강조된 내용어 뒤에 오는 휴지), 우연한 혹은 의도적인 반복이 많이 일어나기 때문에 후자의 경우보다 더 이해가 쉽다고 주장했다. 크리스토퍼 테일러(Christopher Taylor, 1989)는 20명의 학생 통역사를 대상으로 한 실험을 통해 데장 르페알이 1978년의 논문에서 여섯 개의 실제 연설문 코퍼스를 기초로 확립한 내용을 재검증했다. 피험자들이 입력 텍스트를 즉흥으로 전달한 것을 통역했을 때 내용 누락 발생 횟수가 적었음에 착안하여 테일러(1989: 96)는 주제와 관련성이 없는 말이나 수식어로 가득 찬 '즉흥' 연설이 미리 작성된 원고를 그대로 읽는 것에 비해 '메시지를 파악하는 데'(비록 '모든 내용을 다 표현하는' 것이 아니더라도) 더 유리하다는 결론을 내렸다. 발차니(Balzani, 1990) 역시 자신의 실험에 참여한 학생 통역사들이 '구술된' 즉, 읽었을 때보다 즉석에서 생산된 입력 자료를 더 잘 통역하는 것을 발견했다. 그렇지만 '전달 방식'을 단순히 이분법적으로 보아서는 곤란하다. 코첸스키(Kopczyński, 1982)가 제안했고 푀히하커(1994c)가 '텍스트 전달 프로필'에서 더욱 발전시켰듯이, 즉석 연설과 낭독 사이에는 구두 발표와 시각적 미디어를 결합하는 것 외에도 넓은 중간 지대가 존재한다. 속도, 전달 방식, 운율과 같은 입력 변수의 상관 관계가 어느 정도인지에 대한 코퍼스 기반의 연구가 우선적으로 더 많이 이루어지고 나서야 이들이 통역 과정에 개별적으로나 종합적으로 어떠한 효과를 갖는지에 대한 구체적인 가설들이 검증될 수 있을 것이다.

6.6.4 출발어 텍스트의 복잡성

입력 부하에 영향을 주는 범주 중에서 가장 측정하기 어려운 것의 하나가 출발어의 정보 내용이다. 트라이스만(Treisman, 1965)은 초기 연구에서 실험용 입력 구절에 포함된 단어당 정보량을 조절하려고 시도했는데(100명의 피험자들을 대상으로 각 구절에서 10개의 단어를 뽑은 샘플에 대해 빈칸 채우기 시험을 실시), 트라이스만을 제외하면 이 문제를 체계적으로 다룬 연구자는 거의 없었다. 어휘lexical 층위의 연구라면 단어 등장 빈도와 어휘 변동성과 같은 측면을 고려하는 것으로부터 시작하여 고유명사나 숫자와 같은 비반복적 항목으로 옮겨간 후(예: Gile, 1984), 의사 동원어false cognates가 있는 특정 언어쌍(예: Shlesinger, 2000a), 비표준적이고 문화적인 어휘 사용(예: Sabatini, 2000/01), 그리고 '창의적'이거나 유머러스한 언어 사용(예: Viaggio, 1996)과 같은 의미적 현상에 특별히 주목할 수 있을 것이다. 물론 이런 연구가 중요한 의미를 가지기는 하나, 텍스트의 정보적 복잡성이 단순히 어휘적 층위의 어려움으로 설명될 수는 없을 것이다.

류(Liu, 2001)는 자신의 연구에서 실험용 입력물의 복잡성을 측정하기 위해 간단한 가독성 지표를 활용했다. 이는 바로 문장 길이(어휘적 밀도)와 단어 길이에 기반을 둔 플레쉬-킨케이드Flesch-Kincaid 공식이었다. 플레쉬 공식의 적절성에 의문을 품은 알렉시에바(Alexieva, 1999)는 암묵적 술어화predication(즉 축약, 분사형의 사용)와 명시적 술어화의 비율에 기반한 '청취성 상관계수'를 제안했다. 이와 비슷하게 딜린저(Dillinger, 1994)는 텍스트 구조가 통역사의 이해에 미치는 효과를 연구하면서 명제에 집중했는데, 이를 텍스트적 거시 구조의 '틀'뿐만 아니라 절 밀도와 내포 절embedded clause 포함 등의 통사적 환경과 연결시켜서 고찰했다. 딜린저의 실험은 설계 측면에서 일부 비난을 받기도 했으나, 내포 절 내 명제의 통역 정확도가 더 낮게 나타남을 보여줌으로써 명제 밀도propositional density가 통역의 정확도에 부정적인 영향을 미친다는 점을 분명히 밝혔다. 이와 대조적으로 딜린저의 영어-불어 통역 연구에서 통사적 변수 그 자체(절 밀도 및 절 내포)는 통역 수행에 단지 전반적으로 미미한 영향을 미칠 뿐이었다. 이는 전문적인 중국어-일본어, 독일어-영어 동시통역에 대한 코퍼스 기반 분석으로부터 세튼(Setton, 1999)이 도출한 "통사 구조가…… 그 자체적으로 동시통역에 장애물이 되는 것은 아니다"(1999: 270)라는 결론과 일치하는 것으로 보인다. 이와는 대조적으로 토몰라와 헬레바(Tommola and Helevä, 1998)는 통역을 공부하는 학생들에게 영어를 핀란드어로 통역하게 한 실험 연구에서, 명제 분석을 이용한 측정을 통해 통사적 복잡성이 통역 산출물 정확도에 지대한 영향을 미친다는 점을 발견했다.

마지막으로 텍스트 유형 층위에서, 딜린저(1994)의 연구에 참여한 통역 교육을 받지 않은 피험자뿐만 아니라 전문 통역사들도 과정을 설명하는 텍스트에 비해 서사적인 텍스트에 대한 통역 수행도가 훨씬 우수하게 나왔다. 여기 사용된 두 개의 텍스트에 포함된 단어, 절, 결속 요소, 명제의 수가 거의 동일했기 때문에 딜런저는 연구 결과가 정보 구조의 차이에 의한 것으로 보았으며, 서사적 텍스트는 이야기의 순서가 있기 때문에 과정이나 하위 과정의 위계질서를 갖는 구조보다 이해가 더 용이하다고 결론지었다.

6.7 전략

통역을 복잡한 인지적 정보 처리 작업 혹은 텍스트 처리 기술로 본 연구자들은 통역이 목표 지향적 활동으로서 근본적으로 '전략적' 프로세스임을 강조했다(Flores d'Arcais, 1978: 398f). 이와 관련하여 특히 반 다이크와 킨취(van Dijk and Kintsch, 1983)가 개발한 담화 이해와 산출의 전략적 모델 model of discourse comprehension and production이 큰 영향력을 미쳤으며 통역학의 많은 연구자들이 이를 채택해왔다. 보다 일반적으로는 다양한 심리언어학적 처리 단계들이 '전략'이라는 제목 아래 논의되어왔으며 '의도적 제어하의 목표 지향적 프로세스'로 정의되었다(Kalina, 1998: 99). 이렇게 전략은 다소 광범위하게 논의되는 주제이지만 여기에서는 통역과 관련된 전략, 그리고 이러한 전략이 통역사의 목표 지향적 행동이라는 보다 넓은 맥락에서 어떠한 역할을 수행하는지에 초점을 맞추고자 한다.

6.7.1 규범, 전략, 제약

통역에서의 처리 전략이라는 주제는 통역사에게 주어지는 입력물에서 발생하는 어려움과 밀접하게 연계되어왔다. 특히 빠른 속도(6.6.3 참조)와 구조적 복잡성(6.6.4 참조)은 동시통역의 시간적 · 인지적 제약하에서 높은 처리 부하를 유발하여 대처coping 전략을 요하는 요인으로 알려져 있다. 실제로 '압축(6.7.4 참조)이나 '예측'(6.7.3 참조)과 같은 전략은 통역 프로세스 관련 문헌에서 가장 많이 다루어진 주제 중 하나이다. 그러나 슐레징거(Shlesinger, 1999, 2000a, 2000b)의 연구에서 입증된 바와 같이, 전략을 순전히 입력 부하로만 설명할 수는 없다. 오히려 통역사가 본인의 산출물과 통역 수행에 대한 일정한 기대치를 가지고, 이를 충족시키려 노력하는 것이 통역사의 전략적 대응을 결정하는 데 있어 인지적 제약만큼이나 강력한 힘을 발휘할 수도 있다. 체스터만은 이를 번역의 '기대 규범expectancy norms'이라고 지칭했다(Chesterman, 1993). 예를 들어, 통역사가 교육 과정과 현장 경험을 통해 내재화한 유창하고 매끄러운 산출물을 생산하는 데 필요한 생략이나 추가가 통역 수행에 허용될 수도 있다(Schjoldager, 1995/2002; Shlesinger, 1999 참조). 따라서 높은 부하를 유발하는 입력물에 대처하기 위한 프로세스 지향적process-oriented 전략(6.7.3 참조)과 도착어 청중과 효과적으로 소통하기 위한 산물출 지향적product-oriented 전략(6.7.4 참조)은 서로 구분되어야 한다. 그러나 이 둘을 명확하게 분리하기는 어렵다. 예를 들어 질(Gile, 1995b)은 전략적 행동과 규범 중심적 행동 간의 상호작용을 다루면서, 통역사가 어떤 '대처 전술'을 선택하는지는 '연설의 소통 효과 극대화', '자기보호'와 같은 다양한 '규칙'에 의해 결정된다고 주장하고 있다(1995b: 201ff).

6.7.2 과제별 전략

'테크닉', '전술' 등 다양하게 지칭되는 많은 통역 전략들은 여러 가지 방식으로 분류가 가능하다. 통역 과제task 전체를 기준으로 볼 때, 온라인 전략과 인지 과정 전이나 후에 오는 오프라인 전략(예: 용어집 준비, 자료에 표시하기 등)으로 나누어볼 수 있다. 온라인 전략은 통역의 특정 모드에 따라 결정되는데 순차통역의 노트테이킹과 동시통역의 시차 조절을 예로 들 수 있다. 물론 부스에서도 노트가 사용될 수 있고 노트테이킹 행위에도 시차 지연이 발생할 수 있지만 특정 모드에 더 특징적으로 나타난다고 보는 것이다(6.2.3 참조). 면대면 소통에서는 다양한 상호작용적 담화 관리 전략이 쓰이는데, 언어적 또는 비언어적인 순서 취하기 신호나 소통적 피드백(Englund Dimitrova, 1997)뿐 아니라 체면 유지(Mason and Stewart, 2001)와 관련된 전략 등이 있다. 이렇게 다양한 응용이 가능함에도 불구하고, 많은 국가에서 여러 언어로 쓰여지고 점차 증가하는 석 · 박사 논문을 포함해서 지금까지 전략이라는 주제하에 이루어진 대부분의 연구가 국제회의 동시통역에 집중되어왔으며, 특히 출발어와 도착어 간의 구조적 이질성이라는 '고전적' 이슈와 관련해 고찰되어왔다.

6.7.3 구조 관련 대응책: 타이밍, 재구조화, 예측

글레메(Glémet, 1958: 120f)가 동시통역에서의 결과물 산출이 '문법의 미래를 저당 잡히는 것'이라고 묘사한 이래 연구자들은 이질적 문법 구조라는 문제를 극복하기 위한 방안을 연구해왔다. 카데(Kade, 1967)와 키르히호프(Kirchhoff, 1976/2002), 그리고 독일어를 출발어로 하는 다른 연구자들은 대기waiting 전략을 언급했는데, 이는 흔히들 '동사'를 기다릴 뿐만 아니라 최소 입력 내용이 보다 명확해질 때까지 기다리는 것이다.

에르베르(Herbert, 1952: 65)는 통역사의 발화에는 휴지가 전혀 없어야 한다고 주장했는데, 이와 연장선상에서 추가 입력을 기다리는 것은 시간끌기stalling, 즉 말의 속도를 늦추거나 '중립적인 표현' 또는 '필러fillers'를 삽입하는 식의 형태를 띨 수 있다(예: Glémet, 1958: 121; Kirchhoff, 1976/2002: 116). 그러나 그러한 지연 전략은 저장 부하를 증가시키기 때문에 전략의 적용에는 한계가 있으며, '살라미 기법'이라고도 불리는(Jones, 1998: 101) 청킹chunking과 같이 보다 선제적인 행동이 필요함을 알 수 있다. 특히 키르히호프(1976/2002)가 기술한 바와 같이, 이를 위해서는 복잡한 입력물 구조가 완결되기 전에 구 또는 절 수준에서 독립적인 입력 단위를 추출하여 통역해야 한다. 셀레스코비치와 레데레(1995: 125)가 '의미의 하위 단위로 작업하기'라고 부른 이 전략은 널리 교육되고 있으며 '분열'이 분할 전략으로 가장 널리 쓰인다는 점을 보여준 골트만-아이슬러Goldman-Eisler의 실험 결과(6.2.3 참조)에도 반영되어 있다. 청킹과 이에 수반되는 재구성 전략들은 현장 데이터뿐 아니라 실험 데이터를 기초로 하여 연구되어왔으며, 특히 아시아 언어를 동시통역하는 경우를 중심으로 논의되었다(Setton, 1999; Ishikawa, 1999a).

하지만 동시통역의 전략 중 가장 많이 논의되는 것은 예측이다. 기대를 기반으로 하는 '하향식' 처리(6.3.2 참조)라는 넓은 의미의 이해에도 근본적인 역할을 하듯이, 예측은 보다 구체적으로는 출발어의 어떤 문장 구성 요소가 나오기 전에 동시통역사가 이를 산출하는 것을 의미한다(Setton, 1999: 52 참조). 빌스(Wilss, 1989)와 레데레(1978/2002, 1981) 등의 저자들은 통사적 예측의 다양한 하위 유형을 기술하고 그 예를 제시했으며, '언어적 예상'(즉 친숙한 어휘-문법적 패턴에 기반한 '단어 예측')과 '의미 예측'에 기반한 '언어 외적 예상' 간에 기본적인 차이가 있음을 시사했다. 언어적 예상과 구조적 전이 규칙성은 라이프치히학파 통역학자들의 주된 관심사였다(2.3.1 참조). 이를 가장 잘 보여주는 것이 잘레프스키(Salevsky, 1987)의 박사과정 연구에서 수행된 러시아어-독일어 동시통역에서의 통사적 구조에 대한 대규모 실험 연구이다. 대부분의 독일 저자들과 일부 다른 저자들은 '동시통역 프로세스는 언어쌍에 따라 달라진다'(Wilss, 1978: 350)는 믿음을 공유하고 있었던 반면에 전통적인 IT 패러다임의 학자들은 통사적 비대칭성의 역할을 폄하해왔다. 이 문제는 이론적 논쟁뿐 아니라 다양한 실증 연구를 통해서도 다루어졌다. 예를 들어, 질(Gile, 1992a)은 일본어에서 예측 가능한 문장 종결의 길이와 기능에 대한 코퍼스 분석을 실시했고, 알레산드라 리카르디(Alessandra Riccardi, 1996)는 학생과 전문 통역사를 피험자로 하여 독일어-이탈리아어 동시통역에 대한 실험을 수행했으며, 외르크(Udo Jörg, 1997)는 독일어-영어 동시통역에서의 동사 예측에 대해 연구했다. 이 중에서 영어나 독일어를 A 언어로 하는 학생과 전문 통역사를 대상으로 한 외르크의 실험은 전문성과 방향성이라는 문제를 다루었고, 이는 반 베시앙(Van Besien, 1999)이 수행한 레데레(1981)의 코퍼스에 나타난 예측의 재분석에서도 다루어졌다. 세튼(1999)은 자신의 독일어-영어, 중국어-영어 코퍼스 분석 내용을 통해 '구조를 위한 전략'에 대한 회의를 표명하고 "유표적 통사 구조 자체만으로는 동시통역이 방해되지 않는다" (1999: 282)라고 지적하면서 언어적 · 맥락적 단서의 인지-실용적 처리를 보다 강조했다.

6.7.4 내용 전달하기: 응축과 번안

내용의 번안적 처리와 관련된 전략은 분명 통역 수행의 기준 및 '품질' (7.2, 7.4 참조)이라는 근본적인 주제와 연결되어 있다. 그럼에도 불구하고 일부 정보 처리를 위한 전략들, 특히 '축소' 성격의 전략들은 주로 처리 과부하에 대처하는 방편으로 분석되어왔다. 동시 모드에서 빠른 입력 속도 그리고/혹은 높은 정보 밀도에 대응하기 위한 압축, 또는 '추상화' 전략이 그 예라고 볼 수 있다. 이미 1960년대 말에 체르노프(Chernov, 1978, 1994)는 과도한 입력 속도에 대응하기 위한 기법으로서 어휘적 · 통사적 압축과 생략을 논했고, 이후 몇몇 동유럽 통역 연구자들에 의해서도 다루어졌다(Alexieva, 1983). 비슷한 맥락에서 키르히호프(1976/2002: 116)는 '선별(불필요한 정보의 생략)을 통한' 전략적인 '정보 축소'의 가능성을 시사했다.

압축이 단순한 '위기 모면 기법'에 그치는 것이 아니라 번역 과정의 기반을 이루는 전략적 방향으로 간주될 수 있다는 점은 순차통역을 통해 가장 잘 설명될 수 있다. 에르베르(1952: 67)는 순차통역이 이루어지는 전체 시간은 연사 발언 시간의 75%에 그쳐야 한다고 명시했다. 이렇게 통역 시간이 짧아지기 위해서는 빠른 속도로 말하고 반복이나 머뭇거림, 중복을 피해야 한다는 것이다. 헬 담(Helle Dam, 1993)은 열 명의 학생, 두 명의 전문 통역사가 산출한 서반아어-덴마크어 순차통역의 실험 코퍼스로부터 다양한 종류의 대체 및 생략을 통해 이루어지는 '텍스트 응축'은 필요하며 일반적으로 바람직하다고 여겨지는 통역 전략이라고 결론 내렸다. 마찬가지로 세르지오 비아죠(Sergio Viaggio, 1991: 51)는 '빠짐없이 통역하기'—즉 문체적 · 의미적으로 함축된 모든 내용까지 포함하여 메시지의 의미를 재산출하는 것—는 통역사가 '전체 의미를 전달'하는 데 있어 꼭 필요한 것은 아니라고 주장했다. 후자는 분명 통역 과정을 의미 중심으로 보느냐, 아니면 언어적 전이로 보느냐 하는 관점의 차이와 관련이 있다. 또한 그랜(Gran, 1989)과 이샴(Isham, 1994)과 같은 학자들이 수립하고 담(Dam, 1998/2002, 2001)이 실증 연구를 수행한 형태 기반form-based 및 의미 기반meaning-based 통역 접근법과 관련되어 있다.

따라서 '빠짐없이 통역하기'보다 '종합적' 접근방식이 더 바람직하다(Sunnari, 1995)는 주장은 '응축' 혹은 함축화implicitation라는 기본 전략을 바탕에 깔고 있다. 특히 '함축화'라는 용어는 다양한 압축 기법 간의 연계성 및 통역 대상 언어쌍과 관련이 있다. 다시 말해서, 무엇을 통역하고 무엇을 통역하지 않을지를 결정하는 것은 해당 언어와 문화가 무엇이냐에 따라 달라진다는 것이다. 한편 번역의 보편적 특징으로 간주되는 것과는 달리, 명시화explicitation(Blum-Kulka, 1986/2000 참조)는 언어적 · 사회문화적 차이를 극복하기 위한 전략이 될 수 있으며 이는 리빙스턴 외(Livingston et al., 1994)의 영어-ASL 교육 통역 연구와 루리 이시카와(Luli Ishikawa, 1999b)의 일본어-영어 동시통역 연구에서도 나타난다. 보다 일반적인 차원에서는 콘과 칼리나(Kohn and Kalina, 1996: 127)가 도착어 담화 관습과 관련한 번안adaptation 전략의 필요성을 가정하고 있다. 여기에는 '적절한 문화적 번안'도 포함되는데, 이는 많은 저자들이 다루었으나 실증 연구 주제로서 그다지 많은 관심의 대상이 되지는 못했다.

핵심 문헌

이중 언어 사용

de Bot(2000), de Groot(1997), Fabbro and Gran(1997), Fabbro et al.(1990), Grosjean(1997), Kurz(1994, 1996), W.E. Lambert(1978), Paradis (1994, 2000), Petsche et al.(1993), Rinne et al.(2000), Shreve and Diamond (1997), Thiéry(1978), Tommola(1999) 및 Lambert and Moser-Mercer (1994) 수록 논문

동시성

Barik(1972, 1973), Cokely(1992a), Gerver(1975, 1976), Gile(1997/2002), Goldman-Eisler(1967, 1072/2002), Kurz(1996), Lee(1999), Oléron and Nanpon(1965/2002), Paneth(1957/2002), Tissi(2000), Yagi(1999).

이해

Bajo *et al.*(2000), Chernov(1979/2002, 1994), Dillinger(1994), Gile(1993), Isham(1994), Lederer(1990), MacWhinney(1997), Pöchhacker(1993), Setton(1998/2002, 1999), Shreve and Diamond(1997), Tijus(1997). 보다 많은 관련 문헌은 Kintsch(1998)를 참고하라.

기억

Andres(2002), Baddeley(2000), Bajo et al.(2000), Darò(1994, 1997), Gerver(1971, 1974a), S. Lambert(1989), Liu(2001), Padilla et al.(1995), Seleskovitch(1975), Shlesinger(2000a), Shreve and Diamond(1997), Taylor(1989). 보다 많은 관련 문헌은 Tulving and Craik(2000)를 참고하라.

산출

de Bot(2000), Gerver(1975, 1976), Goldman-Eisler(1976, 1972/2002), Mead(2000, 2002), Moser-Mercer(1997/2002), Pöchhacker(1995b), Poyatos(1987/2002), Roy(2000a), Setton(1999), Wadensjö(1993/2002, 1998, 2001). 일반 참조 문헌으로는 Levelt(1989)를 참고하라.

입력 변수

Alonso Bacigalupe(1999), L. Anderson(1994), Balzani(1990), Barik (1973), Déjean le Féal(1982), Dillinger(1994), Gerver(1969/2002, 1974b, 1976), Kopczyński(1982), Mazzetti(1999), Pöchhacker(1994c), Taylor (1989), Tommola and Helevä(1998), Tommola and Lindholm(1995).

전략

Chernov(1978, 1994), Dam(1998/2002, 2001), Gile(1992a, 1995b), Ishikawa(1999a, 1999b), U. Jörg(1997), Kade and Cartellieri(1971), Kalina(1998), Kirchhoff(1976/2002), Kohn and Kalina(1996), Riccardi (1996), Setton(1999), Shlesinger(1999, 2000b), Sunnari(1995), Van Besien(1999), Wilss(1978).

제7장

통역 산출물과 수행

통역사의 인지적 처리 결과에 관한 연구, 그리고 번역 행위의 소통 측면에 관한 연구는 통역을 사회적 상호작용에서의 언어 사용이라는 보다 광범위한 차원의 프로세스로 간주한다. 20세기 말, 언어학 이론의 발전 과정에서도 드러났듯이(예: Beaugrande, 1997) 텍스트적 산물('구조로서의 언어')의 연구는 소통적 행위('사회적 행위로서의 언어') 분석과 밀접하게 연관되어 있다. 따라서 통역사의 산출물product과 수행performance에 관한 연구는 언어학과 인지과학은 물론 사회학을 기반으로 하며 중개된 소통mediated communication의 번역적 · 상호작용적 특징에 초점을 맞춘다.

7.1 담화

'텍스트'와 '담화'의 개념은 텍스트 언어학과 담화 분석의 형성 초기에는 개념적으로 상당히 많은 공통점을 가지고 있었다. 그러나 오늘날 '담화'는 좀 더 포괄적인, 따라서 정의하기 어려운 용어로 '사회적 상호작용에서의 언어 사용'(van Dijk, 1997a)을 지칭하는 반면, '텍스트'는 많은 저자들에 의하여 형식적 · 의미적 구조를 갖는 언어학적 연구에 사용되고 있으며 종종 문어written language에 치우쳐 있다. '담화discourse'라는 용어는 사회 내의 소통 과정과 같은 포괄적이고 철학적인 측면에서부터 구어 통역과 수화의 대화적 상호작용에서 '말talk'에 대한 실증 분석(Roy, 2000a 참조)에 이르기까지 그 적용 범위가 방대하다. 텍스트와 담화에 대한 이러한 모든 연구 성향이 통역 연구에 접목될 수 있으며, 실제로 통역사의 산출물을 분석하기 위한 개념적 도구를 제공하기도 했다.

7.1.1 맥락 속의 텍스트

통역이 특정 상황이나 맥락에서 일어나는 소통적 상호작용의 일부라는 사실은 오랫동안 당연시되어왔으나, 통역의 상호작용에 대한 사회적·상황적 위치에 관한 분석 작업은 상대적으로 뒤늦게 시작되었다. 기존의 여러 참여 구도를 기반으로 한 모델(5.3.1 참조)을 제외하면, 통역사의 출발어 자료를 구성하는 발화 혹은 '텍스트'를 보다 복잡한 담화 이벤트의 일부로 고찰하려는 시도는 국제회의 통역의 경우에 뚜렷이 적용됨에도 불구하고 그리 많지 않다. 레데레(Lederer, 1981)는 회의 앞부분에서 형성된 맥락적 지식에 대하여 언급했고, 알렉시에바(Alexieva, 1985: 196)는 국제회의에서 발표되는 모든 텍스트의 집합을 '거시 텍스트macro-text'라는 용어로 표현하기도 했다. 텍스트의 정의를 '소통적 이벤트communicative event'(Beaugrande and Dressler, 1981)로 본 피히하커(Pöchhacker, 1992)는 '국제회의'를 특정한 소통 목적, 내부 구조, 도착어 청중이 있는 자체적인 텍스트성textuality을 가진 소통적 이벤트라고 개념화했으며(7.1.3 참조), 그 구성요소 간의 다중적인 연결 관계를 강조하여 하이퍼텍스트hypertext라 명명했다. 특히 알렉시에바(1994)는 국제회의에서의 간텍스트성intertextuality을 심화 고찰하면서 통역사가 중개하는 상호작용의 장르를 이벤트별로 유형 분류할 것을 제안하기도 했다(5.3.1 참조).

담화의 장르와 발화 이벤트의 내부 구조는 대화 통역에서도 연구의 중심 대상이 되어왔다. 일례로 바덴쇼우(Wadensjö, 1998)의 연구를 보면, 분석의 기본 단위가 '통역' 행위 그 자체라기보다는 상호작용 이벤트로서 '통역사가 중개하는 만남'으로 되어 있다. 헬렌 테블(Helen Tebble, 1999)은 할리데이(Halliday, 예: 1985)가 주창한 담화에 대한 체계적인 기능적 접근방식을 취하면서 의료 상담의 전형적인 이벤트 구조를 제시했다. 통역이 이루어진 13건의 실제 의료 상담 코퍼스를 바탕으로 테블은 '도입', '문제 진술/유도', '해결책/발의 진술' 등과 같은 11개의 '장르 요소'를 구분해냈는데, 이들은 소통 이벤트의 기본적인 단계이며 '교환', '움직임'과 같은 구성요소로 더 세부적으로 나누어질 수 있다(1999: 184f 참조). 의료 상담 통역의 이벤트 구조에 대한 이와 유사한 분석이 함부르크 다언어주의연구소에서 기능주의적 화용론이라는 틀을 적용하여 이루어졌다(예: Meyer, 2002). 이와 유사하게, 독일의 페르프모빌 프로젝트는 특정 담화 장르를 구성하는 '대화 행위'를 파악하여 자동 대화 통역 시스템 개발을 목적으로 했다(8.5.3 참조).

7.1.2 구어성

'구어성orality'이라는 개념은 텍스트 연구와 담화 연구를 구분하는 중요한 기준이다. 기본적으로 구어성이란 월터 옹(Walter Ong, 1982)이 "언어의 기술화"라고 한 이차적인 언어 표상인 문자 체계 이전의(Clark, 1996: 8ff 참조) 일차적인, 즉 즉시적(면대면) 대인 접촉에서 나타나는 언어 사용 형태를 가리킨다. 다소 특이하기는 하나, 일차 언어 혹은 자연 언어 사용natural language use이라는 의미에서의 '구어성'에는 수화를 통한 소통도 포함되는데, 이때 수화는 인공적으로 만들어낸 기호이거나 다른 이차적 기호 체계가 아니어야 한다(Ingram, 1985: 92 참조). 따라서 통역은 즉시적 소통을 위한 자연 언어 사용이라는 의미에서 '구어성'을 내포한다. 왜냐하면 말소리나 기호가 다양한 비언어적 신호와 결합됨으로써 '말'이 실현되기 때문이다(Clark, 1996 참조). 그러나 옹(1982)을 비롯한 다른 여러 학자들은 현대 사회에서 문자 언어가 너무나 광범위한 영향력을 행사하고 있기 때문에 국제회의나 방송에서 사용되는 '대본이 있는 연설'과 같은 말이 문자에 밀려 이차적이 되었다고 지적했다. 언어적 표현이 가지는 이러한 양면성은 **구어성 대 문어성**orality vs literacy의 구분 연구에서 볼 수 있는데, 여기에서의 구분이란 음성/기호 언어와 문자 언어를 구별하는 것이 아니라, '참여하기 대 거리두기involvement vs detachment', '세분화 대 통합fragmentation vs integration'과 같은 담화의 차원을 기반으로 한 것이다(Tannen, 1982 참조).

일반적으로 면대면 소통의 대화 통역에서 구어성은 당연한 요소로 간주되며, 구어성 대 문어성의 문제는 관심의 대상이 되지 못했다. IT 패러다임 내의 국제회의 통역학자들 역시 '구어성'을 기본으로 보았고, 이를 즉흥적 발화 행위라는 일반적인 의미로 사용했다(예: Déjean le Féal, 1982). 실제로 순간적이고 즉흥적이며 맥락 중심적인 담화의 본성은 파리학파의 의미론 중심의 접근방식의 초석을 이루는 것이었으며, 파리학파는 '구어성'을 '진정한 통역'을 위한 필수 요건으로 보았고 국제회의 담화의 발화적 · 문자적 특성의 혼조에 대한 기술적 연구에는 큰 관심을 보이지 않았다.

이 분야의 선구자적 연구는 슐레징거(Shlesinger, 1989b)에 의해 이루어졌다. 그는 영어/히브리어를 출발어로 하는 텍스트와 그에 대한 동시통역 결과물로 구성된 코퍼스를 분석함으로써 통역 과정과 연관된 구어성 혹은 문어성의 변이를 살펴보았다. 계획성의 정도, 맥락의 존재성, 참여도 등과 같은 요소를 포함한 일련의 특징을 기반으로 하여, 슐레징거는 동시통역이 **구어-문어 연속선**oral-literate continuum을 단축시키며 통역 방향에 관계없이 항상 문어적 텍스트를 보다 구어적으로 만드는 일관된 경향을 보인다는 점을 발견했다. 이뿐만 아니라 동시통역은 히브리어의 구어 출발 텍스트의 문어성을 증가시키는 경향을 보이기도 함으로써 출발어 텍스트의 위치를 구어-문어 연속선상에서 "균일하게 만드는 효과"를 가지는 것으로 나타났다. 최근 들어 대량의 기계 가독 텍스트상에 나타나는 언어적 특질에 대해 텍스트-통계 분석의 형태로 코퍼스 언어학적 연구가 적용되면서 통역에서 사용되는 텍스트의 상대적 구어성에 대한 연구가 다시금 주목받고 있다. 10만 단어 ICSB 코퍼스를 14개의 구어성 범주를 기준으로 분석한 푀히하커(1994a)의 석사 논문에서 페트라 외르크(Petra Jörg, 2001)는 영어-독일어 동시통역에서 구어성이 증가하고 독일어로 된 도착어 텍스트 코퍼스에서 문장 길이가 감소한다는 점을 발견했으며, 슐레징거(1989b)의 연구 결과에서 나타난 '균일화 효과'를 뒷받침하는 근거를 찾아냈다.

통역의 산출 과정과 가장 직접적으로 연관되어 있는 구어성의 특징은 통역을 할 때 사전 계획을 할 수 없다는 것이며 이는 통역사의 산출물에서 머뭇거림 현상, 혹은 비유창성이라는 형태로 나타난다. 유창성 혹은 비유창성을 보여주는 가장 일반적인 지표는 침묵 형태 또는 메움 형태의 휴지로서, 미드(Mead, 2000, 2002)는 통역 능력의 여러 수준에서 나타나는 통역물 산출 기술을 종합적으로 연구했다(6.5.2 참조). 푀히하커(1994a, 1995b)는 '음……'과 '아……'와 같은 발화된 머뭇거림voiced hesitation에 대한 자신의 ICSB 코퍼스 정량 분석에서 이러한 현상이 영어 출발어 연설에서보다 독일어 도착어 통역에서 더 적게 나타난다는 점을 밝혀냈으며, 이후 외르크(P. Jörg, 2001)가 ICSB 텍스트 샘플에 대한 코퍼스 언어학적 분석에서 이 점을 입증했다.

코퍼스 언어학적 방법이 가지는 이점에도 불구하고 이를 통역된 담화 연구에 적용하는 데에는 통역 산출물이 갖는 구어성 자체로 인해 상당한 제약이 따른다(Shlesinger, 1998 참조). 발화라는 연속적 흐름을 구두점이 찍힌 절과 문장으로 분할하는 것도 문제이지만, 담화의 준언어적 · 비언어적 특징을 기계가 읽을 수 있도록 전사하는 것은 극히 힘들다. 따라서 음성 신호 감지와 전자 텍스트 인코딩(Cencini and Aston, 2002 참조)의 발전으로 코퍼스 언어학이 가지는 문자 언어적 편향을 더 수월하게 극복할 수 있기 전까지는 통역의 구어성이 가지는 준언어적 특징에 대한 연구는 기술적 진전에도 불구하고 제한적인 규모의 코퍼스를 기반으로 한 '수작업' 분석에 의존할 수밖에 없다. 이러한 작업 중에서 특히 혁신적인 연구가 슐레징거(1994)에 의해 이루어졌다. 그는 통역된 담화(영어/히브리어)로부터 90초씩 열 군데를 임의로 발췌하여 어조적 특징intonational features을 살펴보았고, 비표준적인 휴지(즉 문법적 구성요소 내의), 변칙적인 강세, 문장 중간에서 높이가 낮아지는 현상, 일시적인 속도 변화 등을 소위 통역적 어조interpretational intonation의 주요한 특징으로 꼽았다.

7.1.3 텍스트성

로베르 드 보그란드(Robert de Beaugrande, 1980)가 제창하고 보그란드와 드레슬러(Beaugrande and Dressler, 1981)가 널리 소개한 텍스트 언어학에 대한 프로세스 중심 접근법은 통역사의 텍스트적 산출물에 중심을 두는 연구에 큰 영향을 끼쳤다. 많은 저자들이 텍스트성의 일곱 가지 기준－표층결속성cohesion, 심층결속성coherence, 의도성intentionality, 수용성acceptability, 정보성informativity, 상황성situationality, 간텍스트성intertextuality－이 모두 통역과 관련 있다고 논의해왔으며(예: Taylor Torsello, 1997), 이러한 일곱 가지 기준이 하팀과 메이슨(Hatim and Mason, 1997)이 사용한 통역번역에 대한 통합적인 텍스트 언어학적 접근법의 기초를 이룬다. 이들이 '텍스쳐texture'라고 명명한 것(표층결속성, 심층결속성, 주제-평언과 같은 특징으로 구성됨)은 몇몇 실증 연구의 대상이 되었다. 일례로, 슐레징거(Shlesinger, 1995b)는 13명의 학생 통역사들이 실험에 참여해 산출한 영어-히브리어 코퍼스에서 나타난 다양한 종류의 심층결속 고리cohesive ties, 즉 지시reference, 대체substitution, 접속conjunction 및 어휘적 표층결속성lexical cohesion을 조사했다. 그 결과 동시통역에서의 변이에 대한 풍부한 증거를 발견했는데, 상대적으로 덜 중요하다고 생각된 결속

장치의 생략이 변이의 주된 형태로 나타났다. 또 미즈노(Mizuno, 1999)는 10명의 학생 통역사가 일본어로 통역하는 실험을 통해 슐레징거의 연구를 복제 재현했고, 언어쌍에 따른 차이(예: 대명사와 생략법)를 감안하여 연구 결과를 해석했다. 모니카 쿠츠토(Monika Kusztor, 2000)는 의미적 네트워크 매핑이라는 명제proposition 기반 기법을 적용하여 상급 학생의 영어-독일어 순차통역에서 나타나는 심층결속성을 설명했으며 대명사 사용을 줄이는 명시화의 결과로 핵심 주제 개념에 변이가 일어나며 반복에 의한 어휘적 표층결속성이 강화되는 것을 발견했다. 마지막으로, 캐롤 테일러 토르셀로(Carol Taylor Torsello, 1997)와 체지라 콘소떼(Cesira Consorte, 1999)는 주제 구조에 대한 동태적 관점에서 실험 데이터를 사용하여 영어-이탈리아어 동시통역에서의 주제 전개thematic progression(주제-평언 구조)의 역할을 강조했다. 이러한 연구들이 모두 출발어와 도착어의 비교라는 관점을 취하고 있기는 하나, 전통적으로 관심의 대상이었던 통역번역에 있어서의 출발어-도착어 관계가 아닌, 텍스트적 특징 그 자체에 초점을 맞추고 있다는 점이 다르다.

7.2 출발어-도착어 대응

통역사의 산출물을 고찰하는 데 있어 핵심적이고도 가장 많은 이론이 난무하는 주제는 출발어 텍스트와 그에 대한 도착어 통역물 간의 관계이다. 전통적으로 번역학자들은 이러한 '번역 관계'를 '등가'라는 관점에서 논의해왔다(Munday, 2001: 3장 참조). 반면 통역학자들은 정확성accuracy, 완결성completeness, 충실성fidelity과 같은 개념을 통해 통역사의 통역 산출물에 대한 '이상적 기준'을 세우기 위해 노력해왔다.

7.2.1 충실성과 정확성

통역에 대한 가장 보편적인 요구는 그것이 원문에 충실해야 한다는 것이다. 글레메(Glémet, 1958: 106)는 통역사들이 "음향 증폭기와 비견할 만한 충실성을 가지고" 통역을 해야 한다고 했고, 그 외에도 대부분의 저자들이 통역은 연사의 아이디어를 "빠짐없이 그리고 충실하게" 전달해야 한다는 에르베르(Herbert, 1952: 4)의 기본적인 생각을 따르고 있다. IT 패러다임의 학자들은 '의미'를 충실성의 대상으로 지목해왔다(Donovan-Cagigos, 1990 참조). 보다 구체적으로 정보 처리에 초점을 맞춘 질(Gile, 1992b: 189)은 충실성이 원문의 '메시지 및 스타일'에 적용되어야 하며 텍스트의 언어적 '포장'이 아닌 '정보적 내용'이 우선시되어야 한다고 주장하고 있다(Gile, 1995b: 26). 번역 규범의 차원에서는 해리스(Harris, 1990: 118)가 '정직한 대변인honest spokesperson' 규범을 언급하고 있다. 즉 통역사는 "연사의 아이디어와 그 표현 방식을 최대한 정확하게 그리고 중대한 생략 없이 재표현해야" 한다는 것이다. 충실성과 정확성 간의 개념적 연관성은 셀레스코비치(1968)에 의해서도 명확하게 지적되고 있다. 셀레스코비치가 처음 주장한 "fidelité absolue"(1968: 166)는 영어로 "total accuracy(철저한 정확성)"에 대한 요구로 번역되었다(Seleskovitch, 19789a: 102).

완결성의 의미에 함축되어 있는 충실성과 정확성은 통역 관련 문헌에서 가장 널리 사용되는 척도이며, 실제로 많은 연구자들이 이 척도를 사용하여 통역사의 통역 성과를 단어 수준에서까지 측정하고 정량화하고자 노력했다(Gerver, 1969/2002 참조). 단어 대 단어 대응을 기준으로 했을 때의 문제점이 없지 않기에, 보다 심층적이고 의미론적인 수준에서 정확성을 판단하고자 하는 시도가 이루어졌다. 예를 들어 매킨토시(Mackintosh, 1983)는 릴레이 통역에서의 메시지 손실에 대한 실험에서 '의미적 등가semantic equivalence'라는 원칙에 입각한 채점 체계를 고안하여 사용했다. 즉 출발어 텍스트를 직관적인 (구 혹은 절 수준의) 의미 단위로 분할하고, 각 의미 단위가 지니는 정보 요소에 따라 배점을 하는 것이었다. 그러고 나서 세 명의 심사위원이 각 의미 단위당 올바르게 통역된 항목 수에 따라 도착어 텍스트에 점수를 매기고, 총점 중 몇 점이 되는지를 계산했다(평균적으로 의미의 정확성은 직접 통역과 릴레이 통역 모두 70%~90%의 점수를 도출했다). 출발어 텍스트와 도착어 텍스트의 정보 대응informational correspondence을 평가하는 또 다른 접근방식은 1960년대에 기계 번역의 평가를 위해 언어학자인 존 캐롤John Caroll이 제안한 것으로서(Caroll, 1978: 120 참조) 1970년대 들어 통역 연구자들에 의해 사용되었다(예: Gerver, 1974b; L. Anderson, 1994). 이 방법에 따르면 심사위원들은 원문 각 문장의 정보 내용을 도착어 텍스트와 비교하여 9점 척도상에서 점수를 매김으로써 통역 과정에서 전달되지 못한 정보 분석에 초점을 맞추었다. 최근 들어서는 질(Gile, 1999c)이 평가자 그룹에 따라서 충실성 평가에 큰 편차가 발생한다는 것을 증명하면서 전사물transcript이 과연 충실성 평가 도구로 적절한가에 대해 의문을 제기했다.

텍스트 이해와 상기를 목적으로 한 연구에는 인지과학에서 개발된 명제 분석propositional analysis을 기초로 엄격한 평가 체계를 만들자는 노력이 진행되어왔다. 이것은 '자연어' 텍스트를 주 개념인 '술부predicate'와 여러 개의 관련 개념인 '논항arguments'으로 구성된 일련의 구조('명제')로 분해하는 것이다. 한 예로, 랑베르(Lambert, 1989)는 킨취와 반 다이크(Kintsh and van Dijk, 1978)가 제안한 명제 분석으로 자신의 실험 결과를 평가했고, 스트롱과 룻저(Strong and Rudser, 1985)는 수화 통역사들의 통역물을 평가하기 위한 명제 기반의 평가 시스템을 개발했다. 1990년대 들어 딜린저(Dillinger, 1994)나 토몰라와 린트홈(Tommola and Lindholm, 1995)과 같은 저자들이 명제화에 대한 다양한 인지과학적 접근방식을 취한 반면, 쿠츠토(Kusztor, 2000)는 독일의 번역학자들이 개발한 기법을 사용했다. 명제 분석이 방법론적으로 우수하기는 하나, 통역에서의 정확성 평가를 위한 만능 도구는 아니다(Tommola and Lindholm, 1995: 130f 참조). 형식을 막론하고 의미의 명제적 분해는 언어적 제약을 뛰어넘을 수 없으며 통역번역에서 과연 의미의 비교가 가능한가라는 근본적인 문제를 해결할 수 없다. 또한 개념 기반의 명제화는 많은 경우에 있어서 태도나 서법, 의도성을 담아내지 못한다. 세튼이 이러한 담화의 '절차적' 요소들을 동시통역에 적용한 것과 같이(Setton, 1998/2002, 1999) 담화에 대해 화용적 접근법(7.2.3 참조)을 취할 필요가 있다.

7.2.2 생략과 첨가 그리고 기타 오류

통역에 대한 실험 연구가 시작된 이래로 연구자들은 통역사의 통역 결과물이 출발어 텍스트로부터 어떠한 형태의 어휘-의미론적 '편차'를 보이는지를 알아내기 위해 노력해왔다. 올레롱과 난퐁(Oléron and Nanpon, 1965)은 충실성의 주제 대신 도착어 텍스트에서 생략, 첨가되거나 또는 부정확하게 통역된 단어의 수를 정량화했다. 통역사의 산출물에서 거버(Gerver, 1969/2002, 1974b)는 오류 및 불연속 요소라고 명명한 현상을 '생략', '대체', '수정'이라는 측면에서 수량화했고, 자료의 양에 따라 다양한 하위 형태를 구분했다. 같은 시기에 바릭(Barik, 1972, 1975/2002)은 자신의 실험에서 나온 통역 코퍼스를 분석하기 위해 '번역 이탈translation departures'에 대한 방대한 분류 틀을 고안했다. 바릭은 생략omissions, 첨가additions, 대체substitutions라는 세 개의 큰 구분 아래, 정도나 경중(예: "가끔 생략", "보통" 대 "중대한 의미 오류")에 따라, 또는 번역 이탈의 추정 원인(예: "이해에 의한 생략")에 따라 많은 수의 하위 유형들을 구분했다. 바릭의 정교한 분석 체계는 너무 주관적이고 복제가 불가능하다는 이유로 여러 저자들의 공격을 받았다(예: Gerver, 1976; Stenzl, 1983). 그러나 바릭의 유형 분류에 따른 오류 분석은 많은 실험 연구의 결과 분석에 결정적인 역할을 했으며 특히 석사 수준의 연구에 많은 도움을 주었다. 저자들이 보통 바릭의 분석 체계와 용어를 자기 나름대로 변형하여 사용했기 때문에 출발어-도착어 대응에 대한 전반적인 평가를 요하는 실증 연구의 수만큼이나 많은 오류 분류 체계가 등장하게 되었다. 그중에서도 혁신적이라고 평가되는 연구는 다음과 같다. 코첸스키(Kopczyński, 1980)는 언어 능력, 언어 수행, 소통의 적절성에 따라 오류를 분류했고, 발자니(Balzani, 1990)는 생략, 의미 오류, 부적절한 첨가, 숫자와 고유명사 통역의 오류와 같은 분류 기준을 포함하는 메시지 충실성의 존재 혹은 부재를 평가하는 기준을 마련했다. 또한 코클리(Cokely, 1992a)는 생략, 첨가, 대체, 간섭(예: 출발어 간섭), 이형anomaly 등과 같이 수화 통역에서 나타나는 '실책miscues'을 유형에 따라 분류했다. 바덴쇼우(Wadensjö, 1993/2002)는 대화 통역에서 나타나는 확대, 축소, 대체 현상을 구분했다. 숄다거(Schjoldager, 1995/2002)는 치환permutation, 첨가, 삭제, 대체 등의 '번역적 관계, 혹은 변환 범주'를 정하고 각 범주를 대여섯 가지의 하위 유형으로 다시 분류했다. 마지막으로 제미나 나피에(Jamina Napier, 2002)는 수화 통역사의 언어적 대응 전략과 관련한 생략의 유형들을 분류했다.

오류 분석에 대한 어휘-의미론적 대조 연구 접근방식contrastive lexico-semantic approach은 실험 코퍼스 혹은 실제 코퍼스 상의 충실성 유무를 분석하고 정량화해야 하는 연구자들에게 매우 유용함에도 불구하고 기능적·화용적 측면을 고려하지 않는다는 중대한 오류를 안고 있다. 실제로 여러 패러다임에 속한 통역학자들이 출발어-도착어 대응의 평가 척도로서 '언어적 등가'라는 개념을 거부해왔다. 질(Gile, 1992b: 188f)은 수용 가능한 도착어 텍스트를 산출하기 위해서는 '언어적 등가'로부터 최소한의 '일탈'이 필요하며 텍스트의 소통 효과를 높이기 위한 어느 정도의 '여과'는 텍스트의 '충실성'에 해를 끼치지 않을 수도 있다고 지적하고 있다. 산드라 헤일(Sandra Hale, 1997a: 211)은 "정확성을 담보하기 위해 언어적 생략과 첨가가 필요한 경우가 자주 있다"고 결론지었다. 클레어 도노반-카지고(Clare Donovan-Cagigos, 1990: 400)는 충실성은 고정된 수치가 아니며 구체적인 의사소통 상황에 따라 변화한다고 강조했다. TT 패러다임에 속하는 학자들은 기본적으로 도착어 텍스트의 소통 기능이 출발어-도착어 대응에 우선한다고 본다.

7.2.3 텍스처와 화용적 변이

정확성이나 등가 또는 충실성과 같은 이상적인 기준으로부터의 '일탈'을 평가하는 처방적인 시각의 문제점을 인식한 일부 저자들은 통역사의 산출물을 연구하는 데 있어서 출발어-도착어 대응에 보다 기술적인 접근방식을 취해왔다. 이러한 접근방식의 핵심은 통역 과정 자체 그리고/혹은 주어진 상호작용 맥락 내에서 통역사로 인해 발생한 변이를 확인해내는 것이다. 투리(Toury, 1978/2000: 201)가 사용한 '변이'라는 개념을 놓고 번역학자들과 통역 연구자들은 텍스처라는 영역, 즉 표층결속성과 심층결속성에 중점(7.1.3 참조)을 두고 논의를 전개해왔다. 그러나 보다 광범위한 코퍼스 기반의 연구가 이루어지기 전에는 통역에서의 텍스트상의 변이가 통역사 개인의 선택에 의한 것인지, 제약에 의해 유도된 전략(6.7.3 참조) 때문인지, 특정 작업과 관련된 번역 규범에 의한 것인지, 아니면 명료화 explicitation와 같은 통역번역상의 '보편적 요소'에 의한 것인지 단정 짓기 어렵다(Blum-Kulka, 1986/2000 참조).

통역에서의 전이 가운데 담화 기반의 대조 연구에 적합하다고 입증된 것 중의 하나가 통역된 텍스트의 화용적 힘의 변화이다. 언어사용역register, 대우법politeness, 무의미한 부사구 사용을 뜻하는 헤징hedging과 같은 '커뮤니케이션 스타일'의 특징과 이들이 번역 시 어떻게 처리되는지는 언어학적 화용론, 특히 화행 이론과 그라이스Grice의 대화 격률conversational maxim을 바탕으로 분석되어왔다. 통역에서의 화용적 변이에 대한 대부분의 연구가 면대면 소통 참여 구도에 집중되어왔으며, 이러한 관점에서 가장 많은 연구적 관심을 받은 제도적 환경은 바로 법정이다. 버크-셀릭슨(Berk-Seligson 1990)은 『이중 언어 법정*The Bilingual Courtroom*』이라는 기념비적인 저서에서 영어-스페인어 통역이 사용된 114시간 분량의 법정 소송 코퍼스를 가지고 대우법과 언어사용역과 같은 문제들을 고찰했다. 이와 유사하게 헤일(Hale, 1997a, 1997b, 1999)은 13건의 호주 법정 소송 현장의 코퍼스를 통해 영어-스페인어 통역사들이 언어사용역과 대우법의 여러 형태들을 처리하는 방식에 대해 보고했다. 두 연구자 모두 출발어 발화에 비해 통역된 발화에서 화용적 힘에 많은 변이가 일어난다는 것을 증명했다. 결과적 변이는 관련 영역인 경찰 통역에서도 특별히 헤징, 대우법 형식, 지위footing의 영향과 관련하여 나타나고 있다(예: Krouglov, 1999). 메이슨과 스튜어트(Mason and Stewart, 2001)는 체면face 문제를 집중 분석하면서 법정 통역사와 경찰 통역사들이 헤징, 서법, 언어사용역과 같은 장치를 사용하는 과정에서 체면을 깍거나 살려주는 발화의 수행력을 재현하지 못하는 문제를 논의하고 있다. 이러한 연구에서 통역사의 통역에서 나타나는 특질 변이feature shifts의 효과는 담화 내용을 전사한 후 화용언어학적 분석을 통해 측정되며 이때 대화자의 총체적인 반응이 고려된다. 또한 통역사의 산출물이 청자에게 미치는 인지적 · 화용적 효과를 측정하기 위해 심리학의 기법을 활용할 수도 있다.

7.3 효과

1960년대 이래로 번역과 통역에 대해 '등가 효과equivalent effect'라는 번역 원칙이 적용되어왔다. 다시 말하면 번역 프로세스의 인지적 최종 결과물인 도착어 독자의 이해, 그리고 도착 텍스트가 가지는 대인적인 차원에서의 감성적 · 화용적 효과에 대해 이 원칙이 적용된 것이다. 그러나

1970년대부터 통역의 효과성에 대한 실험 연구가 이루어진 수화 통역 분야를 제외하면, 상기한 감성적 · 화용적 효과 측면에 대한 실증 연구의 기반은 다소 취약한 것이 사실이다.

7.3.1 이해

충실성을 '사람들이 의미를 실제 이해한 정도'로 측정한다는 가설(Nida and Taber, 1969: 173)은 통역사의 통역 활동을 규정짓는 중요한 번역 규범이다. 셀레스코비치(1978a: 102)의 말을 빌리자면, "철저한 정확성을 가지고" 메시지를 전달하기 위해서 통역사는 "통역을 듣는 청중이 연사의 말을 직접 들은 사람만큼 메시지를 잘 이해할 수 있도록" 해야 한다(Déjean le Féal 1990: 155 참조). 그러나 통역을 듣는 청중의 이해도를 측정하려는 시도는 거의 이루어진 바가 없다. 이 분야에서 선구적인 노력을 기울인 거버(1976)는 동시통역 대비 순차통역을 들은 피험자들의 이해도를 측정하기 위해 통역을 들은 후 내용에 관한 질문을 했다. 거버는 통역 청취와 연사 직접 청취를 비교하지 않았고, 그보다는 통역 모드에 따라 청취 환경이 양호할 경우와 소음이 있는 경우에 통역의 인지적 최종 결과물이 어떤 차이를 나타내는지 알아내고자 했지만 성과를 거두지는 못했다.

미국수화(ASL)로 통역된 강의의 수용과 상기recall에 대한 비교 실험의 역사는 1970년대로 거슬러 올라간다(Frishberg, 1990: 41f). 청각장애가 있는 피험자들의 이해도를 비장애인 그룹과 비교하여 측정하고자 했던 피터 르웰린-존스(Peter Llewellyn-Jones, 1981)는 특별히 통역 수행의 유형별 효과에 집중했다. 영국수화(BSL) 방향으로의 통역을 녹화한 비디오테이프를 사용한 이 연구에서 르웰린-존스는 수화로 낸 객관식 문제에 대해 청각장애 피험자들이 얻은 점수 중 원어민 수화 통역사가 통역한 구절에서 더 높은 점수가 나는 것을 볼 수 있었다. 이 원어민 수화 통역사들의 통역물에는 상당한 양의 재구성과 단순화가 반영되어 있었다. 이러한 결과는 수화 통역 분야에서만 볼 수 있는 중요한 문제인 농식수화 통역과 수화간 통역transliterating의 차이와도 관계가 있다. ASL 대비 영어식 수화 통역이 가지는 상대적 효과성에 대해 많은 연구가 이루어졌으나, 실험 설계를 통해 선호하는 통역 모드(예: ASL 통역, '수신호manual coding', 혹은 순화lipspeaking와 수화signing의 동시 병행)와 같은 오염 변수가 통제되지 못한 경우도 있었다.

코클리(Cokely, 1990)를 제외하면 지금까지 이루어진 수화 통역 대 수화간 통역의 인지적 효과성에 대해 이루어진 가장 철저하고 종합적인 연구는 리빙스톤 외(Livingston et al., 1994)의 연구였다. 연구자들은 피험자의 학력, 선호하는 수화 통역 방식, 소통 능력, 주제 지식뿐만 아니라 텍스트 유형(서사적 텍스트 대 강의) 등의 변수를 주의 깊게 통제했다. 이 연구에서는 미국 대학에서 주류 교육을 받은 청각장애 학생 43명을 대상으로 영어 발표 녹화물 두 개를 현장에서 통역하여 보여주고 단답형 문제와 추론을 요하는 이해도 측정 문제를 풀게 했다. 연구자들은 ASL로 통역했을 때가 수화간 통역을 했을 경우보다 이해도 점수가 상당히 높게 나온다는 점을 발견했고, 당초 수화간 통역을 선호한다고 했지만 ASL 통역 그룹으로 임의 배정된 학생들의 경우에도 같은 결과가 나타났다.

청각장애를 가진 TV 시청자들에게 언어 전이의 효과성은 교육 통역에서만큼 중요한 문제이다. 벤 스타이너(Ben Steiner, 1998)는 TV에서 사용되는 여러 형태의 수화 통역(BSL 통역, 대사 스크린으로부터 BSL로의 문장구역, 보고reporting, BSL로의 즉흥 대화)의 각기 다른 인지적 효과를 연구했고 청각장애인 30명(BSL 위주 대 영어식 수화)과 비장애인 대조군을 대상으로 실험을 진행했다. 12개의 실제 샘플 구절과 수화 통역을 통한 내용 질문을 사용하여 스타이너는 BSL 위주의 수화가 더 우수한 효과가 있는 것을 발견했고, 수화로 표현되는 다른 방식에 비해서 이해도 점수가 통역의 경우 일관되게 낮게 나오며, BSL 위주 그룹과 영어식 수화English-informed 그룹의 전체 점수가 낮게 나온 것을 볼 수 있었다. 그리고 이 두 그룹 모두 영어로 방송(직접 방송 혹은 더빙)된 샘플에 반응하는 데 있어서 비장애인 대조군에 비해 크게 낮은 점수를 기록했다.

국제회의나 미디어 환경에서의 구어 통역 시 청중의 이해도를 측정하는 종합적인 비교 연구는 아직 이루어지지 않고 있으나, 슐레징거(Shlesinger, 1994)가 수행한 동시통역에서의 어조 패턴 연구에 청중의 이해도 테스트가 포함되어 있다. 피험자 15명에게 세 개의 샘플에 대해 실제 상황에서 이루어진 통역의 녹음 테이프를 틀어주거나 전사한 통역 내용을 통역사가 낭독한 것을 녹음하여 들려주었다. 각 샘플의 내용에 대한 질문을 3개씩 해서 이해도를 측정한 결과 '통역적 어조interpretational intonation'를 띠는 직접 통역을 들었을 때보다 낭독해준 그룹의 점수가 두 배나 높게 나왔다. 슐레징거(1995b)는 표층결속성의 변이에 대한 연구에서도 유사한 연구 문제를 제기하고 있지만, 다양한 텍스트적 변수가 인지적 효과에 어떠한 영향을 미치는지에 대한 연구는 아직까지 거의 진전을 보지 못하고 있다.

7.3.2 화용적 효과

통역사의 언어적 · 비언어적 산출물이 갖는 특징은 인지적 효과에 영향을 미칠 뿐 아니라 텍스트 수용자들이 통역을 평가하고 반응하는 데에도 영향을 미친다. 국제회의 동시통역 분야에서는 코야도스 아이스(Collados Aís, 1998/2002)가 동시통역을 이용한 경험이 많은 42명의 사용자들에게 출발어가 독일어인 발표를 특이한 어조를 띤 스페인어로 통역한 것을 들려주는 실험을 했다. 그는 이 실험을 통하여 단조로운 어조나 굴곡이 있는 어조 등 통역사의 산출물에 있는 비언어적 특징이 통역 사용자의 도착어 텍스트 자체의 평가와 통역사의 전문성에 대한 신뢰도에 영향을 미친다는 것을 발견했다. 이와 유사한 태도 효과attitudinal effects가 스타이너(1998)의 연구에서도 발견되었다. 그의 연구에 참여한 청각장애 실험 참가자들은 수화 통역사의 태도나 언어 산출에 '권위'가 있다고 느껴질 때 더 호의적으로 반응했다.

통역사의 산출물이 통역 사용자에게 미치는 화용적 효과가 중요한 환경은 (적대적 분위기의) 법정이다. 버크-셀릭슨(Berk-Seligson, 1988/2002, 1990)은 '동일 화자의 이중 언어 사용 테스트matched guise' 기법을 사용하여 500명이 넘는 실험 참자가들에게 통역을 통하여 스페인어 증언을 시뮬레이션한 녹음물 두 가지를 들려주었다. 두 개의 녹음본은 통역사의 대우법 표지politeness markers 사용 여부를 제외하고는 완전히 동일한 것이었다. 증인의 자신감, 능력, 지능, 신뢰도를 7점 척도로 평가한 모의 배심원들은 공손한 대우법을 사용한 영어 통역에 더 높은 점수를 주었다. 이와 동일한 실험 설계를 '최고 공식적인 스타일', 다시 말해 영어의 축약형 사용을 배제함으로써 언어사용역register의 수준을 높인 통역에 적용했을 때에도 비슷한 효과가 관찰되었다. 버크-셀릭슨은 같은 실험을 통해 영어 통역에서 '글쎄……', '말하자면……' 등의 헤징hedging을 사용했을 때나 능동태가 아닌 수동태를 사용했을 때의 효과를 확인한 결과, 이러한 담화 특징들이 증인에 대한 부정적 평가로 이어진다는 사실을 발견했다. 또한 내용을 확인하기 위한 질문 등 통역사의 간섭을 받은 변호사는 실험에 참여한 모의 배심원들로부터 능력 면에서 더 낮은 점수를 받았다.

7.4 역할

상호작용의 참여자와 더 나아가 우리 사회 전체는 소통을 도와주는 통역사들에 대해 일정한 기대를 가지고 있다. 따라서 사회학자들이 특정한 '사회적 지위'와 관련된 다소 규범적인 기대 행위라고 정의하는 '역할'은 통역사의 수행물을 분석하는 데 필수적인 요소이다. 실제로 이는 통역학 분야에서도 특히 지역사회에서 이루어지는 커뮤니티 통역의 등장과 함께 가장 주목 받는 연구 주제 중 하나가 되었다.

7.4.1 역할 기술과 기대치

유사 이래 다양한 상황에서 이중 언어자들이 수행해왔던 통역사의 역할은 전령, 안내원, 협상가와 같은 중개적 기능과 밀접하게 연관되어 있다. 통역이 전문직화된 20세기에 들어와서야 통역사의 역할이 보다 구체적으로 규정되었으며, 그 결과 역할이라는 문제가 직업윤리와 실무에 필수적인 부분이 되었다(8.3.1 참조). 보다 좁은 의미에서 통역사의 전문적 역할을 해석할 때 일반적으로 요구되는 것은 정확하고, 완전하고, 충실한 통역을 제공하는 것(7.2.1 참조)이며 통역사가 담화의 주도권을 쥐는 것은 금지되는데 이는 통역사가 대화자들 사이에 중립적 위치를 차지하기 때문이다. 이런 연유로 전문적 · 제도적 환경에서 "일반적으로 통역사의 기능은 발화 내용을 A 언어에서 B 언어로 거의 문자 그대로 번역하는 기계의 기능과 비슷하다"라는 가정이 널리 통용되었다(Knapp-Potthoff and Knapp, 1985: 152). 이러한 기계론적 개념으로 인해 통역사란 역할의 성격을 '충실한 메아리', '통로', '도관', '교환기', '전송 벨트', '모뎀', '입출력 로봇'과 같은 비유로 설명하게 되었다(Roy, 1993/2002 참조).

이렇게 통역사를 보이지 않는 번역 기계로 보는 관점은 기기 사용을 기본으로 하는 국제회의 동시통역으로부터 비롯된 것으로 보인다. 그렇지만 사실 이 관점은 법정 통역 분야에서 출발했다. 전통적으로 법조인들은 법정 통역사들이 임의로 의미를 다루는 것(즉 '해석'하는 것)을 금해왔고 통역사의 역할을 '축어적 번역'으로 제한해왔기 때문이다(Morris, 1995). 라스터와 테일러(Laster and Taylor, 1994: 112f)가 기술한 바와 같이, 통역의 도관 모델conduit model과 결부되어 있는 '직역주의literalism' 기준은 관습법 법정에서 전문가 증거(즉 증인이 아닌 다른 사람에 의해 제공된 정보)에 증거 능력을 부여할 수 없기 때문에 필요하게 된 법적 의제이다. 위의 연구자들은 통역사에 의해 중재되는 만남의 언어적 · 사회문화적 · 상호작용적 복잡성을 지적하고 직역주의의 처방적 기준을 이론적으로 논박하는 한편, (법정) 통역사가 보다 가시적이고 책임감 있는 의사소통 촉진자로 재정의되어야 한다고 주장했다. 통역사의 역할에 대한 이러한 정의는 1980년대 즈음에 이르러 수화 통역 분야에서 널리 받아들이기 시작했다(McIntire and Sanderson, 1995; Roy, 1993/2002).

다른 분야에서도 규범적 논의들은 통역사에 대한 역할을 보다 광범위하게 해석할 것을 강조했다. 의료보건 분야의 통역사에 대한 문헌에서 조세프 카우퍼트Joseph Kaufert와 그의 동료들(예: Kaufer and Koolage, 1984)은 의료인류학 관점에서 캐나다 출신 통역사들을 연구했는데, 그들은 통역사를 문화 중개자이자 이문화 간 임상적 만남에서 발생하는 권력의 불균형을 해소하고자 노력하는 환자의 변호인으로 보는 견해를 대표하는 전문가로 자주 인용되고 있다(Drennan and Swartz, 1999). 라스터와 테일러(1994), 미켈슨(Mikkelson, 1998)과 같은 학자들은 법정 환경에서, 특히 원고와 피고가 대치하는 법정 이외의 경우에도 통역사가 낯선 제도적 환경 속에 놓이게 되는 고객의 이해를 증진할 필요가 있다는 점을 강조했다. 한편 바스키(Barsky, 1996)는 캐나다에서 난민 지위 신청자 56명을 인터뷰한 결과 통역사가 문화 간 대리인intercultural agents으로서 불리한 입장에 있는 신청자들에게 힘을 실어주어야 할 필요가 있다는 결론에 도달했다. 곤도와 테블(Kondo and Tebble, 1997)이 요약한 바와 같이, 통역사가 '심각한 문화적 차이를 극복'하게 하지는 못할지라도 '문화적 차이를 줄이기' 위해 노력할 필요가 있다는 점은 거의 모든 분야의 통역에서 논의되어왔으며, 이는 결국 "통역사의 이상적인 역할은 언어 중개자이자 문화 중개자가 되는 것"(1997: 158)임을 암시하는 것이다. 수화 통역 분야의 저자들은 다양한 작업 환경을 다루면서, 특히 통역사의 역할 논의에 적극적으로 참여해왔다(McIntire and Sanderson, 1995; Page 1993; Pollitt, 1997).

앤더슨(R.B.W Anderson, 1976/2002)과 브리슬린(Brislin, 1976a)이 처음으로 제기한 통역사의 역할과 권한에 대한 규범적 주장은 다양한 설문 연구의 주제가 되어왔다. 드레난과 슈워츠(Drennan and Swartz, 1999)는 남아프리카공화국 케이프타운의 의료보건 분야 종사자와 통역사들을 대상으로 약 30건의 인터뷰 결과를 바탕으로 한 평가 조사를 했는데, 응답자들 간에 통역사를 '문화 전문가'라든지 '환자의 변호인'으로 보는 견해에 편차가 있음을 발견했다. 이들은 남아공의 차별 관행에 대한 권익 보호의 역할이 필요함을 인정하면서도, 통역이 상호작용적 '미시 정치학'에 영향을 미치는 복잡한 사회정치적 · 구조적 문제들에 대해서도 지적하고 있다(8.2.2 참조). 푀히하커(2000b)는 비엔나에서 의료보건 및 사회서비스 분야 종사자 600여 명을 대상으로 실시한 설문 조사에서 '고객에게 기술용어 설명하기'라든지 '외국의 문화적 지시물에 대해 설명하기'와 같은 작업과 관련하여 의사, 간호사, 치료사, 사회복지사들이 각각 통역사에게 기대하는 바가 다르게 나타나는 것을 발견했다.

앤-마리 메사(Anne-Marie Mesa, 2000)는 캐나다의 지역사회 서비스 제공자들을 대상으로 이와 유사한 설문 조사를 실시했는데, '문화 통역사'가 '문화적 가치를 설명해야 한다'는 기대치는 상대적으로 낮은 것으로 나타났다. 뿐만 아니라 통역사를 통한 대화를 하고 나서 통역사로부터 문화적인 부분에 대한 설명을 듣는 것이 아주 중요하다고 답한 응답자는 더 적었다. 이와는 대조적으로 메사의 연구에 참여한 12명의 통역사들 중 대부분은 그러한 부분을 설명하는 것이 매우 중요하다고 생각하는 것으로 나타났다. 이렇게 의료보건 분야 통역사들이 상호작용을 할 때보다 '가시적인' 역할을 수행할 준비가 되어 있다는 점은 클로디아 안제렐리(Claudia Angelelli, 2002)의 박사 논문에서도 분명하게 드러나 있다. 이 연구는 대대적인 현장 조사와 설문 조사 기법을 활용하여 통역사들의 역할 인식과 역할 수행을 확인하고자 했다. 안제렐리는 11개의 인터뷰를 비롯하여 수백 개의 설문지와 통역이 이루어진 상호작용으로부터 추출한 데이터를 기반으로, 통역사들이 상호작용에서 자신들의 역할을 가시적 대리인visible agents으로 인식, 수행, 묘사하고 있다는 결론에 도달했다.

법률 분야에서는 미라 카드리치(Mira Kadric, 2001)가 약 200명의 비엔나 지방판사들을 대상으로 설문 조사를 한 결과, 응답자들은 통역사가 고객을 위해 '판사의 말을 단순화시키거나' '법률 용어를 설명하는' 등과 같은 작업을 하는 것을 긍정적으로 받아들였다. 알린 켈리(Arlene Kelly, 2000)의 설문 조사에서는 53명의 법률 전문가 중 대부분이 통역사의 문화적 중재라는 역할에 부정적이었으나, 카드리치(2001)의 설문에 참여한 판사의 85%가 통역사들이 법정에서 문화적 지시물을 설명해줄 것을 기대하고 있는 것으로 나타났다.

국제회의 통역 관련 문헌들은 문화적 차이라는 문제에 그다지 주목하지 않았던 것이 사실이나(Kondo, 1990; Pöchhaker, 1994b), 통역사에게 기대되는 역할에 대해서는 관심을 갖고 있다. 코첸스키(Kopczyńsky 1994)는 폴란드의 국제회의 통역 사용자들을 대상으로 한 설문 조사에서 각기 다른 전공(인문, 과학기술, 외교) 분야의 전문가 57명에게 통역사의 '가시성' 혹은 개입에 관해 어떤 기대를 가지고 있는지 조사했다. 전반적으로 응답자들은 통역사의 '개입자로서의 역할' 보다 코첸스키가 유령 역할ghost role이라고 명명한 역할을 더 선호했지만, 동시에 통역사들이 "연사가 잘못 말한 부분을 수정" 하거나 "통역사 자신의 설명을 추가" 할 수 있다는 생각을 가지고 있었다. 이렇게 다양하면서도 상충되는 견해들은 기대 역할에 대한 설문 연구가 가지는 한계를 보여주는 것이며, 통역사의 실제 수행물에 대한 상세한 기술의 필요성을 절실히 보여주는 것이다.

7.4.2 통역 수행에 대한 기술

앤더슨(R.B.W. Anderson, 1976/2002: 211)은 통역사의 역할에 대한 선구적 소고에서 "통역사의 역할은 언제나 제대로 정의되어 있지 않다. 다시 말해, 통역사의 역할을 규정하는 것은 객관적으로 부적절하다" 고 지적했다.

영국 법정에서 통역사들은 "제대로, 충실하게 통역하며 진실되게 설명"하겠다고 선서하는데, 이와 관련하여 슐레징거(Shlesinger, 1991)뿐만 아니라 모리스(Morris, 1989)는 상당히 복잡한 통역사 배정을 요했던 예루살렘에서 진행된 뎀야누크 공판 분석에서 통역사 역할의 '유동성'에 주목했다(Morris, 1989; 1990). 공판 기록과 참석자 관찰을 기반으로 하여 연구한 두 저자는 영어를 히브리어로 통역하는 전문 통역사들이 일부 생략 및 문체적 변이 등을 통해 (참석자 관점에서) 상당한 정도의 개입 혹은 (통역사의 관점에서) 재량을 발휘한 것을 발견했다. 페터 얀젠(Peter Jansen, 1995)은 형사 사건의 스페인어-네덜란드어 법정 통역에 대한 사례 연구를 통해 정식 교육을 받은 담당 통역사가 피고를 위해 복잡한 발화 내용을 단순화하고, 번안하고, 설명했으며, 망설임이나 오류 및 모호성을 제거하는 것을 볼 수 있었다.

신시아 로이(Cynthia Roy, 2000a)는 1989년 발표한 박사 논문에서 교수와 대학원생 간의 대화를 녹화한 테이프를 보고 수화 통역사의 말하는 순서 취하기 행동을 관찰함으로써 개입, 혹은 관여의 문제를 연구했다. 대화에 대한 미시 분석을 통해 로이는 해당 통역사가 원활한 소통을 위해 때때로 말하는 순서를 직접 조절한다는 점을 보여줬다. 예를 들어, 1차 발화자가 동시에 서로 말하려고 하는 순간에는 학생에게 "잠시 기다리라"는 제스처를 취하고, 반대로 휴지가 길어질 때에는 통역사가 학생에게 "말을 하라"는 표시를 하는 것이다(Roy, 1996, 2000a).

이러한 개입이 언어 서법의 문제가 아니라는 점은 바덴쇼우(Wadensjö, 1993/2002; 1998)에 의해 충분히 입증된 바 있다. 그는 지방 경찰서와 보건소에서 이루어진 통역 상황을 녹음한 방대한 스웨덴어-러시아어 코퍼스를 연구에 사용했다. 바덴쇼우는 전문 대화 통역사의 역할은 대화자의 말을 '전달'하는 것임에는 의문의 여지가 없지만 이 번역적 기능과 분리될 수 없는 것이 상호작용 역학의 조절임을 보여주었다. 이 조절 기능은 통역사 자신의 대화 참여 또는 반응을 의미하는 소위 '내용통역 외 발화nonrenditions'에 의하여 이루어진다. 바덴쇼우(1998: 108ff)는 이를 텍스트 지향적(예: 확인을 위한 질문, 내용에 대한 코멘트, 사전 발화의 형태) 또는 상호작용 지향적(예: 발언 중지 요청, 발언 순서 준수 요청)이라고 말했다. 그는 자신의 통역사 화자-청자 다중 역할 모델을 기초로 한 세부 연구에서(5.3.1 참조) 통역사의 주도권이 대화자들의 가변적이고 동시적인 '화자성speakership'과 '청자성listnership'에 복잡하게 얽혀 있다는 점을 보여주었다. 바덴쇼우(2001)는 치료 목적의 면담에서 통역사의 공간적 위치와 그것이 응시 행위 gaze behavior에 미치는 영향에 대한 연구를 통해 이러한 상호작용적 구어 담화의 공동 구축에는 다양한 소통 장치들이 총체적으로 사용된다는 점을 강조했다. 이 연구는 레니에 랑(Ranier Lang, 1978)이 법정 통역사와 피고들 간의 응시 행위에 대한 첫 연구를 수행한 이후 발표된, 대화 통역에서의 비언어적 소통에 대한 몇 안 되는 코퍼스 기반 연구 중 하나이다.

로이(2000a)나 바덴쇼우(1998)와 같은 연구자들이 제시한 통역 수행물에 대한 기본적으로 정성적인 기술들은 브레트 로젠버그(Brett Rosenberg, 2002)의 2001년 박사 논문에서 제시된 정량적 기술에 의해 보완되는 귀중한 기회를 맞게 되었다. 로젠버그는 자신이 통역사로 고용되었던 소아과 1차 진료소에서 이루어진 영어-스페인어 진료 면담 11건에 대한 녹음물을 분석했다. 그는 바덴쇼우(1998)의 통역사 통역 범주 중 5개를 사용하여 자신의 코퍼스상에 포함된 통역사 발화 1334개 중 약 40%가 '적절한 통역'이었으나, 내용 손실 통역과 '의례적인' 발화를 포함한 '내용 대체 통역'이 각각 27%와 20%를 차지했다고 밝혔다. 그러므로 로젠버그의 정량적 담화 분석quantitative discourse analysis은 대화 통역사의 번역 기능을 재확인하면서, 동시에 "통역사는 담화에 본격적으로 참여하는 자이며, 통역된 발화 이벤트의 기능skopos과 1차 대화자가 통역사에 대해 가지는 기대치에 대해 책임을 진다"(Rosenberg, 2002: 222)는 점을 명백히 증명하고 있다.

전문 수화 통역사가 참여한 소아과 진료에 대한 멜라니 메츠거(Melanie

Metzger, 1999)의 사례 연구에서도 1차 대화자의 기대치를 강조하고 있다. 메츠거는 고프만(Goffman, 예: 1981)의 개념을 빌려 참여자들이 통역이 이루어지는 상황에 어떠한 '틀'과 '도식'을 가지고 임하는지를 살폈다. 메츠거는 통역사의 역할 수행을 분석한 결과 대명사 지시어에서 나타나는 것과 마찬가지로 지위footing에 미세한 변화가 있다는 점을 밝혀냈다. 1차 대화자가 통역사에게 직접 말을 걸었을 때, 통역사는 의도적으로 최소한의 응대만 하는 모습을 보이며, 이로써 적극적인 제3자로서 자신의 대화 참여를 제한하는 것이다. 그렇다면, 전체적으로 메츠거의 「중립성의 신화*Myth of Neutrality*」에 대한 연구는 본질적으로 통역사가 '상호작용의 참여자이자 담화의 전달자'(1999: 175)라는 이중적인 역할을 담당한다는 사실을 환기시키고 있다. 이것이 미디어 환경에서 보다 더 극명하게 드러난다는 사실을 확인시켜준 것이 통역이 이루어진 토크쇼에 대한 프란체스코 스트라니에로 세르지오(Francesco Straniero Sergio, 1999)의 사례 연구이다. 다시 '지위'와 '틀'이라는 개념을 기반으로 했을 때, 무대 위의 대화 통역사는 발언 순서를 주도하고 의미 협상과 주제 관리에 적극적으로 참여함으로써 해당 상호작용을 (공동) 구축하는 것으로 보이며, 따라서 통역사의 중립성과 비가시성은 소설에 불과하다는 점을 보여준다.

가시성이나 관여의 문제는 TV로 방영되는 대화 통역이나 통역으로 중재되는 일반적인 면대면 소통에만 한정된 것은 아니다. 에브루 디리커(Ebru Diriker, 2001)는 철학 심포지엄에서 이루어진 영어-터키어 동시통역에 대한 민족지학적 회의의 사례 연구를 수행했다. 이때에도 국제회의 통역사들은 통역할 때 '연사가 의도한 의미'를 재생하는 것에 역할을 한정하지 않고 다양한 형태로 담화에 적극적으로 관여하는 것을 볼 수 있었다. 현장 인터뷰를 통해 자신의 연구에 참여한 통역사들이 사회적·상호작용적 맥락에 대해 중립적이지도 않고 수동적이지도 않음을 확인한 디리커(2001)는 자신이 '발화 주체의 변이shifts in the speaking subject'라고 지칭한 현상, 즉 연사로서의 '나'에서 통역사로서의 '나'로의 1인칭 변이를 조사하기 위해 녹음물의 전사 원고를 검토했다. 디리커는 자신의 연구에 참여한 숙련된 전문 통역사들은 통역에 대한 메타 담화에서 규정하고 있는 통역사의 이상적인 역할과는 달리 '연사를 대신해서 말'할 뿐 아니라 말하는 순서를 정리하고, 동시 발화가 일어나지 않도록 중재하며, 청중과 직접 이야기하고, 문제와 방해를 유발하는 요소를 공개하며, 연사의 말에 보충 설명을 덧붙이고, 자신들의 태도를 드러내고, 연사나 상호작용의 다양한 측면에 대해 자신의 코멘트나 심지어 비판적인 의견까지 피력하고, 통역에 오류가 있었다는 지적에 대해 자기를 변호하는 반응을 보인다고 했다(Diriker, 2001: 269). 이렇게 연사를 1인칭으로 통역해야 한다(Harris, 1990 참조)는 전문적 규범에서 벗어나는 행동들은 뎀야누크 공판과 관련해서도 논의된 바 있다. 슐레징거(Shlesinger, 1991: 152)가 관찰한 바와 같이, 통역사가 3인칭을 사용("증인이 말하기를……")하는 것은 발화자와 거리를 둔다는 의미이며 통역사가 '독립적 인격체'라는 점을 부각시키는 것이다. 법정 통역사 역시 준언어적이고 운율적인 변이, 특히 어조를 사용하여 통역되고 있는 내용으로부터 본인을 분리시킨다는 슐레징거의 관찰은 코야도스 아이스(Collados Aís, 1998/2002: 336)가 제기한 보다 광범위한 역할 문제와 연결된다. 아이스는 통역사가 연사와 구별되는 어조적 '페르소나'를 취함으로써 "소통 과정에 적극적으로 관여"하는 정도에 대해 더 많은 연구가 필요하다고 주장했다.

7.4.3 역할과 프로페셔널리즘

통역사가 적극적인 참여자로서 담화에 관여하는 정도는 통역사의 전문인으로서의 지위라는 문제와 밀접하게 관련되어 있다. 실제로 연사를 1인칭으로 지칭하는 것과 간접화법을 사용하는 것과 같은 사항은 전문 통역사와 비전문 통역사를 구별하는 중요한 특징으로 거론되어왔다. 크나프-

포트호프와 크나프(Knapp-Potthoff and Knapp 1986)는 처음으로 이 주제에 대해 담화 분석을 했다. 그들은 비공식적인 '일상' 환경에서의 비전문 통역은 비숙련 '언어 중개자'가 취하는 제3자적 지위third-party status의 특징을 띠게 되고, 그 결과 중개되는 발화가 누구의 의견인지 불확실해지는 문제 때문에 보고 형식의 화법을 취해야 한다고 제안했다. 그러나 통역사의 역할이 "전달의 단순 매개자와 제3자 사이 중간 어디쯤에 위치"(Knapp-Potthoff and Knapp 1986: 153)한다고 보는 견해가 통역사의 전문직화라는 문제를 자동으로 해결해주지 않는다. 오히려 가장 중요한 문제는 전문적 자격이 없는 통역사들이 훈련을 받지도 않고 전문성도 없으면서 자신에게 주어진 통역 기능과 상충될 수 있는 상호작용적 작업을 수행하려고 하는 경향에 있다.

초기 수화 통역사들이 개별 고객을 위한 도우미나 대변자로서의 역할을 했던 것과는 달리, 통역사들이 어떤 조직을 위해 도우미 역할을 수행하는 현상은 다양한 지역사회 기반 환경에서 볼 수 있었다. 브래드 데이비슨(Brad Davidson, 1998, 2002)은 캘리포니아에 거주하는 한 외래환자의 소통과 통역 관행에 대한 민족지학적 박사 연구에서, 훈련을 받지는 않았으나 병원에서 고용했다는 사실만으로 '전문성'을 띤다고 인정되었던 스페인어/영어 통역사들의 행동을 분석했다. 데이비슨의 담화 분석을 보면 통역사들이 제도권의 제약(8.2.2 참조)에 대응하기 위해 자발적으로 후속 질문을 하거나 '부적절한' 질문이 나오지 않도록 조치하는 등의 행동을 통해 진료 상담이 '원활히 진행되도록' 하는 것을 알 수 있다. 이와 유사하게 갈리나 볼든(Galina Bolden, 2000)은 미국 중서부의 대형 병원에서 이루어진 과거 병력에 관한 면담 2건을 분석했는데, 커뮤니티 통역에 관해 약간의 훈련을 받은 25세의 남성 러시아어/영어 통역사가 일종의 '사전 진단인'의 역할을 수행하고 의료적으로 의미 있는 정보를 적극적으로 수집하는 동시에 다른 한편으로는 환자의 말을 요약하고 환자가 자신의 경험을 서술적으로 이야기한 부분을 제외시키는 모습을 보였다. 푀히하커와 카드리치(Pöchhacker and Kadric, 1999)도 언어 치료 세션에서 이루어진 비전문가 통역에 대한 사례 연구를 통해 통역을 수행한 병원 미화원이 '공동 치료자co-therapist'의 역할을 담당하는 것을 관찰할 수 있었다.

독일 사회학자들이 수행한 경찰 취조 통역에 대한 민족지학 연구에서도 유사한 결과가 보고되었다(예: Donk, 1994; Scheffer, 1997). 우테 동크(Ute Donk, 1994)의 사례 연구에서 나타난 바와 같이, 통역사가 적극적으로 '부경관'의 역할을 수행하는 것은 경찰관들이 허용한 것이기는 하지만, 취조 경관의 심문 전략을 실패하게 만들고 통역사가 취조 경관과 한편이라고 생각하는 피의자를 소외시킬 가능성을 안고 있다. 역할 과부하와 역할 충돌에 대한 이러한 증거는 앤더슨(R.B.W Anderson, 1976/2002)이 예견한 대로 역할 수행이 단순히 통역사 입장에서 보는 전문직화의 문제가 아님을 보여주고 있다. 그보다는 통역사가 중개 역할을 수행하면서 보이는 재량과 권력이 상호작용적 · 사회 직업적 · 제도적 수준에 있는 보다 상위의 환경 제약에 따라 좌우된다(8.2.2 참조).

7.5 품질

통역의 품질이 통역의 전문직화를 이끈 기본 요소로 인식되어오기는 했으나, 이것이 연구 주제로 부상하게 된 것은 1980년대에 들어서이다. 국제회의 통역 분야에서는 산출물 중심 분석에 대한 관심이 고조된 한편, 커뮤니티 통역에서는 통역사의 능력과 자격(8.4.1 참조)에 대한 문제를 다루었지만 전문 직업 기준은 아직 정립되는 과정에 있고 전혀 통일되지도 못한 상태이다. 그러나 그 관심의 초점이 '산출물'인지 아니면 의사소통 서비스 제공자인지의 여부와 관계없이 품질은 근본적으로 상대적이고 다면적 개념으로 인정되어왔으며, 다양한 관점에서 상이한 평가 방법을 가지고 접근해야만 한다(Pöchhacker, 2002). 실제로 이 장의 마지막 부분에서도 다루겠지만, 품질은 그 자체로서 완결되는 주제라기보다는 텍스트성, 출발어-도착어 대응, 소통적 효과, 역할 수행 등과 같이 통역사의 산출물과 통역 수행의 모든 측면이 반드시 고려되어야 하는 복잡하고 포괄적인 주제이다.

7.5.1 평가 기준 및 기대치

국제회의 통역학자들이 통역의 품질을 더 이상 대학 수준의 교육을 통해 그리고/혹은 AIIC나 그와 유사한 협회 가입 자격에 의해 주어지는 전문적 지위와 동일시하지 않게 되면서 정확한 정의를 위한 명시적인 기준이 필요하게 되었다. 통역사와 통역 품질에 대한 평가 기준 수립을 위한 첫 단추를 끼운 것은 힐더군트 뷜러(Hildegund Bühler, 1986)의 AIIC 회원에 대한 설문 조사였다. 뷜러는 응답자 47명에게 통역사 산출물의 특징 아홉 가지(원어민 억양, 듣기 좋은 목소리, 전달의 유창성, 논리적 통일성, 의미 일관성, 완결성, 올바른 문법, 올바른 용어, 적절한 문체)와 통역사에 대한 자질(완벽한 준비, 지구력, 몸가짐, 단정한 용모 등)로 구성된 16개 기준 항목의 중요성을 4점 척도('매우 중요', '중요', '덜 중요', '해당 사항 없음')로 표시하게 했다. 뷜러는 기준 항목 대부분이 '중요'로 표시되는 것을 볼 수 있었고, 통역 산출물의 품질과 관련하여 통역사들의 기대치는 서비스를 사용하는 사용자의 요구 즉, 통역은 어떠해야 한다는 '기대 규범'(Chesterman, 1993: 9)과 비슷하게 나왔다. 쿠르츠(Kurz, 1989a)는 이 가정을 경험적으로 시험했는데, 뷜러의 산출물 관련 기준 중 처음 8개 기준을 사용한 이중 언어(영어/독일어)로 된 설문지를 한 의학 회의의 참석자들에게 나누어주고 답변하게 했다. 뷜러의 결과와 높은 상관 관계를 보인 항목은 의미 일관성sense consistency, 논리적 통일성logical cohesion, 올바른 용어correct terminology뿐이었으며, 전달delivery 관련 측면은 응답자(47명)로부터 낮은 점수를 받았다. 쿠르츠(1993/2002)는 각각 엔지니어와 외교관이 참석한 회의에서 후속 설문 조사 두 건을 수행했다. 명목 평가 척도를 4점 계량 척도로 변환한 결과, 사용자들의 평균 평가 점수는 뷜러 연구의 응답자였던 통역사들이 준 점수보다 일관되게 낮게 나오는 것을 볼 수 있었고, 사용자들의 기대치는 그들의 직업이 무엇이냐에 따라 달라지는 것을 관찰했다. 이러한 결과는 이후 미디어 환경에서 동시통역의 '사용자'인 19명의 실험 참가자를 대상으로 한 연구를 통해서도 확인되었다. 이들은 완결성에는 매우 낮은 점수를 준 반면 듣기 좋은 목소리, 원어민 억양, 전달의 유창성과 같은 기준에는 특별히 높은 점수를 매겼다(Kurz and Pöchhacker, 1995).

국제회의 통역 사용자들 간에 품질 관련 기대치가 다양하게 나타나는 현상은 여러 소규모 연구에 의해서(Kurz 2001에서 검토된 바와 같이), 그리고 AIIC가 발주한 대대적 국제 설문 조사에 의해서 조사, 확인되었다. 84개의 서로 다른 회의에서 통역사 94명을 대상으로 이루어진 201건의 인터뷰를 통해 피터 모저(Peter Moser, 1996)는 인터뷰 대상자들이 자연스럽게 가장 많이 꼽은 기대치가 원문에 대한 충실성faithfulness이며, 그 다음으로는 내용content, 동시성synchronicity, 수사적 기술rhetorical skills, 음성 품질voice quality이라고 보고했다. 이러한 설문 조사 결과는 사용자들이 완결성, 표현의 명확성, 정확한 단어 사용과 같은 기준을 중요시한다는 것을 확인시켜주었으나, 회의 유형(규모, 주제의 전문성), 연령, 성별, 동시통역 사용 경험 등에 의해서 통역에 대한 기대치가 상당히 달라지는 경향을 보였다. 이러한 기대치 변동성의 문제와는 별도로, 여러 저자들은 사용자 기대치에 대한 설문 조사의 효용성에 의문을 제기하면서 가상적인 선호도 조사가 사용자들이 실제로 주어진 통역에 반응하고 평가하는 것과는 다를 수 있다고 주장했다(7.5.3 참조).

고객의 기대치에 대한 설문 조사 연구는 커뮤니티 통역 분야에서도 진행되어왔다. 다만 이 경우에는 '양질의 통역사'란 무엇인가와 바람직한 통역사의 행동에 대한 기준에 초점이 맞춰져 있다. 메사(Mesa, 2000)는 다중 관점 설문 조사를 통해 몬트리올 지역에 소재하는 39개의 기관에서 일하는 서비스 제공자 288명을 대상으로 통역사 품질과 행동에 대한 30여 개 항목의 중요도를 3점 척도상에 표시하도록 했다. 응답자 대부분이 가장 높은 점수('매우 중요')를 준 항목은 고객이 사용하는 언어에 대한 숙련도(96%)와 고객의 이해 부족(92%)을 지적했다. 카드리치(Kadric, 2001)는 비엔나의 판사들을 대상으로 통역사의 자질에 관한 기대치에 대해 설문 조사했는데, 그 결과 133명의 응답자가 훌륭한 법정 통역사를 가리는 기준 중에서 '통역 기술'과 '언어적 · 문화적 역량'이 '기본적인 법률 지식'과 '법원 구조와 절차에 대한 지식'보다 더 중요하다고 응답했다. 카드리치의 설문에 응한 판사들은 필요할 때 통역사를 고용하는 업무를 직접 담당하고 있는 사람들이었으므로 이 연구에서는 지금까지 그리 주목받지 못했던, 보다 폭넓은 '고용주'라는 의미에서 고객의 관점을 다루고 있다. 카드리치는 '원활한 의사소통 중개'나 비용과 같은 '재고용 기준'을 지적하고 있다. 모저-머서(Moser-Mercer, 1996: 50)가 국제회의 통역에서 고용주의 관점에 대해 제안했던 바와 같이, 팀워크, 상황 대처 능력, 유연한 일정 관리, 섭외 가능성과 같은 기준들이 통역사에게 기대되는 서비스 품질에 포함될 수 있다. 이 분야에서 이루어진 몇 가지 연구 중의 하나로, 통역 서비스의 세계 최대 고객이자 제공자인 유럽집행위원회의(SCIC, Joint Interpreting and Conference Service)가 발주한 '총체적 품질'에 대한 종합 연구가 있다.

7.5.2 측정과 판단

통역 수행물의 '정확성'과 '완결성'과 같은 품질 관련 특성을 평가해야 할 필요성이 처음으로 제기된 것은 동시통역에 대한 실험 연구에서였으며, 이후 출발어-도착어 대응에 대해 점수를 매기고 평가하는 다양한 방식이 개발되었다(7.2 참조). 그러나 이러한 품질에 대한 '간텍스트적inter-textual' 관점이 다시 주목을 받게 된 것은 기능적 고려에 기인한 것이었다.

만약 도노반-카지고(Donovan-Cagigos, 1990)의 주장대로 충실도를 계량화할 수 없고 소통 상황에 따라 달라진다고 한다면, 사용자 기대치 설문 조사 결과에 나타난 완결성 있는 통역보다 핵심 내용의 통역을 선호하는 현상(Vuorikoski, 1993: 321; P. Moser, 1996: 163f) 등이 정확성과 생략 점수에 영향을 미치는 보다 근본적인 원칙으로 작용한다. 이러한 '고객 중심'(혹은 도착어 지향적) 접근법에 따라 통역사가 산출한 도착어 텍스트의 다양한 특징들(7.1.3 참조)이 통역사 산출물의 품질 혹은 수용성acceptability에 기여하는 요소로 고찰되고 계량화되어왔다. 하지만 이러한 측정 기준들 역시 품질 그 자체를 결정하는 데 사용될 수 없다. 정량적 요소가 어느 시점부터 청중의 인식과 평가에 정성적 효과를 미치기 시작하는지 알아야 하기 때문이다. 따라서 연구자들은 사용자의 판단에 의존하여 텍스트적 · 준언어적 특징을 계량화하고 기대치와 측정 기준을 수립하는 한편 통역 수행물의 효과와 품질을 판단했다.

통역사 산출물이 가지는 인지적 · 화용적 효과를 평가하는 연구(7.3 참조)와는 별도로 사용자들이 통역의 품질을 직접 판단하도록 하는 현장 연구도 수행되어왔다. 질(Gile, 1990b)은 짧은 이중 언어 설문지를 사용하여 영불 동시통역이 이루어진 의학 회의의 참석자 23명에게 통역 품질에 대한 의견을 요청했다. '전반적인 품질', '언어적 측면에서의 산출물의 품질', '용어 사용', '충실도', '목소리와 전달의 품질'이라는 측면에서 통역을 평가한 응답자들의 전체적인 평가는 다소 일관되면서도 호의적으로 나타났다. 그럼에도 불구하고 응답 결과를 보면, 두 언어 그룹의 평가에 차이가 있었으며(불어 청중이 더 비판적으로 평가함), 목소리와 전달력과 관련해서 불어로 통역하는 통역사 두 명에 대한 평가도 엇갈렸다.

다양한 지역사회 환경에서 이루어지는 대화 통역 분야에서의 통역 품질에 대한 캐나다 현장 연구는 가버와 모페트-리엔더스(Garber and Mauffette-Leenders, 1997)에 의해 이루어졌다. 이들은 서비스 제공자들과 비영어권

고객들로부터 평가 피드백을 유도하기 위해 사례에 의거한 누적형 설문 조사 기법을 개발했다. 통역사의 통역 명료성, 통역 정확성, 자신감, 중립성에 대한 질문 항목들을 3개의 언어 그룹(베트남어, 폴란드어, 포르투갈어)에 속하는 총 34명의 고객들이 응답했으며, 평가 대상이 된 통역사 17명에 대해 높은 수준의 만족도를 보여주고 있었다. 메사(Mesa, 2000)도 이와 유사한 평가를 수행했는데, 11개의 서로 다른 언어적 배경을 가진 고객 66명에게 통역사의 통역 특징에 대한 10개의 평가 진술에 동의하는지(혹은 동의하지 않는지)를 표현해달라고 요청했다.

스트롱과 룻저(Strong and Rudser, 1992)는 텍스트 중심적인 측정 결과와 주관적 수행 평가subjective performance assessment의 관계를 알아내기 위하여 청각장애인과 비장애인 총 12명에게 통역사 25명의 (녹화된) 통역 수행물에 대한 평가지 작성을 요청했다. 평가지는 일반적인 평가(좋음-괜찮음-싫음)를 비롯하여 3개 기준 항목("낮은/높은 수화 능력", "이해하기 어려움/쉬움", "보기가 힘듦/편안함")에 대해 5점 척도로 평가하는 내용으로 구성되었다. 평가자 간 상관계수inter-rater correlation coefficient는 0.52~0.86으로 나타났으며, 주관적 평가의 신뢰도가 명제 기반의 평가법으로 산출된 정확성 점수의 신뢰도보다 낮게 나타났다(Strong and Rudser, 1985). 실제로 평가자와 사용자가 충실도나 언어적 정확성과 같은 품질 요소에 그다지 민감하지 않다는 점은 질(Gile, 2003)의 몇몇 연구에 의해서도 강조된 바 있으며, 이는 품질 지향적 조사에 좀 더 다변화된 접근방식을 취할 필요가 있음을 분명히 보여주고 있다.

7.5.3 여러 접근방식

품질에 대한 여러 관점을 결합한 방식을 처음으로 시도한 것은 안나-리타 유리코스키(Anna-Riitta Vuorikoski, 1993)였다. 그는 설문 조사 기법뿐 아니라 현장 조사를 활용해 약 500명의 인원이 참석하고 영어-핀란드어 동시통역으로 이루어진 다섯 건의 세미나에 대한 통역 품질을 조사했다. 설문지와 후속 전화 인터뷰를 통해 총 177명의 응답자로부터 통역에 대한 기대치와 사례별 품질 의견을 얻어냈다. 그 결과, 핵심 내용에 대한 명백한 선호도가 밝혀졌을 뿐 아니라, 사용자 동기와 태도에 대한 통찰도 얻을 수 있었다. 응답자들은 일반적으로 자신들이 들은 통역에 대하여 "정보를 제공" 했다거나 "일관성이 있고 이해하기 쉬웠다" 등의 경험을 이야기했으나, 유창함이나 통역사의 발화 리듬 등에 대해서는 별다른 인식을 하지 못했다. 메사(Mesa, 2000)도 이와 유사하게 기대치와 판단을 결합한 형태의 연구를 수행했는데, 통역사 중개업체들이 통역사에게 어떤 기대치를 가지고 있는지, 또 기대치가 통역사에 의해 충족되었는지의 여부를 조사했다.

쿠르츠(Kurz, 2001: 405)가 제안한 바와 같이, 체감된 품질과 기대했던 품질 간의 관계는 '품질=실행된 서비스 - 기대했던 서비스'라는 공식으로 표현할 수 있다. 그러나 일부 저자들은 "사용자 기대치가 비현실적인 경우가 종종 있다" (Bühler, 1986: 233)고 지적했으며, 관심의 초점을 '이상적 품질'로부터 '실제 상황에서의 품질'로 옮겨야 한다고 주장했다 (Pöchhacker, 1994c: 242). "품질은 언제나 관찰 대상이 되는 특정 상황하의 근무 조건을 배경으로 평가되어야 한다"는 모저-머서(Moser-Mercer, 1996: 45)의 주장과 같은 맥락에서 푀히하커(1994a)의 국제회의 사례 연구는 출발어 및 도착어 텍스트의 전사 원고뿐 아니라 사전 준비 변수, 상황 변수, 그리고 텍스트 전달과 관련된 변수들을 정리함으로써 실제 상황에서의 품질 문제를 다루고 있다. 최근에는 칼리나(Kalina, 2002)가 통역이 사용된 회의 2건에 대하여 문헌에서 통역 품질과 관련되어 있다고 기술된(예: Altman, 1990) 다양한 요소를 중심으로 한 대조 연구를 발표했다.

품질의 여러 측면을 결합하기 위한 대안적이고 보다 집중적인 방법론은 통제 실험에서 통역 수행물의 구체적 특징을 기대치와 판단에 연결시키는 것이다. 이러한 시도를 최초로 한 사람은 코야도스 아이스(Collados Aís,

1998/2002)로서, 그는 통역 사용자 42명과 전문 통역사 15명으로부터 얻어낸 기대치를 비교했다. 단조로운 어조 또는 생기 있는 어조로 전달되거나, 사실 관계에 대한 오류가 있거나 없는, 시뮬레이션된 통역 수행물에 대해 실험 참가자들이 제공한 실제 평가 내용을 기초로 연구됐다. 가장 놀라운 점은 과거 연구 결과와 마찬가지로 기대치 조사에서 전달력에 관련된 요소가 중요하지 않다고 응답했던 실험 참가자들이, 단조로운 어조로 통역되었을 때 전반적으로 통역 품질과 기준에 낮은 점수를 준 사실로 미루어볼 때 전달력에 확실히 영향을 받는 것으로 나타났다. 또 '높낮이가 있는melodic' 통역을 들은 경우에는 내용 오류가 있어도 낮은 점수를 부여하지 않았다. 따라서 사용자들은 가장 중요하다고 말한 평가 기준인 '충실도'를 실제로는 인식하지 못하고 있었으며, 유창성이나 생기 있는 전달과 같은 '부차적인' 기준으로 통역을 판단한다는 점을 알 수 있다.

이와 유사한 접근방식을 통해 줄리아나 가르조네(Giuliana Garzone, 2003)는 의사나 엔지니어 등 전문직 실험 참가자 16명에게 뷜러(Bühler, 1986)의 산출물 기준 중 4개 항목에 대한 기대치 점수를 수집한 다음, 머뭇거림이나 변칙적 운율이 포함되거나 포함되지 않은 동시통역 산출물에 대한 의견을 물었다. 여기서도 낮은 전달력은 품질 평가에 큰 영향을 미쳤는데 단순히 전달 항목뿐 아니라 음성 품질, 충실도, 일관성과 같은 항목에서도 그러했다. 이러한 품질 기준 간의 상호의존성은 앤드류 청(Andrew Cheung, 2003)의 실험에서도 확인되었다. 그는 학생 실험 참가자 120명에게 원어민 억양 혹은 비원어민 억양으로 전달된 (북경어와 광동어로의) 동시통역의 품질을 평가해달라고 요청했다. 실험 대상이 된 통역 자료는 억양이라는 측면을 제외하고는 차이가 없었으나 실험 참가 학생들, 특히 광동어 사용자들은 명료성, 속도, 완결성, 간섭, 유창성, 일관성과 같은 기준에 있어서 비원어민 억양의 통역에 더 낮은 점수를 주었다.

사용자가 체감하는 다양한 품질 요소 간의 상호관계를 증명하는 위의 실험 결과는 다양한 측면을 지니는 이 주제를 한층 더 복잡하게 한다. 이러한 상황에서 현장의 통역 품질에 대한 평가를 위해서는 다중 기법을 활용한 사례 연구case-study식 접근방식이 필요하게 된다. 여기에는 상황적 · 상호작용적 변수들에 대한 빠짐없는 기술을 비롯하여 간텍스트적inter-textual 및 텍스트 내적intra-textual 담화 기반 분석, 사용자에 의한 주관적 평가, 특히 사용자(연사/청중), 통역사, 고용주의 관점에서 다양한 '이해 관계자'의 태도와 기대치에 대한 성찰이 포함된다. 심리 치료 분야에서 이루어진 통역에 대한 최근 연구에서도 알 수 있듯이(Bot, 2003), "모든 경우에 '좋은' 통역이 무엇인지 정의할 수 있는 절대적이고 분명한 기준은 없다. 서로 다른 목적을 지닌 서로 다른 행동 유형, 그리고 1차 대화자들의 서로 다른 관심사, 필요, 욕구, 의지로 인하여 통역사에게 요구되는 바도 다양해진다" (Wadensjö, 1998: 287).

핵심 문헌

담화

Consorte(1999), Déjean le Féal(1982), Hatim and Mason(1997, 1997/2002), Mead(2000, 2002), Meyer(2002), Mizuno(1999), Pöchhacker(1994a, 1995b), Shlesinger(1994, 1995b), Taylor Torsello (1997), Tebble(1999). 담화에 대한 일반적인 문헌을 보려면 Beaugrande (1980, 1997), Clark(1996), Halliday(1985), Schiffrin et al.(2001), van Dijk (1997a, 1997b)을 참고하라.

출발-도착 대응

Barik(1975/2002), Berk-Seligson(1990, 2000), Donovan-Cagigos(1990), Gerver(1976), Gile(1992b, 1995b), Hale(1997a, 1997b, 1999), Kopczyński (1980), Krouglov(1999), Kusztor(2000), Mason and Stewart(2001),

Napier(2002), Schjoldager(1995/2002), Shlesinger(1995b), Strong and Rudser(1985), Tommola(2003), Tommola and Lindholm(1995), Wadensjö(1993/2002) Lambert and Moser-Mercer(1994)에 실린 논문들을 참고하라.

효과

Berk-Seligson(1988/2002, 1990), Cokely(1990), Collados Aís(1998/2002), Gerver(1976), Livingston 외(1994), Llewellyn-Jones(1981), Shlesinger (1994), Steiner(1998)

역할

R.B.W.Anderson(1976/2002), Bolden(2000), Davidson(2002), Donk(1994), Drennan and Swartz(1999), Kadric(2001), Knapp-Potthoff and Knapp(1986), Kondo and Tebble(1997), Kopczyński (1994), Laster and Taylor(1994), McIntire and Sanderson(1995), Metzger(1999), Mikkelson(1998), Morris(1989, 1990, 1995), Page(1993), Pöchhacker (2000b), Pollitt(1997), Rosenberg(2002), Roy(1993/2002, 1996, 2000a), Shlesinger(1991), Straniero Sergio(1999), Wadensjö (1993/2002, 1998, 2001)

품질

Bühler(1986), Collados Aís(1998/2002), Garber and Mauffette-Leenders(1997), Gile(1990b, 1995b), Kalina(2002), Kurz(1989a, 1993/2002, 2001), Mesa(2000), Moser-Mercer(1996), Niska(1999), Pöchhacker(1994c, 2002), Shlesinger(1997), Vuorikoski(1993), Collados Aís 외(2003)에 실린 논문들과 위의 출발-도착 대응 관련 문헌을 참고하라.

제8장

통역 실무와 직업

통역학에서는 통역 프로세스와 산출물에 대한 기본적인 연구 외에 통역을 직업으로 하는 사람들의 관심사에 대해서도 연구한다. 통역학이 통역이라는 실무에 깊이 뿌리를 두고 있기 때문에 통역 실무에 대한 문헌은 개인적 경험담에서부터 보다 객관적인 실증 연구에 이르기까지 다양한 내용을 아우르고 있다. 이 장은 실무적인 주장보다는 실증 연구가 중심이지만 '전문가의 글'과 '학술 연구' 간에 분명한 선을 긋는 것은 불가능하며 후자는 전자의 광범위한 정보와 영감에 의존한다.

8.1 통역의 역사

통역의 역사가 통역 연구에서 가장 중요한 연구 주제는 아니었으나 1960년대 초 당시 세계번역사연맹FIT이 통역사와 번역사가 인류 역사에 기여한 바를 정리하여 그들의 위상을 제고하려는 프로젝트를 구상하면서 통역의 역사에 대한 관심이 꾸준하게 증대되어왔다. 지금까지의 연구에는 직업으로서의 오랜 역사와 최근 변화상에 대한 연구가 포함된다.

8.1.1 통역 실무의 역사

통역의 역사를 고증하는 데에는 몇 가지 근본적인 어려움이 따른다. 무엇보다도 어떤 유형의 흔적도 남기지 않는 통역 행위의 '순간성'과 통역사의 사회적 위상이 낮은 경우가 많았다는 점이 주요 제약이라고 할 수 있다. 대부분의 경우, 통역은 '일상적인' 활동이었고 따라서 특별한 관심을 끌지 못했다. 일부 예외적인 경우를 제외하고 현존하는 자료에서 통역은 단순히 부수적인 주제로 다루어지고 있으며, 이로 인해 통역사史 연구자가 다양한 언어와 문화에 존재하는 연대기나 서신, 자서전, 문학 작품에서 통역이라는 주제가 언급된 부분을 찾아내는 것은 고된 작업이 아닐 수 없다.

통역에 대한 자료를 취합하고자 하는 시도가 처음으로 이루어진 것은 1950년대 중반에 들어서였다. 독일 학자들에 의해 3권으로 구성된 『통역사史 연구*Contributions to the History of Interpreting*』가 출간되었고, 같은 해에 에드몽 카리(Edmond Cary, 1956)가 이 책의 불어판을 출간했다. 불어판에서는 저자가 '공식' 통역번역이라고 명명한 장에서 군사, 외교, 행정, 법정 통역을 다룸으로써 역사적 관점에서 많은 흥미로운 정보가 제공되었다. 티메 외(Thieme et al., 1956)가 출간한 독일어판에 실린 이집트 학자 알프렛 헤르만(Alfred Hermann, 1956/2002)의 「고대 역사 속의 통합Interpreting in Antiquity」이라는 소고는 특히 큰 영향을 미쳤다. 고대 이집트, 그리스, 로마에 대해 그가 언급한 내용은 쿠르츠(Kurz, 1985)나 베르미어(Vermeer, 1992)와 같은 저자들에 의해 계승되고 보충되었다. 이러한 연구물들은 마가리타 보웬(Margareta Bowen, 1995)이 쓴 「통역사와 역사의 발전Interpreters and the Making of History」이라는 제목의 논문의 밑거름이 되었으며, 보웬의 글은 40년에 걸친 연구의 집대성이자 추가 연구의 기준점이 되었다.

통역사史 분야의 연구가 확대된 계기 중 하나는 유럽 중심적 관점에서 벗어나 아시아와 아프리카 문명을 역사 연구자의 관심 대상에 포함시킨 것이었다(예: Mason, 2001 참조). 고대에서 1980년대 초까지의 외교 분야 통역 번역에 대한 루스 롤랜드(Ruth Roland, 1999)의 저서도 통역 역사의 많은 부분을 다루고 있다. 다른 학자들도 특정 사건이나 인물에 초점을 맞춤으로써 보다 심화된 역사적 이해를 얻고자 노력해왔다. 도나 마리나Doña Marina, 사카자웨아Sacajawea를 비롯하여 그 외 다른 문화적 중개자 역할을 한 통역사이자 안내자에 대한 프란시스 카르투넨(Frances Karttunen, 1994)의 전기적 저술물이 그러한 예이다. 다른 심층 연구들은 주로 20세기에 초점을 맞추고 있으며 현대 통역사史의 한 부분을 차지하고 있다.

8.1.2 통역직의 역사

현재까지 이루어진 연구 중에서 국제회의 통역의 역사에 대한 가장 상세하고도 방대한 연구는 1990년대 말 역사를 전공한 UN의 상근 통역사였던 헤수스 바이고리 할론Jesús Baigorri Jalón에 의해 이루어졌다. 바이고리 할론(2000)은 국제연맹League of Nations과 제네바에 본부를 둔 국제노동기구ILO의 고문서 보관실에서 얻은 신상 자료와 행정 기록을 바탕으로 1919년 파리평화회의의 통역과 통역사들에 대해 상세히 기술하고 있다. 이들 고문서실에서 찾은 원본 문서와 씨름하면서 바이고리 할론은 동시통역의 기원을 추적하여 1920년대 중반에 '통신식 통역 시스템'이라는 아이디어가 최초로 실현된 방식을 자세히 기술했다. 그가 기록한 역사는 1·2차 세계대전 사이의 기간과 '독재자의 통역사들'을 다루고 있으며, 일반적으로 동시통역이 본격적으로 부상한 시점으로 간주되는 뉘른베르크 재판Nuremberg Trials까지 다루고 있다. 이 재판은 프란체스카 가이바(Francesca Gaiba, 1998)의 심층 연구의 주제이기도 한데, 그는 법정 기록과 통역사들과의 인터뷰를 기반으로 재판에서의 통역 환경 설정과 이것이 재판 과정에 미친 영향을 중심으로 사건을 포괄적으로 기술했다. 이 두 개의 연구 중 일부는 『인터프리팅*Interpreting*』(4: 1,1999)지의 특별호 『20세기 통역의 역사*The History of Interpreting in the 20th Century*』에 실리기도 했는데, 이를 제외하고는 고문서 기록과 인터뷰에 기반하여 이 정도로 상세하게 역사 연구를 수행한 학자는 거의 없다. 단, 빌스(Wilss, 1999)가 20세기 독일 통역번역에 대해, 특히 외교 목적을 위해 오랫동안 이루어져온 동양언어 교육을 포함한 교육 프로그램에 초점을 맞춘 연구를 발표한 바 있다.

유럽의 국제회의 통역사 교육은 50년이 넘는 역사를 가지고 있으나 통역의 전문직화에 핵심적인 역할을 한 교육은 주로 통역사史를 연구하는 학자들에게 특별한 관심의 대상이 되어왔다(Seleskovitch, 1999; Mackintosh, 1999). 북미의 수화 통역 교육(Vidrine, 1982)과 세계 각지의 통역사 교육 프로그램의 개설(Harris, 1997 참조)과 같은 전개 양상은 상대적으로 최근에 이루어진 것이며 아직 고문서를 기반으로 한 통역 역사의 연구 주제는 되지 못하고 있다. 통역의 전문직화가 보다 확고하게 이루어진 계기를 제공한 것은 통역사 협회들의 발족이며, 이 협회들 중 일부는 20세기 초에 이미 설립되었다. 대표적인 예가 국제회의통역사협회AIIC(Keiser, 1999 참조)와 청각장애인을 위한 미국통역사협회(RID, US Registry of Interpreters for the Deaf)이다. 후자는 재클린 비드린Jacqueline Vidrine가 1979년 박사 논문의 주제로 다루었으며 루 판트(Lou Fant, 1990)도 이 협회에 대한 개인적인 경험을 밝히고 있다. 마찬가지로 법률, 협회, 교육 프로그램, 특정 국가 그리고/혹은 통역 분야에서의 인증과 같은 전문직화와 관련된 제반 측면들 간의 상호작용도 전반적인 통역사史 맥락에서 다루어지고 있다. 이는 통역이라는 직업이 다양한 맥락과 작업 환경에서 이루어짐에 따라 고도로 분화되어 있음을 보여주는 것이다(8.2 참조).

8.2 작업 환경

전문 통역은 통역 행위에 제약 요소가 되는 특정한 사회적 맥락 속에서 수행된다. 통역을 사용하는 기관의 요구 사항과 기대치, 그리고 통역사 자신의 수행 기준이라는 두 측면이 변증법적으로 작용하여, 주어진 제도적 환경에서 전문성의 수준이 결정된다. 본래 국제적 환경에서 이루어지는 통역은 특수한 국가, 법, 정치, 경제, 문화적 틀 안에서 이루어지는 지역사회, 즉 커뮤니티 통역에 비해 사회제도적 제약이 적다.

8.2.1 국제적 환경

통역이 전문직으로 인정받게 된 데에는 20세기 초반에 이루어진 국제회의들이 큰 역할을 했다. 이 주제에 대한 최초의 논문(Sanz, 1931)은 관찰과 개인 인터뷰를 통하여 연구된 다자간 회의에서의 통역사의 업무를 묘사하고 있다. 에르베르(Herbert, 1952)의 『핸드북*Handbook*』 같은 저서들은 전문직으로서의 통역의 면모를 확고히 했으며, 1953년 파리에서 설립된 AIIC는 서유럽에서부터 시작하여 전 세계적으로 국제회의 통역에 대한 통일된 기준을 수립하고자 하는 노력에 착수하여 이를 성공적으로 이끌었다(Keiser, 1999). AIIC 직업윤리강령(8.3.1 참조)은 통역 업무의 기준을 확립했는데, 이는 국제회의 유사 환경이라고 광범위하게 정의되는 상황에서 이루어지는 순차통역 및 동시통역에 널리 적용되는 척도가 되었다. 실제로 특수한 제도적 환경에서 적용되는 요건이 아닌 이러한 일반적인 기준이 바로 통역이라는 직업을 정의하게 되었으며, 국제재판소, 국가 정상 간의 비공개 대화, 혹은 TV 방송과 같이 다양한 환경에서의 통역도 일반적인 국제회의 통역사의 전문 영역에 포함되는 것으로 간주된다.

국제적인 환경에서의 제도적 제약이 체계적인 관심을 거의 받지 못한 이유는 바로 모든 통역 환경에 국제회의 통역 기준이 획일적으로 적용되었기 때문이라고 설명할 수 있다. 획일적 접근법에서 벗어난 시도 중 하나는 카를로 마르조치(Carlo Marzocchi, 1998)의 연구로서, 그는 유럽의회에서 이루어지는 통역의 구체적인 측면을 강조했다. 사용자 기대치(7.5.1 참조)

에 대한 연구 역시 작업 환경과 관련된 제약을 지적하고, 특히 미디어 통역에 주목하고 있다(Kurz and Pöchhacker, 1995). 그러나 미디어 통역은 일반적으로 '국제적'인 성격의 내용을 다루면서도 기본적으로 특정한 사회문화적 지역사회의 제도적 맥락에서 이루어지기 때문에 국제적 그리고 지역적인 성격을 함께 갖는다. 초국가적인 제도적 환경에서 이루어지는 미디어 통역(예: 유럽 채널인 ARTE)과는 달리, 일본 뉴스 방송의 시차가 있는 통역(Mizuno in Snelling, 1997 참조)이라든지 여러 유럽 국가의 TV 통역 관행(예: Alexieva, 2001; Mack, 2002)에서 볼 수 있듯이 사회문화적 요소가 중요한 역할을 한다. 사회 내적 맥락에서 이루어지는 언어 전이를 가장 분명하게 보여주는 것은 청각장애인을 위한 TV 방송으로, 독일(Prillwitz, 2001)과 영국(Steiner, 1998)의 사례가 자세하게 연구된 바 있다.

8.2.2 지역사회 환경

수세기에 걸쳐 통역사들이 중요한 역할을 해왔으며 가장 명백한 제약이 있는 지역사회 기반의 환경은 법정이다. 스페인의 식민 제국에서 법정 통역 기준을 명시한 법률이 이미 16세기에 제정되었고(8.3.1 참조), 영국 법정에서도 통역사를 활용한 오랜 전통이 있다(Morris, 1995). 모리스Morris를 비롯한 몇몇 연구자들(Laster and Taylor, 1994; Mikkelson, 1998; Brennan, 1999; Turner, 2001)이 지적한 바와 같이 사법 체계 내에서 통역사에게 부여되는 제약은 통역사들이 추구하는 직업 기준과 상치되는 경우가 종종 있다. 최근 들어서야 '보이지 않는' 통역사에 의한 '축어적 번역verbatim translation'이라는 비현실적인 제도적 요구, 그리고 법정 통역을 위한 구체적인 교육과 법정 통역 품질 기준의 부재 사이의 간극을 메우고자 하는 노력이 특히 유럽을 중심으로(Hertog, 2001) 시작되었다. 그러나 경찰 취조에서 망명 청문회, 후견인 및 가정폭력 소송에 이르는 법률 영역의 다양한 제도적 환경과 각국 사법 전통의 고유성, 언어의 다양성 등을 고려할 때, 국제적 환경에 적용되는 직업 기준에 상응할만한 통일된 기준이 가까운 시일 내에 마련되기는 어려울 것으로 보인다. 미국 법정 통역에 대한 버크-셀릭슨(Berk-Seligson, 1990)의 선구적인 민족지학 연구, 영국의 청각장애인의 법적 권리를 위한 프로젝트(Brennan, 1999 참조) 및 얀센(Jansen, 1995), 쉐퍼(Scheffer, 1997), 카드리치(Kadric, 2000), 바덴쇼우(Wadensjö, 1998)의 연구를 볼 때 이 분야에서 체계적 실증 연구가 중요한 역할을 할 것이라는 점은 분명하다.

지역사회의 구어 통역에서 두 번째로 주요한 영역인 의료보건 환경에서의 통역도 이와 비슷한 상황이다. 법정 통역사들만큼 엄격한 법률적 제약과 전통에 의해 구속받지는 않으나, 의료보건 분야 통역사들의 직업 기준을 수립하려는 노력도 법정 통역 분야와 마찬가지로 강력하고 고도로 조직적인 제도와 부딪쳐왔다. 실제로 몇 안 되는 예를 제외하고는(Puebla Fortier, 1997) 의료 환경에서 통역사의 도움을 받을 수 있는 권리를 보장하는 구체적인 법률도 없고, 의료 기관들이 전문적인 통역 서비스를 제공하거나 그 비용을 부담하고자 하는 강력한 의지도 없다. 이렇게 제대로 정의된 '시장'이 존재하지 않기 때문에 그 필요성이 입증되었음에도 불구하고 의료 환경의 통역은 전문화되기가 무척 어려웠고, 교육을 받지 않거나 최소한의 교육만 받은 이중 언어자에 의한 서비스 제공이라는 임시방편적 모델이 선호되어왔다. 이러한 환경에서 통역의 전문화는 '의료기관에 의해 주도'되는 측면이 강했으며(Ozolins, 2000), 1960년대 이후 나온 의료보건 분야의 통역에 대한 연구는 전문직으로서의 통역번역사 관점이 아닌 의료 기관의 시각을 강하게 반영하고 있다(Drennan and Swartz, 1999). 특별히 주목의 대상이 되었던 분야들은 바로 정신의학(Marcos, 1979)과 정신치료(Bot, 2003)이다. 데이비슨(Davidson, 1998)에 의한 민족지학 연구와 같은 최근 연구들은 의료보건 환경의 다양한 제약들이 전문적이라고 할 수 있는 이 분야의 통역 수행에 미치는 영향을 보다 폭넓은 관점에서 고찰하고 있다.

법률, 의료, 사회 서비스 분야 등의 작업 환경에서 이루어지는 업무가 구어 통역사뿐 아니라 수화 통역사들에게 공히 중요하지만, 수화 통역에만 고유한 지역사회 기반 환경이 추가로 존재한다. 청각장애 학생의 '주류화'를 규정하는 법률이 있는 국가(미국의 경우 1970년대 제정)에서는 교육 통역이 수화 통역에 있어서 가장 주요한 전문 영역 중 하나이다. 미국에서는 학교와 대학이 수화 통역사를 가장 많이 이용하고 있으며 교육 통역에 대한 문헌이 상당한 분량에 이른다. 미국을 비롯하여 각국에서 이루어진 연구 주제에는 다양한 커뮤니케이션 모드에서 통역이 사용된 강의의 인지적 효과(Cokely, 1990; Livingston et al., 1994), 맥락적 제약과 전략의 역할(Napier, 2002), 교육 통역사에게 요구되는 특수한 자격(Hayes, 1992; Harrington, 2000) 등이 포함된다.

수화 통역사들이 활동하는 다양한 제도적 맥락 중에서도 특히 종교 환경과 연극 통역에 따르는 특별한 어려움에 대한 연구도 있다(Frishberg, 1990).

8.3 기준

법률과 제도적 요구 사항, 교육 기회, 상호합의에 의해 어느 정도 규정이 되기는 하나, 특정 '직업occupation'이 '전문직profession'이 되기 위해서는 기대되고 수용되는 행동의 근간이 되는 가치와 원칙들이 그 일에 종사하는 사람들에 의해 공통으로 규정되고 재확인되어야 한다. 대부분의 통역사 직업 강령이 '충실성', '정확성', '완결성'(7.2.1 참조)과 같은 기준에 의거한 수행 수준을 규정하고 있지만 그 주된 관심은 통역사 집단의 일원이자 특정한 역할을 수행하는 자로서(7.4 참조) 지켜야 할 윤리적인 행동에 있다.

8.3.1 윤리

성문화된 통역사 행동 기준의 시초는 1529년에서 1630년 사이 식민 제국의 관리들과 원주민들 간의 접촉 시에 통역사의 행동을 규율하기 위해 스페인 왕실이 제정한 14개 조항으로 거슬러 올라갈 수 있다(Bowen, 1995). 그로부터 약 400년 후인 1957년 초에 국제회의 통역사들은 상부 권력에 의해 일방적으로 부여되는 규정과는 달리 자발적으로 AIIC 직업윤리 강령을 채택했다. 직업 행동과 실무를 관장하는 이 강령의 핵심은 5개 조로 구성된 '영예 강령'이며, 그중 가장 중요한 조항은 비밀보장의 원칙이다. 직업윤리강령의 나머지 부분에는 '작업 조건'과 관련된 상세한 조항들이 포함되어 있으며, 이 조항들은 AIIC가 통역 활동을 규제하기 위해 만든 보다 구체적인 '직업 기준'과 관련이 있다. 이렇게 어느 정도 확립된 윤리의 문제는 1990년대까지 국제회의 통역에 관한 문헌에서 거의 관심을 받지 못했다. 1990년대 이후 미국에서 AIIC를 상대로 한 반독점 소송이 제기된 이후 규제가 완화되면서 전문인으로서의 행동과 윤리라는 주제가 회의 통역사들 사이에 새로운 의미를 갖게 되었다. 그러나 AIIC 강령은 통역계의 중요한 문제로 대두된 통역사의 역할과 통역 품질(작업 환경을 제외하고) 문제에 대해서는 여전히 아무런 입장도 표명하지 않고 있다.

1965년 초에 이루어진 RID 윤리강령의 채택은 국제회의 및 국제기구 이외의 영역에서 통역의 전문직화에 큰 전환점을 마련하는 계기가 되었다. 비록 당시의 RID 회원들이 전문직화라는 문제보다 능력 있는 통역사를 확보하는 데 더 큰 관심을 가지고 있었지만(Fant, 1990), 이들이 채택한 윤리강령은 1970년대 말에 개정·보완되면서 북미 지역의 수화 통역사들이 전문 직업인으로서의 정체성을 수립하는 데 기초를 마련해주었다. 실제로 RID 윤리강령은 미국 이외의 국가와 통역의 다른 분야에서 직업 기준을 수립하려는 노력에 주요한 본보기가 되었다. 그러나 RID 윤리강령은 지역사회 통역 윤리와도 관계가 있는 '중립성', '충실성'과 같은 원칙도 다루고 있어서 통역사의 역할이라는 문제와 부딪칠 수밖에 없다(7.4 참조). 이러한 이유로 수화 통역 분야에서는 윤리 (그리고 역할) 문제가 특히 뜨거운 논란과 연구의 대상이 되어왔다. 많은 저자들이 RID 윤리강령이 제시하는 엄격한 규정에 불만을 토로했다. 일례로 약 100명의 영국 수화 통역사들을 대상으로 윤리적으로 문제가 되는 시나리오를 조사한 테이트와 터너(Tate and Turner, 1997/2002)는 RID 윤리강령이 특별히 복잡한 작업 상황의 경우에는 지침을 제공하는 일종의 '판례법' 형태로 보완되어야 한다고 제안했다. 보다 대대적인 변화를 요구한 코클리(Cokely, 2000)는 RID 윤리강령이 너무 의무론적인 접근방식을 취하고 있으며 엄격한 제한과 규정에 초점을 두었다고 비난했다. 코클리는 그 대신 '권리 기반의 접근방식'을 제안했고, 통역사들이 주어진 상황이나 사례에서 전문적인 의사 결정을 할 수 있도록 보다 많은 재량권을 주자고 말했다(Harrington and Turner, 2001 참조).

RID의 뒤를 이어 구어 커뮤니티 통역에서도 직업 관행을 규정하고자 하는 노력이 특히 법정과 의료보건 환경에서 이루어졌다(Mikkelson, 2000/01). 법정 통역에 관한 몇몇 강령과 관련 연구자들은 보다 보수적이고 기술적인 입장(Schweda Nicholson, 1994)을 취했던 반면, 니스카(Niska, 1995)와 미켈슨(Mikkelson, 1998)과 같은 학자들은 '권한 부여'까지는 아니어도 통역사가 소극적인 메시지 변환자가 아닌 책임 있는 전문 직업인으로서 일할 수 있도록 (법정) 통역사들을 해방할 것을 주장했다. 마찬가지로 바덴쇼우(1998)는 기술 연구descriptive research를 통해 통역사가 중개하는 상황의 실제 역학에 스웨덴식 행동 관행 지침을 적용하는 것은 부적절하다고 지적했다. 같은 맥락에서 카우퍼트와 푸취(Kaufert and Putsch, 1997)는 미국과 캐나다 의료보건 통역사들의 업무 기준에 대해 비판적인 시각을 피력했다. 이들은 사례를 들어 특정한 환경에서는 비밀 유지, 통역 내용의 정확성과 완결성, 고객의 자율성과 같은 원칙을 고수하기가 매우 어렵다는 점을 증명했다. 한편 캘리포니아 의료통역사협회California Healthcare Interpreters Association는 기존의 명문화된 규정의 전통 위에서 이러한 우려를 해결하고자 노력했는데, 이 협회의 「캘리포니아 의료통역사협회 표준」이라는 문서에는 개입과 권리 옹호 문제에 대한 지침과 함께 여섯 개의 윤리 원칙이 담겨 있다.

8.3.2 인증

비밀 유지, 청렴, 전문화와 같은 원칙에 대해서는 명백한 기준이 존재하지만, 어떤 통역사가 사회와 고용주, 고객 개개인, 동료 통역사에 대한 윤리적 의무를 수행할 수 있는지를 판단하기 위해서는 추가적인 기준이 필요하다. 통역사가 직업적 기준을 준수하는지 여부를 '인증'받는 한 가지 방법은 행동 및 업무 강령을 가지고 있는 협회의 회원이 되는 것이다. 회의 통역 분야에서는 AIIC의 엄격한 입회 정책이 인증 시스템의 역할을 해왔으며, 협회의 회원명부는 자격을 갖춘 전문 통역사의 등록부로 간주되어왔다. 이와는 대조적으로 법정 통역사의 경우 일부 국가에서는 선서를 하기만 하면 자격이 갖추어진 것으로 본다. 하지만 버크-셀릭슨(Berk-Seligson, 1990: 204)이 말한 대로 "아무리 선서를 많이 한다고 해도 필요한 역량을 갖추지 못한 통역사로부터 양질의 통역이 나오게 할 수는 없다". 따라서 전문 교육 과정이 부재하거나 아직 정립되지 못한 분야에서는 일종의 시험이나 수행 평가를 포함하는 인증 절차에 의지하게 된다.

여기서도 모범 사례는 RID의 인증 제도이다. 1970년대 초에 시작된 RID의 인증 제도와 그 평가 기법은 타당성과 신뢰성의 문제를 다룬 여러 편의 논문의 연구 주제가 되었다(예: Strong and Rudser, 1985, 1992). 통역사 인증제의 또 다른 예로는 호주의 국립통역번역사인증국(NAATI, National Accreditation Authority for Translators and Interpreters)의 기술 기반 시험(예: Bell, 1997), 미국의 주 및 연방 단위에서 시행되는 법정 통역사 인증 프로그램, 미국 일부 지역(예: 워싱턴, 매사추세츠)에서 시행 중인 의료보건 통역사 인증, 영국의 언어학연구소가 시행하는 공공 부문 통역사 자격증을 들 수 있으며, 그 외에 기술적 의미의 '기준'에 의거하여 통역사를 인증하고자 하는 시도가 있다. 통역사 인증은 평가(9.4 참조)뿐만 아니라 통역사에게 요구되는 역량과 전문성의 수준(8.4 참조)과도 밀접한 관련이 있다.

8.4 전문 역량

어떤 관행이나 직업이 전문직으로 인정받기 위해서는 전문화된 훈련을 통해서만 숙달되는 복합적인 지식과 기술을 기반으로 해야 한다. 따라서 통역 능력은 업무의 요구 사항(수행 기준)과 자질 간의 상호일치로 정의될 수 있으며, 자격에 대한 이해는 통역의 전문화와 통역사 훈련에 매우 중요하다. 특히 심리학적 접근방법에 영향을 받아 통역사의 전문적 역량을 구성하는 능력과 전문성에 대한 연구가 증가하고 있다.

8.4.1 개인의 자질 및 능력

통역사와 심리학자들은 오래 전부터 통역을 전문으로 하는 사람들에게 요구되는 심리학적 전제 조건을 제시해왔었다. 산츠(Sanz, 1931)는 그가 관찰한 국제연맹과 ILO 소속 통역사 20명을 인터뷰한 내용을 토대로 인지능력(예: 사고력, 직관력, 기억력)뿐 아니라 도덕성과 정서 자질(예: 기지, 분별력, 기민함, 침착함)을 포함한 십여 가지 능력을 제시한 바 있다. 1965년에 채택된 RID 윤리강령 원문은 후자를 강조하면서 통역사가 "도덕적이고 정직하며 성실하고 신뢰할 수 있는 동시에 정서적으로 성숙할 것"을 요구하고 있다(Cokely, 2000: 35). 법정 통역사에 대한 규정도 이와 비슷한 요구 사항을 포함하는 경우가 빈번하다. 반 후프(van Hoof, 1962: 59ff)가 만든 법정 · 군사 · 리에종 통역사 및 국제회의 통역사의 요건 목록에는 에너지와 체력과 같은 신체적 자질과 언어 실력, 폭넓은 종합 지식과 같은 지적 자질, 그리고 기억력, 판단력, 집중력, 집중력 분배 등의 정신적 자질을 포함한다. 국제회의 통역에 관해 카이저(Keiser, 1978: 17)는 '지식'(언어 숙달 및 종합적인 배경 지식)과 '개인적 자질'을 강조했다. 개인적 자질에는 의미 도출 능력, 적응력, 집중력, 기억력, 대중연설에 타고난 능력과 호감이 가는 목소리가 포함된다. 리에종 통역에 관해 젠틸 외(Gentile et al., 1996: 65ff)는 언어 능력, 문화적 능력, 통역 기술, 기억 기술 및 직업윤리를 통역사 능력의 중요 요소로 지적했다. 프리쉬버그(Frishberg, 1990: 25ff)는 사람을 잘 다루고 이문화 간에 발생하는 문제를 능숙하게 해결할 수 있는 능력을 수화 통역사의 중요한 자질로 강조한 반면, 통역 기술은 '언어 능력'의 하위 항목 정도로만 취급했다.

표준화된 심리학적 도구를 이용하여 통역사의 자질을 분석하려는 일련의 노력들은 별다른 성과를 거두지 못했다. 연구에 사용되었던 심리학적 도구들의 예로는 아이젠크Eysenck 성격검사(Gerver, 1976)의 신경증 척도, A(심장병에 걸리기 쉬운) 타입 습성을 판단하기 위한 설문지(Cooper et al., 1982), 베크슬러Wechsler 성인지능검사와 캘리포니아 인성검사(Strong and Rudser, 1992), 상태-특성-불안 검사(Kurz, 1996) 등이 있다. 한 연구에서는 번역사와 통역사의 전형적인 성격 차이를 밝히기 위해 심리 테스트가 적용된 경우도 있다. 쿠르츠 외(Kurz et al., 1996)는 기존의 연구와 카스Casse의 커뮤니케이션 가치 성향 모델을 참고하여 실시한 조사의 결과를 논의한 바 있다. 여기에서 번역사는 '과정'과 '사람'을 지향하는 반면, 전형적인 통역사는 '사람 중심적'이고 '행동 중심적'인 성향, 즉 사회적 상호작용과 '업무 성취'에 초점을 두는 것으로 나타났다. 독일 AIIC 회원 39명을 상대로 진행한 인터뷰 조사에서 펠트벡(Feldweg, 1996)은 전문가들 사이에 유능한 통역사의 인지 능력과 감성적 성향에 관해 일치된 의견이 존재함을 다시 확인했다(Bühler, 1986 참조). 그러나 통역사에게 요구되는 주요 지적 능력인 폭넓은 종합적 교육과 지식, 해당 언어의 숙달, 문화적 능력, 분석 능력 및 기억하는 기술 등은 통역 분야에만 해당된다고 볼 수는 없다. 따라서 학자들은 이러한 능력들이 어떻게 진화하여 통역사의 전문 능력을 구성하는 특수 기술이 되었는지에 연구의 초점을 맞추었다.

8.4.2 특수 기술 및 전문 능력

통역 능력을 개발하기 위한 중요한 출발점은 이중 언어 구사 능력(6.1.1 참조)이며, 자연 번역 이론(Harris and Sherwood, 1978)에 따르면 이것은 번역을 할 수 있는 기초적인 능력을 뜻한다. 이중 언어 구사 능력을 비롯한 다른 기본 능력이 어떻게 전문 능력으로 발전되는지는 전문성 연구의 틀에서 연구되어왔다. 이는 1970년대부터 인공 지능과 정보 처리에 대한 연구에서 발전한 인지심리학의 한 분야이다(Hoffmann, 1997). 다양한 학문 분야에서 입증되었듯이 전문가들은 종합적인 지식 표상과 정교한 정신적 모델에 의지하여 지각적 혹은 문제 해결을 위해 고난도의 논리 해결 과정을 사용한다. 전문가들은 기술적('규칙에 기반을 둔') 지식을 넘어 직감 또는 암묵적 (절차상의) 지식의 수준으로 자동화된 특정 맥락에 알맞은 유연한 전략을 사용할 수 있다. 이 때문에 전문 통역사로부터 지식을 추출하는 것은 상당히 어렵다. 그러나 구조화된 인터뷰, 과제 분석, 성과 대조 분석을 포함한 몇몇 방법론적 접근이 제시된 바 있으며, 이는 기존의 통역 관련 연구와 잘 들어맞는다. 예를 들어 로버트 호프만(Robert Hoffman, 1997: 205)의 순차통역 기술 분석은 셀레스코비치(1975)의 선구적인 연구를 연상시킬뿐만 아니라, 전문가와 초보 학생 혹은 이중 언어를 구사하는 대조군과의 수행 비교 실험 연구는 오랜 역사를 갖고 있다. 이에 관한 예로는 바릭(Barik, 1973; 1975/2002)의 휴지pause와 오류error에 대한 연구, 랑베르(Lambert, 1989)의 상기recall와 인지recognition에 대한 연구, 딜린저(Dillinger, 1994)의 인지에 관한 연구, 파디야 외(Padilla et al., 1995)의 작동 기억 용량

working memory capacity에 대한 연구, 쿠르츠(Kurz, 1996)의 동시에 듣고 말하기 연구, 안드레(Andres, 2002)의 노트테이킹 연구, 미드(Mead, 2002)의 순차 통역에서 나타나는 비유창성disfluencies에 관한 연구 등이 있다.

전문가-초보자 패러다임expert-novice paradigm에 명시적으로 초점을 맞춘 연구는 모저-머서 외(Moser-Mercer et al., 2000)에 의해 보고되었는데, 이들의 실험은 통역의 전문 능력의 일부로 간주되는 다양한 언어 처리 기술에 주안점을 두고 있다. '지연된 청각적 피드백delayed auditory feedback'에서는 전문가들이 학생들에 비해 집중력 혼란을 더 잘 피한 반면, 섀도잉이나 언어적 유창함과 관련된 작업에서는 전문가와 초보자를 구분할 수 있는 증거를 찾지 못했다. 이와 유사하게 류(Liu, 2001)는 연구를 통해 동시통역의 전문성은 별도의 처리 능력(예: 작동 기억 용량)의 작용이 아니라 특정 작업에 수반되는 기술(선택적 처리, 효과적인 결과물 모니터링, 동시통역 시 작동 기억 자원 할당)의 결과이며, 이러한 기술은 훈련과 특히 현장 경험 같은 많은 과제 수행 시간을 통해 습득된다고 했다. 인지 처리와 과제 수행 이외에도 통역의 전문성은 과제와 관련된 상호작용 기술(예: 브리핑 및 작업 조건 협의 시)과 기술적 도구를 사용하거나 사용하지 않는 지식 습득 전략을 포함한다(8.5.2 참조).

8.5 테크놀로지

20세기 초부터 기술의 진보는 새로운 형태의 통역을 출현시켰으며 통역사의 기술 적용 범위를 확장시켰다. 1990년대부터 통신과 디지털 데이터 처리 시스템의 통합은 전문 통역 중에서도 특히 다국어가 사용되는 국제회의 통역에 큰 영향을 끼쳤으며, 이제까지 충분히 다루어지지 않은 이 분야에 대한 연구 수요를 촉발했다.

8.5.1 통신

발화의 흐름을 멀리, 동시적으로, 그리고 '현장에서' 수신자에게 전하는 전자음향 전송 시스템의 개발은 다국어 회의 환경에서의 구어 통역에 혁명적인 변화를 가져왔다. 1960년대 초에는 동시통역 관련 전기회로가 상세한 설명을 요하는 새로운 것이었으며(van Hoof, 1962: 119ff), 1970년대 초까지도 그다지 많은 관심을 끌지 못했다. 그러나 동시통역 장비의 신호 품질 국제 기준이 확립되면서(8.6.1 참조) UN은 1970년대 후반에 음향과 화상회의 통역을 실험해보기 시작했고, 이는 20년 뒤 통역사들이 경험하게 될 원격회의 통역 환경을 예고했다. 이에 따라 위성이 아닌 지상파를 이용한 **화상회의**videoconferencing 전파 품질 문제는 전송 품질과 기술 표준 발전에 대한 관심을 다시 불러일으켰다(Mouzourakis, 1996). 국제회의 통역사들은 기술적 문제 이외에 심리적 이유로 '원격 통역tele-interpreting/distance-interpreting', 즉 연설자와 청중을 직접 볼 수 없는 '현장으로부터 떨어진 곳'에서의 화상회의 통역을 반대해왔다. 국제회의 통역사를 대상으로 원격 통역에 대한 반응을 조사해본 결과, 의욕 부진과 함께 눈의 부담, 피로, 신경의 긴장, 소외감 등이 자주 관찰되었다(예: UN, 2001). 직업 환경에 관한 연구(8.6 참조) 외에도, 브라운과 콘(Braun and Kohn, 2001)은 이 주제에 대해 몇 안 되는 언어기술적 연구 논문을 통해 독일어와 영어가 원격 통역된 화상회의 시뮬레이션(ISDN 연결을 통한)의 담화 데이터를 분석했다. 연구자들은 열악한 전송 품질로 인해 발생하는 문제를 인정했지만, 통역사들이 효과적인 모니터링 및 적응 전략을 활용한다는 사실을 확인하고, 원격 작업의 한계보다는 가능성을 지적했다(Niska, 1999; Stoll, 2000).

게다가 음향 신호만을 사용한 원격 통역은 1950년대 등장한 전화 통역의 형태로 오래 전부터 실행되어왔다(Paneth, 1957/2002). 전화 통역 서비스는 비언어적(시각적) 신호의 활용 부재가 심각한 제약으로 느껴질 수 있는 대화 소통에 사용됐지만, 특히 미국과 영국에서 높은 수용도(그리고 상업적 성공)를 누려왔다. 전화 통역은 비디오전화를 이용하여 청각장애인을 돕는 데 사용되기도 했으나(Niska, 1999), 이에 대한 연구는 매우 미미한 상태이다.

한 개의 국어만 사용하는 사람(영어)과 통역(영어-일본어)된 전화 통화 내용을 대조한 실험적 연구 이외에(Niska, 1999: 112), 전화 통역의 연구 잠재력에 각별한 관심을 기울인 학자는 바로 바덴쇼우(Wadensjö, 1999)이다. 통역사가 중개하고 동일한 참가자(러시아어를 사용하는 여인과 스웨덴 경찰)가 참여하는 두 번의 자리에서 나온 담화 데이터를 분석한 바덴쇼우는 참여자들이 시청각적으로 한자리에 있는 것이 현장 통역에서 대화 리듬을 공유하게 만들며, 이에 따라 더 짧은 시간에 많은 이야기와 상호작용이 가능하다는 것을 보여주었다. 이와 반대로, 캘리포니아에서 원격 동시remote simultaneous 대화 통역을 의료 환경에 적용했을 때에는 현장에서 순차통역을 실시한 것보다 좋은 결과를 낳았다(Niska, 1999: 112f). 이러한 맥락에서 전화 동시통역이 일부 미국 연방법원에 도입되었다. 이와 함께 휴대용 무선 동시통역 장비와 같은 기술의 혁신이 통역사들의 직업 환경에 결정적인 영향을 끼칠 것으로 예상된다(8.6.1 참조).

8.5.2 도구

1920년대 이래 순차통역을 하던 회의 통역사들은 노트와 펜 같은 간단한 '도구'에만 의존해 작업을 수행했다. 파네트(Paneth, 1990)는 출발어 연설을 도착어 문서로 변환해서 오버헤드 프로젝터로 영사하는 동시통역의 변환된 형태를 설명하면서, PC로 영사하는 것이 이러한 기술의 장래를 더 밝게 할 것이라고 암시했다. 이러한 '영사된 통역'은 많은 주의를 끌지는 못했지만, '실시간 자막' 기술과 SCIC에서 실행하는 것과 같이 통역사를 통한 다국어 인터넷 채팅의 온라인 메시지 번역과 관련이 있다.

급진적 기술 혁신의 일례로 순차통역의 노트테이킹을 대체할 수 있는 디지털 녹음 기술의 활용을 꼽을 수 있다. 이는 '순차적 동시consecutive simultaneous mode'라고 불리는 형태로(Ferrari, 2001), 통역사들은 휴대용 PC 장비를 이용하여 디지털 테이프에 출발어를 녹음한 뒤 헤드세트에서 재생하여 동시 형태로 전달한다. 이와 유사하게 동시통역 부스에서 단기 처리 과정 지원을 위해 디지털 메모리가 이용되기도 한다. 일부 동시통역 콘솔에 있는 반복 기능을 사용하여 통역사들이 버퍼 메모리에 있는 출발어의 마지막 몇 초를 재생한 뒤 연사의 실시간 강연을 따라잡는 것이다. 이러한 기술 중심의 발전은 지금도 진행 중이며, 이와 관련하여 향후 체계적인 연구가 필요하다.

디지털 음성 처리보다 PC 기반의 단어 처리, 그중에서도 용어와 텍스트 데이터의 처리는 국제회의 통역사들의 작업 환경과 기술에 변화를 가져왔다. 모저-머서(Moser-Mercer, 1992)는 100명 이상의 AIIC 회원을 대상으로 용어 관리 소프트웨어에 필요한 사항과 선호 사항을 확인하기 위한 조사를 최초로 실시했다. 그 결과 기술 회의 동시통역의 작업 흐름에 맞춘 PC 기반 도구들이 개발되었는데, 오프라인 준비와 온라인 검색을 모두 사용하도록 고안된 모듈 리소스 시스템인 LookUp®도 이러한 도구 중 하나이다(Stoll, 2002). 부스에서 인터넷 접속과 디스크 기반의 언어 지원이 가능한 다기능 '국제회의 통역사 작업대Conference Interpreter's Workbench'는 컴퓨터 지원 통역의 발전에 있어서 중요한 첫걸음이다.

8.5.3 자동화

전문 통역사와는 상당한 거리가 있지만, 컴퓨터 과학, 언어학, 음성 처리와 인공 지능 분야의 연구자들은 음성 대 음성 기계 번역speech-to-speech machine translation 또는 '자동 통역' 시스템 개발을 위해 많은 노력을 기울여왔다. 1990년대 이후 미국과 일본 및 몇몇 유럽 국가에서 개발된 모든 주요 시제품들은 대부분 약속 시간 정하기나 여행 정보와 같이 그 형태와 범주가 순차 대화 통역으로 제한되어 있다. 일부 국가의 경우, 특히 일본에서는 전화 통화 내용을 기계로 통역하는 중앙 시스템인 통역 전화 interpreting telephony에 큰 비중을 두었다(LuperFoy, 1996). 이와 대조적으로, 1993년부터 2000년 사이 6천만 유로에 달하는 지원을 받으며 여러 센터가 주체가 되어 진행한 독일의 페르모빌 프로젝트는 면대면 대화 통역을 위한 휴대 장치 개발을 목표로 했다(Wahlster, 2000). 페르모빌 연구는 음성 인식과 언어 처리 분야뿐 아니라 사람에 의한 통역 연구와도 밀접한 관계가 있는 '대화 행위'에 대한 이해를 확대하는 데 기여했다. 예를 들어 수잔네 예카트Susanne Jekat(Jekat and Klein, 1996)와 비르테 슈미츠(Birte Schmitz, 1998)의 연구는 즉흥 대화를 직역하는 것이 부적절하다고 지적하고, 주어진 대화 행위의 문맥과 소통 목적에 의해 결정되는 '의도된 해석'을 바탕으로 한 번역 방식을 주장했다.

8.6 환경

통역사들은 상호작용에 관여하기 때문에 통역을 수행하는 소통 상황 및 작업 환경에서 발생하는 제약에 지배를 받는다. 기술의 영향이 더 커짐에 따라 다양한 스트레스 요인이 존재하는 통역사의 작업 환경(8.5 참조)은 직업병에 대한 우려를 낳고 있으며 이 중 일부 직업 관련 요인에 대한 연구가 진행되기도 했다.

8.6.1 작업 조건

넓은 의미에서 '고용 조건'을 볼 때, 통역 실무에 대한 연구는 보수 수준, 사용자의 처우, 업무량(과도한 업무량 또는 일거리 부족) 등을 포함한 업무 조건에 초점을 둔다. 국제회의 통역 분야에서는 전문가 단체와 노동조합의 혼합 형태인 AIIC가 이러한 사안을 상당히 효과적으로 다루어왔다(Keiser, 1999: 84). 최근 커뮤니티 통역사들도 전문가 협회나 노동조합을 통해 유사한 길을 걷고 있다. 후자의 예로는 영국의 전문통번역사 노동조합(National Union of Professional Interpreters and Translators, NUPIT)이 있는데, 이 단체는 공공 기관에서 일하는 통역사들을 대표하고자 노력하며 회원들을 상대로 고용 조건에 대한 조사를 실시한 바 있다(NUPIT, 2001).

통역사의 작업 조건을 구체적으로 보면, 시간과 장소를 포함한 물리적 환경, 준비 및 인지적 부하, 다양한 입력 변수와 같은 작업 관련 요인(6.6 참조)과 팀원과의 관계, 고객 피드백과 같은 사람과 관련된 요인의 영향을 받는다. 이러한 요인들 특히, 국제회의 통역사의 작업 환경은 추가 연구의 대상이 되어왔다. 발터 윰펠트(Walter Jumpelt, 1985)는 국제 표준하에서의 국제회의 통역 조건을 기술했다. 일례로, 부스 크기와 음향 전송 품질에 중점을 두고 고정식 부스에는 ISO 2603(1974년 처음 도입), 이동식 부스에는 ISO 4043, 음향 시스템 장비에는 IEC 60914를 적용했다. 자넷 알트만(Janet Altman, 1990)은 브뤼셀에서 일하는 상근 통역사들과 프리랜스 AIIC 회원을 대상으로 음향 전송 품질, 자료 입수 가능성, 출발어 발화의 밀도와 전달, 회의 진행에 대한 가시성 여부 등을 포함하여 통역 품질에 영향을 끼치는 요인을 조사했다. 회의 진행 상황에 대한 시각적 접근 문제는 국제회의 통역과 법정, 의료 환경에서 모두 원격 통역이 증가함에 따라 중요한 문제로 부상했다(8.5.1 참조). 회의 통역사의 작업 환경에 대한 가장 종합적인 조사는 AIIC(2002)의 위탁으로 진행된 업무 부하 연구Workload Study이다. 이 연구는 부스의 습도, 공기 오염도, 온도 등 현장의 물리적 환경을 통역이 이루어지는 하루 동안에 걸쳐 조사했다. 이 연구에서 특히 이동식 부스 안의 이산화탄소량과 온도는 ISO 권장 수치를 넘는 것으로 나타났으며, 그 외에도 몇 가지 개선이 필요한 부분들이 밝혀졌다.

8.6.2 스트레스와 건강

국제회의 전문 통역의 물리적, 생리학적, 그리고 심리학적 측면을 다룬 AIIC의 업무 부하에 대한 연구는 직업상의 스트레스 원인과 이것이 통역 수행에 미치는 영향에 주요한 관심을 두었다. 이에 앞서 쿠퍼 외(Cooper et al., 1982)가 AIIC의 지원으로 수행한 연구에서는 스트라스부르, 브뤼셀, 제네바에서 33건의 면접을 실시하고 전 세계적으로 우편 설문 조사를 했으며, 총 826명의 AIIC 회원들이 직업 만족도, 스트레스 원인, 정신 건강 상태, 심혈관 상의 위험 요인(타입A 행동) 등을 묻는 14페이지 분량의 설문지에 응답했다. 보다 정밀한 연구의 일환으로 업무 부하 연구(AIIC, 2002)에서는 약 600명의 AIIC 회원(대부분 프리랜서)을 대상으로 설문을 실시했다. 그 결과 일과 관련한 상당 수준의 피곤·피로 및 정신적 스트레스를 발견할 수 있었으며, 가장 중요한 스트레스 요인으로 난해한 출발 텍스트와 연사의 전달 방식, 열악한 부스 환경과 준비 부족을 꼽았다. 스스로 매우 스트레스가 높은 직종에 종사하고 있다고 생각하는 통역사들의 인식은 호르몬 수준(코티솔)과 심혈관 활동(혈압과 맥박) 등의 객관적인 수치에서도 드러났다. 조사에서 응답자의 40~60%가 일과 관련한 스트레스가 통역물의 품질을 저하시킨다고 말했지만, 실제 통역의 의미 대응, 언어 정확도, 전달력을 평가했을 때 이러한 결과가 확인되지는 않았다. 그러나 동시통역의 경우 통역사 한 명이 오랜 시간 혼자서 통역을 수행해야 하는 경우(최고 60분), 피로가 통역 수행물에 부정적인 영향을 미친다는 사실을 확인했다(Moser-Mercer et al., 1998; Zeier, 1997 참조).

통역사가 업무 중 경험하는 스트레스의 강도와 종류는 다양한 상황적 요인과 개인적 요인의 영향을 받는다. 업무 부하 연구는 국제회의 환경에서의 통역에 초점을 맞추었으나 응답자의 61%가 경험이 있다고 말한 화상회의 통역과도 관련이 있다. 조사 대상 통역사들은 원격 통역 상황에서 스트레스 수준이 더 높으며, 신체적으로 더 불편하고 통역의 품질도 낮아진다고 답했다. 이러한 응답은 UN 원격 통역 시험(2001)에 참가한 통역사들의 반응과 유사하지만, 사용자 측면에서 보았을 때 통역의 질이 낮아졌다는 증거는 거의 찾아볼 수 없었다. 미디어 통역이 일반 회의 통역에 비해 스트레스 강도가 높다는 사실도 보고되었다. 쿠르츠(Kurz, 2002a)는 심혈관 지표와 피부 전기저항의 감소로 측정되는 땀샘 활동을 통해 기술 관련 회의와 생방송 통역을 할 때 생리학적 스트레스 반응이 다르다는 것을 보여주었다.

대부분의 스트레스 연구는 구어 국제회의 동시통역에 초점을 두었지만, 수화 통역도 업무 관련 스트레스가 높은 것으로 나타났다. 페퍼와 기브니(Peper and Gibney, 1999)는 실험 참가자 아홉 명의 호흡, 피부 전도율, 상지 근전도를 추적하여 생리적 자극이 높아졌다는 것을 발견했으며, 이렇게 증가된 생리적 자극이 유해한 통증 주기를 촉진한다는 결론에 도달했다. 이러한 현상은 특히 교육 환경(8.2.2 참조)과 관련이 있으며, 통역사가 수업 전체를 통역해야 하는 상황이 발생하여 통역 시간이 길고 회복 시간이 짧을 때, 그리고 주제에 대한 충분한 준비가 불가능할 경우 통증이 유발될 수 있다. 여러 학자들은 교육 관련 통역사들이 건염이나 손목굴증후군 같은 '상지누적 외상성장애' 위험에 특히 노출되어 있음을 밝힌 바 있다. 포이어슈타인 외(Feuerstein et al., 1997)는 1400여 명의 수화 통역사를 조사하여 상지 장애(최고 32%)가 많은 것이 업무상의 요구, 심리사회적 스트레스 요인, 작업 스타일(예: 소리치는 것에 해당하는 과도한 손과 손목 움직임) 등과 관련이 있음을 발견했다.

커뮤니티 통역사의 직업상 위험 요소에는 의료 환경에서의 감염 위험과 경찰이나 소송 관련 통역 시 신변 위협 등이 포함된다(NUPIT, 2001 참조). 카렌 바이스토(Karen Baistow, 1999)는 유럽 5개국 약 300명의 커뮤니티 통역사들을 대상으로 진행한 조사에서 심리적인 압박감을 강조했으며, NUPIT 조사의 응답자 절반 이상이 업무나 고객과의 상황에서 '심각한 감정적 스트레스'를 겪었다고 보고했다. 가장 심각한 외상 후 스트레스는 남아프리카공화국 진실과화해위원회South African Truth and Reconciliation Commission의 청문회 통역을 담당했던 통역사들 사이에서 나타났다(Wiegand, 2000 참조). 이러한 건강상의 위험 요인은 낮은 급여와 함께 AIIC 업무 부하 연구의 주요 연구 사안 중 하나인 통역사의 기력 쇠진이 원인으로 언급되었다.

8.7 사회학

사회의 확실한 전문가 집단인 통역사들은 다양한 사회학적 각도에서 연구될 수 있다. 여기에서는 이번 장의 앞부분에서 다루었던 여러 요인들 외에 사회에서 통역사라는 직업과 통역사 개인에 관한 연구 결과를 지위와 인구통계적 구성이라는 표제로 논의해보고자 한다.

8.7.1 지위

독일인의 관점에서 국제회의 통역사라는 직업에 대한 가장 종합적인 시각을 제시한 이는 펠트벡(Feldweg, 1996)으로 그는 저작물과 대중매체에 반영된 국제회의 통역사들에 대한 대중의 이미지와 인식 등을 다루었다. 곤도(Kondo, 1996)는 일본 통역사들을 둘러싼 사회문화적인 맥락을 설명하면서, 통역사의 사회적 지위가 낮은 이유에 대해 언급했다. AIIC 업무 부하 조사를 포함한 다양한 조사 결과, 통역사의 위상은 해를 거듭하면서 낮아지는 것으로 인식되었으나 이러한 현상은 국제회의 통역사들의 높은 직업 만족도에는 거의 영향을 끼치지 않는 것으로 보인다. 통역 업계에 종사하는 개인의 지위에 관한 논의는 통역이라는 직종에 대한 진입 경로, 고용 현황, 직업상의 기회, 양성 평등과 주로 관련이 있으며, 이러한 주제에 대한 체계적 데이터는 전문가 협회를 통하지 않으면 입수하기가 힘들다.

이러한 데이터의 부족은 특히 대부분의 나라에서 인식 수준이 낮고 협회 조직이 잘 되어 있지 않은 커뮤니티 통역 분야에서 더욱 심각하다.

통역의 여러 부문별 특징을 드러내는 주요 이슈는 문화적 정체성과 통역사의 위상이다. 역사적으로 통역사의 요건은 두 개 이상의 문화적 공동체에 대한 몰입이었으며 이는 초기 수화 통역사들 못지않게 20세기 초의 초기 국제회의 통역사에게도 해당되었다. 통역의 고등교육화의 결과는 잘 알려져 있고 국제회의 통역 분야에서 좋은 평가를 받고 있으며, 커뮤니티 통역사들도 이와 유사한 방향으로의 발전을 희망하고 있다. 그러나 문화적 몰입과 상호작용보다는 주로 학업을 통해 통역사로 입문하는 요즈음의 경향은 수화 통역사들에게는 문제가 될 수 있다. 이는 청각장애인 공동체가 수화 통역사들이 자신들을 억압하고 소외시키는 비장애인 문화에 속해 있다고 간주하기 때문이다(Cokely, 2000). 반대로 구어 커뮤니티 통역사들의 경우 이들이 고객인 소수 민족 또는 이민자 문화에 속한 경우가 많다는 사실로 인해 주류 사회가 통역사를 보는 시선이 변질될 가능성이 높다. 천년의 역사 속에 드라고만dragomans과 통역사들이 경험한 문화적 혼종 상태와 지배 세력과의 다양한 관계(Karttunen, 1994; Cronin, 2002 참조)는 결국 오늘날의 통역 업계 일부에도 해당이 되는 것이다.

8.7.2 인구통계적 구성

AIIC와 RID와 같은 전문가 협회의 회원 수에서 확인할 수 있는 1950년대와 1960년대의 통역사의 수적인 성장 외에 가장 놀라운 인구통계학적 현상은 남성을 약 3:1의 비율로 앞서게 된 여성 통역사의 증가다. 여성의 탁월한 언어와 소통 능력이 통역사의 여성화에 대한 설명으로 제시되기도 했다. 하지만 1967년에 처음으로 남성 회원 수를 능가한 AIIC의 여성 회원 수 증가 현상(Feldweg, 1996: 82)을 통역사의 위상 추락과 통역을 서비스업 또는 업무 보조적 업종으로 보는 인식의 변화와 관련이 있다고 보는 시각도 있다. 업무 보조적 인식은 커뮤니티 통역에서 특히 강하며, 남성의 진입을 저해하는 낮은 급여 문제를 포함하여 수화 통역에도 해당된다. 코클리(Cokely, 1981)가 실행한 미국 수화 통역사들에 대한 조사에 이어 슈타우퍼 외(Stauffer et al., 1999)는 1997년에 열렸던 RID 총회 참석자 200여 명의 인구통계학적 프로필을 조사했다. 이 연구는 통역의 정식 교육이 보다 보편화되었다는 증거 외에 표본이 주로 여성(79%)이며 응답자의 70% 이상이 30대와 40대 연령대임을 보여주었다. 국제회의 통역사 중 베테랑 통역사들 상당수가 은퇴를 앞두고 있다는 사실은 유능한 통역사를 적정 수 확보하는 데 통역 훈련 프로그램이 매우 중요하다는 것을 뜻한다.

핵심 문헌

역사

Baigorri Jalón(2000), Bowen(1995), Cary(1956), Fant(1990), Gaiba(1998), Herbert(1978), Hermann(1956/2002), Karttunen(1994), Keiser(1999), Kurz(1985), Roland(1999), Thieme et al.(1956), van Hoof(1962), Vidrine(1984), Wilss(1999), Interpreting(4: 1, 1999) 특별호의 논문을 참고하라.

작업 환경

Alexieva(2001), Berk-Seligson(1990), Brennan(1999), Chiaro(2002), Davidson(1998), Frishberg(1990), Gentile et al.(1996), Harrington(2000), Hayes(1992), Hertog(2001), Jansen(1995), Kadric(2000, 2001), Laster and Taylor(1994), Mack(2002), Marzocchi(1998), Morris(1995), Puebla Fortier(1997), Seal(1998), Turner(2001)

기준

Bell(1997), Cokely(2000), Harrington and Turner(2001), Kaufert and Putsch(1997), Mikkelson(2000/01), Morris(1995, 2000), Niska(1995), Pollitt(1997), Roy(1993/2002), Schweda Nicholson(1994), Tate and Turner(1997/2002), 특정 통역 분야를 포함한 번역학 윤리에 대해서는 The Translator(7: 2, 2001) 특별호를 참고하라.

전문 역량

Feldweg(1996), Gentile et al.(1996), Gerver(1976), Hoffman(1997), Keiser(1978), Kurz(1996), Kurz et al.(1996), Moser-Mercer(2000), Moser-Mercer et al.(1997, 2000), Strong and Rudser(1992), van Hoof(1962), 9장의 '선발(selection)'과 '평가(assessment)'의 참고 문헌을 참고하라.

테크놀로지

Braun and Kohn(2001), Ferrari(2001), Jekat and Klein(1996), LuperFoy(1996), Mouzourakis(1996, 2000), Niska(1999, 2002), Schmitz(1998), Stoll(2000, 2002), Wadensjö(1999), Wahlster(2000), Hauenschild and Heizmann(1997)과 http://www.aiic.net, http://europa.eu.int/comm/scic/, http://www.lookup-online.de, http://www.is.cs.cmu.edu/js, http://verbmobil.dfki.de의 논문들을 참고하라.

환경

AIIC(2002), Altman(1990), Baistow(1999), Cooper et al.(1982), Feuerstein et al.(1997), Jumpelt(1985), Kurz(2002a), Moser-Mercer et al.(1998), NUPIT(2001), Zeier(1997), AIIC 웹사이트(http://www.aiic.net)를 참고하라.

사회학

Cokely(1981, 2000), Feldweg(1996), Kondo(1988), Stauffer et al.(1999), AIIC 웹사이트(http://www.aiic.net)를 참고하라.

제9장

교육

1950년대 통역에 관한 초기 글들은 통역에 필요한 지식과 기술을 차세대 전문 통역사들에게 전수하는 것이 최우선 관심사였다. 교육은 교육 내용에 대한 철저한 이해가 전제되어야 함을 고려할 때, 앞에서 살펴본 바와 같이 상당수의 통역 연구는 통역사 훈련의 맥락에서, 또 다소 직접적으로는 통역사 훈련에 도움을 제공하기 위한 목적으로 수행되었다. 실제로 대다수 통역학자들이 교사 혹은 논문을 쓰는 학생의 신분으로 통역사 교육에 참여하고 있으며, 많은 연구가 학생을 대상으로 이루어져 왔다. 그럼에도 불구하고 연구 주제로의 통역 교육에 대해서는 체계적인 연구 논문이 부족한 반면 경험적 기술을 바탕으로 한 논문은 많은 비중을 차지한다. 기본적인 교과 과정과 관련된 문제 외에 통역사 훈련과 관련된 문헌에서 자주 등장하는 주제는 학생 선발, 수행 평가뿐 아니라 통역사의 핵심 능력을 구성하는 기술 개발을 위한 교수법 등이 있다(8.4 참조).

9.1 교과 과정

통역 기술 향상을 위한 교육 과정이 20세기 초부터 수립되기 시작한 반면, 교과 과정에 대한 체계적인 연구는 1980년대와 1990년대까지 상당히 제한적으로 이루어졌다. 1990년대에 들어오면서 실무 중심의 회의 통역사 훈련 방식은 과학적이고 과정 중심적인 접근법을 통해 보완되기 시작했으며, 커뮤니티 통역에 대한 교육의 필요성이 새롭게 대두되면서 교육 현장에 틀을 제공하고 방향을 제시하는 조직적 체계로서 교과 과정의 역할이 강조되었다.

9.1.1 접근법

20세기 대부분의 교육 프로그램과 교육 기관은 다국적 언어 배경의 구어 통역에 초점이 맞춰져 있었다. 그 자신이 뛰어난 전문 통역사들인 1세대 통역 교사들은 동시통역 및 순차통역을 위한 전문 기술의 개발이라는 명확한 목표 아래 도제식apprenticeship 훈련 전통을 확립했다. 도제식 훈련은 주로 실무를 모델로 한 실습 중심으로 교사가 학생에게 노하우와 전문적 지식을 전수하는 교육 방식이다. 1950년대와 1960년대 유럽에서 통역사를 양성하기 위한 훈련이 급속도로 증가하고 외국어 교육이 통역 훈련에 미치는 영향이 확대되면서 AIIC로 대표되는 전문 국제회의 통역사들은 일련의 회의를 통해 도제식 접근방법을 재확인했으며, 학교 정책에 따른 대학 차원의 통역사 훈련에 도제식 교육이 효과가 있음을 강조했다(Seleskovitch, 1999: 58). 매킨토시(Mackintosh, 1995)가 기술한 국제회의 통역 '교육 패러다임'의 가장 중요한 원동력은 파리 ESIT에서 주창한 강력한 실무 기반 프로그램이었다. 셀레스코비치(4.2, 5.4.1 참조)의 전체론적 이론에 기반한 파리학파의 교육 방법은 포괄적인 교육 매뉴얼(Seleskovitch and Lederer, 1989)로 제시되었다. 이 매뉴얼은 유럽의 기관들에 의해 공동 출판되었을 뿐만 아니라 RID가 출판한 영어 번역본(Seleskovitch and Lederer, 1995)을 통해서 미국 수화 통역계에도 제공되었다.

1980년대 파리학파 패러다임에 대한 의문이 제기되면서(4.4 참조) 통역사 교육에 보다 과학적인 접근법이 필요하다는 목소리가 높아지게 되었다

(Gran and Dodds, 1989 참조). 인지적 프로세스 중심의 패러다임을 대표하는 학자들은 자신들의 모델을 통역사의 기술 교육에 적용하여 통역의 구성 기술(예: Lambert, 1988), 전략(예: Riccardi, 1996; Kalina, 1998), 처리 용량 관리(Gile, 1995b), 전문 능력 개발(Moser-Mercer, 2000; Moser-Mercer et al., 2000)과 같은 측면을 강조했다. 좀 더 과학적이고 이론 중심적인 교육 패러다임의 초기 지지자인 아호나(Arjona, 1978, 1984)는 통역 프로세스에 대한 통찰을 위해 심리언어학이나 인지심리학과 같은 분야는 물론 교과 과정의 문제를 다루기 위해서 교육 이론을 도입한 몇 안 되는 통역 교육자 중 한 사람이었다. 아호나-쳉Arjona-Tseng은 1990년 교과 과정 정책 수립에 관한 박사학위 논문에서 대만의 민족지학 관련 사례 연구를 바탕으로 사회문화적 · 정치적 · 제도적 제약이 교과 과정 기획과 이행에 미치는 영향력을 논증했다. 데이비드 소이어(David Sawyer, 2001)는 보다 구체적으로 미국 통역번역대학원의 교과 과정 및 평가의 사례 연구에 첨단 교과 과정 이론을 적용했다. 그는 처리-기술 요소와 전문 능력의 단계에 과학적으로 접근하는 반면, 교과 과정에 대한 인문학적 요소를 접목시켜 교육적 상호작용의 개인적 · 사회적 측면을 통해 학생을 '전문 실무자의 공동체'로 포함시키는 과정을 보여준다(2001: 93ff 참조). 또한 보다 학생 중심적이며 상호작용 중심적인 통역사 교육을 확립하기 위해 '상황 속 인지'나 '성찰적 수행', '인지적 도제 제도'와 같은 개념을 활용하고 있다.

9.1.2 수준과 형식

대다수의 교육 관련 문헌, 특히 기반이 덜 확립된 분야의 문헌들은 철학적 기반보다는 교육 프로그램의 수준, 기간, 강도 등과 같은 조직적 문제에 초점을 맞추고 있다. 국제회의 통역 교육의 교과 과정에는 과거 유럽공동체가 제공했던 사내 훈련이나 전 런던중앙종합예술학교(Polytechnic of Central London, 현 University of Westminster)의 졸업 후 6개월 과정에서부터

(Longley, 1978) 종합적 통역번역 교육이 가능한 4년 혹은 5년의 학사 과정이 있다. 문헌에 논의된 다양한 교과 과정 모델 중(Arjona, 1984; Mackintosh, 1999; Sawyer, 2001)에서 고등교육 기관(2.1.3 참조)은 실무 중심 교육 내용과 학문(이론) 중심 교육 내용의 상대적인 중요도에 따라 1년 혹은 2년간의 대학원(석사학위) 과정으로 실시하는 국제회의 통역사 교육을 선호하는 경향이 있다. 실무 중심과 학문 중심의 교육 내용과 관련된 문제는 교과 과정에 있어서의 번역의 역할만큼이나 의견이 분분하다. 이러한 맥락에서 소이어(Sawyer, 2001)의 연구는 정량적 실험 데이터를 기반으로 이 문제를 고찰한 예외적인 연구 사례로 볼 수 있다.

국제회의 통역 교육에서 일반적인 관례로 자리 잡은 석사학위 교육 과정은 수화 통역의 경우 그리 많지 않다(Isham, 1998). 1979년 설립된 전문기관인 통역사교육컨퍼런스(CIT, Conference of Interpreter Trainers)는 제공되는 교육 과목의 다양성 및 이질성을 고려하여 미국의 인증 시스템을 기반으로 한 '통역사 교육 표준Interpreter Education Standards'을 개발했다(Patrie, 1995). 전통적으로 수화 통역사 교육은 통역번역 교육보다는 수화학sign language studies과 관련되어왔다. 그러나 수화는 통역번역대학(원)협회CIUTI 유형의 통역번역 교육 기관에서 통역 언어로 수용되고 있으며, 2002년 출판된 셀레스코비치와 레데레(Seleskovitch and Lederer, 1989)의 교육 매뉴얼 제2판에서도 수화 통역의 교육에 대해 한 부분을 할애하고 있다.

대체적으로 구어 커뮤니티 통역사들은 석사학위 과정은 물론 학사학위 과정의 교육 기회를 (아직) 제공받지 못하고 있다. 로버츠(Roberts, 2002: 169f)에 의하면 "대부분의 경우 커뮤니티 통역 교육은 통역사를 고용하는 기관들이 제공하는 경우가 많다." 고등교육 기관의 참여가 거의 없이 통역 중개업체나 병원과 같은 사용자 단체가 제공하는 훈련 과정은 기간이 짧고(1일 오리엔테이션 워크숍부터 100시간의 기초 교육) 특정 상황에 초점이 맞춰져 있다. 이러한 맥락의 연구에 대한 책은 출판되지 않은 경우가 많으며 주로 수요 분석이나 프로그램 평가뿐 아니라 훈련생 선발과 같은 일반적인 문제와 관련이 있다(9.2 참조).

9.1.3 내용과 구조

1940년대 이후 개설된 대부분의 통역사 교육 과정은 대체적으로 비슷한 교과 요소로 구성되어 있다. 즉 언어와 소통의 기본 개념, 언어 능력 향상(예: 전문 용어), '지역 연구'(즉 사회문화적 배경 지식), 순차통역 및 동시통역 기술 훈련, 직업윤리 등이 포함된다(Arjona, 1984). 국제기구와 그곳에서 사용되는 전문 용어에 대한 교육 외에도, 국제회의 통역사 교육은 다양한 출발어 텍스트를 선정해 직접 혹은 간접으로 법률, 경제학, 과학 기술과 같은 전문 주제를 다루었다(Kurz, 2002b). 커뮤니티 통역사를 위한 교과 과정은 특정 환경에 집중하는 것이 두드러진 특징이다. 커뮤니티 통역 교육은 대부분 법률 통역이나 의료 통역과 같은 특정 분야에 초점이 맞추어져 있으며 프로그램 전체에 반영되거나 아니면 기본 교육 후 특화 과정을 통해서 제공된다(예: Corsellis, 1999).

교과 과정에서 실질적으로 이행되는 많은 부분들이 "공식 교과 과정"에 명확히 드러나 있지 않기 때문에 다양한 교과 운영 과정의 효과성을 평가하기는 어렵다. 소이어(Sawyer, 2001)가 강조한 바와 같이, 연구자들은 학생과 교사 개개인이 실제로 경험한 교과 과정, 즉 숨겨진 교과 과정hidden curriculum을 파악할 필요가 있다. 문헌에서 다루어져 왔으나 여전히 미제로 남아 있는 쟁점들에는 B 언어로의 동시통역 훈련과 동시통역의 전제로서의 순차통역 숙달 등이 있다(Mackintosh, 1999: 70). 특히 구어 커뮤니티 통역사 교육의 경우, 구조적인 이유나 재정적인 이유 때문에 공통 과목(단일 언어 사용)과 통역 언어쌍별 과목의 비율이 주요 관심사였다. 일반적으로 교과 과정 내에서 이론 교육의 역할은 명확하게 규정되어 있지 않으며 실무 중심 훈련과 이론 교육 간의 상대적 비중을 비롯한 기본적인 교육 철학에 따라 달라진다(Harris, 1992; Pöchhacker, 1992; Mackintosh, 1999).

9.2 선발

다양한 전문 영역의 통역 교육자들에게 있어서 최대의 관심사는 적합한 학생을 선발하는 일이다. 입학을 위해 갖춰야 할 능력과 자질에 대해서는 상당한 합의가 이루어진 반면에 필요한 지식과 기술을 가진 후보자를 심사하는 데 요구되는 객관적인 선발 방식에 대해서는 해답을 찾지 못한 상태이다.

9.2.1 입학 요건

일반적으로 인정되는 능력 요건과 함께(8.4.1 참조), 언어 능력과 세계 지식, 분석, 집중력, 기억과 관련된 인지 기술, 그리고 스트레스 내성과 지적 호기심과 같은 개인의 자질이 통역 후보생들에게 요구되며, 특정 훈련 프로그램의 수준과 기관에 따라 입학 요건은 달라진다. 국제회의 통역에서는 통역 교육에 앞서 언어 습득이 이루어져야 한다는 것이 기본 전제이기 때문에(예: Arjona, 1984), 예비 통역사에게 있어 2개 국어 또는 그 이상의 언어 숙련도는 중요한 입학 요건이 된다. 비록 문화에 대한 지식과 능력은 언어만큼 관심을 받고 있지는 않지만 간과할 수 없는 중요한 요건으로 고려되며 실제로 높은 수준의 언어 숙련도와 밀접한 상호관계가 있는 것으로 인식되고 있다(예: Arjona, 1978). 사회문화적 정체성과 태도에 관한 문제는 인지언어학적 기술에 초점을 두는 국제회의 통역보다 커뮤니티 통역에서 더 관심을 가질 수 있는 문제로 각별한 관심이 요구된다(예: Cokely, 2000; Bot, 2003).

통역 교육 과정의 입학 요건으로 어떤 수준의 문어 기술written language

skills을 요구해야 하는지에 대한 확실한 기준은 없다. 특히 통역사의 적성 시험에 번역 시험이 포함되어야 하는지에 대한 문제에는 팽팽한 찬반양론이 있으며 그 실효성에 대한 의문이 제기되기도 했다(예: Lotriet, 2002). 학부 수준의 많은 프로그램들이 통역 교육에 앞서 번역 기술을 습득하도록 교과 과정을 수립하고 있다는 사실은 소이어(2001)가 언급한 모드별 번역 기술 연구의 필요성을 시사한다.

9.2.2 적성 시험

국가별로 고등 교육을 받을 수 있는 자격이 법적으로 규제됨에 따라 교육 기관들은 지원자들이 통역 전문 역량을 성공적으로 습득하는 데 필요한 지식과 기술, 개인적 자질을 갖추고 있는지를 검증하기 위해 다양한 절차를 도입해왔다. 카이저(Keiser, 1978)와 모저-머서(Moser-Mercer, 1994b)가 고찰한 바와 같이, 국제회의 통역에서 활용해온 전통적인 시험 방법에는 2개 언어 또는 다개국어 면접, 즉흥 연설, 다른 언어로의 요약 등 전체론적 소통 과제가 포함된다. 이러한 적성 시험이 지원자의 종합적 지식과 소통을 위한 언어 사용(즉 이해 및 표현 기술)을 규명하는 데 유효함에도 불구하고, 내재된 주관적 요인들 때문에 신뢰도가 부족하다는 비판을 받아왔다(예: Dodds, 1990). 뿐만 아니라 다른 언어로의 문어 번역(9.2.1 참조), 문장 구역, 문어 요약과 같은 번역 과제의 활용에 대해서도 신뢰도가 부족하고 타당도 역시 결여되었다는 지적을 받아왔다(Dodds, 1990; Gringiani, 1990).

개인의 성격을 평가하는 표준화된 시험(8.4.1 참조)은 효율적인 선발 방식으로 보여지지만 통역 숙련도를 예측하는 데에는 매우 제한적인 것으로 나타났다(Longley, 1989: 106). 학생 통역사의 성과와 개인의 특성을 연결시키려는 1970년대의 시도를 보고하면서 프리쉬버그(Frishberg, 1990: 36)는 수화 통역에서 "누가 통역사로서 성공할지를 예측할 수 있는 객관적인 도구는 발견되지 않았다" 고 말했다. 그럼에도 불구하고 캐롤(Carroll, 1978)

은 개성보다 언어적 능력에 주안점을 두고 몇 가지 심리 측정 도구를 제안했는데, 특히 '언어 지능'과 '언어 유창성'을 측정하기 위한 도구 중 일부는 실제로 시험되기도 했다. 1970년대 후반 런던중앙종합예술학교에서 수행된 중요한 연구에서(Longley, 1989 참조), 거버 외(Gerver et al., 1989)는 '구어체 담화를 빨리 이해하고 의미를 전달할 수 있는 능력'에 초점을 둔 다양한 시험의 가치를 고찰했다. 상기recall, 빈칸 채우기cloze, 오류 검출 시험, 언어 유창성과 이해도 평가를 위한 '하위 기술 기반' 시험(Carroll, 1978 참조), 그리고 속도 스트레스 시험을 6개월 과정의 국제회의 통역 교육 프로그램에 등록한 학생 30명을 대상으로 실시했다. 학생들의 최종 시험 성적을 비교한 결과, 과정을 통과한 학생들이 낙제한 12명의 학생들보다 총 12개 시험 중 주로 텍스트를 기반으로 한 7개 시험에서 훨씬 높은 점수를 받은 것으로 조사됐다. 이와 비슷하게 루소(Mariachiara Russo, 1993)는 2년 과정의 국제회의 통역 교육을 받기 시작한 학생 20명을 대상으로 동시적 달리 표현하기simultaneous paraphrasing 과제를 통해 통역 능력을 시험했다. 세분화된 다중 매개 변수들을 기반으로 통사론적 · 의미론적 · 화용론적 대응을 분석한 점수(Pippa and Russo, 2002)는 결과적으로 학생들의 성공적인 과정 수료와 연관이 있었으며, 성공적인 과정 수료가 예상되는 학생들을 예측하는 데 좀 더 효과적이라는 사실을 발견했다. 이와는 다른 접근방식을 시도한 모저-머서(Moser-Mercer, 1985)는 자신의 동시통역 프로세스 모델을 바탕으로 10주간의 단일어 심사 과정을 만들었다(5.4.3 참조). 이 기간 동안 학생들은 섀도잉과 이중 작업하기(큰 소리로 숫자를 세면서 듣고 이해하기), 달리 표현하기, 숫자 훈련 등을 받고, 코스 성취도와 추가적 기준(예: 영어 구사력, 스트레스 극복 능력, 적극성)에 따라 다음 단계로의 진급 여부에 대한 긍정적, 조건부적, 혹은 부정적 권고 의견을 받았다. 학생들이 받은 권고의 형태와 중간고사 및 기말(종합)고사의 합격과 불합격 비율 사이에는 밀접한 연관성이 있는 것으로 밝혀졌다.

랑베르(Lambert, 1991)는 통역 관련 기술 평가에 섀도잉 연습과 상기 시험을 강조했으며, 인지적 처리 기술, 문장구역, 면접을 포함한 여러 선발 도구를 소개했다. 이러한 접근법은 남아프리카공화국에서 실시된 커뮤니티 통역사를 위한 2주간의 동시통역 집중 과정의 지원자 구두 선발시험에 활용됐다(Lotriet, 2002 참조). 보다 포괄적으로, 아호나-쳉(Arjona-Tseng, 1994)은 2년간의 교육 과정을 공부할 대학원생을 선발하기 위해 이틀 동안 진행되는 선발 절차를 개발해서 실시했다. 이 선발 절차는 다섯 부분으로 구성된 언어 숙련도를 평가하기 위한 필기 시험과 더불어 녹음된 구절 기억하여 쓰기, 오류 검출, 문장구역 등의 구두 시험으로 이루어졌다. 3년간 565명의 지원자들 중에서 11명의 지원자가 영어-북경어 국제회의 통역사로 "훈련 가능" 하다는 평가를 받고 최종 선발됐다.

커뮤니티 통역 분야에서 이와 같이 정밀하고 엄격한 선발 과정을 다룬 문헌을 찾기 어렵다. 특히 대다수 교육 과정이 국제회의 통역 분야에 비해 덜 체계적이며 제도적으로도 미비하기 때문이다. 페니와 새몬스(Penney and Sammons, 1997: 69)는 등록한 학생들의 정규 교육 수준이 낮은 현실을 개탄하며 '양쪽 언어에 대한 최소한의 역량 요건' 이 확보되어야 한다고 주장한 반면, 카르와 스테인(Carr and Steyn, 2000)은 "필기와 구두로 된 2개어 선발 과정은 시간이 많이 들고 준비하고 실시하는 데 비용도 많이 든다" 고 말했다. NATO 평화유지군 통역사 선발(Monacelli, 2002)에 사용되고 언어에 대한 유럽공통참조기준Common European Framework of Reference for Languages처럼 공식화된 표준 어학 성적은 어학 능력을 평가하는 데는 용이할지 모르나 입학에 필요한 통역 관련 인지 및 정서적 자질을 판단하기는 어렵다. 관련 문헌에서 볼 수 있듯이(예: Dodds, 1990; Frishberg, 1990: 36; Moser-Mercer, 1994b) 지금까지 입학 시험에서 학습 동기, 학습 방식, 정신적 그리고 육체적 스트레스의 극복과 같은 개인적 자질은 객관적으로 평가되지 못했으며 일회성 선발 과정으로 이를 평가하기는 불가능할 수도 있다.

9.3 교수법

특정한 과제를 수행하기 위한 전문 기술의 습득이라는 전반적인 학습 목표에 따라 통역사 교육 관련 문헌은 노트테이킹을 수반하는 순차통역, 국제회의 동시통역, 커뮤니티 대화 통역이라는 세 가지 형태로 나뉜다. 교육 관련 문헌은 자신의 교수법을 기꺼이 공개하고자 하는 교사가 작성한 보고서 형태이며, 기술적 문헌('내가 가르치는 방식은 이러하다')에서부터 처방적 문헌('이렇게 가르쳐야 한다')에 이르기까지 다양하다. 통역 교육 교재는 근본적으로 처방적 성향을 띠며(예: Seleskovitch and Lederer, 1995; Gile, 1995b; Kautz, 2000), 에바 파네트Eva Paneth의 선구적 연구(2.2.1 참조)와 같이 다양한 과목이나 프로그램의 교수법에 대하여 체계적으로 데이터를 수집한 연구는 많지 않다.

9.3.1 교수법 관련 주제

특정한 통역 기술 외에도 대부분 국제회의 통역 훈련에 필요한 광범위한 교수법 관련 문제들이 문헌을 통해서 꾸준히 제기되어왔다. 여기에 포함된 내용으로는 통역 교육에서의 이론 모델 활용(예: Seleskovitch and Lederer, 1989; Gile, 1995b; Pöchhacker, 1992), 하부 기술 중심의 반복 훈련 대 전체론적인 총체적인 실제 상황식 훈련 방법의 상대적인 중요성(예: Kurz, 1992, 2002b), 스트레스의 원인과 관리(예: Kellett, 1995; Russo, 1995), 테크놀로지 활용(예: Kurz, 1989b; Gran et al., 2002) 등이 있다. 또 많은 저자들이 통역 전반에 필요한 예비 기술과 보조 기술에 대한 교수법도 제안했다. 이러한 교수법에는 텍스트 이해에 필요한 분석 기술(예: Seleskovitch and Lederer, 1989; Kalina, 1992; Setton, 1994; Winston and Monikowski, 2000), '대중 연설'에 필요한 표현 기술(예: Weber, 1990), 상황 분석(예: Thiéry, 1990), 용어 조사 및 문서화와 관련된 통역 준비 등을 다루고 있다(예: Schweda

Nicholson, 1989). 그 외 '통역 전 기술'에 대해서는 주로 통역의 두 가지 형태인 순차통역이나 동시통역을 위한 준비 학습으로 논의되어왔다.

9.3.2 순차통역

대화 통역과 같은 짧은 순차와 약 5~10분간 지속되는 발화의 통역을 뜻하는 '전통적' 형태의 순차통역이 명확히 구분되지는 않지만(1.4.2 참조) 일반적으로 순차통역 기술은 전통적인 형태의 순차통역으로 이해되며, 따라서 노트테이킹 기술과 밀접한 관계를 갖는다. 실제로 일그와 랑베르(Ilg and Lambert, 1996)가 논한 바와 같이 순차통역 교육에 대한 대부분의 논문은 노트테이킹과 관련되어 있다. 자신의 교수법을 기술한 저자들은(예: Seleskovitch and Lederer, 1989, 1995; Kalina, 1998) 적극적인 청취, 메시지 분석, 상기 강화에 대해 이야기하며 빈칸 채우기, 청킹, 연상과 같은 기술 향상을 위한 예비 훈련의 필요성을 강조하고 있다.

비록 순차통역 교육에 대한 체계적인 연구는 많이 이루어지지 않았지만 기억력과 노트테이킹 간의 상호작용은 연구의 주요 대상이었다. 안드레(Andres, 2002)가 수행한 실험 연구는 학생 통역사들이 청취와 노트테이킹 단계에서 처리 과부하를 경험한다는 구체적인 증거를 제공했다. 그러한 노트테이킹 기술과 관련하여 로잔(Rozan, 1956)의 독창적인 제안에서부터 하인츠 마티섹(Heinz Matyssek, 1989)의 기호 기반 시스템에 이르기까지 다양한 학자들이 제안한 방식을 실제로 적용한 사례의 기록은 별로 없다. 따라서 안드레(2002)의 코퍼스에 포함된 학생 통역사들의 노트에 대한 데이터는 상당히 이례적인 사례이다.

관심을 받고 있는 또 다른 분야는 순차통역 산출 단계에 필요한 대중 연설 기술이다. 대중 연설 연습을 위한 교수법으로는 문장구역 연습(예: Weber, 1990; Ilg and Lambert, 1996), 비디오테이프를 활용하여 학생들에게 자신의 통역에 대한 피드백을 제공(예: Kellett, 1995)하는 방법 등이 제안되었다. 로레나 보탄(Lorena Bottan, 2000)은 대중 연설 훈련의 효과를 알아보기 위해 30시간 대중 연설 과목을 수강한 학생들의 실력과 대조군을 비교하는 실험 연구를 수행했다. 발표 시 실수의 빈도에 초점을 둔 보탄은 대중 연설 훈련(호흡, 목소리 조절, 시선 처리 등 포함)이 학생들로 하여금 자신의 전달력에 대해 생각하게 하고 순차통역의 발표력을 증진하는 데 도움을 준다는 사실을 밝혀냈다.

9.3.3 동시통역

교육 관련 문헌은 동시통역의 복잡한 기술 교육보다 예비 훈련에 집중했다. 대다수 저자들은 이중 작업 훈련을 통해서 학생들에게 동시통역의 결정적인 과제인 동시성, 즉 동시에 듣고 말하는 기술을 습득해야 한다고 제안했다. 이러한 훈련은 듣기를 하면서 동시에 숫자를 거꾸로 세거나 소리 내어 텍스트를 읽는 것과 같이 제2의 다른 과제를 함께 수행하는 것을 말한다(Moser, 1978: 363; Seleskovitch and Lederer, 1989: 168). 교육 과정의 초기에 실시하는 이중 작업 훈련에 대해서는 그 효용성에 관한 의문이 제기되어 왔는데 이는 인지적으로 서로 무관한 2개의 작업이라는 점과 동시통역의 처리 능력과 다르다는 점 때문이다(예: Déjean le Féal, 1997; Kalina, 1998).

동시적 발화를 훈련하는 구체적인 연습 방법으로는 섀도잉이 있다. 섀도잉은 최소한의 시차(음소 단위 섀도잉) 혹은 지연 시간을 좀 더 길게 가져가면서(구 단위 섀도잉) 청각적 입력물을 동일한 언어로 즉시 반복하는 훈련을 말한다. 현재까지 통역 교육에서 가장 많이 논란이 되고 있는 섀도잉은 열렬한 지지자(예: Lambert, 1991)와 반대자들(예: Seleskovitch and Lederer, 1989: 168)의 의견이 첨예한 대립을 보이고 있는 훈련 방법으로 ESIT가 옹호하는 전체론적 훈련법 대 구성요소 기술을 파악해서 이를 개별적으로 훈련하는 '인지적 접근법' 간 대립의 좋은 예이다. 다른 교수법 문제와는 달리 섀도잉에 대한 찬성이나 반대는 신념만이 아닌 연구 결과를 기반으로 한다. 쿠르츠(Kurz, 1992)는 신경심리학적 연구 결과를 인용하여 단일 언어로 된 반복적인 구어 생산과 동시통역은 유사점이 거의 없다고 하면서, "이 연습에는 구어 입력물에 대한 적극적 분석이라는 결정적인 요소가 빠져 있다"고 지적했다(1992: 248). 쿠르츠(1992, 1996)는 종적 연구에서 정규 동시통역 과정의 1학년 학생 다섯 명을 대상으로 학기 초와 학기 말에 섀도잉과 두 종류의 동시 질의 응답 과제에 대한 시험을 실시했다. 이 세 가지 과제에 대한 시험 결과는 상당히 향상된 것으로 나타났으며 특히 제일 힘든 과제(다음 질문을 들으면서 이유를 묻는 전 질문에 답하기)가 가장 현저하게 향상된 것을 알 수 있었다. 이러한 결과는 모저(Moser, 1978)의 선구적인 연구 결과와 일치한다. 모저는 실험군과 대조군을 상대로 (아이디어 추상화, 메시지 예측, 이중 과제 수행, 섀도잉 등) 통역 입문용 연습 프로그램을 실시했으며 그 결과 섀도잉에서 실험군과 대조군 학생 간의 격차가 가장 작게 나타났다. 피험자들이 연사의 발화를 한두 문장 뒤에 따라가며 그대로 반복하거나 통역하는 '데깔라쥬décalage', 즉 시차 시험에서 가장 뚜렷한 차이가 발견되었다. 섀도잉이 의미 처리를 덜 필요로 한다는 모저(1978)의 결론은 전문가-초보자 연구에서도 확인되었다. 모저-머서 외(Moser-Mercer et al., 2000)는 피험자인 학생 다섯 명이 내용 처리에 더 능숙한 것으로 예측된 다섯 명의 전문가보다 섀도잉을 더 잘한다는 사실을 확인했다. 이와 유사하게, 엘리자베타 사바티니(Elisabetta Sabatini, 2000/01)는 전문가 수준의 학생들에게 섀도잉을 시켰을 때, 피험자들은 의미를 중시하는 전략을 채택함으로써 섀도잉과 동시통역 결과의 차이를 모호하게 만든다는 점을 발견했다.

섀도잉에 비해 논란이 덜한 훈련 방법은 동시적 달리 표현하기, 섀도잉과 함께 하는 빈칸 채우기(Kalina, 1992; 1998 참조), 잘 알려진 동화 동시통역하기(Seleskovitch and Lederer, 1989 참조) 등과 같이 내용 처리에 중점을 둔 예비 훈련이다. 동시통역 적성 시험에 달리 표현하기를 포함시킬 것을 제안(Russo, 1993)했던 루소(Russo, 1995)는 학생들이 어렵다고 생각하는 과제가 무엇인지 파악하기 위해 설문 조사를 실시했고, 그 결과 학생들이 '달리 표현하기'를 힘들어 한다는 것을 확인했다. 모저-머서(2000)는 신입생들에게 (섀도잉과 동화 통역을 포함한) 입문용 연습을 하면서 경험하는 어려움을 일지에 적게 했으며, 이를 통해서 '집중력'이 문제가 된다는 것을 알게 되었다. 그러나 데장 르페알(Déjean le Féal, 1997)이 지적했던 것과 같이 동시통역 훈련을 위한 하나의 특정 훈련 방법의 효과를 측정하는 것은 거의 불가능하다. 여기에는 순차통역을 배운 뒤 동시통역을 배워야 한다는 자신의 제안과 ESIT의 훈련 방법의 효과도 포함된다.

학생들이 동시통역의 기술 훈련에 익숙해진 첫 번째 단계 이후 교수법은 결과물보다 프로세스를 중시하고(예: Gile, 1995b), 전략 중에서 특히 어휘의 구조적 어려움에 대처하는 방법을 교육시키고(예: Kirchhoff, 1976/2002; Riccardi, 1996; Kalina, 1998), 실제 환경과 최대한 가까운 교육 환경을 제공(예: Kurz, 1989b; 2002b)하는 데 중점을 두었다. 그러나 다양한 학자들에 의해 기술된 것 외에 개별 교사나 기관이 실질적으로 도입한 교수법에 대해서는 알려진 것이 별로 없다. 예를 들어 도즈와 카탄(Dodds and Katan, 1997)은 통역과 통역 교육에 관한 문헌들이 실제 교육 현장에 끼치는 영향에 대해 깊은 의문을 제기했다. 이러한 문제는 푀히하커(Pöchhacker, 1999)의 설문을 기반으로 한 조사 내용과 일치한다. 푀히하커는 같은 교육 기관 안에서 이루어진 25개의 동시통역 수업에서 22명의 교사가 출발 텍스트를 표현하는 방식이나 미디어 사용 및 수정에 있어 상당히 다른 접근방법을 취하고 있음을 확인했다.

동시통역의 특수한 형태인 문장구역 수업은 별다른 주목을 받지 못했다. 아주 드문 경우를 제외하고(예: Weber, 1990) 대부분의 학자들은 문장구역을 교육 과정을 구성하는 하나의 독립적인 요소로 인정하지 않고 예비 연습이나 심지어 적성 시험의 일환 정도로 논해왔다. 비에찌(Viezzi, 1990)는 프로세스 중심의 관점에서 보았을 때 문장구역과 동시통역이 요구하는 능력의 유사성에 대해 의문을 제기했다. 비록 듣기가 아닌 읽기를 통한 입력물 처리와 동시통역이 어떤 연관성이 있는지 명확히 알려진 것은 없지만 문장구역이 통역사의 번역 능력의 중요한 요소라는 점에는 의심의 여지가 없다. 실제로 부스 안의 통역사에게 제공된 텍스트를 연사가 읽는 경우처럼, 동시통역을 수반한 문장구역은 고도의 능력을 요구하지만 아직까지는 교수법 관점에서 구체적으로 다루어지지 않았다. 이는 위스퍼링 통역이나 릴레이 형태의 구어 동시통역(Seleskovitch and Lederer, 1989 참조)뿐 아니라 원격 회의에도 적용되어 특별한 훈련의 필요성에 대한 인식이 점차 대두되고 있다(Kurz, 2002b 참조).

수화 통역사들은 주로 동시 모드의 통역 훈련을 받기 때문에, 구어 국제회의 통역의 교육 관련 문헌의 상당수는 수화 통역, 그중에서도 미디어나 교육 환경에서 구어를 수화 언어로 통역하는 것에 대한 것들이다(이와 달리 순차통역은 예비적 단계로만 보는 경향이 크며 이는 ESIT의 훈련 접근과 개략적으로 일치한다). 그러나 수화 통역사 교육은 고도의 정보 부하에 대한 처리 기술보다는 커뮤니티 통역에서처럼 대인 상호작용 기술이 중요시되므로, 대화 환경 자체에 보다 특별한 관심을 기울일 필요가 있다.

9.3.4 대화 통역

짧은 순차통역이나 동시통역(수화 또는 위스퍼링)으로 이루어질 수 있는 대화 통역('리에종 통역', '양방향 통역')은 '내용 처리'보다는 대인 상호작용의 역학과 관련된 기술을 필요로 한다(Roy, 2000b). 따라서 순차통역과 동시통역을 위해 개발된 교수법은 제한적으로만 적용이 가능하다. 공유할 수 있는 부분은 노트테이킹(예: González et al., 1991; Schweda Nicholson, 1990), 위스퍼링 동시통역, 그리고 이문화 간 커뮤니케이션(예: Arjona, 1978)을 꼽을 수 있다. 그러나 문화 간 통역의 경우, 교수법으로서 뚜렷한 위치를 확보하지 못한 상태이다. 보다 구체적이고 독창적인 교육 방법은 말차례와 역할 수행을 고려한 상호작용적 담화 관리에 맞추어져 왔다. 담화분석적 개념과 기술에 대한 이론을 기반으로(예: Zimmer, 1989; Englund Dimitrova, 1997; Wadensjö, 1998; Metzger, 1999; Roy, 2000a) 한 역할극role-plays과 통역 상황의 시뮬레이션은 상호작용의 목표와 소통의 제약 요소를 감안한 통역과 담화 관리 기술 개발의 중요한 방법으로 부상했다. 상황 맥락을 중시하는 의사 결정의 교육이 특별히 중요한 이유는 대부분의 대화 통역 훈련이 특정한 기관에 맞춰져 있기 때문이다. 그러므로 커뮤니티 리에종 통역의 교육이 실제 상황과 유사한 과제 수행을 통해 전문성을 구축한다는 측면에서 볼 때 국제회의 통역사 훈련의 교수법과 궁극적으로 비슷하다.

9.4 평가

통역 교육에서 평가는 이제까지 다룬 교육 과정이나 교수법 관련 문제뿐 아니라 '직업적 기준(8.3 참조)'과 '역량(8.4 참조)' 그리고 7장에서 심도 있게 다루었던 다차원적인 주제인 '품질'과도 밀접한 관련이 있기 때문에 상당히 복잡한 주제이다. 교육적 맥락에서 '평가'는 학생의 수행 능력과 교육 성취도를 측정하기 위한 여러 접근법들을 포함하지만 이러한 접근법을 심도 있게 다룬 문헌은 많지 않다.

9.4.1 유형과 수준

지금까지 통역사 교육의 평가 부문에 가장 많은 공헌을 한 소이어(Sawyer, 2001)는 어학 시험과 교육 평가를 기반으로 한 개념과 원칙의 체계적인 틀 안에서 많지는 않으나 통역 교육 주제의 문헌을 소개하고 있다. 그는 입학 시험(적성 시험)을 평가의 범위에 포함시키고, 특정 교과 과정에서의 중간 평가와 최종 평가 간의 차이를 강조했다. 또한 학습 과정의 일환으로서 교사가 실시하는 형성formative 평가와 과정이 끝나고 2인 이상의 시험관에 의해 이루어지는 총합summative 평가 사이의 차이점을 조명했다. 훈련 과정 중에 이루어지는 평가와 관련해서 몇몇 저자들(예: Kellett, 1995; Schjoldager, 1996; Riccardi, 2002)은 특정 모드별 요소를 고려한 체크리스트와 평가지의 사용을 제안했다. 일부 학자들(예: Humphrey, 2000; Sawyer, 2001)은 '전통적인' 통역사 시험을 보완하기 위해 포트폴리오 평가를 제안했다. 즉 학생들의 실력 향상 및 학습 결과를 기록하기 위해서 학생들의 결과물을 체계적으로 수집하고 평가하는 방법을 통해 그들 스스로의 자기평가, 동료 심사 및 교사의 포괄적인 피드백이 가능해진다.

과정 끝에 시행되는 최종 시험은 학생의 성취도와 교육의 효과를 평가할 뿐만 아니라 전문 통역사 시장으로 가는 관문 역할도 담당한다. 그러므로 이러한 전문가 수준의 시험에 사용되는 방법론은 인증 기관이나 통역사를 채용하는 기관에서 시행되는 시험과 긴밀한 관계가 있기 때문에 특히 중요하다(Frishberg, 1990; Repa, 1991 참조). 문헌에서 소개되고 있는 시험 관행(예: Seleskovitch and Lederer, 1989; Dubrovsky and Weller, 1990; Lotriet, 2002)은 실제와 유사한 순차통역과 동시통역을 학생들이 수행하고 이에 대해 교강사를 비롯, 가능하다면 외부 시험관(예: 채용 기관 소속 인사)을 포함하는 심사 패널의 전체론적인 평가를 실시하는 것이다. 소이어(2001)는 평가 관행을 상세하게 연구 검토한 결과, 시험 설계와 평가를 위한 체계적인 접근방법보다 전문가의 판단이 더 우세하다고 보았다. 그는 전문가의 판단이 필요하지만 그것만으로 불충분하다고 보았으며 시험의 신뢰도와 타당성을 높이기 위하여 시험의 기준, 즉 시험 방식의 표준화, 그리고 보다 투명한 평가 기준과 절차의 필요성을 강조했다.

9.4.2 평가 기준

최종 평가의 핵심 주제(고용주나 인증 기관에서 주최하는 능력 시험에도 해당)는 응시자에게 어떠한 과제task를 주고 어떠한 기준으로 평가할 것이냐에 대한 것이다. 예비 회의 통역사들은 일반적으로 순차통역의 경우 최대 10분 분량의 연설을 노트테이킹하면서 A 언어 및 B 언어로 통역하게 되며, 동시통역의 경우 부스 안에서 A 언어로 최대 20분 분량의 통역을 수행하고 경우에 따라서는 B 언어로 통역을 한다. 부스 안에서 동시통역의 일환으로 행해지거나 개별적인 과제로 시행될 수 있는 시통역interpreting at sight 혹은 문장구역은 양자 통역 등 국제회의 통역을 중심으로 하는 과정에서는 그 지위가 불분명하지만 커뮤니티 기반의 통역사 평가 시험에서는 문장구역과 대화 통역이 주요 구성요소로 간주된다(예: Roberts, 2000).

심지어 통역 기술 평가에 필요한 구성요소와 관련해서도 출발어 텍스트의 전달 모드와 맥락, 텍스트 유형, 실제성, 기술적 난이도, 준비를 위해 허용되는 시간과 자원 등의 평가 요소에 대한 체계적인 정보는 거의 전무한 상태이다. 이러한 다양한 변수가 통역 난이도에 결과적으로 어떠한 영향을 미치는지를 판단하고 이를 응시자의 통역 수행물 평가에 어느 정도까지 참작할 것인지는 대부분 시험관의 전문적 판단에 달려 있다.

평가 시행 방법에 대한 문헌에 비해 수행 목표와 평가 기준criteria에 대한 문헌이 더 많은 이유는 이 주제들이 직업적 기준과 품질 평가를 다룬, 보다 방대한 양의 문헌과 연결되기 때문이다(Riccardi, 2002 참조). 성적은 내용(예: 출발어-도착어 대응)과 도착어로의 발표력 즉, 표현과 말투 모두를 바탕으로 평가되어야 한다는 것이 지배적인 의견이지만 투명한 평가 절차가 되도록 이 요소들을 유형화할 수 있는지의 여부와 방법에 대해서는 아직까지 일치된 의견이 없다. 오류 횟수error counts는 전사물을 기반으로 한 기술적 연구에서도 상당히 문제가 많으며 현장 평가에 적용하기에는 통역물의 어휘적 다양성(예: Lamberger-Felber, 2003), 텍스트 구성요소의 다양한 정보 가치, 평가자 간의 오류 등급의 다양성(Gile, 1999c), 규범 및 기대가 미치는 영향(Shlesinger, 2000b) 등의 이유로 비현실적이다. 마찬가지로 학생 평가에서 고려할 수 있는 다양한 목록들이 제안되었으나 명료함, 문체, 유창성, 리듬, 억양과 같은 통역물의 여러 특징을 항목으로 만들어 평가한다는 것은 쉽지 않다(예: Kellett, 1995; Schjoldager, 1996; Riccardi, 2002). 몇몇 연구자들은 세분화된 채점 체계에 실망감을 표현하고(예: Longley, 1978; Dubrovsky and Weller, 1990; Roberts, 2000) 숙련된 통역사들의 전문적 판단에 의지하는, 보다 전체론적 접근법을 옹호했다. 노련한 통역사의 전문적인 판단은 특히 통역사가 순차통역과 대화 통역을 할 때 주는 전반적인 인상 즉, 전문성, 신뢰성, 여유, 전문적 기술 등을 평가하는 데에는 매우 중요하다.

9.5 메타 교육

지금까지 고찰해본 '기본적인' 통역 교육 외에 예비 통역사의 통역 기술 훈련을 뛰어넘어 보다 확대된 교육적 노력을 기울이는 것은 전문화와 직업적 기준의 향상이라는 목표 달성을 위해 중요한 역할을 담당하게 되었다. 이러한 교육적 노력은 활동 중인 통역사를 대상으로 한 평생 교육, 통역 강사를 위한 교육, 사용자 교육, 연구 방법 교육 등이 포함되며 통역사 기본 교육과 다양한 연관이 있다.

9.5.1 평생 교육

교육 관련 문헌에 자주 반영되지는 않지만, 활동 중인 통역사를 위한 평생 교육의 중요성은 가장 전문화된 통역 분야에서도 계속 지적되고 있다. AIIC의 회원 및 비회원 국제회의 통역사를 위한 교육 과정은 특정 통역 언어 혹은 주제(예: 의학, 법률), 특히 문서 및 전문 용어에 대한 기술 지원의 측면에 집중하고 있다. 미국 수화 언어 통역사들은 매우 제도적인 접근방법을 만들었고, 수화 언어 통역사들에게 있어서 지속적인 전문 능력의 개발은 윤리강령의 일부이자 전문가 인증을 유지하기 위한 요건이기도 하다(8.3 참조). 커뮤니티 통역사 교육의 제한적 범위와 제도화 현황을 감안할 때, 커뮤니티 통역사에 대한 평생 교육의 필요성은 상당히 절실하여 많은 교육 프로그램들이 초보 학생들보다는 현직(심지어 '비전문가') 통역사의 전문화에 초점이 맞춰져 있다.

9.5.2 교사 교육

AIIC는 1960년대 초부터 순차통역 및 동시통역 교육은 "현역 국제회의 통역사, 그중에서도 되도록이면 AIIC 회원에 의해 설계되고 실시되어야 한다"고 규정했다(Mackintosh, 1995: 124). 그럼에도 불구하고 통역사들이 통역사 교육의 필요성을 적극적으로 주장하게 된 것은 그로부터 약 25년이 지난 후의 일이었다. 1980년대 후반 트리에스테와 몬트레이에서 열린 통역 교육에 관한 심포지엄(Gran and Dodds, 1989)은 통역 교육의 보다 체계적인 접근방법을 강조하게 되었다. 이후 AIIC는 교수법과 평가에 관한 일련의 워크숍을 개최했고 매우 긍정적인 반응을 얻었다(Mackintosh, 1995, 1999 참조). CIUTI에 가입한 (국제회의) 통역사 교육을 제공하는 대학들 중에서 제네바의 ETI만큼 교수법 개발에 노력을 기울인 기관은 거의 없다. ETI는 1996년부터 2년 단위로 열리는 교사 교육 과정을 개설하여 수료증을 수여하고 있다(Moser-Mercer and Setton, 2000 참조).

미국 수화 통역 교육자들은 이와 비슷한 교육 과정을 CIT의 틀 안에서 제공받고 있다. CIT는 여러 회의를 조직하고 회원들 간의 교수법과 관련된 지식의 교류와 개발을 담은 프로시딩을 출간했다(예: McIntire, 1984). 1980년대 후반에 웨스턴 메릴랜드 대학은 ASL과 ASL/영어 통역의 교육자를 위한 석사학위 과정을 개설했다(Baker-Shenk, 1990 참조). 이와 같은 시기에 법정 (구어) 통역사 교육을 담당하는 뉴저지의 교사들은 교과 과정 설계와 교수법 및 평가 방법을 주제로 4주간의 팀 교육 프로그램인 통역 교수법연구소Pedagogical Institute를 개설했다(Roberts and Tayler, 1990 참조). 크리티컬 링크Critical Link 회의(2.5.2 참조)는 조직적이고 실무적인 측면보다는 학술적인 차원에서 교육에 관한 풍부한 문헌을 소개했고, 대학 수준의 통역사 교육 관계자에게 있어 평생 교육 관련 학술회의의 중요성을 보여줬다.

9.5.3 사용자 교육

통역 문헌을 보면 통역사의 업무에 대한 고객의 이해 및 인식 부족에 대한 불평이 자주 등장한다. 국제기구에서 일하는 국제회의 통역사의 경우를 제외하면, 통역사 업무의 성격과 제약에 대해 사용자와 고객에게 알리는 일은 전문협회와 개인 통역사가 해야 할 중요한 과제이다. 그러나 국제회의 기획자를 위한 조언과 국제회의 연사 지침서는 쉽게 구할 수 있는 반면, 이러한 사용자 관련 자료의 효과에 대해 알려진 바는 거의 없다. 지금까지 가장 우수한 사례는 커뮤니티 통역에서의 고객 교육의 필요성을 다루었다. 앤 코셀리스(Ann Corsellis, 1997: 78)는 공공 기관 직원에 대한 교육의 필요성을 언급하고, '통역사를 통해서 또 통역사와 함께 일하는 데 필요한 소통 과정에 대한 이해와 실제'를 강조했다. 코셀리스(2000)는 영국 보호관찰관들을 대상으로 한 설문 조사를 바탕으로 모듈형 교육 과정을 위한 상세한 권고안을 개발했다. 테블(Tebble, 1998)은 의료 상담의 담화 구조에 대한 자신의 연구를 바탕으로(7.1.1 참조) 의료 종사자들의 교육에서 사용할 의료 통역에 관한 비디오테이프와 책을 만들었다. 뿐만 아니라 대화 통역사를 위한 역할극을 기반으로 한 교육과정에 잠정적인 통역 사용 기관을 참여시키는 것은 통역사 중개 상황에 대한 고객의 이해를 제고시키고, 좀 더 실제와 비슷한 통역 상황을 교실 안에 조성하여 교육 효과를 증진한다고 테불은 기술하고 있다(예: Metzger, 2000).

9.5.4 연구 교육

다니엘 질(4.4.1 참조)은 통역 연구의 과학적 기준을 향상시키기 위해 노력하면서 통역 연구의 발전을 위해서 반드시 필요한 요건으로 연구 교육의 중요성을 강조했다. 대학원 수준의 통역 교육 과정에도 이 부분이 결여되어 있음을 염두에 둔 질은 통역학 연구자들 사이에서 방법론적 전문성을 개발하기 위한 다양한 활동에 주도적인 역할을 했다. 바바라 모저-머서(4.4.1 참조) 역시 방법론적 전문성 개발에 노력했으며 통역학자들과 관련 학문의 저명한 학자들의 상호작용을 증진시키기 위해 아스코나 워크숍을 개최했다(Interpreting, 2: 1/2; 1997, 5: 2, 2000/01 참조). 다학제적 전문 지식보다는 보다 폭넓은 번역학 공동체 구성원들로부터 현장 경험에 기초한 직접적인 조언을 모으고자 1997년 초 오르후스Aarhus 경영대학의 학자들은 질과 협력하여 통역학 연구에 관한 일주일 과정의 세미나를 조직했다. 이 박사과정은 본서의 기본 목적이기도 한 예비 연구자들에게 지침이 될 만한 논문집(Gile et al., 2001)의 발간을 촉진시켰다. 이에 관해서는 마지막 장인 10장에서 보다 구체적으로 살펴보도록 하겠다.

핵심 문헌

교과 과정

Arjona(1978, 1984), Baker-Shenk(1990), Corsellis(1999), Harris(1992, 1997), Mackintosh(1995, 1999), Repa(1991), Roberts(2002), Roberts and Tayler(1990), Roy(1984), Sawyer(2001)를 참고하라.

또한 AIIC, CIT, CIUTI 및 Institute of Linguists의 웹사이트도 참고하라.

선발

Arjona-Tseng(1994), Carroll(1978), Dodds(1990), Gerver et al.(1989), Gringiani(1990), Keiser(1978), Lambert(1991), Longley(1989), Lotriet (2002), Moser-Mercer(1985, 1994b), Niska(2002), Pipa and Russo(2002), Seleskovitch and Lederer(1989, 1995)

교육

Andres(2002), Arjona(1978), Bottan(2000), Déjean le Féal(1997), Dodds and Katan(1997), Gile(1995b), Gran et al.(2002), Ilg and Lambert(1996), Kalina(1992, 1998), Kautz(2000), Keiser(1978), Kellett(1995), Kurz(1989b, 1992, 2002b), Lambert(1988), Metzger(2000), Moser(1978), Moser-Mercer(2000), Moser-Mercer et al.(2000), Pöchhacker(1992, 1999), Riccardi(1996), Russo(1995), Schweda Nicholson(1989, 1990), Seleskovitch and Lederer(1989, 1995), Setton(1994), Thiéry(1990), Weber(1990), Winston and Monikowski(2000), Zimman(1994), 이외에 Gran and Dodds의 논문(1989)을 참고하라.

평가

Dubrovsky and Weller(1990), Gile(1999c), Kellett(1995), Lotriet(2002), Moser-Mercer(1996), Riccardi(2002), Roberts(2000), Sawyer(2001), Schjoldager(1996), Seleskovitch and Lederer(1989, 1995)

메타 교육

Baker-Shenk(1990), Corsellis(1997, 2000), Gile et al(2001), Mackintosh (1995, 1999), Roberts and Tayler(1990), Tebble(1998), Gran and Dodds(1989)의 논문과 AIIC, CIT, CIUTI의 웹사이트도 참고하라.

제3부 방향

제10장

통역학의 방향

이 장은 1부와 2부에서 다룬 통역학에 대한 개관의 결론으로서, 지금까지 통역학에서 이루어진 진화의 주요 경향을 검토하고, 이 신생 학문이 그동안 맞닥뜨렸던 주요 쟁점을 규명해본다. 향후 통역학의 방향과 관련해서는 체계적인 통역 연구의 이론적·방법론적 기반과 함께 전문 통역 수행에 영향을 미칠 여러 현상에 주목한다. 또한 통역 연구가 과거와 현재에 부딪쳤던 도전 과제와 장래 나아갈 여러 방향을 살펴보면서, 통역 연구 지망생들에게 이 학문에 입문하고 적극적으로 기여할 수 있는 구체적인 방향을 제시하고자 한다.

이 장의 핵심 내용은 아래와 같다.

- 학문 분야로서 통역학의 성장과 확장
- 개별적·제도적·국제적 차원에서 나타나는 융합의 양상
- 학문 발전의 주요한 기회 및 저해 요인
- 미래 연구 방향에 영향을 끼칠 사회문화적·기술적 발전
- 통역학 발전을 위한 이론적·방법론적 관점
- 통역학에 입문하는 이들을 위한 기본 지침

10.1 시대적 경향

20세기 중반 이후의 발전 양상을 돌이켜보면 통역 연구는 다양한 방향으로 성장해왔으며 정체성에 대한 보다 폭넓은 공감대를 형성해왔음을 쉽게 알 수 있다. 특히 1990년대 초반부터 전반적인 성장과 융합의 경향이 이론과 방법론적 영역뿐 아니라 제도적 · 국제적 차원에서도 확연히 드러났다.

10.1.1 성장

통역학이 하나의 학문 분야로 발전하는 과정에서 나타난 가장 중요한 경향은 통역 훈련의 고등 교육화academization of training로서, 특히 국제회의 통역 영역에서 이러한 경향이 뚜렷이 나타났다(2.1.3 참조). 1950년대와 1960년대에는 후대 통역사들에게 자신들의 노하우를 전하기 위한 저술 활동을 하는 통역사가 10여 명 남짓에 불과했으나, 이후 (국제회의) 통역의 체계적인 연구에 기여한 저자의 수가 크게 증가했으며, 이는 주로 학문적 연구가 대학 수준의 통역번역 학교에서 이루어지는 실무 지향적 교육을 보완한다는 인식의 확대에 따른 것이다. 다수의 석사 졸업 논문은 물론 박사 논문을 통해 통역학에 관한 문헌이 증가했다. 통역학에서 박사학위 연구를 위한 인프라가 여전히 미약하지만, 비교적 자리가 잡힌 국제회의 통역 분야만 보더라도 통역학의 박사 논문 수는 세계적으로 증가 추세에 있다. 범위를 넓혀서 다른 통역 분야까지 포함시키면 인접 학문에서 비롯된 경우가 많기 때문에 통역에 대한 박사학위 연구는 훨씬 더 많아진다.

1980년대에 나타나기 시작하여 세기가 바뀌면서 널리 수용된(2.5.2 참조) 통역학의 다각화diversification로(2.4.1 참조) 인해 새로운 통역의 유형과 환경이 연구 영역에 포함되었고, 선택이라기보다는 필요에 의해서 연구에 사용되는 이론 및 방법론적 접근법의 범위가 확장되었다. 언어학과 행동과

학과의 긴장 관계(4.3 참조) 속에서 인문학(4.2 참조)을 기반으로 시작된 통역학은 사회적 상호작용 내의 담론(4.6 참조)으로서의 통역 분석에서 강한 탄력을 받으며 학제적 기초를 넓히고 다변화해왔다.

이에 못지않게 중요한 점은 다변화가 점차 비중이 커져가고 있는 국제화와 동시에 이루어졌다는 점이다. 이러한 국제화는 대학원 수준 이상의 통역 연구를 추구하는 학문 기관이 전 세계적으로 증가했고, 1990년대 이후 통역학의 실질적인 공용어로 자리 잡은 영어를 주 언어로 하는 국제 학회지와 간행물이 창간되어 통역학계에 제공되고 있다는 사실에서 잘 드러난다.

다른 많은 학문 분야에서와 마찬가지로, 학계의 의사소통과 의견 교환을 위한 공통어의 사용은 인터넷을 통한 전 세계적 온라인 접근성과 함께 인적 교류와 협력을 가능케 하는 새로운 채널을 제공했다. 이렇듯 의사소통의 접점이 마련됨으로써 학자, 연구 센터, 논문, 연구 범위, 연구 방법, 연구 국가 면에서의 양적 성장이 통역학의 구조와 그 내부의 상호관계의 질적 변화로 이어졌다.

10.1.2 융합

한 학문의 성장과 다변화는 사실 여러 분야로의 특화와 분산화를 초래하는 경우가 많지만, 이는 인간과학의 진화에서 나타나는 '자연스러운' 과정이라 볼 수 있다. 20세기 초 소쉬르Saussure의 강의가 1세기 후 다양한 하위 학문과 응용 분야로 확장된 언어학의 발전 양상이 그 좋은 예이다. 그러나 발전 초기 단계에 있는 통역학과 같이 분야가 작고 전문적인 학문의 경우에는 분화적 성장보다는 동반적 성장이 중요하다. 융합이냐 분화이냐에 대한 전반적 평가는 관점과 태도의 문제(예를 들어 컵 안의 물을 채워졌다고 볼 것인지 부족하다고 볼 것인지)이기도 하지만, 국제적 차원에서는 물론 개인적 · 제도적 차원에서도 융합의 양상을 찾아 볼 수 있다. 예를 들자면, 국제회의 통역을 연구 분야로 하는 다수의 학자들이 커뮤니티 기반 연구에 참여하는 수가 늘고 있으며 해당 연구를 촉진하고 있다는 점(Dam, Kalina, Pöchhacker); 수화 및 구어 통역 연구자들 사이에서 크리티컬 링크 Critical Link 공동체 내에서뿐만 아니라 파리학파나 다른 CIUTI 기관의 학자들 사이에 활발한 교류가 이루어지고 있다는 점; 통역 학회에 소속된 학자들이 하나 이상의 패러다임 정립에 상당한 기여를 했거나(예: Shlesinger) 서로 다른 패러다임의 변증법적 통합을 목표로 작업했다는 점(예: Setton); 또한 다수의 대표적 국제회의 통역 연구자들(예: Gile, Gran, Kurz)이 통역학의 정체성을 유지하고 강조하면서도 인지심리학, 신경생리학과 같은 분야의 비통역 전문가들과 함께 다학제적 연대를 일궈냈다는 점; 통역학 연구의 주요 인적 인프라인 교수진과 학생이 소속되어 있는 통역번역 교육 기관들이 새로이 부상하는 통역 분야에 자신들의 교육 프로그램을 개방하는 사례가 늘고 있다는 점; 다양한 통역 유형에 대한 관심이 늘어나면서(예: Turku, Forlì, Almuñécar) 통역 관련 국제대회에서 UN 통역사이자 학자인 세르지오 비에찌Sergio Viaggio가 자아비판적으로 '통역 부스 특권층'의 지배적인 시각에 대하여 의문을 제기한 점; 인지-심리학적 토대에서 출범하여 통역학 최고의 권위를 자랑하는 국제 학술지 『인터프리팅*Interpreting*』이 모든 분야의 통역에 대한 의견 개진의 장을 제공하고 있는 점; 또한 아시아 국가(중국, 한국)에서 개최되는 국제회의나 출판 작업이 '서구' 학자의 적극적인 참여를 모색해왔고 서구 학자들은 이러한 대륙 간 협력을 통해 추진력을 받았다는 점 등이다.

그러나 학문적 확장과 융합의 과정에서 보인 큰 발전에도 불구하고 향후 통역 연구의 발전이 지속되기 위해서 반드시 성장, 발전해야 하는 중요한 분야가 다수 남아 있다. 이 중에서 장애물이나 기회로 작용할 수 있는 주요 요소를 간단히 짚어보겠다.

10.1.3 주요 이슈

학문으로서의 통역학이 지닌 문제와 취약점을 논의하려면 여섯 가지 주요 이슈를 중심으로 이들 간의 상호영향 및 의존성을 검토해볼 수 있다(그림 10.1).

통역학 연구가 지속적으로 이루어지기 위한 필수적인 선결 조건은 필요한 지식과 기술을 갖춘 지적 노동력 집단의 존재이다. 이러한 인력 또는 이 분야의 여성 비중을 고려한다면 '여성 인력' 집단은 주로 번역사와 통역사를 훈련시키는 대학 기관에서 찾을 수 있다. 이들 기관의 교강사는 통역에 대한 심도 있는 이해를 구축해야 하며, 학생들은 기술 중심의 실무에 대한 성찰적 지도를 통해 통역학이라는 학문에 입문한다. 따라서 이미 자리를 잡은 경력 통역사를 비롯해 교강사들 중에도 박사과정을 밟고자 하는 경우가 있을 수 있으며, 박사학위 취득까지 학업을 연장하고자 하는 석사과정의 학생들과 같이 공부하게 된다. 이들이 몇 개월 또는 몇 년 간의 연구를 지속하는 데 영향을 미치는 동기 및 수단(시간, 돈)에는 교과 과정 요

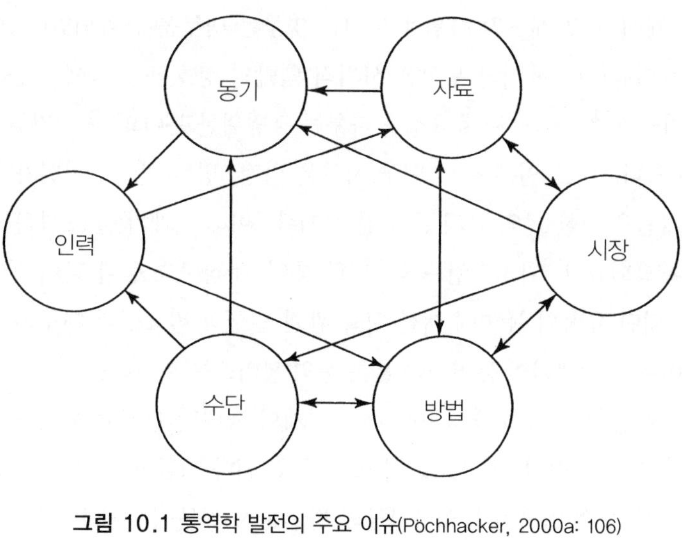

그림 10.1 통역학 발전의 주요 이슈(Pöchhacker, 2000a: 106)

건, 수업료, 카리스마 있는 역할 모델, 연구 기금, 장학금, 고용 기회 등의 요인이 있다.

능력과 열의를 겸비한 연구 인력을 확대하는 데 있어 핵심적 동인을 제공하는 것은 (그림 10.1) '시장'이다. 즉 통역학 연구가 실제로 '현실 세계'의 특정 문제를 해결하는 데 필요하며, 그러한 연구를 지원하는 쪽에서는 자신들의 투자에 대한 보상을 받을 것이라는 기대가 있다. 좀 더 넓은 의미에서 보면 이는 학문의 수준을 발전시킨다는 점에서 사회 전체의 이익에 기여하게 되고, 따라서 (종종 국 · 공립) 대학에 통역번역학과가 존재하는 이유가 된다. 통역 학자들이 자신의 연구가 '기초 연구'의 일부라는 점을 주장하는 사례가 늘고 있음에도 불구하고 사회가 통역학에 요구하는 바 — 그리고 그러한 요구를 충족시키기 위한 연구 결과물의 상당 부분 — 는 대부분 교육과 관련된 것이었으며 궁극적으로 통역을 어떻게 하면 잘 가르칠 수 있는가라는 문제를 해결하는 데 초점이 맞춰져 왔다. 그 결과 인간의 기술인 (동시)통역의 과정 ('동시통역의 원리가 무엇인가?')에 대부분의 관심이 집중되었고, 사회적 맥락에서 이루어지는 활동으로서의 통역이 커뮤니케이션 및 제도적 차원에 미치는 영향은 대부분 간과되었다. 이런 점에서 커뮤니티 통역의 부상은 사회적 맥락의 상호작용 속에서 통역이 갖는 기능과 효과, (비용) 효율성을 다루는 광범위한 분야의 연구 가능성을 열어주었다. 이로 인해 통역 연구 시장은 법정, 병원, 방송, 이민자나 청각 장애인을 위한 권익 단체 등과 같은 기관 '이해 관계자'를 포함하는 것으로 확장되었고, 위스퍼링 통역, 전화 통역, 문장구역 등과 같이 기존에 도외시되던 유형의 통역에 대한 교육 관련 연구의 필요성이 대두되었다. 같은 이유로 국제회의 통역계는 물론 통역 서비스를 사용하는 기관에서도 신기술 이용이 통역 수행의 품질과 통역계의 생태적 환경에 끼치는 효과에 대한 연구를 점점 더 필요로 하고 있다. 그러나 지금까지 AIIC 및 SCIC가 의뢰한 주요 연구는 통역학자들의 방법론적 전문성에 대한 신뢰 부족으로 인해 통역 학자가 아닌 사회과학 연구 자문에게 맡겨졌다. 사실 지금까지 통역 연구에 사용된 방법은 주로 단순한 실험 설계, 소수의 학생 피험자들, 단일 결과 분석이 주로 사용되고 있어 개선과 혁신의 여지가 크다. 1990년 이후 국제적으로 연구 교육 프로그램들이 시작된 것을 보면 통역 연구계가 이러한 과제를 충분히 이해하고 있으며, 앞으로의 통역학 발전을 위해서도 방법론이 절대적으로 중요하다는 점을 인식하고 있음을 알 수 있다. 또한 새로운 연구 영역에서 새로운 연구 문제들이 등장하면서 다양한 자료에 컴퓨터 지원 분석을 적용시키는 등 방법론의 다변화(10.2.3 참조)가 촉진될 것이다. '피험자' 및 '현장 정보원'에 대한 접근성 부족 문제도 '응용 연구'에 대한 필요가 수용되면 다양한 이해 관계자로부터 더 많은 지원과 협력이 이루어지면서 해결될 수 있을 것이다.

여기에서는 통역학의 발전을 위한 여섯 가지 주요 이슈의 다양한 상관관계를 깊이 있게 탐색하기보다는 개괄적인 수준에서 설명했지만, 이들 주요 이슈는 미래의 가능성을 예측하는 동시에 과거와 현재의 추이를 분석할 수 있는 틀을 제공하기에 충분하다. 다음으로는 통역학의 향후 발전 방향을 좀 더 세계적 차원에서 논하면서 통역학의 진로에 영향을 끼칠 중요한 몇 가지 발전상에 대해 고찰해보고자 한다.

10.2 시각의 틀

다각화된 성장과 학문적 융합 추세가 당분간 지속되리라는 예측은 타당한 것으로 보이나, 통역학 분야의 인프라와 연구 환경(10.1.3 참조)을 결정짓는 요소 간의 다양한 상호관계로 인해 미래의 발전 방향을 정확하게 예견하기는 어렵다. 또한 세계화나 기술적 진보와 같이 훨씬 강력한 변수들 역시 고려해야 한다. 이러한 '거대 조류mega-trends'는 통역 실무에 변화를 가져오거나, 이론이나 방법론에 대한 보다 직접적인 합의를 통해 통역 연구의 발전에 막대한 영향을 끼칠 수 있다. 이렇게 변화한 통역 이론과 방법론은 과학적 학문에 흐르는 강한 포스트모더니즘의 조류에 의해 보다 사회과학적 성향을 띠며 질적 방법론을 사용하는 쪽으로 방향을 돌릴 것으로 예상된다.

10.2.1 세계화

통역은 우선적으로 상호작용이라는 사회적 맥락에서 바라보아야 한다는 기본 전제와 관련시켜볼 때(1.3.1 참조) '세계화'는 피할 수 없는 조류이며 통역학과 많은 관련성이 있다. 일찍부터 '세계화된 직업'의 좋은 예인 국제회의 통역에 있어 세계화는 도움이 될 수도 있고 오히려 해가 될 수도 있다. 기업, 정치, 예술, 과학 분야의 업무가 세계적인 차원에서 이루어지는 경향은 국제무대에서의 의사소통에 있어 통역사의 역할을 강화시키지만, 세계어로서의 영어의 확산은 (앞서 통역 연구에 있어서는 행운으로 언급했지만) 통역 자체의 필요성을 크게 축소시킨다. 유럽은 EU의 공식 언어 정책과 통역 정책을 통해 다자간 국제회의 통역이라는 전통을 이어왔으나 국제어로서 영어의 확산은 유럽에서조차 국제회의 통역사들의 시장을 축소시킬 가능성이 있다.

이와 동시에, 세계화와 관련된 '현지화localization' 조류는 보다 국제적인(주로 영어로 된) 정보가 (영업 인력에 대한 '현지적 세계화glocalize' 연수에서 볼 수 있듯이) 더 많은 현지의 다양한 수용자들에게 전달되도록 한다. 이러한 경향으로 인해 영어와 현지어가 등장하는 2개 언어 회의나 비대칭적 언어 사용이 드러나는 회의(일 대 다언어)에서 통역 서비스의 필요성이 유지된다. 전자의 경우는 전통적인 리에종 모드뿐 아니라 특히 동시 모드(동시 대화 통역 포함)에서의 양자 간 통역bilateral interpreting의 역할을 부각시켜준다. 여기서 이루어지는 A 언어에서 B 언어 방향의 통역이 가지는 함의에 대해서는 아직 충분한 논의가 이루어지지 못한 상태이다. 영어로 발표되는 내용을 다수의 언어로 통역하는 회의의 경우에는 빈센트 버크(Vincent Buck, 2002)가 우려한 대로 통역사가 "지배적 이데올로기의 단순한 현지화 주창자로 강등" 될 수 있다는 권력 관계나 문화적 번안과 같은 보다 근본적인 쟁점들이 등장한다.

국제무대에서 중국과 여타 아시아 국가의 존재감이 커지고 있다는 점도 의미 있는 세계적 변화의 조류이다. 전술한 바와 동일한 패턴의 언어 정책에 영향을 받겠지만, 아시아에서의 통역학 발전은 통역 관행과 연구에 시사하는 바가 상당히 크다. 이러한 예로는 통역 업계의 양적 성장과 이에 따른 인력 양성(그리고 연구)의 양적 성장 가능성이 막대하다는 점, 문화적 차이와 특히 이념적 차이가 두드러지게 될 것이라는 점, 특정한 이언어적 cross-linguistic 도전 과제로 인해 통역 연구 분야에서 언어학, 외국어 교육, 이중 언어 사용 연구 전문가들에게 보다 주도적인 역할이 주어질 수 있다는 점 등을 들 수 있다.

세계어의 확산과 상품, 서비스, 자본의 국제적 이동 외에 세계화는 사람들의 이동, 즉 이주를 야기하며 점점 더 다민족·다언어적인 사회를 통해 그 존재감을 드러내고 있다. 최근 몇십 년간 목격되었듯이 이민자 수용국 등의 공공 기관에서는 이문화 간 커뮤니케이션에 대한 필요성이 점점 증대되고 있다. 보다 일반적으로 말하면 언어나 문화적 배경에 관계없이 해당 공공 기관의 서비스를 제공받을 권리, 즉 접근성을 관할구역 내에 있는 모든 사람들에게 보장하는 정책의 필요성이 증대되어왔다고 할 수 있다. 정치·이념·경제적 제약이 워낙 복잡하기 때문에 특정한 상황에서의 통역과 통역사의 역할은 지속적으로 정의되고 분석되어야 한다. 따라서 통역 서비스의 효과성과 영향을 평가하는 작업은 여타 프로그램 대비 효율성 및 비용이라는 측면과 관련하여 특별한 관심과 주의를 요한다. 정책적으로 전문 통역사의 역할이 인정되고 있는 만큼 새로 대두되는 교육의 필요성으로는 주로 교수진의 '행동 연구action research'의 형태를 띠게 되며, 그 대상은 효과적인 교수법과 학생 선발, 평가 등의 사안이 될 것이다.

통역 서비스의 상대적 효과는 커뮤니티 환경이나 국제회의 환경 모두에서 주된 연구 과제이다. 수용국의 언어 또는 국제어인 영어를 제한적이나마 구사할 수 있는 화자는 통역사에 의존하지 않으려 할 수 있다. 기술 회의, 외국어 방송의 수용, 또는 법정이나 병원과 같은 공공 기관에서 언어가 능숙하지 않은 화자가 의사소통의 목적에 부합하는 충분한 이해 수준에 도달할 수 있는가의 여부는 중요한 문제이다. 다양한 실제적 고려 사항 외에도 바로 이 점이 주어진 상황에서 통역사가 수행할 역할이 있는지를 결정하게 될 것이며, 나아가 특정한 사회문화적 맥락에서 전문 통역이 필요한지의 여부를 결정하게 될 것이다.

10.2.2 기술화

통역에 있어서 기술의 역할은 세계화만큼이나 오래 논의되어온 사안이다. 사실 1920년대 동시통역을 가능하게 해준 전자음향 송수신기가 아니었다면 통역계는 지금과 같은 모습으로 남지 못했을 것이다. 그로부터 50년 후, 통신과 디지털 데이터 처리 기술의 진보를 통한 발전 양상은 21세기 통역 방식의 대변화를 가져올 것으로 예상된다. 옹(Ong, 1982)의 말을 인용해보자면 '통역의 기술화'를 보여주는 가장 명백한 증거는 국제회의 현장의 원격 통역remote interpreting과 화상회의videoconferences이다(8.5.1 참조). 이러한 변화가 동시통역사의 작업 환경과 통역계 전반에 미친 영향은 향후 연구의 주된 주제가 될 것이며, 특히 스트레스, 시각적 접근, 심리-사회적 요인과 같은 문제들에 많은 관심이 요구될 것이다. 보다 일반적으로 말하면, 용어 관리나 빠른 지식 검색, 음성 인식 등을 위해 사용되는 다양한 디지털 툴이 동시통역의 인체공학ergonomics에 어떠한 영향을 미쳤는지 상당한 연구가 이루어져야 하며, 휴대용 무선 장비를 사용하여 '한 장소에 고정된 통역사'가 가지는 한계를 뛰어넘을 수 있는 가능성도 연구되어야 한다

(8.5.2 참조). 휴대용 무선 장비를 사용한 통역은 회의장 밖(관광지, 법정, 병원 등)에서 등장할 가능성이 높으며, 순차적 동시consecutive simultaneous 모드나 비디오폰videophone에 필요한 장비와 함께 사용될 수 있을 것이다.

청각장애인이나 청력 장애를 앓고 있는 사람들이 참여하는 의사소통에서는 담화를 문자로 전환하거나 문자(혹은 수신호로 표현된) 입력물을 구어 산출물로 나올 수 있게 하는 기술로 인해 원고script 기반의 의사소통이 선호되고 통역사가 불필요하게 될 수도 있다. 하지만, 다른 한편으로는 시청각 통신 기기의 활용이 점차 높아지고 있기 때문에 원격 통역도 증가할 것으로 보인다. 언어가 능숙하지 않은 화자를 위한 구어 통역에서와 마찬가지로, 어떤 통역 모드가 주어진 상호작용의 목적을 달성하는 데 더 효과적인지에 대한 비교 연구가 필요할 것이다. 장기적으로는 청각장애인들이 사용할 수 있거나 사용해야 하는 첨단 보청 기술로 인해 수화 사용자 공동체가 더욱 다원화되고 수화 통역사 시장이 더욱 분화될 수도 있다. 마찬가지로 일상적인 의사소통(행정 정보, 예약 잡기)에 대한 구어 커뮤니티 통역은 말 대 말 번역speech-to-speech translation 시스템에 의해 대체될 수도 있다.

기술적 진보의 방향이나 영향이 무엇이 되건 간에, 또는 기술이 통역에 어떠한 방식으로 사용되건 간에, 기술의 역할 확대가 통역사 훈련에 막대한 파급 효과를 가져올 것이라는 데는 이견이 없을 것이다. 여기에는 미래의 국제회의 통역사에게 최첨단 전자기기를 통역 부스 안팎에서 효율적으로 사용할 수 있도록 훈련시키는 것, 통역 학습생들에게 다양한 유형의 원격 통역 환경에 대해 준비시키는 것, 자가 학습은 물론 학교 수업을 위한 디지털 훈련 공간의 마련과 웹 기반의 출발어 텍스트 데이터베이스를 구축하는 것까지 모두 포함한다. 그 외 여러 교육적 혁신으로 인하여 통역을 가르치는 교수들은 지속적으로 필요 사항과 교육 효과를 평가하기 위한 공동의 행동 연구를 모색할 것이다.

기술은 이문화 간 의사소통 환경과 전문 통역의 관행을 바꿈으로써 체계적 연구가 요구되는 새로운 현상을 야기할 뿐만 아니라, 통역 연구자들이 새로운 장비와 도구를 사용할 수 있게 됨으로써 실제적인 데이터 수집 및 분석의 효율성을 제고하는 데 기여한다. 예를 들어 인터넷상으로 설문 연구를 수행할 수 있는 가능성이 점차로 높아지고 있으며 강력한 소프트웨어 덕택에 질적 데이터는 물론 정량적 데이터의 처리 속도도 빨라진다. 담화 데이터를 담아내야 하는 현장 연구의 경우 간편한 디지털 녹음 장비를 적극 활용할 수 있고, 이에 대한 전사 작업transcription은 특수 소프트웨어와 음성인식 시스템의 보조를 받을 수도 있다. 또한 실제 통역에서 추출한 출발어 및 도착어 텍스트와 병렬 텍스트로 구성된 대형 코퍼스에 코퍼스 언어학적 분석 방법을 적용할 수 있는 가능성도 증대될 것이다. 막대한 양의 담화 데이터 처리 외에도 디지털화된 발화 데이터 분석을 위한 컴퓨터 장비와 소프트웨어는 초기 실험적 통역 연구자들이 사용했던 측정 방법들과는 비교가 안 될 정도의 정확성을 가지고 어조의 곡률이나 휴지와 같은 준언어적 현상paralinguistic phenomena을 연구할 수 있게 한다. 실제로 현재의 통역 연구를 위한 실험적 방법, 특히 인지신경심리학에서 시작된 방법들은 생물의학 분야에서 개척한 영상 기술을 응용할 경우 놀라운 혜택을 볼 수 있을 것으로 기대된다. 이는 통역의 신경언어학적 접근법에 대한 관심을 지속시키고 이러한 접근법의 신경생리학적 토대neurophysiological underpinnings에 대한 전례 없는 통찰을 가능하게 해줄 것이다.

10.2.3 인지적 · 언어적 · 정성적 지향

기술은 통역 연구자들에게 보다 효율적인 도구를 제공하는 중요한 역할을 담당하고 있지만, 통역 연구의 진보는 무엇보다도 이론과 방법론의 혁신에 의지할 필요가 있다. 통역학의 오랜 역사와 학계에서의 제한적인 제도화 수준을 고려해볼 때, 그러한 추진력이 통역학 내의 기존 패러다임 안에서만 형성되지는 않을 것이다. 오히려 통역학자들은 유관한 개념, 모델, 방법을 찾기 위해 다른 학문의 틀을 계속해서 살펴보아야 할 것이다. 그렇다면 어느 곳을 바라보아야 하는가?

통역은 고도로 복잡한 지적 활동을 수반하기 때문에 필연적으로 인지과학cognitive sciences이 영감의 원천이 된다. 여러 학문의 집합체를 지칭하는 명칭 자체가 향후 통역계가 관심을 가져야 할 인지 패러다임이 하나 이상이라는 점을 알 수 있게 해준다. 더욱이 지난 1970년대 중반 '인지과학'이라는 이름 아래 처음 함께 묶인 다양한 하위 분야와 패러다임은 중대한 방향 재설정의 과정을 거쳤다. 인지심리학, 인공지능, 인지언어학 등에 연구 방향을 맞춰가고 있는 통역학자들은 이러한 분야의 변화 추이를 세심하게 살펴야 할 것이다. 새롭고도 전도유망한 경로 중 하나는 '상황 내 행동', '체화된 인지' 등으로도 불리는 상황인지론situated cognition이다. 1980년대의 연결주의connectionism에 뒤이어 교육 상황에서 특히 유효하다는 것이 입증된 상황인지론은 두뇌 작용과 상징적 구조보다는 사람과 환경 전체를 구성하는 부분으로 간주하면서 주어진 환경과 사회적 맥락과의 상호작용을 중요시한다. 맥락을 인지의 일부분으로 보는 시각은 관련성 이론Relevance Theory에 기반한 인지적 접근방식의 언어학인 인지화용론cognitive pragmatics과 놀랄 정도로 흡사하다. 인간의 성과에 초점을 맞추는 이 최신 방법론은 언어적 · 인지적 측면에 있어서 구조보다는 프로세스를 중시한다. 따라서 이쪽의 연구자들은 범주와 양상의 계량화보다는 역동적인 변화를 관찰하고 재구성하는 쪽을 선호한다. 북경어 동시통역 회의의 코퍼스에 대한 인지적 · 화용론적 접근방법을 적용한 세튼(Setton, 1999)의 질적 연구가 좋은 예이다.

세튼의 연구는 통역 연구에서의 비유럽 언어의 약진을 보여주는 언어 분석의 새로운 관심을 보여주고 있다. 여기서 '언어적'이라는 말을 추상적인 체계가 아니라 '맥락 안에서의 언어 사용'과 '상황 내 프로세스'로의 담화로 이해한다면, 언어적 지향점은 면대면 상호작용 통역의 담화 · 분석적 연구의 기초를 이루고 있다고 말할 수 있을 것이다(예: Wadensjö, 1998). 그러나 여기서의 맥락이란 상황인지적 접근에서와 마찬가지로 상호작용을 기반으로 하지만 직접적인 의사소통의 환경을 훨씬 넘어 폭넓은 사회적 차원으로까지 확장된다. 또한 담화 연구가 언어적 특성을 인지적 특성에 연결하는 강력한 심리적 지향성을 지니는 반면(예: Graesser et al., 1997), 통역을 사회 내에서의 담화 과정으로 바라보는 시각은 역할, 권력, 이데올로기를 전면에 부각시킴으로써 통역학자를 사회학 · 문화인류학 · 사회심리학의 영역으로 이끌게 된다.

연구방법론의 영역에서 혁명적인 변화를 겪은 것은 특히 사회과학 계통의 학문 분야들이다. 19세기 실증주의로부터 출발해 큰 변화를 겪으며 1990년 초 자리를 잡은 다양한 질적 사회과학의 접근법은, 1990년대를 거치면서 한층 더 심오한 변화를 겪었다(Denzin and Lincoln, 2000 참조). 이러한 방법론적 혁명으로부터 통역 연구가 도출해야 할 기본적인 교훈은 이론적 체제와 연구 방법 간의 밀접한 관계를 한층 더 공고히 할 필요가 있다는 점이다. 특히 교육 분야에서 포스트모던 인식론과 질적 연구 방법이 뚜렷이 모습을 드러내게 되면서, 통역 연구도 질적 전환을 하고 있다. 즉 분명한 사실의 설명이라는 경험주의적 믿음에서 벗어나 다양한 질적 데이터를 활용하면서 개인의 해석을 주장하기 위하여 필요한 이론을 사용해야 한다는 인식을 연구자들이 갖게 된다. 이와 동시에 객관적 현실이 존재하지 않는다는 점을 받아들이고 여러 이론적 해석을 활용하겠다는 생각은 다양한 데이터 소스를 활용하는 방법론인 삼각연구법triangulation의 중요성을 보여주며 질적 연구에 방법론적 초점을 부여한다. 질적 연구의 가장 대표적인 특징인 여러 이론을 기반으로 한 데이터에 근거한 이론을 받아들이는 것은 근본적으로 '사실적 증거'에 의존하고 있는 경험주의자의 시각과 이론화를 앞세우며 데이터화된 증거를 도외시하는 합리주의자의 시각을 동시에 배제하는 것이다. 이러한 인식론적 중간 지대는 관련 데이터 소스가 두

뇌 스캔이나 휴지 측정으로부터 담화 전사 자료나 중요 사례 서술문에 이르고, 연결주의, 기능적 문법, 전문성 연구, 사회 현장 이론, 성gender 연구 등 수많은 패러다임이 연구 대상의 다양한 측면의 일부를 설명하거나 묘사하는 데 유용하기 때문에 통역학 연구자들이 도움을 받을 수 있을 것이다.

이 책에서 선별적으로 검토한 모델과 연구를 되돌아보면 통역 연구가 그동안 도움을 받았고 앞으로 도움받을 그 어떤 분야와도 정확하게 일치하지 않는다는 점을 분명하게 알 수 있다. 통역 연구는 각 부분의 합 이상인 학문으로서 다양한 경로를 따라 발전할 수 있다. 사실 이 장의 표제와 내용에서 암시되어 있듯이, 통역 연구는 과거에도 그랬던 것처럼 동시다발적으로, 상호연관된 여러 방향으로 '학문의 지평을 넓혀'갈 것이다. 만일 전통적 구분인 자연과학과 인문학(4.4.1 참조) 사이에서 인식론적 · 방법론적 참조가 필요하다면, 통역 연구는 사회과학과 사회과학의 질적 · 정량적 연구 방법에 근접하다고 볼 수 있을 것이다.

10.3 연구 방향의 설정

앞에서는 학문으로서의 통역 연구가 미래를 위해 선택 가능한 기본 방향에 대해서 고찰해보았다. 이제는 그 통역 연구의 미래가 바로 여기에서 시작한다는 것을 강조할 때이다. 연구의 장기적 방향에 대해 예상해보는 것이 매력적이고 영감을 불러일으키는 작업이라고 해도 과학의 과정과 진보는 개별적인 소규모의 단계를 밟게 마련이다. 그렇다면 연구자 여러분은 과연 어느 부분에 기여할 것인가?

개론적 성격을 가진 이 책의 독자들이 이 분야를 처음 접하고 학문 연구를 막 시작했다는 가정하에, 이 책의 마지막 부분은 이제 막 첫 발을 뗀 연구자들에게 어느 방향을 향해 어떻게 나아가야 하는지에 대한 기본적인 안내를 제공하고자 한다.

10.3.1 입문

이 책의 기본 목적은 물론 통역 연구에 입문하는 사람들을 위한 방향을 제시하고 안내하는 것으로 통역 연구의 지형에 대한 지도를 제공하는 데 있다. 1부에서 제시된 통역의 지형에 대한 기본 이해와 폭넓은 관점을 기반으로 2부와 10.2에서는 학생들과 장래의 통역 연구자들이 관심을 가져볼만한 연구 분야를 소개했다. 10.3에서는 연구자들에게 통역학 분야의 방향을 잡아주는 나침반 역할을 하기 위해 보다 구체적인 내용을 제시하고자 한다. 그러나 특정 연구 문제의 목록이나 적용할 수 있는 방법론을 기술하려는 것은 아니다. 통역학은 사실 열린 학문으로 다수의 영역과 패러다임이 존재하고 있어 체계적이고 균형 잡힌 연구 의제와 방법론 목록을 작성하는 것은 불가능하다. 연구방법론에 대해서는 통역과 관련된 연구 방법을 소개하고 설명하는 별도의 책이 필요할 것이다.

그러면 어떻게 통역 연구를 완성하기 위한 목표를 향해 첫발을 내디딜 수 있을까? 먼저 연구 분야에 대한 전체 개요를 숙지한 다음(1단계) 자신의 위치와 입장에 대하여 생각해 보는 일이 반드시 필요하다. 이는 자신의 직업적 · 제도적(학계) 환경과 관련하여 자신이 어디에 자리 잡고 있는가를 파악하는 일이다(2단계). 개인적 경험은 물론이거니와 주도적인 연구 패러다임을 포함한 이러한 맥락적 요인은 특히 연구의 근간인 통역의 모델 또는 이론과 연구자가 관심을 갖게 되는 통역의 유형과 영역type and domain을 결정하게 된다(3단계). 통역학 입문 과정에 대한 다수의 연구는 1997년 통역학을 주제로 한 오르후스 세미나1997 Aarhus Seminar on Interpreting Research의 결과로 출판된 『통역 연구 시작하기*Getting Started in Interpreting Research*』라는 책에 자세하게 소개되어 있다(Gile et al., 2001).

이 책 2부의 구성은 각 부분별 제목과 세부 제목으로 주제 선정에 도움이 될 것이며(4단계), 본문에 제시된 링크와 주제 색인을 활용하면 다루고 있는 주제와 통역 유형에 대한 추가적인 참고 문헌을 참조할 수 있을 것이다. 물론 이 외에도 스스로 연구 아이디어를 수립하는 출발점으로 삼고 싶은 관련된 개념과 사안을 다수 찾을 수 있을 것이다. 이 책의 구조는 연구의 영역을 좁게 제한하려는 것이 아니라 더 많은 접근성을 위한 기본 골격의 역할을 하기 위한 것이다. 이러한 맥락에서 특히 『통역학 대표 논문집』(Pöchhacker and Shlesinger, 2002)의 주제 색인은 추가적인 아이디어와 참고 문헌을 찾아볼 수 있는 주요 용어들을 풍부하게 제공하고 있다.

심층적 탐색을 요하는 분야를 발견했다면, '더 파고 들어갈' 필요가 있는데, 이는 미리암 슐레징거Miriam Shlesinger가 오르후스 세미나의 참석자들에게 던졌던 말처럼 "읽고, 읽고, 또 읽으라"는 의미이다. 많은 문헌을 숙독하는 것은 지식의 집합적 축적이라는 과학의 기본 원칙을 지키기 위해서 절대적으로 필요한 일이다. 연구자는 바로 이 기본 원칙하에 현상을 기반으로 새로운 것을 추가해나가야 한다. 그러므로 문헌 읽기(5단계)는 연구자의 주제 영역의 현상을 파악할 수 있도록 진행되어야 하며, 『통역학 대표 논문집』의 추가 문헌과 더불어 2부 각 장의 말미에 있는 참고 문헌의 목록이 그 시발점이 될 수 있을 것이다. 문헌을 목적에 맞게 읽는 것은 연구자에게 중요하고 필요한 기술이다. 이를 위해서는 자료의 내용에 대한 탄탄한 이해, 저자의 관점 · 목적 · 방법론에 대한 비판적 평가, 자료로부터 얻은 정보와 식견을 기록하는 적절한 방법이 필요하다. 이와 관련하여 질 외(Gile et al., 2001)의 '비평적 읽기critical reading'에 대한 장은 귀중한 지침과 충고를 제공하므로 읽어보아야 할 것이다.

읽기는 특정 연구 질문(6단계)을 만들고 이 문제의 해결 방법을 모색하는데 기여할 것이다. 바로 이 (초기) 단계에서의 방법론적 접근에 따라 연구의 진행 방향이 달라지며, 이러한 선택은 연구 단계의 과정이라기보다는 '과학 하는 방법'(3.3.1, 3.3.2 참조)으로 가는 기본적인 방향에 더 가깝다. 다시 말해 연구자가 모더니즘 혹은 포스트모더니즘적 인식론에 대해 잘 알고 있는지, 데이터를 통해 이론('귀납')을 성립하려하는지 또는 검증할 수 있는 가설을 추출할 수 있는 이론('연역')에 집중하는지, 정량적(수량화) 데이터와 정성적(비수량화) 데이터 중 무엇을 선호하는지, 연구자가 연구에 대해 어떤 목적을 설정했는지 등에 따라 방법론과 전략이 결정된다. 연구자 본인은 물론 다른 사람들을 위해서 가능한 명확하게 자신의 기본 입장을 설정하는 것은(7단계) 연구를 설계하고 실행하는 방법을 정해주기 때문에 무엇보다도 중요한 단계다.

예를 들어 연구 설계(8단계)를 결정하는 것은 실험실 안에서 인과 관계 가설을 검증하려는 연구자와 실제 상황에서 사람들이 어떻게 행동하는지를 알고자 하는 연구자에게는 다른 의미를 가질 것이다. 전자의 경우에는 이미 존재하는 특정 유형의 실험 조건, 대상자, 준비물, 방법으로 구성된 표준 설계 중에서 선택을 할 수 있다. 후자의 경우에는 '현장 속으로' 들어가기 위하여 그 환경과 제약에 적합한 연구 설계를 개발하기 위한 복잡한 과정이 필요할 것이다. 연구의 맥락은 연구 설계에 중요한 영향을 미치는 여러 요인을 포함하고 있다. 다른 연구도 마찬가지이지만 특히 정성 연구와 관련된 설계 요소에 영향을 미치는 맥락적 요인들을 그림 10.2에서 확인해볼 수 있다.

그림 10.2는 개인적 목표, 윤리적 관심, 연구 기술, 개인적 경험, 지배적인 패러다임 등의 요인에 관심을 유도하고 있으며, 연구 설계의 주요 요소 사이에 존재하는 내재적 상호의존성을 부각시킨다는 점에서 중요하다. 상위 단계는 목적, 즉 현실적 고려 사항과 개인적 동기를 모두 포함한 연구의 대상과 목표와 개념적 맥락, 다시 말해 연구를 형성하고 이끄는 이론적 가정들과 틀이 가장 핵심 요소인 연구 문제와 연결되어 있다. 이는 다시 연구를 위해 사용되는 방법과 기술, 그리고 연구의 타탕성 문제와 밀접하게 연관되어 있다.

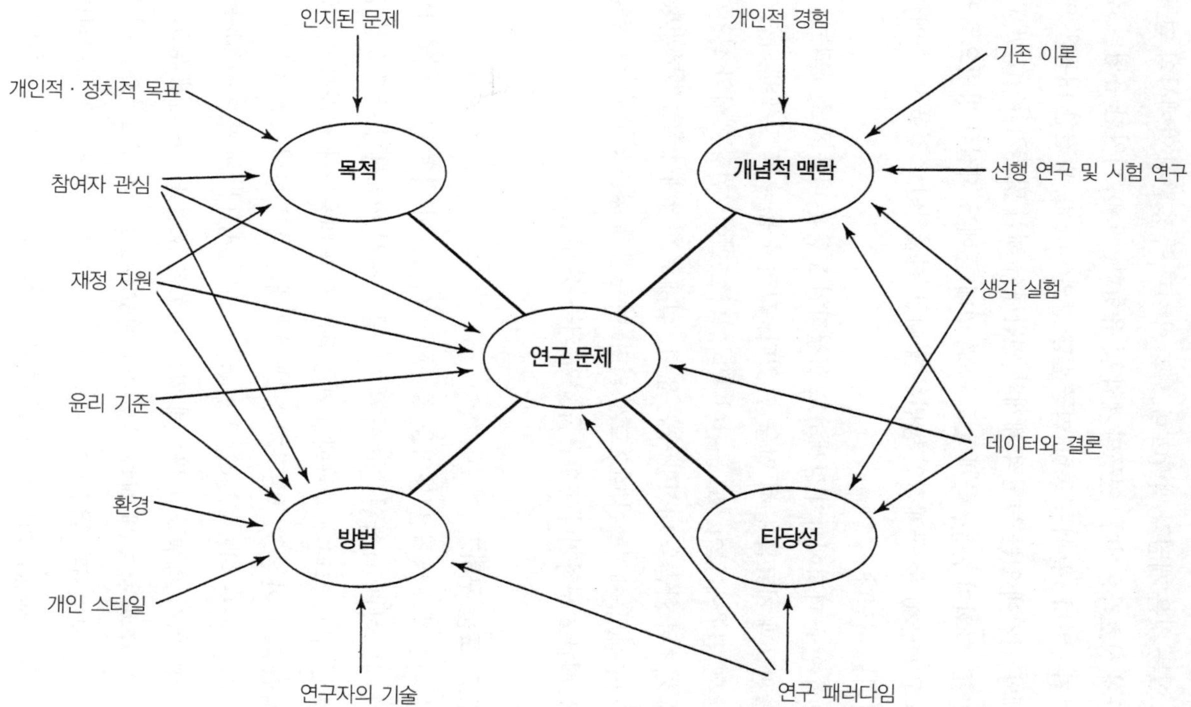

그림 10.2 연구 설계에 영향을 미치는 맥락 요인(Maxwell, 1998: 73)

방법론의 주요 이슈에 대한 기본적인 방향, 그리고 이 책이 전체를 통해 다루고 있는 것은 개념적 맥락(토대, 모델, 이론)과 특정 환경 안에서의 연구 문제 간의 상호작용이다. 연구의 계획 및 유형화(9단계), 다양한 유형의 데이터 수집 · 처리 · 분석을 통한 연구 실행 방법(10단계), 발견한 내용을 연구 주제와 기저에 있는 이론적 체제와 연관해서 해석 및 평가하기(11단계), 회의 발표, 학회지 논문, 학계 논문 등의 형태 중에서 적절한 방법으로의 연구 보고(12단계) 등 구체적인 방법론에 대한 직접적인 조언을 이 책에서 제공하기는 어렵다.

실험적 연구 과정에서의 상세하고 실질적인 도움은 다음에 소개되는 다양한 출판물과 자료를 통해 얻을 수 있다. 그러나 통역 그 자체와 마찬가지로 통역 연구에 있어서도 문헌이나 타인의 조언이 '현장'에서의 실험과 사례에 기초한 학습을 대신할 수는 없다. 실제로 현장에서 직접 해보아야만 질문, 의구심, 문제점들이 떠오르게 되며, 이를 통해 젊은 연구자들은 열심히 몸소 해답을 구하거나 조언을 구하게 되는 것이다.

10.3.2 도움 구하기

가장 이상적인 방안은 통역을 공부하는 학생들이 경험 많은 연구자와 교사의 지도 아래, 대학원 수준의 세미나를 통해서 필요한 연구 기술을 습득하는 것이다. 그러나 학과에서 제공되는 교과 내용이나 인력이 이러한 이상적인 교육 환경을 구현하지 못할 경우에는 다른 방법으로 도움을 구할 수 있다. 앞서 언급했듯이 질 외(Gile et al., 2001)의 『통역 연구 시작하기』는 석 · 박사 학생들의 필요에 맞는 정보와 조언을 풍부하게 담고 있다. 질의 '주제 선정'에 대한 부분이나 쳉코바Čeňková의 '프라하 석사 논문'에 대한 보고서는 연구 프로젝트 초기 단계에 대한 조언을 제공한다. 슐레징거(Shlesinger, 2002)도 '연구 주제 선택하기'에 관한 논문을 통해 통역 모드와 양상, 통역 환경, 긴장, 피로, 교수 방법 등에 관한 주제 영역에서 20가지의 사례 목록을 제시하고 있어 방향을 설정하는 데 도움을 준다. 슐레징거는 연구 질의가 가설로 유용하게 체계화되는 방법을 제시하고 이를 실험할 수 있는 방법들을 제시하고 있다. 여기에서 더 발전해서 질 외(Gile et al., 2001)의 저서에서는 방법론적인 문제와 해결책에 특히 중점을 두며 통역 분야의 박사 학위 연구 사례를 상세하게 담고 있다. 윌리암스 Williams와 체스터만Chesterman의 『초보자를 위한 번역 연구*Beginner's Guide to Doing Research in Translation Studies*』(2002)에서도 상당히 실질적인 충고를 찾아 볼 수 있다.

연구를 설계하고 실행하는 일은 개인적이고 창조적인 과정이라 음식 조리법과 같이 구체적이지는 않으나 다른 학문의 연구자들은 훨씬 정형화된 패러다임과 정립된 방법론을 보유하고 있기에 대개는 포괄적인 방법론적 지침을 제공하는 입문서를 사용하지 않는다. 통역 연구자들에게는 인류학, 담화 분석, 민족지학, 언어학, 심리학, 사회학(3.1.2, 3.1.3 참조) 등의 분야에서 도출된 방법과 개념이 다면적인 연구 대상이 지닌 다양한 측면의 일부를 해결할 수 있기에, 각 학문의 패러다임에 대한 방법론 문헌들이 중요한 영감이 될 수 있다.

사회과학 분야에서는 1980년대 초 이후 세이지 출판사가 발간한 『응용사회과학 연구방법 총서*Applied Social Research Methods Series*』를 통해 매우 다양한 범위의 연구 방법을 접할 수 있다. 수십 권으로 구성된 이 시리즈에는 조사와 사례 연구, 참여자 관찰, 민족지학, 견본 추출, 연구 윤리, 기본 설계 사안들에 대한 선구적 연구자들이 참여했다. 이 시리즈의 편집자들이 발췌한 18권의 요약판 『응용사회과학 연구방법론 핸드북*Handbook of Applied Social Research Method*』(Bickman and Rog, 1998)도 발간되었다. 같은 출판사에서 다시 '질적 연구 방법Qualitative Research Methods'에 대한 시리즈와 주제별 입문서는 물론 1994년에는 『질적 연구를 위한 핸드북*Handbook of Qualitative Research*』을 출간했다. 이 책은 6년 후 무려 1,000

페이지가 넘는 증보개정판(Denzin and Lincoln, 2000)으로 발간되면서 현재 나와 있는 가장 발전되고 종합적인 질적 연구 참고 문헌으로 평가받고 있다. 물론 이렇게 고난도의 연구 집합물은 입문자에게 추천하기 어려울 수 있으나, 입문자들에게 적당한 수준의 유용한 책들도 많이 있다(예: Babbie, 1999).

심리학 분야에서 단일 연구 사례부터 실험적 가설-검증에 이르기까지 기본적인 연구 전략과 기술을 간략하고 독자 친화적으로 담고 있는 입문서로는 롭슨(Robson, 1993)의 『실전연구*Real World Research*』를 들 수 있다. 이 책은 특히 '실무-연구자practitioner-researchers'의 필요에 맞추어졌다고 밝히고 있는데 명백한 설명과 주해가 달린 서지 목록을 각각의 주제와 기술에 맞게 제공하고 있어 보다 전문화된 자료로 안내해주는 지침서 역할을 한다. 언어학과 담화 연구 분야의 방법론적인 방향을 찾기 위한 지침서로는 티쳐 외(Titscher et al., 2000)의 『텍스트/담화분석 방법론*Methods of Text and Discourse Analysis*』에 대한 다학제적 연구도 있다. 각각의 패러다임의 원천 자료를 표시한 주석을 포함하고 있는 이 책은 십여 개의 방법론을 소개, 비교하고 있다. 여기에는 근거 이론grounded theory, 기능적 화용론functional pragmatics, 비판적 담화 분석critical discourse analysis 등의 접근방식이 포함되며 커뮤니티 통역에 관한 박사학위 연구에 정보를 제공해주고 있다. 언어학적 방법에 대한 다수의 교과서에서는 바이버 외(Biber et al., 1998)에 의한 『코퍼스 언어학*Corpus Linguistics*』과 맥도노우와 맥도노우(McDonough and McDonough, 1997)의 『영어교사를 위한 연구방법론*Research Methods for English Language Teachers*』에 대한 소개가 교실 내 실행 연구action research에 중점을 두면서 언급되어 있음을 알 수 있을 것이다.

표본 추출, 데이터 분석, 통계의 원칙에 대한 다수의 참고 문헌에서는 세데코Snedecor와 코크란(Cochran, 1980)의 『통계 방법론*Statistical Methods*』이라는 고전 문헌을 언급하고 있으며, 통역 연구의 연구방법론을 다룬 몇 편의 논문과 마일즈와 후버만(Miles and Huberman, 1994)이 쓴 『질적 데이터 분석 *Qualitative Data Analysis*』의 '소스북Sourcebook'에서도 인용되었다.

이렇듯 이미 체계를 갖춘 여타 학문 분야에서 방법론 관련 문헌을 대략적으로 들어보더라도 통역 연구에 있어서 앞으로 연구자들이 다뤄야 할 분야가 얼마나 많으며 학습해야 할 것이 얼마나 많은지를 알 수 있다. 실증 연구를 진행하는 모든 사람이 문헌 자료를 접하고 방법론의 선택과 그 함축성에 대해서 완전히 숙지하게 되는 것은 분명히 바람직한 일이지만, 그러한 노력이 언제나 진행하고 있는 연구와 부합하는 것이 아닐 수 있다. 그러한 경우에 초보 연구자들은 2부에 소개된 기출판된 실증 연구가 제공한 모델을 따라가는 것이 안전하다는 것을 알 수 있을 것이다. 예를 들어, 기존의 설문 도구를 다른 응답자 집단에 적용할 수도 있고 이미 검증된 실험 설계를 다른 실험 대상이나 입력물에 적용할 수도 있다. 졸업 논문 단계에 특히 추천할 만한 이러한 **복제 연구**replication는 기존의 발견을 입증해 주거나 새로운 결과를 보여주면서 한층 발전된 의문이 생기도록 하며 상당한 가치를 지닌다. 그 밖에 대안 혹은 보충적인 방안으로는 연구 설계와 데이터 분석에서 적절한 경험을 가진 **상담원**consultants 1인 혹은 다수에 기대는 방안이다.

다른 전문가의 조언을 구하는 것은 대체로 바람직한 생각이고, 특히 관련 분야의 연구 작업을 해본 통역 연구자로부터 피드백을 얻고 조언을 구하는 것은 효율적인 방법이다. 인터넷을 통해서 이러한 연구자들에게 연락을 취할 수 있으며, 연구자 본인이 '해야 할 일을 했고' 또 도서관 상호교류 혹은 인터넷(이 책에서 소개하는 유용한 인터넷 링크를 참조)을 통해 필요한 수단과 자료를 수집한 상태라면 협력적 태도를 기대해볼 수 있을 것이다. 통역 연구계에 입문한 사람들은 이메일 교류나 회의 석상을 통해서도 연륜이 깊은 학자와 교류를 나눌 수 있다. 연륜이 깊은 학자들이 도저히 대답할 수 없는 어렵고 영리한 질문이 신참 연구자들로부터 제기되는 순간, 통역학계에 있는 모든 사람들은 통역학의 발전이 계속되리라는 기대로 더욱 힘을 내게 될 것이다.

그림 목록

다음의 자료를 사용하도록 허락해준 저작권자 및 저자들에게 감사드린다.

그림 1.1, 1.5, 10.1, F. Pöchhacker, *Dolmetschen. Konzeptuelle Grundlagen und deskriptive Untersuchungen*, 저작권 2000년, Tübingen: Stauffenburg Verlag 수정 사용.

그림 1.2, G. Garzone and M. Viezzi(eds), *Interpreting in the 21st Century: Challenges and Opportunities*, 저작권 2002년, Amsterdam/Philadelphia: John Benjamins 수정 사용.

그림 3.1, S. Lambert and B. Moser-Mercer(eds), *Bridging the Gap: Empirical Research in Simultaneous Interpretation*, 저작권 1994년, Amsterdam/Philadelphia: John Benjamins 발췌 사용.

그림 5.2, J. Tseng, *Interpreting as an Emerging Profession in Taiwan-a Sociological Model*, 석사논문, 1992년, Fu Jen Catholic University 수정 사용.

그림 5.3, R. W. Brislin(ed), *Translation: Applications and Research*, 저작권 1976년, New York: Gardner Press 수정 사용.

그림 5.4, D. Gile, *Basic Concepts and Models for Interpreter and Translator Training*, 저작권 1995년, Amsterdam/Philadelphia: John Benjamins 발췌 사용.

그림 5.5, C. Dollerup and A. Loddegaard(eds), 저작권 1992년, Amsterdam/Philadelphia: John Benjamins 발췌 사용.

그림 5.6, R.M. Ingram, "Simultaneous interpretation of sign languages: Semiotic and psycholinguistic perspectives", *Multilingua* 4(2), 저작권 1985년, Amsterdam/Mouton Publishers 수정 사용.

그림 5.7, H. Kirchhoff, "Das dreigliedrige, zweisprachige Kommunikationssystem Dolmetschen," *Le Langage et l'Homme 31*, 저작권 1976년, Brussels: Institut Libre Marie Haps 수정 사용.

그림 5.8, C. Stenzel, *Simultaneous Interpretation: Groundwork Towards a Comprehensive Model,* 석사논문, 1983년, University of London 수정 사용.

그림 5.9, S. Kalina, *Strategische Prozesse beim Dolmetschen*, 저작권 1998년, Tübingen: Gunter Narr. 수정 사용.

그림 5.10, D. Seleskovitch and M. Lederer, *Interpréter pour traduire*, 저작권 1984년, Paris: Didier Érudition. 수정 사용.

그림 5.11, D. Cokely, *Interpretation: A Sociolinguistic Model*, 저작권 1992년,

Dennis Cokely, Burtonsville, MD: Linstok Press 발췌 사용.

그림 5.12, B. Englund Dimitrova and K. Hyltenstam(eds), *Language Processing and Simultaneous Interpreting*, 저작권 2000년, Amsterdam/Philadelphia: John Benjamins 발췌 사용.

그림 5.13, R. Setton, *Simultaneous Interpretation: A cognitive-pragmatic analysis*, 저작권 1999년, Amsterdam/Philadelphia:John Benjamins 발췌 사용.

그림 10.2, L. Bickman and D.J. Rog(eds), *Handbook of Applied Social Research Methods*, 저작권 1998년, Sage Publication, Inc.에서 발췌. Sage Publication, Inc. 동의하에 재판.

참고 문헌

Agger-Gupta, N. (2001) "From 'Making Do' to Established Service, the Development of Health Care Interpreter Services in Canada and the United States of America: A Grounded Theory Study of Health Organization Change and the Growth of a New Profession," PhD dissertation, The Fielding Graduate Institute.

AIIC (2002) "Workload Study," Geneva: AIIC (http://www.aiic.net.ViewPage.cfm/article467).

Alexieva, B. (1983) "Compression as a Means of Realisation of the Communicative Act in Simultaneous Interpreting," *Fremdsprachen* 27 (4): 233–8.

—— (1985) "Semantic Analysis of the Text in Simultaneous Interpreting," in H. Bühler (ed.) *Xth World Congress of FIT. Proceedings*, Vienna: Wilhelm Braumüller, pp. 195–8.

—— (1994) "Types of Texts and Intertextuality in Simultaneous Interpreting," in Snell-Hornby *et al.* (eds) (1994), pp. 179–87.

—— (1997/2002) "A Typology of Interpreter-mediated Events," in Pöchhacker and Shlesinger (eds) (2002), pp. 219–33.

—— (1999) "Understanding the Source Language Text in Simultaneous Interpreting," *The Interpreters' Newsletter* No. 9: 45–59.

—— (2001) "Interpreter-mediated TV Live Interviews," in Y. Gambier and H. Gottlieb (eds) *(Multi)Media Translation: Concepts, Practices, and Research*, Amsterdam and Philadelphia: John Benjamins, pp. 113–24.

Alonso Bacigalupe, L. (1999) "Visual Contact in Simultaneous Interpretation: Results of an Experimental Study," in Álvarez Lugrís and Fernández Ocampo (eds) (1999), pp. 123–37.

Alpbach (1968) Report on Session "Interpreters and Interpreting," European Forum Alpbach, 19–24 August 1968, unpublished typescript.

Altman, J. (1990) "What Helps Effective Communication? Some Interpreters' Views," *The Interpreters' Newsletter* No. 3: 23–32.

Álvarez Lugrís, A. and Fernández Ocampo, A. (eds) (1999) *Anovar/Anosar estudios de traducción e interpretación*, vol. 1, Vigo: Universidade de Vigo.

Anderson, J.R. (1990) *Cognitive Psychology and Its Implications*, 3rd ed, New York: Freeman.

Anderson, L. (1994) "Simultaneous Interpretation: Contextual and Translation Aspects," in Lambert and Moser-Mercer (eds) (1994), pp. 101–20.

Anderson, R.B.W. (1976) "Perspectives on the Role of Interpreter," in Brislin (ed.) (1976b), pp. 208–28.

—— (1976/2002) "Perspectives on the Role of Interpreter," in Pöchhacker and Shlesinger (eds) (2002), pp. 209–17.

Andres, D. (2002) *Konsekutivdolmetschen und Notation*, Frankfurt: Peter Lang.

Angelelli, C.V. (2001) "Deconstructing the Invisible Interpreter: A Critical Study of the Interpersonal Role of the Interpreter in a Cross-cultural/linguistic Communicative Event," PhD dissertation, Stanford University.

Apfelbaum, B. (1995) "Interaktive Verfahren der Disambiguierung in Situationen des Gesprächsdolmetschens," *Kognitionswissenschaft* 5 (3): 141–50.

Arjona, E. (1978) "Intercultural Communication and the Training of Interpreters at the Monterey Institute of Foreign Studies," in Gerver and Sinaiko (eds) (1978), pp. 35–44.

—— (1984) "Issues in the Design of Curricula for the Professional Education of Translators and Interpreters," in McIntire (ed.) (1984), pp. 1–35.

Arjona-Tseng, E. (1994) "A Psychometric Approach to the Selection of Translation and Interpreting Students in Taiwan," in Lambert and Moser-Mercer (eds) (1994), pp. 69–86.

Babbie, E. (1999) *The Basics of Social Research*, Belmont, CA: Wadsworth.

Baddeley, A. (2000) "Working Memory and Language Processing," in Englund Dimitrova and Hyltenstam (eds) (2000), pp. 1–16.

Baigorri Jalón, J. (2000) *La interpretación de conferencias: el nacimiento de una profesión. De París a Nuremberg*, Granada: Comares.

Baistow, K. (1999) "The Emotional and Psychological Impact of Community Interpreting," in *1st BABELEA Conference on Community Interpreting* (Vienna, 3–5 November 1999), London: Language Line.

Bajo, M.T., Padilla, F. and Padilla, P. (2000) "Comprehension Processes in Simultaneous Interpreting," in A. Chesterman, N. Gallardo San Salvador and Y. Gambier (eds) *Translation in Context. Selected Papers from the EST Congress, Granada 1998*, Amsterdam and Philadelphia: John Benjamins, pp. 127–42.

Baker, M. (1997) "Non-cognitive Constraints and Interpreter Strategies," in K. Simms (ed.) *Translating Sensitive Texts: Linguistic Aspects*, Amsterdam and Atlanta: Rodopi, pp. 111–29.

—— (ed.) (1998) *Routledge Encyclopedia of Translation Studies*, London and New York: Routledge.

Baker-Shenk, C. (ed.) (1990) *A Model Curriculum for Teachers of American Sign Language and Teachers of ASL/English Interpreting*, Silver Spring, MD: RID Publications.

Balzani, M. (1990) "Le contact visuel en interprétation simultanée: resultats d'une expérience (Français–Italien)," in Gran and Taylor (eds) (1990), pp. 93–100.

Barik, H.C. (1972) "Interpreters Talk a Lot, Among Other Things," *Babel* 18 (1): 3–10.

—— (1973) "Simultaneous Interpretation: Temporal and Quantitative Data," *Language and Speech* 16 (3): 237–70.

—— (1975/2002) "Simultaneous Interpretation: Qualitative and Linguistic Data," in Pöchhacker and Shlesinger (eds) (2002), pp. 79–91.

Barsky, R. (1996) "The Interpreter as Intercultural Agent in Convention Refugee Hearings," *The Translator* 2 (1): 45–63.

Beaugrande, R. de (1980) *Text, Discourse, and Process*, Norwood, NJ: Ablex.

—— (1997) "The Story of Discourse Analysis," in van Dijk (ed.) (1997a), pp. 35–62.

—— and Dressler, W.U. (1981) *Introduction to Text Linguistics*, London: Longman.

Bell, S.J. (1997) "The Challenges of Setting and Monitoring the Standards of Community Interpreting: An Australian Perspective," in Carr *et al.* (eds) (1997), pp. 93–108.

Berk-Seligson, S. (1988/2002) "The Impact of Politeness in Witness Testimony: The Influence of the Court Interpreter," in Pöchhacker and Shlesinger (eds) (2002), pp. 279–92.

—— (1990) *The Bilingual Courtroom: Court Interpreters in the Judicial Process*, Chicago and London: The University of Chicago Press.

—— (2000) "Interpreting for the Police: Issues in Pre-trial Phases of the Judicial Process," *Forensic Linguistics* 7 (2): 212–37.

Biber, D., Conrad, S. and Reppen, R. (1998) *Corpus Linguistics: Investigating Language Structure and Use*, Cambridge: Cambridge University Press.

Bickman, L. and Rog, D.J. (eds) (1998) *Handbook of Applied Social Research Methods*, Thousand Oaks, London and New Delhi: Sage.

Blum-Kulka, S. (1986/2000) "Shifts of Cohesion and Coherence in Translation," in Venuti (ed.) (2000), pp. 298–313.

Bolden, G.B. (2000) "Toward Understanding Practices of Medical Interpreting: Interpreters' Involvement in History Taking," *Discourse Studies* 2 (4): 387–419.

Bot, H. (2003) "Quality as an Interactive Concept: Interpreting in Psychotherapy," in Collados Aís *et al.* (eds) (2003), pp. 33–45.

Bottan, L. (2000) "La présentation en interprétation consecutive: comment développer une habileté de base," *The Interpreters' Newsletter* No. 10: 47–67.

Bowen, D. and Bowen, M. (eds) (1990) *Interpreting – Yesterday, Today, and Tomorrow*, Binghamton, NY: SUNY.

Bowen, M. [*et al.*] (1995) "Interpreters and the Making of History," in Delisle and Woodsworth (eds) (1995), pp. 245–73.

Braun, S. and Kohn, K. (2001) "Dolmetschen in der Videokonferenz. Kommunikative Kompetenz und Monitoringstrategien," in G. Thome, C. Giehl and H. Gerzymisch-Arbogast (eds) *Kultur und Übersetzung. Methodologische Probleme des Kulturtransfers*, Tübingen: Gunter Narr, pp. 1–32.

Brennan, M. (1999) "Signs of Injustice," *The Translator* 5 (2): 221–46.

Brislin, R.W. (1976a) "Introduction," in Brislin (ed.) (1976b), pp. 1–43.

—— (ed.) (1976b) *Translation: Applications and Research*, New York: Gardner Press.

Broadbent, D.E. (1952) "Speaking and Listening Simultaneously," *Journal of Experimental Psychology* 43: 267–73.

—— (1958) *Perception and Communication*, London: Pergamon Press.

Bros-Brann, E. (1975) "Critical Comments On H.C. Barik's Article 'Interpreters Talk a Lot, Among Other Things', *Babel*, no. 1, 1972, Vol. XVIII," *Babel* 21 (2): 93–4.

Buck, V. (2002) "One World, One Language?" in *Communicate!* April–May 2002 (http://www.aiic.net/ViewPage.cfm/article520)

Bühler, H. (1985) "Conference Interpreting – a Multichannel Communication Phenomenon," *Meta* 30 (1): 49–54.

—— (1986) "Linguistic (Semantic) and Extra-linguistic (Pragmatic) Criteria for the Evaluation of Conference Interpretation and Interpreters," *Multilingua* 5 (4): 231–5.

Carr, S.E. and Steyn, D. (2000) "Distance Education Training for Interpreters: An Insurmountable Oxymoron?" in Roberts *et al.* (eds) (2000), pp. 83–8.

—— Roberts, R., Dufour A. and Steyn, D. (eds) (1997) *The Critical Link: Interpreters in the Community. Papers from the First International Conference on Interpreting in Legal, Health, and Social Service Settings (Geneva Park, Canada, June 1–4, 1995)*, Amsterdam and Philadelphia: John Benjamins.

Carroll, J.B. (1978) "Linguistic Abilities in Translators and Interpreters," in Gerver and Sinaiko (eds) (1978), pp. 119–29.

Cary, E. (1956) *La traduction dans le monde moderne*, Geneva: Georg.

Cencini, M. and Aston, G. (2002) "Resurrecting the Corp(us|se): Towards an Encoding Standard for Interpreting Data," in Garzone and Viezzi (eds) (2002), pp. 47–62.

Čeňková, I. (1988) *Teoretické aspekty simultánního tolumočení*, Prague: Charles University.

Chernov, G.V. (1978) *Teoriya i praktika sinkhronnogo perevoda* [Theory and Practice of Simultaneous Interpretation], Moscow: Mezhdunarodnyye otnosheniya.
—— (1979/2002) "Semantic Aspects of Psycholinguistic Research in Simultaneous Interpretation," in Pöchhacker and Shlesinger (eds) (2002), pp. 99–109.
—— (1994) "Message Redundancy and Message Anticipation in Simultaneous Interpretation," in Lambert and Moser-Mercer (eds) (1994), pp. 139–53.
Chesterman, A. (1993) "From 'Is' to 'Ought': Laws, Norms and Strategies in Translation Studies," *Target* 5 (1): 1–20.
—— (1997) *Memes of Translation: The Spread of Ideas in Translation Theory*, Amsterdam and Philadelphia: John Benjamins.
—— and Arrojo, R. (2000) "Shared Ground in Translation Studies," *Target* 12 (1): 151–60.
Cheung, A. (2003) "Does Accent Matter? The Impact of Accent in Simultaneous Interpretation into Mandarin and Cantonese on Perceived Performance Quality and Listener Satisfaction Level," in Collados Aís *et al.* (eds) (2003), pp. 85–96.
Chiaro, D. (2002) "Linguistic Mediation on Italian Television. When the Interpreter Is Not an Interpreter: A Case Study," in Garzone and Viezzi (eds) (2002), pp. 215–25.
Clark, H.H. (1996) *Using Language*, Cambridge: Cambridge University Press.
Cokely, D. (1981) "Sign Language Interpreters: A Demographic Survey," *Sign Language Studies* No. 32: 261–86.
—— (1990) "The Effectiveness of Three Means of Communication in the College Classroom," *Sign Language Studies* 69: 415–42.
—— (1992a) *Interpretation: A Sociolinguistic Model*, Burtonsville, MD: Linstok Press.
—— (ed.) (1992b) *Sign Language Interpreters and Interpreting*, Burtonsville, MD: Linstok Press.
—— (2000) "Exploring Ethics: A Case for Revising the Code of Ethics," *Journal of Interpretation* 2000: 25–57.
Collados Aís, A. (1998/2002) "Quality Assessment in Simultaneous Interpreting: The Importance of Nonverbal Communication," in Pöchhacker and Shlesinger (eds) (2002), pp. 327–36.
—— Fernández Sánchez, M.M. and Gile, D. (eds) (2003) *La evaluación de la calidad en interpretación: Investigación*, Granada: Comares.
Consorte, C. (1999) "Thematic Structure and Simultaneous Interpretation: Some Experimental Evidence," *The Interpreters' Newsletter* No. 9: 99–124.
Cooper, C.L., Davies, R. and Tung, R.L. (1982) "Interpreting Stress: Sources of Job Stress among Conference Interpreters," *Multilingua* 1 (2): 97–107.
Corina, D.P. and Vaid, J. (1994) "Lateralization for Shadowing Words versus Signs: A Study of ASL–English Interpreters," in Lambert and Moser-Mercer (eds) (1994), pp. 237–48.
Corsellis, A. (1997) "Training Needs of Public Personnel Working with Interpreters," in Carr *et al.* (eds) (1997), pp. 77–89.
—— (1999) "Training of Public Service Interpreters," in Erasmus (ed.) (1999), pp. 197–205.
—— (2000) "Turning Good Intentions into Good Practice: Enabling the Public Services to Fulfil their Responsibilities," in Roberts *et al.* (eds) (2000), pp. 89–99.
Cronin, M. (2002) "The Empire Talks Back: Orality, Heteronomy and the Cultural Turn in Interpreting Studies," in Pöchhacker and Shlesinger (eds) (2002), pp. 387–97.
Dam, H.V. (1993) "Text Condensing in Consecutive Interpreting," in Gambier and Tommola (eds) (1993), pp. 297–313.
—— (1998) "Lexical Similarity vs Lexical Dissimilarity in Consecutive Interpreting," in Pöchhacker and Shlesinger (eds) (2002), pp. 267–77.

—— (2001) "On the Option Between Form-based and Meaning-based Interpreting: The Effect of Source Text Difficulty on Lexical Target Text Form in Simultaneous Interpreting," *The Interpreters' Newsletter* No. 11: 27–55.

Danks, J.H., Shreve, G.M., Fountain, S.B. and McBeath, M.K. (eds) (1997) *Cognitive Processes in Translation and Interpreting,* Thousand Oaks, London and New Delhi: Sage.

Darò, V. (1994) "Non-linguistic Factors Influencing Simultaneous Interpretation," in Lambert and Moser-Mercer (eds) (1994), pp. 249–71.

—— (1997) "Experimental Studies on Memory in Conference Interpretation," *Meta* 42 (4): 622–8.

Davidson, B. (1998) "Interpreting Medical Discourse: A Study of Cross-linguistic Communication in the Hospital Clinic," PhD dissertation, Stanford University.

—— (2002) "A Model for the Construction of Conversational Common Ground in Interpreted Discourse," *Journal of Pragmatics* 34: 1273–300.

de Bot, K. (2000) "Simultaneous Interpreting as Language Production," in Englund Dimitrova and Hyltenstam (eds) (2000), pp. 65–88.

de Groot, A.M.B. (1997) "The Cognitive Study of Translation and Interpretation: Three Approaches," in Danks *et al.* (eds) (1997), pp. 25–56.

Déjean le Féal, K. (1982) "Why Impromptu Speech is Easy to Understand," in Enkvist (ed.) (1982), pp. 221–39.

—— (1990) "Some Thoughts on the Evaluation of Simultaneous Interpretation," in Bowen and Bowen (eds) (1990), pp. 154–60.

—— (1997) "Simultaneous Interpretation with 'Training Wheels'," *Meta* 42 (2): 616–21.

Delisle, J. and Woodsworth, J. (eds) (1995) *Translators through History*, Amsterdam and Philadelphia: John Benjamins.

Denzin, N.K. and Lincoln, Y.S. (2000) *Handbook of Qualitative Research*, 2nd edn, Thousand Oaks, London and New Delhi: Sage.

Dillinger, M. (1994) "Comprehension during Interpreting: What do Interpreters Know that Bilinguals Don't?" in Lambert and Moser-Mercer (eds) (1994), pp. 155–89.

Diriker, E. (2001) "De-/Re-contextualising Simultaneous Interpreting: Interpreters in the Ivory Tower?" PhD dissertation, Boğaziçi University, Istanbul.

Dodds, J.M. (1990) "On the Aptitude of Aptitude Testing," *The Interpreters' Newsletter* No. 3: 17–22.

—— and Katan, D. [*et al.*] (1997) "The Interaction between Research and Training," in Gambier *et al.* (eds) (1997), pp. 89–107.

Dollerup, C. and Appel, V. (eds) (1996) *Teaching Translation and Interpreting 3: New Horizons*, Amsterdam and Philadelphia: John Benjamins.

Dollerup, C. and Lindegaard, A. (eds) (1994) *Teaching Translation and Interpreting 2: Aims, Insights, Visions*, Amsterdam and Philadelphia: John Benjamins.

Dollerup, C. and Loddegaard, A. (eds) (1992) *Teaching Translation and Interpreting: Training, Talent and Experience*, Amsterdam and Philadelphia: John Benjamins.

Donk, U. (1994) "Der Dolmetscher in kriminalpolizeilichen Vernehmungen. Eine ethnographische Strukturrekonstruktion," in N. Schröer (ed.) *Interpretative Sozialforschung*, Opladen: Westdeutscher Verlag, pp. 130–50.

Donovan-Cagigos, C. (1990) "La fidélité en interprétation," doctoral dissertation, Université de la Sorbonne Nouvelle/Paris III.

Drennan, G. and Swartz, L. (1999) "A Concept Over-burdened: Institutional Roles for Psychiatric Interpreters in Post-Apartheid South Africa," *Interpreting* 4 (2): 169–98.

Dubrovsky, R. and Weller, G. (1990) "Curriculum Review at the ISIT (Mexico City)," in Bowen and Bowen (eds) (1990), pp. 61–9.

Englund Dimitrova, B. (1997) "Degree of Interpreter Responsibility in the Interaction Process in Community Interpreting," in Carr *et al.* (eds) (1997), pp. 147–64.

—— and Hyltenstam, K. (eds) (2000) *Language Processing and Simultaneous Interpreting: Interdisciplinary Perspectives*, Amsterdam and Philadelphia: John Benjamins.

Enkvist, N.E. (ed.) (1982) *Impromptu Speech: A Symposium*, Åbo: Åbo Akademi.

Erasmus, M. [*et al.*] (ed.) (1999) *Liaison Interpreting in the Community*, Pretoria: Van Schaik.

Ericsson, K.A. and Kintsch, W. (1995) "Long-term Working Memory," *Psychological Review* 102 (2): 211–42.

Ervin, S.M. and Osgood, C.E. (1965) "Second Language Learning and Bilingualism," in C.E. Osgood and T.A. Sebeok (eds) *Psycholinguistics: A Survey of Theory and Research Problems*, Bloomington and London: Indiana University Press, pp. 139–46.

Fabbro, F. and Gran, L. (1994) "Neurological and Neuropsychological Aspects of Polyglossia and Simultaneous Interpretation," in Lambert and Moser-Mercer (eds) (1994), pp. 273–317.

—— (1997) "Neurolinguistic Research in Simultaneous Interpretation," in Gambier *et al.* (eds) (1997), pp. 9–27.

Fabbro, F., Gran, L., Basso, G. and Bava, A. (1990) "Cerebral Lateralization in Simultaneous Interpretation," *Brain and Language* 39: 69–89.

Fant, L. (1990) *Silver Threads: A Personal Look at the First Twenty-five Years of the Registry of Interpreters for the Deaf*, Silver Spring, MD: RID Publications.

Feldweg, E. (1996) *Der Konferenzdolmetscher im internationalen Kommunikationsprozeß*, Heidelberg: Groos.

Fenton, S. (1993) "Interpreting in New Zealand: An Emerging Profession," *Journal of Interpretation* 6: 155–65.

Ferrari, M. (2001) "Consecutive simultaneous?" SCIC*News* No. 26, 21 November 2001 (http://scic.cec.eu.int/scicnews/2001/011121/news05.htm)

Feuerstein, M., Carosella, A.M., Burrell, A.L., Marshall, L. and DeCaro, J. (1997) "Occupational Upper Extremity Symptoms in Sign Language Interpreter: Prevalence and Correlates of Pain, Function, and Work Disability," *Journal of Occupational Rehabilitation* 7 (4): 187–205.

Flores d'Arcais, G.B. (1978) "The Contribution of Cognitive Psychology to the Study of Interpretation," in Gerver and Sinaiko (eds) (1978), pp. 385–402.

Frishberg, N. (1990) *Interpreting: An Introduction*, rev. edn, Silver Spring, MD: RID Publications.

Fukuii, H. and Asano, T. (1961) *Eigotsûyaku no jissai* [An English Interpreter's Manual], Tokyo: Kenkyusha.

Gaiba, F. (1998) *The Origins of Simultaneous Interpretation: The Nuremberg Trial*, Ottawa: University of Ottawa Press.

Gambier, Y. and Tommola, J. (eds) (1993) *Translation and Knowledge: SSOTT IV*, Turku: University of Turku, Centre for Translation and Interpreting.

Gambier, Y., Gile, D. and Taylor, C. (eds) (1997) *Conference Interpreting: Current Trends in Research*, Amsterdam and Philadelphia: John Benjamins.

Garber, N. and Mauffette-Leenders, L.A. (1997) "Obtaining Feedback from Non-English Speakers," in Carr *et al.* (eds) (1997), pp. 131–43.

García-Landa, M. (1981) "La 'théorie du sens', théorie de la traduction et base de son enseignement," in J. Delisle (ed.) *L'enseignement de l'interprétation et de la traduction: de la théorie à la pédagogie*, Ottawa: University of Ottawa Press, pp. 113–32.

—— (1998) "A Theoretical Framework for Oral and Written Translation Research," *The Interpreters' Newsletter* No. 8: 5–40.

Garnham, A. (1994) "Future Directions," in Gernsbacher (ed.) (1994), pp. 1123–44.
Garzone, G. (2003) "Reliability of Quality Criteria Evaluation in Survey Research," in Collados Aís *et al.* (eds) (2003), pp. 23–30.
—— and Viezzi, M. (eds) (2002) *Interpreting in the 21st Century: Challenges and Opportunities*, Amsterdam and Philadelphia: John Benjamins.
—— Mead, P. and Viezzi, M. (eds) (2002) *Perspectives on Interpreting*, Bologna: CLUEB.
Gentile, A., Ozolins, U. and Vasilakakos, M. (1996) *Liaison Interpreting: A Handbook*, Melbourne: Melbourne University Press.
Gernsbacher, M.A. (ed.) (1994) *Handbook of Psycholinguistics*, San Diego, CA: Academic Press.
Gerver, D. (1969/2002) "The Effects of Source Language Presentation Rate on the Performance of Simultaneous Conference Interpreters," in Pöchhacker and Shlesinger (eds) (2002), pp. 53–66.
—— (1971) "Aspects of Simultaneous Interpretation and Human Information Processing," D Phil thesis, Oxford University.
—— (1974a) "Simultaneous Listening and Speaking and Retention of Prose," *Quarterly Journal of Experimental Psychology* 26 (3): 337–41.
—— (1974b) "The Effects of Noise on the Performance of Simultaneous Interpreters: Accuracy of Performance," *Acta Psychologica* 38 (3): 159–67.
—— (1975) "A Psychological Approach to Simultaneous Interpretation," *Meta* 20 (2): 119–28.
—— (1976) "Empirical Studies of Simultaneous Interpretation: A Review and a Model," in Brislin (ed.) (1976b), pp. 165–207.
—— and Sinaiko, H.W. (eds) (1978) *Language Interpretation and Communication. Proceedings of the NATO Symposium, Venice, Italy, September 26–October 1, 1977*, New York and London: Plenum Press.
—— Longley, P.E., Long, J. and Lambert, S. (1989) "Selection Tests for Trainee Conference Interpreters," *Meta* 34 (4): 724–35.
Gile, D. (1984) "Les noms propres en interprétation simultanée," *Multilingua* 3 (2): 79–85.
—— (1985) "Le modèle d'efforts et l'équilibre en interprétation simultanée," *Meta* 30 (1): 44–8.
—— (1988) "An Overview of Conference Interpretation Research and Theory," in Hammond (ed.) (1988), pp. 363–71.
—— (1990a) "Scientific Research vs. Personal Theories in the Investigation of Interpretation," in Gran and Taylor (eds) (1990), pp. 28–41.
—— (1990b) "L'évaluation de la qualité de l'interprétation par les délégués: une étude de cas," *The Interpreters' Newsletter* No. 3: 66–71.
—— (1992a) "Predictable Sentence Endings in Japanese and Conference Interpretation," *The Interpreters' Newsletter*, Special Issue 1: 12–23.
—— (1992b) "Basic Theoretical Components for Interpreter and Translator Training," in Dollerup and Loddegaard (eds) (1992), pp. 185–94.
—— (1993) "Translation/Interpretation and Knowledge," in Gambier and Tommola (eds) (1993), pp. 67–86.
—— (1994a) "Opening Up in Interpretation Studies," in Snell-Hornby *et al.* (eds) (1994), pp. 149–58.
—— (1994b) "Methodological Aspects of Interpretation and Translation Research," in Lambert and Moser-Mercer (eds) (1994), pp. 39–56.
—— (1995a) *Regards sur la recherche en interprétation de conférence*, Lille: Presses Universitaires de Lille.

—— (1995b) *Basic Concepts and Models for Interpreter and Translator Training*, Amsterdam and Philadelphia: John Benjamins.
—— [*et al.*] (1997) "Methodology," in Gambier *et al.* (eds) (1997), pp. 109–22.
—— (1997/2002) "Conference Interpreting as a Cognitive Management Problem," in Pöchhacker and Shlesinger (eds) (2002), pp. 163–76.
—— (1998) "Observational Studies and Experimental Studies in the Investigation of Conference Interpreting," *Target* 10 (1): 69–93.
—— (1999a) "Doorstep Interdisciplinarity in Conference Interpreting Research," in Álvarez Lugrís and Fernández Ocampo (eds) (1999), pp. 41–52.
—— (1999b) "Testing the Effort Models' Tightrope Hypothesis in Simultaneous Interpreting – A Contribution," *Hermes. Journal of Linguistics* 23: 153–72.
—— (1999c) "Variability in the Perception of Fidelity in Simultaneous Interpretation," *Hermes. Journal of Linguistics* 22: 51–79.
—— (2000) "The History of Research into Conference Interpreting: A Scientometric Approach," *Target* 12 (2): 297–321.
—— (2003) "Quality Assessment in Conference Interpreting: Methodological Issues," in Collados Aís *et al.* (eds) (2003), pp. 109–23.
—— Dam, H.V., Dubslaff, F., Martinsen, B. and Schjoldager, A. (eds) (2001) *Getting Started in Interpreting Research: Methodological Reflections, Personal Accounts and Advice for Beginners*, Amsterdam and Philadelphia: John Benjamins.
Glémet, R. (1958) "Conference Interpreting," in Smith (ed.) (1958), pp. 105–22.
Göhring, H. (2002) *Interkulturelle Kommunikation: Anregungen für Sprach- und Kulturmittler*, Tübingen: Stauffenburg.
Goffman, E. (1981) *Forms of Talk*, Oxford: Basil Blackwell.
Goldman-Eisler, F. (1967) "Sequential Temporal Patterns and Cognitive Processes in Speech," *Language and Speech* 10 (3): 122–32.
—— (1972/2002) "Segmentation of Input in Simultaneous Translation," in Pöchhacker and Shlesinger (eds) (2002), pp. 69–76.
González, R.D., Vásquez, V.F. and Mikkelson, H. (1991) *Fundamentals of Court Interpretation: Theory, Policy, and Practice*, Durham, NC: Carolina Academic Press.
Graesser, A.C., Gernsbacher, M.A. and Goldman, S.R. (1997) "Cognition," in van Dijk (ed.) (1997a), pp. 292–319.
Gran, L. (1989) "Interdisciplinary Research on Cerebral Asymmetries: Significance and Prospects for the Teaching of Interpretation," in Gran and Dodds (eds) (1989), pp. 93–100.
—— and Dodds, J. (eds) (1989) *The Theoretical and Practical Aspects of Teaching Conference Interpretation*, Udine: Campanotto.
—— and Taylor, C. (eds) (1990) *Aspects of Applied and Experimental Research on Conference Interpretation*, Udine: Campanotto.
—— Carabelli, A. and Merlini, R. (2002) "Computer-assisted Interpreter Training," in Garzone and Viezzi (eds) (2002), pp. 277–94.
Green, A., Vaid, J., Schweda Nicholson, N., White, N. and Steiner, R. (1994) "Lateralization for Shadowing vs. Interpretation: A Comparison of Interpreters with Bilingual and Monolingual Controls," in Lambert and Moser-Mercer (eds) (1994), pp. 331–55.
Gringiani, A. (1990) "Reliability of Aptitude Testing: A Preliminary Study," in Gran and Taylor (eds) (1990), pp. 42–53.
Grosjean, F. (1997) "The Bilingual Individual," *Interpreting* 2 (1/2): 163–87.
Gumperz, J.J. and Hymes, D. (1972) *Directions in Sociolinguistics*, New York: Holt, Rinehart and Winston.

Hale, S. (1997a) "The Interpreter on Trial: Pragmatics in Court Interpreting," in Carr *et al.* (eds) (1997), pp. 201–11.
—— (1997b) "The Treatment of Register Variation in Court Interpreting," *The Translator* 3 (1): 39–54.
—— (1999) "Interpreters' Treatment of Discourse Markers in Courtroom Questions," *Forensic Linguistics* 6 (1): 57–82.
Halliday, M.A.K. (1985) *An Introduction to Functional Grammar*, London: Edward Arnold.
Hamers, J.F. and Blanc, M.H.A. (2000) *Bilinguality and Bilingualism*, 2nd edn, Cambridge: Cambridge University Press.
Hammond, D.L. (ed.) (1988) *Languages at Crossroads: Proceedings of the 29th Annual Conference of the American Translators Association*, Medford, NJ: Learned Information.
—— (ed.) (1989) *Coming of Age: Proceedings of the 30th Annual Conference of the American Translators Association*, Medford, NJ: Learned Information.
Harrington, F.J. (2000) "Sign Language Interpreters and Access for Deaf Students to University Curricula: The Ideal and the Reality," in Roberts *et al.* (eds) (2000), pp. 219–38.
—— and Turner, G.H. (2001) *Interpreting Interpreting: Studies and Reflections on Sign Language Interpreting*, Coleford: Douglas McLean.
Harris, B. (1990) "Norms in Interpretation," *Target* 2 (1): 115–19.
—— (1992) "Teaching Interpreting: A Canadian Experience," in Dollerup and Loddegaard (eds) (1992), pp. 259–68.
—— (1997) "Language International" *World Directory of Translation and Interpreting Schools*, Amsterdam and Philadelphia: John Benjamins.
—— and Sherwood, B. (1978) "Translating as an Innate Skill," in Gerver and Sinaiko (eds) (1978), pp. 155–70.
Hatim, B. and Mason, I. (1997) *The Translator as Communicator*, London and New York: Routledge.
—— (1997/2002) "Interpreting: A Text Linguistic Approach," in Pöchhacker and Shlesinger (eds) (2002), pp. 255–65.
Hauenschild, C. and Heizmann, S. (eds) (1997) *Machine Translation and Translation Theory*, Berlin and New York: Mouton de Gruyter.
Hayes, P.L. (1992) "Educational Interpreters for Deaf Students: Their Responsibilities, Problems, and Concerns," *Journal of Interpretation* 5: 5–23.
Herbert, J. (1952) *The Interpreter's Handbook: How to Become a Conference Interpreter*, Geneva: Georg.
—— (1978) "How Conference Interpretation Grew," in Gerver and Sinaiko (eds) (1978), pp. 5–9.
Hermann, A. (1956/2002) "Interpreting in Antiquity," in Pöchhacker and Shlesinger (eds) (2002), pp. 15–22.
Hertog, E. (ed.) (2001) *Aequitas: Access to Justice across Language and Culture in the EU*, Antwerp: Lessius Hogeschool.
Hoffman, R.R. (1997) "The Cognitive Psychology of Expertise and the Domain of Interpreting," *Interpreting* 2 (1/2): 189–230.
Holmes, J.S (1972/2000) "The Name and Nature of Translation Studies," in Venuti (ed.) (2000), pp. 172–85.
Humphrey, J.H. (2000) "Portfolios. One Answer to the Challenge of Assessment and the 'Readiness to Work' Gap," in Roy (ed.) (2000c), pp. 153–75.
Hung, E. (ed.) (2002) *Teaching Translation and Interpreting 4: Building Bridges*, Amsterdam and Philadelphia: John Benjamins.

Ilg, G. and Lambert, S. (1996) "Teaching Consecutive Interpreting," *Interpreting* 1 (1): 69–99.

Ingram, R.M. (1978) "Sign Language Interpretation and General Theories of Language, Interpretation and Communication," in Gerver and Sinaiko (eds) (1978), pp. 109–18.

—— (1985) "Simultaneous Interpretation of Sign Languages: Semiotic and Psycholinguistic Perspectives," *Multilingua* 4 (2): 91–102.

—— (1992) "Interpreters' Recognition of Structure and Meaning," in Cokely (ed.) (1992b), pp. 99–119.

Isham, W.P. (1994) "Memory for Sentence Form after Simultaneous Interpretation: Evidence both For and Against Deverbalization," in Lambert and Moser-Mercer (eds) (1994), pp. 191–211.

—— (1998) "Signed Language Interpreting," in Baker (ed.) (1998), pp. 231–5.

—— and Lane, H. (1994) "A Common Conceptual Code in Bilinguals: Evidence from Simultaneous Interpretation," *Sign Language Studies* 85: 291–317.

Ishikawa, L. (1999a) "Strategies for Interpreting a Japanese Complex Sentence into English – A Linguistic Study," *Interpreting Research* 8 (2): 74–95.

—— (1999b) "Cognitive Explicitation in Simultaneous Interpreting," in Álvarez Lugrís and Fernández Ocampo (eds) (1999), pp. 231–57.

Jansen, P. (1995) "The Role of the Interpreter in Dutch Courtroom Interaction: The Impact of the Situation on Translational Norms," in Tommola (ed.) (1995), pp. 11–36.

Jekat, S. and Klein, A. (1996) "Machine Interpretation: Open Problems and Some Solutions," *Interpreting* 1 (1): 7–20.

Jones, R. (1998) *Conference Interpreting Explained*, Manchester: St Jerome Publishing.

Jörg, P. (2001) "Das Dolmetschprodukt als Reflexion von translations- und produktionsbedingten 'feature-shifts': Eine empirische Korpusanalyse englisch–deutsch," diploma thesis, University of the Saar.

Jörg, U. (1997) "Bridging the Gap: Verb Anticipation in German–English Simultaneous Interpreting," in M. Snell-Hornby, Z. Jettmarová and K. Kaindl (eds) *Translation as Intercultural Communication*, Amsterdam and Philadelphia: John Benjamins, pp. 217–28.

Jumpelt, W. (1985) "The Conference Interpreter's Working Environment under the New ISO and IEC Standards," *Meta* 30 (1): 82–90.

Kade, O. (1967) "Zu einigen Besonderheiten des Simultandolmetschens," *Fremdsprachen* 11 (1): 8–17.

—— (1968) *Zufall und Gesetzmäßigkeit in der Übersetzung*, Leipzig: Verlag Enzyklopädie.

—— and Cartellieri, C. (1971) "Some Methodological Aspects of Simultaneous Interpreting," *Babel* 17 (2): 12–16.

Kadric, M. (2000) "Interpreting in the Austrian Courtroom," in Roberts *et al.* (eds) (2000), pp. 153–64.

—— (2001) *Dolmetschen bei Gericht. Erwartungen, Anforderungen, Kompetenzen*, Vienna: WUV-Universitätsverlag.

Kalina, S. (1992) "Discourse Processing and Interpreting Strategies – an Approach to the Teaching of Interpreting," in Dollerup and Loddegaard (eds) (1992), pp. 251–7.

—— (1998) *Strategische Prozesse beim Dolmetschen: Theoretische Grundlagen, empirische Fallstudien, didaktische Konsequenzen*, Tübingen: Gunter Narr.

—— (2002) "Quality in Interpreting and its Prerequisites: A Framework for a Comprehensive View," in Garzone and Viezzi (eds) (2002), pp. 121–30.

Karttunen, F. (1994) *Between Worlds: Interpreters, Guides, and Survivors*, New Brunswick, NJ: Rutgers University Press.
Kaufert, J.M. and Koolage, W.W. (1984) "Role Conflict among 'Culture Brokers': The Experience of Native Canadian Medical Interpreters," *Social Science & Medicine* 18 (3): 283–6.
Kaufert, J.M. and Putsch, R.W. (1997) "Communication through Interpreters in Healthcare: Ethical Dilemmas Arising from Differences in Class, Culture, Language, and Power," *Journal of Clinical Ethics* 8 (1): 71–87.
Kautz, U. (2000) *Handbuch Didaktik des Übersetzens und Dolmetschens*, Munich: Iudicium.
Keiser, W. (1978) "Selection and Training of Conference Interpreters," in Gerver and Sinaiko (eds) (1978), pp. 11–24.
—— (1999) "L'Histoire de l'Association Internationale des Interprètes de Conférence (AIIC)," *Interpreting* 4 (1): 81–95.
Kellett, C.J.M. (1995) "Video-aided Testing of Student Delivery and Presentation in Consecutive Interpretation," *The Interpreters' Newsletter* No. 6: 43–66.
Kelly, A.M. (2000) "Cultural Parameters for Interpreters in the Courtroom," in Roberts *et al.* (eds) (2000), pp. 131–48.
Kintsch, W. (1998) *Comprehension: A Paradigm for Cognition*, Cambridge: Cambridge University Press.
—— and van Dijk, T.A. (1978) "Toward a Model of Text Comprehension and Production," *Psychological Review* 85 (5): 363–94.
Kirchhoff, H. (1976) "Das dreigliedrige, zweisprachige Kommunikationssystem Dolmetschen," *Le Langage et l'Homme* 31: 21–7.
—— (1976/2002) "Simultaneous Interpreting: Interdependence of Variables in the Interpreting Process, Interpreting Models and Interpreting Strategies," in Pöchhacker and Shlesinger (eds) (2002), pp. 111–19.
Kitano, H. (1993) "La traduction de la langue parlée," in A. Clas and P. Bouillon (eds) *La traductique: Études et recherches de traduction par ordinateur*, Montréal: Presses de l'Université de Montréal, pp. 408–22.
Knapp-Potthoff, A. and Knapp, K. (1986) "Interweaving Two Discourses – The Difficult Task of the Non-professional Interpreter," in J. House and S. Blum-Kulka (eds) *Interlingual and Intercultural Communication*, Tübingen: Gunter Narr, pp. 151–68.
—— (1987) "The Man (or Woman) in the Middle: Discoursal Aspects of Non-professional Interpreting," in K. Knapp and W. Enninger (eds) *Analyzing Intercultural Communication*, The Hague: Mouton, pp. 181–211.
Kohn, K. and Kalina, S. (1996) "The Strategic Dimension of Interpreting," *Meta* 41 (1): 118–38.
Kondo, M. (1988) "Japanese Interpreters in Their Socio-cultural Context," *Meta* 33 (1): 70–8.
—— (1990) "What Conference Interpreters Should Not Be Expected To Do," *The Interpreters' Newsletter* No. 3: 59–65.
—— (2003) "3-Party 2-Language Model of Interpreting Revisited," *Forum* 1 (1): 77–96.
—— and Tebble, H. [*et al.*] (1997) "Intercultural Communication, Negotiation, and Interpreting," in Gambier *et al.* (eds) (1997), pp. 149–66.
Kopczyński, A. (1980) *Conference Interpreting: Some Linguistic and Communicative Problems*, Poznań: A. Mickiewicz University Press.
—— (1982) "Effects of Some Characteristics of Impromptu Speech on Simultaneous Interpreting," in Enkvist (ed.) (1982), pp. 255–66.

—— (1994) "Quality in Conference Interpreting: Some Pragmatic Problems," in Snell-Hornby *et al.* (eds) (1994), pp. 189–98.

Krouglov, A. (1999) "Police Interpreting: Politeness and Sociocultural Context," *The Translator* 5 (2): 285–302.

Kuhn, T.S. (1962/1996) *The Structure of Scientific Revolutions*, 3rd edn, Chicago and London: The University of Chicago Press.

Kurz, I. (1985) "The Rock Tombs of the Princes of Elephantine. Earliest References to Interpretation in Pharaonic Egypt," *Babel* 31 (4): 213–18.

—— (1989a) "Conference Interpreting: User Expectations," in Hammond (ed.) (1989), pp. 143–8.

—— (1989b) "The Use of Video-tapes in Consecutive and Simultaneous Interpretation Training," in Gran and Dodds (eds) (1989), pp. 213–15.

—— (1992) "'Shadowing' Exercises in Interpreter Training," in Dollerup and Loddegaard (eds) (1992), pp. 245–50.

—— (1993/2002) "Conference Interpretation: Expectations of Different User Groups," in Pöchhacker and Shlesinger (eds) (2002), pp. 313–24.

—— (1994) "A Look into the 'Black Box' – EEG Probability Mapping during Mental Simultaneous Interpreting," in Snell-Hornby *et al.* (eds) (1994), pp. 199–207.

—— (1996) *Simultandolmetschen als Gegenstand der interdisziplinären Forschung*, Vienna: WUV-Universitätsverlag.

—— (2001) "Conference Interpreting: Quality in the Ears of the User," *Meta* 45 (2): 394–409.

—— (2002a) "Physiological Stress Responses during Media and Conference Interpreting," in Garzone and Viezzi (eds) (2002), pp. 195–202.

—— (2002b) "Interpreting Training Programmes: The Benefits of Coordination, Cooperation, and Modern Technology," in Hung (ed.) (2002), pp. 65–72.

—— and Pöchhacker, F. (1995) "Quality in TV Interpreting," *Translatio. Nouvelles de la FIT – FIT Newsletter* N.s. 14 (3/4): 350–8.

—— Basel, E., Chiba, D., Patels, W. and Wolffframm, J. (1996) "Scribe or Actor? A Survey Paper on Personality Profiles of Translators and Interpreters," *The Interpreters' Newsletter* No. 7: 3–18.

Kusztor, M. (2000) "Darstellung von Kohärenz in Original und Verdolmetschung," in S. Kalina, S. Buhl and H. Gerzymisch-Arbogast (eds) *Dolmetschen: Theorie – Praxis – Didaktik*, St Ingbert: Röhrig Universitätsverlag, pp. 19–44.

Lamberger-Felber, H. (2003) "Performance Variability among Conference Interpreters: Examples from a Case Study," in Collados Aís *et al.* (eds) (2003), pp. 147–68.

Lambert, S. (1988) "A Human Information Processing and Cognitive Approach to the Training of Simultaneous Interpreters," in Hammond (ed.) (1988), pp. 379–87.

—— (1989) "Information Processing among Conference Interpreters: A Test of the Depth-of-Processing Hypothesis," in Gran and Dodds (eds) (1989), pp. 83–91.

—— (1991) "Aptitude Testing for Simultaneous Interpretation at the University of Ottawa," *Meta* 36 (4): 586–94.

—— (1994) "Foreword," in Lambert and Moser-Mercer (eds) (1994), pp. 5–14.

—— and Moser-Mercer, B. (eds) (1994) *Bridging the Gap: Empirical Research in Simultaneous Interpretation*, Amsterdam and Philadelphia: John Benjamins.

Lambert, W.E. (1978) "Psychological Approaches to Bilingualism, Translation and Interpretation," in Gerver and Sinaiko (eds) (1978), pp. 131–43.

—— Havelka, J. and Gardner, R.C. (1959) "Linguistic Manifestations of Bilingualism," *American Journal of Psychology* 72 (1): 77–82.

Lang, R. (1978) "Behavioral Aspects of Liaison Interpreters in Papua New Guinea: Some Preliminary Observations," in Gerver and Sinaiko (eds) (1978), pp. 231–44.

Laplace, C. (1994) *Théorie du langage et théorie de la traduction. Les concepts-clefs de trois auteurs: Kade (Leipzig), Coseriu (Tübingen), Seleskovitch (Paris)*, Paris: Didier Érudition.

Laster, K. and Taylor, V. (1994) *Interpreters and the Legal System*, Leichhardt, NSW: The Federation Press.

Lederer, M. (1978/2002) "Simultaneous Interpretation – Units of Meaning and Other Features," in Pöchhacker and Shlesinger (eds) (2002), pp. 131–40.

—— (1981) *La traduction simultanée – Expérience et théorie*, Paris: Minard Lettres Modernes.

—— (1990) "The Role of Cognitive Complements in Interpreting," in Bowen and Bowen (eds) (1990), pp. 53–60.

Lee, T. (1999) "Simultaneous Listening and Speaking in English into Korean Simultaneous Interpretation," *Meta* 44 (4): 560–72.

Levelt, W.J.M. (1989) *Speaking: From Intention to Articulation*, Cambridge, MA: MIT Press.

Linell, P. (1997) "Interpreting as Communication," in Gambier *et al.* (eds) (1997), pp. 49–67.

Liu, M. (2001) "Expertise in Simultaneous Interpreting: A Working Memory Analysis," PhD dissertation, University of Texas at Austin.

Livingston, S., Singer, B. and Abramson, T. (1994) "Effectiveness Compared: ASL Interpretation vs. Transliteration," *Sign Language Studies* 82: 1–53.

Llewellyn-Jones, P. (1981) "Simultaneous Interpreting," in B. Woll, J. Kyle and M. Deuchar (eds) *Perspectives on British Sign Language and Deafness*, London: Croom Helm, pp. 89–104.

Longley, P. (1978) "An Integrated Programme for Training Interpreters," in Gerver and Sinaiko (eds) (1978), pp. 45–56.

—— (1989) "The Use of Aptitude Testing in the Selection of Students for Conference Interpretation Training," in Gran and Dodds (eds) (1989), pp. 105–8.

Lonsdale, D. (1997) "Modeling Cognition in SI: Methodological Issues," *Interpreting* 2 (1/2): 91–117.

Lotriet, A. (2002) "Can Short Interpreter Training Be Effective? The South African Truth and Reconciliation Commission Experience," in Hung (ed.) (2002), pp. 83–98.

LuperFoy, S. (1996) "Machine Interpretation of Bilingual Dialogue," *Interpreting* 1 (2): 213–33.

Mack, G. (2002) "New Perspectives and Challenges for Interpretation: The Example of Television," in Garzone and Viezzi (eds) (2002), pp. 203–13.

Mackintosh, J. (1983) "Relay Interpretation: An Exploratory Study," MA dissertation, Birkbeck College, University of London.

—— (1985) "The Kintsch and van Dijk Model of Discourse Comprehension and Production Applied to the Interpretation Process," *Meta* 30 (1): 37–43.

—— (1995) "A Review of Conference Interpretation: Practice and Training," *Target* 7 (1): 119-33.

—— (1999) "Interpreters Are Made Not Born," *Interpreting* 4 (1): 67–80.

MacWhinney, B. (1997) "Simultaneous Interpretation and the Competition Model," in Danks *et al.* (eds) (1997), pp. 215–32.

Marcos, L.R. (1979) "Effects of Interpreters on the Evaluation of Psychopathology in Non-English-speaking Patients," *American Journal of Psychiatry* 136 (2): 171–4.

Marzocchi, C. (1998) "The Case for an Institution-specific Component in Interpreting Research," *The Interpreters' Newsletter* No. 8: 51–74.

Mason, I. (2000) "Models and Methods in Dialogue Interpreting Research," in M. Olohan (ed.) *Intercultural Faultlines*, Manchester: St Jerome Publishing.

—— (ed.) (2001) *Triadic Exchanges. Studies in Dialogue Interpreting*, Manchester: St Jerome Publishing.

—— and Stewart, M. (2001) "Interactional Pragmatics, Face and the Dialogue Interpreter," in Mason (ed.) (2001), pp. 51–70.

Matyssek, H. (1989) *Handbuch der Notizentechnik für Dolmetscher*, Heidelberg: Groos.

Maxwell, J.A. (1998) "Designing a Qualitative Study," in Bickman and Rog (eds) (1998), pp. 69–100.

Mazzetti, A. (1999) "The Influence of Segmental and Prosodic Deviations on Source-text Comprehension in Simultaneous Interpretation," *The Interpreters' Newsletter* No. 9: 125–47.

McAllister, R. (2000) "Perceptual Foreign Accent and its Relevance for Simultaneous Interpreting," in Englund Dimitrova and Hyltenstam (eds) (2000), pp. 45–63.

McDonough, J. and McDonough, S. (1997) *Research Methods for English Language Teachers*, London: Arnold.

McIntire, M.L. (ed.) (1984) *New Dialogues in Interpreter Education. Proceedings of the Fourth National Conference of Interpreter Trainers Convention*, Silver Spring, MD: RID Publications.

—— and Sanderson, G.R. (1995) "Bye-bye! Bi-bi!: Questions of Empowerment and Rôle," in RID (1995), pp. 94–118.

Mead, P. (1999) "Interpreting: The Lexicographers' View," *The Interpreters' Newsletter* No. 9: 199–209.

—— (2000) "Control of Pauses by Trainee Interpreters in their A and B Languages," *The Interpreters' Newsletter* No. 10: 89–102.

—— (2001) "Research on Interpreting by Students at SSLiMIT, University of Bologna (Italy)," *The Interpreters' Newsletter* No. 11: 119–29.

—— (2002) "Exploring Hesitation in Consecutive Interpreting: An Empirical Study," in Garzone and Viezzi (eds) (2002), pp. 73–82.

Mesa, A.-M. (2000) "The Cultural Interpreter: An Appreciated Professional," in Roberts *et al.* (eds) (2000), pp. 67–79.

Metzger, M. (1999) *Sign Language Interpreting: Deconstructing the Myth of Neutrality*, Washington, DC: Gallaudet University Press.

—— (2000) "Interactive Role-plays as a Teaching Strategy," in Roy (ed.) (2000c), pp. 83–108.

Meyer, B. (2002) "Medical Interpreting: Some Salient Features," in Garzone and Viezzi (eds) (2002), pp. 159–69.

Mikkelson, H. (1996) "Community Interpreting: An Emerging Profession," *Interpreting* 1 (1): 125–9.

—— (1998) "Towards a Redefinition of the Role of the Court Interpreter," *Interpreting* 3 (1): 21–46.

—— (1999) "The Professionalization of Community Interpreting," *Journal of Interpretation* 1999: 119–33.

—— (2000) *Introduction to Court Interpreting*, Manchester: St Jerome Publishing.

—— (2000/01) "Interpreter Ethics: A Review of the Traditional and Electronic Literature," *Interpreting* 5 (1): 49–56.

Miles, M.B. and Huberman, A.M. (1994) *Qualitative Data Analysis: An Expanded Sourcebook*, 2nd edn, Thousand Oaks, London and New Delhi: Sage.

Mizuno, A. (1999) "Shifts of Cohesion and Coherence in Simultaneous Interpretation from English into Japanese," *Interpreting Research* 8 (2): 31–41.

Monacelli, C. (2002) "Interpreters for Peace," in Garzone and Viezzi (eds) (2002), pp. 181–93.

Morris, R. (1989) "Court Interpretation: The Trial of Ivan John Demjanjuk," *The Interpreters' Newsletter* No. 2: 27–37.
—— (1990) "Interpretation at the Demjanjuk Trial," in Bowen and Bowen (eds) (1990), pp. 101–7.
—— (1995) "The Moral Dilemmas of Court Interpreting," *The Translator* 1 (1): 25–46.
—— (2000) "Plus ça Change . . . ? Community Interpreters at the End of the Twentieth Century," in Roberts *et al.* (eds) (2000), pp. 243–64.
Moser, B. (1978) "Simultaneous Interpretation: A Hypothetical Model and its Practical Application," in Gerver and Sinaiko (eds) (1978), pp. 353–68.
Moser, P. (1996) "Expectations of Users of Conference Interpretation," *Interpreting* 1 (2): 145–78.
Moser-Mercer, B. (1985) "Screening Potential Interpreters," *Meta* 30 (1): 97–100.
—— (1992) "Terminology Documentation in Conference Interpretation," *Terminologie et Traduction* 2/3: 285–303.
—— (1994a) "Paradigms Gained or the Art of Productive Disagreement," in Lambert and Moser-Mercer (eds) (1994), pp. 17–23.
—— (1994b) "Aptitude Testing for Conference Interpreting: Why, When and How," in Lambert and Moser-Mercer (eds) (1994), pp. 57–68.
—— (1996) "Quality in Interpreting: Some Methodological Issues," *The Interpreters' Newsletter* No. 7: 43–55.
—— (1997) "Beyond Curiosity: Can Interpreting Research Meet the Challenge?" in Danks *et al.* (eds) (1997), pp. 176–205.
—— (1997/2002) "Process Models in Simultaneous Interpretation," in Pöchhacker and Shlesinger (eds) (2002), pp. 149–61.
—— (2000) "The Rocky Road to Expertise in Interpreting: Eliciting Knowledge from Learners," in M. Kadric, K. Kaindl and F. Pöchhacker (eds) (2000) *Translationswissenschaft. Festschrift für Mary Snell-Hornby zum 60. Geburtstag*, Tübingen: Stauffenburg, pp. 339–52.
—— and Setton, R. (2000) "The Geneva (ETI) Perspective on Interpretation Research," *Conference Interpretation and Translation* 2: 49–56.
—— Lambert, S., Darò, V. and Williams, S. (1997) "Skill Components in Simultaneous Interpreting," in Gambier *et al.* (eds) (1997), pp. 133–48.
—— Künzli, A. and Korac, M. (1998) "Prolonged Turns in Interpreting: Effects on Quality, Physiological and Psychological Stress (Pilot Study)," *Interpreting* 3 (1): 47–64.
—— Frauenfelder, U.H., Casado, B. and Künzli, A. (2000) "Searching to Define Expertise in Interpreting," in Englund Dimitrova and Hyltenstam (eds) (2000), pp. 107–31.
Mouzourakis, P. (1996) "Videoconferencing: Techniques and Challenges," *Interpreting* 1 (1): pp. 21–38.
—— (2000) "Interpretation Booths for the Third Millennium," *Communicate!* March–April 2000 (http://www.aiic.net/ViewPage.cfm/page131.htm).
Munday, J. (2001) *Introducing Translation Studies: Theories and Applications*, London and New York: Routledge.
Napier, J. (2002) *Sign Language Interpreting: Linguistic Coping Strategies*, Coleford: Douglas McLean.
Nida, E.A. and Taber, C.R. (1969) *The Theory and Practice of Translation*, Leiden: Brill.
Niska, H. (1995) "Just Interpreting: Role Conflicts and Discourse Types in Court Interpreting," in M. Morris (ed.) *Translation and the Law*, Amsterdam and Philadelphia: Benjamins, pp. 293–316.

—— [*et al.*] (1999) "Quality Issues in Remote Interpreting," in Álvarez Lugrís and Fernández Ocampo (eds) (1999), pp. 109–21.

—— (2002) "Community Interpreter Training: Past, Present, Future," in Garzone and Viezzi (eds) (2002), pp. 133–44.

Nord, C. (1997) *Translating as a Purposeful Activity*, Manchester: St Jerome Publishing.

NUPIT (2001) "What Do Interpreters and Translators Talk about among Themselves? A Survey of Employment Conditions among Interpreters and Translators," London: NUPIT/MSF.

Oléron, P. and Nanpon, H. (1965) "Récherches sur la traduction simultanée," *Journal de Psychologie Normale et Pathologique* 62 (1): 73–94.

—— (1965/2002) "Research into Simultaneous Translation," in Pöchhacker and Shlesinger (eds) (2002), pp. 43–50.

Ong, W.J. (1982) *Orality and Literacy: The Technologizing of the Word*, London and New York: Methuen.

Ozolins, U. (2000) "Communication Needs and Interpreting in Multilingual Settings: The International Spectrum of Response," in Roberts *et al.* (eds) (2000), pp. 21–33.

Padilla, P., Bajo, M.T., Cañas, J.J. and Padilla, F. (1995) "Cognitive Processes of Memory in Simultaneous Interpretation," in Tommola (ed.) (1995), pp. 61–71.

Page, J. (1993) "In the Sandwich or on the Side? Cultural Variability and the Interpreter's Role," *Journal of Interpretation* 6: 107–25.

Paneth, E. (1957/2002) "An Investigation into Conference Interpreting," in Pöchhacker and Shlesinger (eds) (2002), pp. 31–40.

—— (1990) "The Future of Projected Interpretation," *The Interpreters' Newsletter* No. 3: 38–40.

Paradis, M. (1994) "Toward a Neurolinguistic Theory of Simultaneous Translation: The Framework," *International Journal of Psycholinguistics* 9 (3): 319–35.

—— (2000) "Prerequisites to a Study of Neurolinguistic Processes involved in Simultaneous Interpreting. A Synopsis," in Englund Dimitrova and Hyltenstam (eds) (2000), pp. 17–24.

Patrie, C.J. (1995) "A Confluence of Diverse Relationships: Interpreter Education and Educational Interpreting," in RID (1995), pp. 3–18.

—— and Mertz, J. (1997) *An Annotated Bibliography on Interpretation*, Washington, DC: Gallaudet University.

Penney, C. and Sammons, S. (1997) "Training the Community Interpreter: The Nunavut Arctic College Experience," in Carr *et al.* (eds) (1997), pp. 65–76.

Peper, E. and Gibney, K.H. (1999) "Psychophysiological Basis for Discomfort during Sign Language Interpreting," *Journal of Interpretation* 1999: 11–18.

Petsche, H., Etlinger, S.C. and Filz, O. (1993) "Brain Electrical Mechanisms of Bilingual Speech Management: An Initial Investigation," *Electroencephalography and Clinical Neurophysiology* 86: 385–94.

Pippa, S. and Russo, M. (2002) "Aptitude for Conference Interpreting: A Proposal for a Testing Methodology Based on Paraphrase," in Garzone and Viezzi (eds) (2002), pp. 245–56.

Pöchhacker, F. (1992) "The Role of Theory in Simultaneous Interpreting," in Dollerup and Loddegaard (eds) (1992), pp. 211–20.

—— (1993) "From Knowledge to Text: Coherence in Simultaneous Interpreting," in Gambier and Tommola (eds) (1993), pp. 87–100.

—— (1994a) *Simultandolmetschen als komplexes Handeln*, Tübingen: Gunter Narr.

—— (1994b) "Simultaneous Interpretation: 'Cultural Transfer' or 'Voice-over Text'?" in Snell-Hornby *et al.* (eds) (1994), pp. 169–78.

—— (1994c) "Quality Assurance in Simultaneous Interpreting," in Dollerup and Lindegaard (eds) (1994), pp. 233–42.
—— (1995a) "Simultaneous Interpreting: A Functionalist Perspective," *Hermes. Journal of Linguistics* 14: 31–53.
—— (1995b) "Slips and Shifts in Simultaneous Interpreting," in Tommola (ed.) (1995), pp. 73–90.
—— (1999) "Teaching Practices in Simultaneous Interpreting," *The Interpreters' Newsletter* No. 9: 157–76.
—— (2000a) *Dolmetschen. Konzeptuelle Grundlagen und deskriptive Untersuchungen*, Tübingen: Stauffenburg.
—— (2000b) "The Community Interpreter's Task: Self-perception and Provider Views," in Roberts *et al.* (eds) (2000), pp. 49–65.
—— (2002) "Researching Interpreting Quality: Models and Methods," in Garzone and Viezzi (eds) (2002), pp. 95–106.
—— and Kadric, M. (1999) "The Hospital Cleaner as Healthcare Interpreter: A Case Study," *The Translator* 5 (2): 161–78.
—— and Shlesinger, M. (eds) (2002) *The Interpreting Studies Reader*, London and New York: Routledge.
Pollitt, K. (1997) "The State We're In: Some Thoughts on Professionalisation, Professionalism and Practice among the UK's Sign Language Interpreters," *Deaf Worlds* 13 (3): 21–6.
Poyatos, F. (1987/2002) "Nonverbal Communication in Simultaneous and Consecutive Interpretation: A Theoretical Model and New Perspectives," in Pöchhacker and Shlesinger (eds) (2002), pp. 235–46.
Prillwitz, S. (2001) *Empirische Studien zu Angeboten für Gehörlose im Fernsehen und ihre Rezeption*, Kiel: ULR.
Puebla Fortier, J. (1997) "Interpreting for Health in the United States," in Carr *et al.* (eds) (1997), pp. 165–77.
Putsch, R.W. (1985) "Cross-cultural Communication: The Special Case of Interpreters in Health Care," *Journal of the American Medical Association* 254 (23): 3344–8.
Rabin, C. (1958) "The Linguistics of Translation," in Smith (ed.) (1958), pp. 123–45.
Repa, J. (1991) "Training and Certification of Court Interpreters in a Multicultural Society," *Meta* 36 (4): 595–605.
Riccardi, A. (1996) "Language-specific Strategies in Simultaneous Interpreting," in Dollerup and Appel (eds) (1996), pp. 213–22.
—— (2002) "Evaluation in Interpretation: Macrocriteria and Microcriteria," in Hung (ed.) (2002), pp. 115–26.
RID (1995) *A Confluence of Diverse Relationships. Proceedings of the Thirteenth National Convention of the Registry of Interpreters for the Deaf, August 10–14, 1993*, Silver Spring, MD: RID Publications.
Rinne, J.O., Tommola, J., Laine, M., Krause, B.J., Schmidt, D., Kaasinen, V., Teräs, M., Sipilä, H. and Sunnari, M. (2000) "The Translating Brain: Cerebral Activation Patterns during Simultaneous Interpreting," *Neuroscience Letters* 294: 85–8.
Roberts, R.P. (ed.) (1981) *L'interprétation auprès des tribunaux. Actes du mini-colloque tenu les 10 et 11 avril 1980 à l'Université d'Ottawa*, Ottawa: University of Ottawa Press.
—— (1997) "Community Interpreting Today and Tomorrow," in Carr *et al.* (eds) (1997), pp. 7–26.
—— (2000) "Interpreter Assessment Tools for Different Settings," in Roberts *et al.* (eds) (2000), pp. 103–20.

—— (2002) "Community Interpreting: A Profession in Search of its Identity," in Hung (ed.) (2002), pp. 157–75.

—— and Tayler, M. (1990) "Development of Legal Interpreter Education in New Jersey," in Bowen and Bowen (eds) (1990), pp. 70–80.

—— Carr, S.E., Abraham, D. and Dufour, A. (eds) (2000) *The Critical Link 2: Interpreters in the Community. Selected Papers from the Second International Conference on Interpreting in Legal, Health and Social Service Settings, Vancouver, BC, Canada, 19–23 May 1998*, Amsterdam and Philadelphia: John Benjamins.

Robson, C. (1993) *Real World Research: A Resource for Social Scientists and Practitioner–Researchers*, Oxford and Cambridge, MA: Blackwell.

Roland, R.A. (1999) *Interpreters as Diplomats*, Ottawa: University of Ottawa Press.

Rosenberg, B.A. (2002) "A Quantitative Discourse Analysis of Community Interpreting," in *Translation: New Ideas for a New Century. Proceedings of the XVI FIT Congress*, Paris: FIT, pp. 222–6.

Roy, C.B. (1984) "Response to Etilvia Arjona on Curriculum Design," in McIntire (ed.) (1984), pp. 36–42.

—— (1993/2002) "The Problem with Definitions, Descriptions and the Role Metaphors of Interpreters," in Pöchhacker and Shlesinger (eds) (2002), pp. 345–53.

—— (1996) "An Interactional Sociolinguistic Analysis of Turn-taking in an Interpreted Event," *Interpreting* 1 (1): 39–67.

—— (2000a) *Interpreting as a Discourse Process*, Oxford: Oxford University Press.

—— (2000b) "Training Interpreters – Past, Present, and Future," in Roy (ed.) (2000c), pp. 1–14.

—— (ed.) (2000c) *Innovative Practices for Teaching Sign Language Interpreters*, Washington, DC: Gallaudet University Press.

Rozan, J.-F. (1956) *La prise de notes en interprétation consécutive*, Geneva: Georg.

Russo, M. (1993) "Testing Aptitude for Simultaneous Interpretation: Evaluation of the First Trial and Preliminary Results," *The Interpreters' Newsletter* No. 5: 68–71.

—— (1995) "Self-Evaluation: The Awareness of One's Own Difficulties as a Training Tool for Simultaneous Interpretation," *The Interpreters' Newsletter* No. 6: 75–85.

Sabatini, E. (2000/01) "Listening Comprehension, Shadowing and Simultaneous Interpretation of Two 'Non-standard' English Speeches," *Interpreting* 5 (1): 25–48.

Salevsky, H. (1987) *Probleme des Simultandolmetschens. Eine Studie zur Handlungsspezifik*, Berlin: Akademie der Wissenschaften der DDR.

—— (1993) "The Distinctive Nature of Interpreting Studies," *Target* 5 (2): 149–67.

Sanz, J. (1931) "Le travail et les aptitudes des interprètes parlementaires," *Anals d'Orientació Professional* 4: 303–18.

Sawyer, D.B. (2001) "The Integration of Curriculum and Assessment in Interpreter Education: A Case Study," doctoral dissertation, University of Mainz (http://archimed.uni-mainz.de/pub/2001/0097/diss.pdf).

Scheffer, T. (1997) "Dolmetschen als Darstellungsproblem. Eine ethnographische Studie zur Rolle der Dolmetscher in Asylanhörungen," *Zeitschrift für Soziologie* 26 (3): 159–80.

Schiffrin, D., Tannen, D. and Hamilton, H.E. (eds) (2001) *The Handbook of Discourse Analysis*, Oxford and Malden, MA: Blackwell.

Schjoldager, A. (1995/2002) "An Exploratory Study of Translational Norms in Simultaneous Interpreting: Methodological Reflections," in Pöchhacker and Shlesinger (eds) (2002), pp. 301–11.

—— (1996) "Assessment in Simultaneous Interpreting," in Dollerup and Appel (eds) (1996), pp. 187–95.

Schleiermacher, F. (1813/1997) "On the Different Methods of Translating," in D. Robinson (ed.) *Western Translation Theory*, Manchester: St Jerome Publishing, pp.225–38.
Schmitz, B. (1998) *Pragmatikbasiertes Maschinelles Dolmetschen*, Heidelberg: Groos.
Schweda Nicholson, N. (1989) "Documentation and Text Preparation for Simultaneous Interpretation," in Hammond (ed.) (1989), pp. 163–82.
—— (1990) "Consecutive Note-taking for Community Interpretation," in Bowen and Bowen (eds) (1990), pp. 136–45.
—— (1994) "Professional Ethics for Court and Community Interpreters," in D.L. Hammond (ed.) *Professional Issues for Translators and Interpreters*, Philadelphia: John Benjamins, pp. 79–97.
Seal, B.C. (1998) *Best Practices in Educational Interpreting*, Boston, MA: Allyn and Bacon.
Seleskovitch, D. (1962) "L'Interprétation de Conférence," *Babel* 8 (1): 13–18.
—— (1968) *L'interprète dans les conférences internationales: problèmes de langage et de communication*, Paris: Minard Lettres Modernes.
—— (1975) *Langage, langues et mémoire. Étude de la prise de notes en interprétation consécutive*, Paris: Minard Lettres Modernes.
—— (1975/2002) "Language and Memory: A Study of Note-taking in Consecutive Interpreting," in Pöchhacker and Shlesinger (eds) (2002), pp. 121–9.
—— (1976) "Interpretation, a Psychological Approach to Translating," in Brislin (ed.) (1976b), pp. 92–116.
—— (1978a) *Interpreting for International Conferences*, Washington, DC: Pen and Booth.
—— (1978b) "Language and Cognition," in Gerver and Sinaiko (eds) (1978), pp. 333–41.
—— (1991) "De la pratique de l'interprétation a la traductologie," in M. Lederer and F. Israël (eds) *La liberté en traduction*, Paris: Didier Érudition, pp. 289–98.
—— (1999) "The Teaching of Simultaneous Interpretation in the Course of the Last 50 Years," *Interpreting* 4 (1): 55–66.
—— and Lederer, M. (1984) *Interpréter pour traduire*, Paris: Didier Érudition.
—— and Lederer, M. (1989) *Pédagogie raisonnée de l'interprétation*, Paris/Brussels: Didier Érudition/OPOCE.
—— and Lederer (1995) *A Systematic Approach to Teaching Interpretation* (trans. J. Harmer), Silver Spring, MD: Registry of Interpreters for the Deaf.
Setton, R. (1994) "Experiments in the Application of Discourse Studies to Interpreter Training," in Dollerup and Lindegaard (eds) (1994), pp. 183–98.
—— (1998/2002) "Meaning Assembly in Simultaneous Interpretation," in Pöchhacker and Shlesinger (eds) (2002), pp. 179–202.
—— (1999) *Simultaneous Interpretation: A Cognitive-pragmatic Analysis*, Amsterdam and Philadelphia: John Benjamins.
—— (2003a) "Words and Sense: Revisiting Lexical Processes in Interpreting," *Forum* 1 (1): 139–68.
—— (2003b) "Models of the Interpreting Process," in A. Collados Aís and J.A. Sabio Pinilla (eds) *Avances en la investigación sobre interpretación*, Granada: Comares, pp. 29–89.
Shackman, J. (1984) *The Right To Be Understood: A Handbook on Working with, Employing and Training Community Interpreters*, Cambridge: National Extension College.
Shannon C.E. and Weaver, W. (1949) *The Mathematical Theory of Communication*, Urbana, IL: University of Illinois Press.
Shiryayev, A. (1979) *Sinkhronniy perevod. Deyatelnost sinkhronnogo perevodchika i metodika prepodavaniya sinkhronnogo perevoda* [Simultaneous Interpretation: The Activity of a Simultaneous Interpreter and Methods of Teaching Simultaneous Interpretation], Moscow: Voyenizdat.

Shlesinger, M. (1989a) "Extending the Theory of Translation to Interpretation: Norms as a Case in Point," *Target* 1 (1): 111–16.

—— (1989b) "Simultaneous Interpretation as a Factor in Effecting Shifts in the Position of Texts on the Oral–Literate Continuum," MA thesis, Tel Aviv University.

—— (1991) "Interpreter Latitude vs. Due Process. Simultaneous and Consecutive Interpretation in Multilingual Trials," in S. Tirkkonen-Condit (ed.) *Empirical Research in Translation and Intercultural Studies*, Tübingen: Gunter Narr, pp. 147–55.

—— (1994) "Intonation in the Production and Perception of Simultaneous Interpretation," in Lambert and Moser-Mercer (eds) (1994), pp. 225–36.

—— (1995a) "Stranger in Paradigms: What Lies Ahead for Simultaneous Interpreting Research? *Target* 7 (1): 7–28.

—— (1995b) "Shifts in Cohesion in Simultaneous Interpreting," *The Translator* 1 (2): 193–214.

—— [*et al.*] (1997) "Quality in Simultaneous Interpreting," in Gambier *et al.* (eds) (1997), pp. 123–31.

—— (1998). "Corpus-based Interpreting Studies as an Offshoot of Corpus-based Translation Studies," *Meta* 43 (4): 486–93.

—— (1999) "Norms, Strategies and Constraints: How Do We Tell Them Apart?" in Álvarez Lugrís and Fernández Ocampo (eds) (1999), pp. 65–77.

—— (2000a) "Strategic Allocation of Working Memory and Other Attentional Resources," PhD dissertation, Bar-Ilan University.

—— (2000b) "Interpreting as a Cognitive Process: How Can We Know What Really Happens?" in Tirkkonen-Condit and Jääskeläinen (eds) (2000), pp. 3–15.

—— (2002) "Choosing a Research Topic," *Conference Interpretation and Translation* 4: 25–36.

Shreve, G.M. and Diamond, B.J. (1997) "Cognitive Processes in Translation and Interpreting: Critical Issues," in Danks *et al.* (eds) (1997), pp. 233–51.

Shuttleworth, M. and Cowie, M. (1997) *Dictionary of Translation Studies*, Manchester: St Jerome Publishing.

Smith, A.H. (ed.) (1958) *Aspects of Translation*, Studies in Communication 2, London: Secker and Warburg.

Snedecor, G.W. and Cochran, W.G. (1980) *Statistical Methods*, 7th edn, Ames, IA: Iowa State University Press.

Snell-Hornby, M. (1988) *Translation Studies – An Integrated Approach*, Amsterdam: John Benjamins.

—— Pöchhacker, F. and Kaindl, K. (eds) (1994) *Translation Studies – An Interdiscipline*, Amsterdam and Philadelphia: John Benjamins.

—— Hönig, H.G., Kussmaul, P. and Schmitt, P.A. (eds) (1998) *Handbuch Translation*, Tübingen: Stauffenburg.

Snelling, D. [*et al.*] (1997) "On Media and Court Interpreting," in Gambier *et al.* (eds) (1997), pp. 187–206.

Stauffer, L.K., Burch, D.D. and Boone, S.E. (1999) "A Study of the Demographics of Attendees at the 1997 Biennial Convention of the Registry of Interpreters for the Deaf, Inc.," *Journal of Interpretation* 1999: 105–16.

Steiner, B. (1998) "Signs from the Void: The Comprehension and Production of Sign Language on Television," *Interpreting* 3 (2): 99–146.

Steiner, G. (1975) *After Babel: Aspects of Language and Translation*, London: Oxford University Press.

Stenzl, C. (1983) "Simultaneous Interpretation: Groundwork Towards a Comprehensive Model," MA thesis, Birkbeck College, University of London.

—— (1989) "From Theory to Practice and from Practice to Theory," in Gran and Dodds (eds) (1989), pp. 23–6.

Stewart, D.A., Schein, J.D. and Cartwright, B.E. (1998) *Sign Language Interpreting: Exploring Its Art and Science*, Boston, MA: Allyn and Bacon.

Stoll, C. (2000) "New Technologies in Conference Interpretation: Interpreting and Videoconferences," in F. Austermühl and D. Apollon (eds) *Humanities Education and the Challenge of e-Learning*, Bergen: University of Bergen, pp. 211–21.

—— (2002) "Terminologiesysteme für Simultandolmetscher," in F. Mayer, K.-D. Schmitz and J. Zeumer (eds) *eTerminology. Akten des Symposiums Köln, 12.–13. April 2002*, Deutscher Terminologie Tag e.V., pp. 31–42.

Straniero Sergio, F. (1999) "The Interpreter on the (Talk) Show," *The Translator* 5 (2): 303–26.

Strong, M. and Rudser, S.F. (1985) "An Assessment Instrument for Sign Language Interpreters," *Sign Language Studies* 49: 344–62.

—— (1992) "The Subjective Assessment of Sign Language Interpreters," in Cokely (ed.) (1992b), pp. 1–14.

Sunnari, M. (1995) "Processing Strategies in Simultaneous Interpreting: 'Saying It All' vs. Synthesis," in Tommola (ed.) (1995), pp. 109–19.

Tannen, D. (1982) "The Oral/Literate Continuum in Discourse," in D. Tannen (ed.) *Spoken and Written Language: Exploring Orality and Literacy*, Norwood, NJ: Ablex, pp. 1–16.

Tate, G. and Turner, G.H. (1997/2002) "The Code and the Culture: Sign Language Interpreting – In Search of the New Breed's Ethics," in Pöchhacker and Shlesinger (eds) (2002), pp. 373–83.

Taylor, C. (1989) "Primary and Secondary Orality in Teaching Interpreting Technique," in J.M. Dodds (ed.) *Aspects of English. Miscellaneous Papers for English Teachers and Specialists*, Udine: Campanotto, pp. 93–102.

Taylor Torsello, C. [*et al.*] (1997) "Linguistics, Discourse Analysis and Interpretation," in Gambier *et al.* (eds) (1997), pp. 167–86.

Tebble, H. (1998) *Medical Interpreting – Improving Communication with Your Patients*, Geelong/Melbourne: Language Australia/Deakin University.

—— (1999) "The Tenor of Consultant Physicians: Implications for Medical Interpreting," *The Translator* 5 (2): 179–200.

Thieme, K., Hermann, A. and Glässer, E. (1956) *Beiträge zur Geschichte des Dolmetschens*, Munich: Isar.

Thiéry, C. (1978) "True Bilingualism and Second-language Learning," in Gerver and Sinaiko (eds) (1978), pp. 145–53.

—— (1990) "The Sense of Situation in Conference Interpreting," in Bowen and Bowen (eds) (1990), pp. 40–3.

Tijus, C.A. (1997) "Understanding for Interpreting, Interpreting for Understanding," in Gambier *et al.* (eds) (1997), pp. 29–48.

Tirkkonen-Condit, S. and Jääskeläinen, R. (eds) (2000) *Tapping and Mapping the Processes of Translation and Interpreting*, Amsterdam and Philadelphia: John Benjamins.

Tissi, B. (2000) "Silent Pauses and Disfluencies in Simultaneous Interpretation: A Descriptive Analysis," *The Interpreters' Newsletter* No. 10: 103–27.

Titscher, S., Meyer, M., Wodak, R. and Vetter, E. (2000) *Methods of Text and Discourse Analysis*, London, Thousand Oaks and New Delhi: Sage.

Tommola, J. (ed.) (1995) *Topics in Interpreting Research*, Turku: University of Turku, Centre for Translation and Interpreting.

—— (1999) "New Trends in Interpreting Research: Going Psycho – or Neuro?" in Álvarez Lugrís and Fernández Ocampo (eds) (1999), pp. 321–30.

—— (2003) "Estimating the Transfer of Semantic Information in Interpreting," in Collados Aís *et al.* (eds) (2003), pp. 125–46.

—— and Helevä, M. (1998) "Language Direction and Source Text Complexity: Effects on Trainee Performance in Simultaneous Interpreting," in L. Bowker, M. Cronin, D. Kenny and J. Pearson (eds) *Unity in Diversity? Current Trends in Translation Studies*, Manchester: St Jerome Publishing, pp. 177–86.

—— and Lindholm, J. (1995) "Experimental Research on Interpreting: Which Dependent Variable?" in Tommola (ed.) (1995), pp. 121–33.

Toury, G. (1978/2000) "The Nature and Role of Norms in Translation," in Venuti (ed.) (2000), pp. 198–211.

—— (1995) *Descriptive Translation Studies and Beyond*, Amsterdam and Philadelphia: John Benjamins.

Treisman, A.M. (1965) "The Effects of Redundancy and Familiarity on Translating and Repeating Back a Foreign and a Native Language," *British Journal of Psychology* 56: 369–79.

Tseng, J. (1992) "Interpreting as an Emerging Profession in Taiwan – a Sociological Model," MA thesis, Fu Jen Catholic University, Taipeh.

Tulving, E. and Craik, F.I.M. (eds) (2000) *The Oxford Handbook of Memory*, Oxford: Oxford University Press.

Turner, G.H. (2001) "The Bilingual, Bimodal Courtroom: A First Glance," in Harrington and Turner (2001), pp. 124–51.

UN (2001) "Remote Interpretation," *The Interpreters' Newsletter* No. 11: 163–80.

Van Besien, F. (1999) "Anticipation in Simultaneous Interpretation," *Meta* 44 (2): 250–9.

van Dijk, T.A. (ed.) (1997a) *Discourse as Structure and Process. Discourse Studies: A Multidisciplinary Introduction*, vol. 1, London, Thousand Oaks and New Delhi: Sage.

—— (ed.) (1997b) *Discourse as Social Interaction. Discourse Studies: A Multidisciplinary Introduction*, vol. 2, London, Thousand Oaks and New Delhi: Sage.

—— and Kintsch, W. (1983) *Strategies of Discourse Comprehension*, New York: Academic Press.

van Hoof, H. (1962) *Théorie et pratique de l'interprétation*, Munich: Max Hueber.

Venuti, L. (ed.) (2000) *The Translation Studies Reader*, London and New York: Routledge.

Vermeer, H.J. (1989/2000) "Skopos and Commission in Translational Action," in Venuti (ed.) (2000), pp. 221–32.

—— (1992) *Skizzen zu einer Geschichte der Translation*, Frankfurt: Verlag für Interkulturelle Kommunikation.

Viaggio, S. (1991) "Teaching Beginners to Shut Up and Listen," *The Interpreters' Newsletter* No. 4: 45–58.

—— (1996) "The Pitfalls of Metalingual Use in Simultaneous Interpreting," *The Translator* 2 (2): 179–98.

Vidrine, J. (1984) "An Historical Overview of Interpreter-training Programs," in McIntire (ed.) (1984), pp. 317–26.

Viezzi, M. (1990) "Sight Translation, Simultaneous Interpretation and Information Retention," in Gran and Taylor (eds) (1990), pp. 54–60.

Vuorikoski, A. (1993) "Simultaneous Interpretation – User Experience and Expectations," in C. Picken (ed.) *Translation – the Vital Link: Proceedings of the XIIIth World Congress of FIT*, vol. 1, London: Institute of Translation and Interpreting, pp. 317–27.

Wadensjö, C. (1993/2002) "The Double Role of a Dialogue Interpreter," in Pöchhacker and Shlesinger (eds) (2002), pp. 355–70.

—— (1998) *Interpreting as Interaction*, London and New York: Longman.
—— (1999) "Telephone Interpreting and the Synchronization of Talk in Social Interaction," *The Translator* 5 (2): 247–64.
—— (2001) "Interpreting in Crisis: The Interpreter's Position in Therapeutic Encounters," in Mason (ed.) (2001), pp. 71–85.
Wahlster, W. (ed.) (2000) *Verbmobil: Foundations of Speech-to-Speech Translation*, Berlin: Springer.
Weber, W.K. (1990) "The Importance of Sight Translation in an Interpreter Training Program," in Bowen and Bowen (eds) (1990), pp. 44–52.
Wiegand, C. (2000) "Role of the Interpreter in the Healing of a Nation: An Emotional View," in Roberts *et al.* (eds) (2000), pp. 207–18.
Williams, J. and Chesterman, A. (2002) *The Map: A Beginner's Guide to Doing Research in Translation Studies*, Manchester: St Jerome Publishing.
Wilss, W. (1978) "Syntactic Anticipation in German–English Simultaneous Interpreting," in Gerver and Sinaiko (eds) (1978), pp. 343–52.
—— (1999) *Translation and Interpreting in the 20th Century: Focus on German*, Amsterdam and Philadelphia: John Benjamins.
Winston, E.A. and Monikowski, C. (2000) "Discourse Mapping: Developing Textual Coherence Skills in Interpreters," in Roy (ed.) (2000c), pp. 15–66.
Wirl, J. (1958) *Grundsätzliches zur Problematik des Dolmetschens und des Übersetzens*, Vienna: Wilhelm Braumüller.
Wong, F.K. (1990) "Court Interpreting in a Multiracial Society – the Malaysian Experience," in Bowen and Bowen (eds) (1990), pp. 108–16.
Yagi, S.M. (1999) "Computational Discourse Analysis for Interpretation," *Meta* 44 (2): 268–79.
Zeier, H. (1997) "Psychophysiological Stress Research," *Interpreting* 2 (1/2): 231–49.
Zimman, L. (1994) "Intervention as a Pedagogical Problem in Community Interpreting," in Dollerup and Lindegaard (eds) (1994), pp. 217–24.
Zimmer, J. (1989) "ASL/English Interpreting in an Interactive Setting," in Hammond (ed.) (1989), pp. 225–31.

인터넷 링크

서지 정보

국제회의통역사협회 AIIC → http://www.aiic.net/en/prof/research/default.htm

국제회의 통역연구 정보네트워크 CIRIN → http://www.cirinandgile.com/

법정 및 법률 통역 Court & Legal Interpreting (R. Morris) → http://www.aiic.net/ViewPage.cfm?page_id=235

수화 통역 Sign Language → http://www.sign-lang.uni-hamburg.de/bibweb/

통역 번역 관련 전문 저널 (출판사)

바벨 Babel (FIT/John Benjamins, Amsterdam) → http://www.benjamins.nl/cgi-bin/t_seriesview.cgi?series=babel

CIRIN 기관지 CIRIN Bulletin → http://www.cirinandgile.com/

Communicate! (AIIC, Geneva) → http://www.aiic.net/ViewIssues.cfm

크리티컬 링크 The Critical Link → http://www.criticallink.org/

포럼 Forum (Presse de la Sorbonne Nouvelle/KSCI) → http://www.ksci.or.kr/ksci-e/main-k.htm

통역사 뉴스레터 The Interpreter's Newsletter (SSLMIT, Trieste) → http://www.sslmit.units.it

인터프리팅 Interpreting (John Benjamins, Amsterdam) → http://www.benjamins.com/cgi-bin/t_seriesview.cgi?series=INTP

통역 저널 Journal of Interpretation (RID) → http://www.rid.org/publications/joi/index.cfm/AID/112

메타 Meta (Presses Universitaires de Montreal) → http://www.getcited.org/pub/103421945

번역사 The Translator → http://www.stjerome.co.uk/periodicals/journal.php?j=72

국제 통역사 협회 및 학회

국제회의통역사협회 AIIC → http://www.aiic.net
통역번역대학(원)협회 CIUTI → http://www.uni-leipzig.de/~isuew/ciuti/
유럽수화통역사연합 EFSLI → http://www.efsli.org.uk
유럽번역학회 EST → http://www.est-translationstudies.org/
세계번역사연맹 FIT → http://www.fit-ift.org
SCIC → http://scic.ec.europa.eu/europa/jcms/j_8/home

국가별 통역사 협회 및 연구소

ATA → http://www.atanet.org
CHIA → http://chiaonline.org/
CIT → http://www.cit-asl.org
IoL → http://www.iol.org.uk
일본통역학회 JAIS → http://www.jais-org.net
KSCI → http://ksci.or.kr
MMIA → http://www.mmia.org
호주 국립통역번역사인증국 NAATI → http://www.naati.com.au
전미의료통역사협의회 NCIHC → http://www.ncihc.org
NAJIT → http://www.najit.org
청각장애인을 위한 통역사협회 RID → http://www.rid.org

※ 2009.5.13일자로 확인한 인터넷 주소임.

찾아보기

주제

[ㅁ]

[ㅂ]

[ㅅ]

[ㅇ]

[ㅈ]

[기타]

인명

[ㅂ]

[ㅈ]

[ㅊ]

[ㅋ]

[ㅌ]

통역학 입문

Introducing Interpreting Studies

펴낸날 | 1판 1쇄 2009년 6월 8일

지은이 | 프란츠 푀히하커

옮긴이 | 이연향 외

펴낸이 | 최민숙

펴낸곳 | 이화여자대학교출판부

주소 | 서울시 서대문구 대현동 11-1(우120-750)

등록 | 1954년 7월 6일 제9-61호

전화 | 02-3277-2965, 2966(편집)

02-3277-3164, 362-6076(영업)

팩스 | 02-312-4312

전자우편 | press@ewha.ac.kr

인터넷서점 | www.ewhapress.com

책임편집 | 김미정

디자인 | 신성기획

찍은곳 | (주)영림인쇄

ISBN 978-89-7300-829-2 93700

값 20,000원

* 잘못된 책은 바꾸어 드립니다.